THE DAWN WATCH

JOSEPH CONRAD
IN A GLOBAL WORLD

by
MAYA JASANOFF

黎明的守望人

殖民帝國、人口流動、技術革新，見證海洋串起的全球化世界

瑪雅・加薩諾夫［著］
張毅瑄［譯］

貓頭鷹書房 458

黎明的守望人

殖民帝國、人口流動、技術革新，見證海洋串起的全球化世界

The Dawn Watch

Joseph Conrad in a global world

瑪雅・加薩諾夫◎著

張毅瑄◎譯

貓頭鷹

各界好評

康拉德，十九、二十世紀之交波蘭裔、原為俄羅斯國籍的英國作家，十七歲在法國成為海員，二十九歲歸化英國籍，三十七歲改行當作家，在大英帝國盛極而衰之際，以自學的英文、豐富的遊歷深刻描述帝國主義、殖民主義，以及糾結其中的人心，見證當代「全球化」的誕生，並預言了令人期待又不安的變革。

哈佛大學歷史學教授加薩諾夫所撰寫的「帝國移民三部曲」，透過政治權力核心之外諸多人物的閱歷與遷徙足跡，勾勒出以英國為首的歐洲帝國主義演變至二十世紀全球化時代的開拓與失落。康拉德的世界闖蕩、人生飄泊，以及斜槓履歷成為這一幅宏觀圖像中最為生動的身影。

——黃春木／臺北市立建國高中歷史科教師

巧妙融合傳記敘事、史學分析與文學解釋，讓讀者得以一瞥康拉德小說中那些在一個迅速失去界限的世界裡，走得太遠的脆弱個人之命運。加薩諾夫以富說服力的方式向我們證明，這位小說家一直具有詮釋當今（後）現代地緣政治與文化難題的資格。

——《書目雜誌》星級評鑑

就算我們不認同康拉德的價值觀，作者寫道：歷史有如為現今所開的一堂心理療程，讓它說說關於自己爸媽的事。她這話說得既正確又詼諧。閱讀《曉班》能讓我們看見自己在許多方面都是康拉德的孩子，就算《吉姆爺》是你高中時代的惡夢，《曉班》也能讓你想把它拿起來重溫。

——約翰．鮑爾斯，美國全國公共廣播電台

此書在形式上是約瑟夫．康拉德傳記，但事實上她藉由康拉德在述說世界史的一整個階段……瑪雅．加薩諾夫讓我們能以二十一世紀的角度審視康拉德。

——《洛杉磯書評》

康拉德的人生故事已經被說過很多次，但瑪雅．加薩諾夫這本書因其生動又富想像力的內容脫穎而出。

——《星期日泰晤士報》

瑪雅．加薩諾夫的傑作……她是年輕一代最才華洋溢的史學家之一，寫出我們這時代關於殖民主義最重要的著作之一。

——威廉．達爾林普，《衛報》

推薦序

在二十一世紀看康拉德的預言

羅伯特．漢普森

今天，我們對約瑟夫．康拉德的認識大概最主要就是《黑暗之心》作者；他以自身的剛果經驗寫出兩部故事，這是其中之一。一八九〇年五月六日，他在布魯塞爾簽下三年合同，預備成為河輪「佛羅里達號」的船長（且有機會參與探索內陸的探險活動）。他在六月十二日抵達剛果波馬港，踏上溯河前往金夏沙的旅途，此時離他從「奧塔哥號」辭去人生第一個船長職已有一年多。他兒時熱中閱讀探險故事，還會在老舊地圖書的空白處仔細追蹤歐洲人在東非大湖區繪製地圖的進度，他這時想必是圓了童年夢想。馬羅在《黑暗之心》裡講述自己非洲之旅開端的情節，康拉德一共利用他在布魯塞爾與利奧波德國王公司代表會面情況、他沿西非海岸往下航行的經歷，以及他去金夏沙走的陸路（共走了三百七十公里路，在八月二日抵達目的地）等親身經驗來寫成。康拉德不可能預料在剛果會遭遇什麼，但這些遭遇改變了他的一生。後來，他感到自己在此之前只是個「畜生」：在親眼見到利奧波德手下各個公司對當地人的奴役與屠殺之後，他本身與其政治觀點都因此覺醒。

康拉德十六歲離開波蘭，之後以馬賽為家待了四年。期間他為了進入商船水手這一行而以見習身分出海去了三次西印度群島，同時愜意享受法國港口的生活。一八七八年他二十一歲，法國船不再讓他上船工作（因為未在俄國服完兵役），於是他開始在英國商船上討生活。接下來幾十年，他數次出航澳大利亞、印度與東南亞，還以「維達號」大副身分四度往返於新加坡與婆羅洲、蘇拉維西等地無數荷屬東印度小港之間。最後這四趟行船在他後來的作家生涯裡非常重要，提供他頭兩本小說《奧邁耶的癡夢》與《海隅逐客》以及數部短篇故事的寫作材料。在回憶錄《私記》中，他寫到在倫敦租屋居住時，那些他在婆羅洲遇到的人物如何重返他的記憶：奧邁耶、奧邁耶的妻女，「然後是帕塔尼族（Patani）其他的人」。對康拉德來說，這些吵吵嚷嚷吸引他注意的阿拉伯人、馬來人與海峽殖民地華人，都證明「神秘的同胞之情將世上所有生靈結合在一個希望與恐懼的群體裡」。正是這樣的信念，對「凡人眾生，不管他們生活在何地，住的是房屋或帳棚、是在霧氣籠罩的街道、還是被陰鬱紅樹林黑影遮擋的叢林」顯露的共情，這是康拉德在他第一本書序言裡提出的主張，也是他寫作生涯依循的指引。

瑪雅．加薩諾夫勇敢追循康拉德在剛果走過的路，親身體驗這個比利時殖民所留下的千瘡百孔國家。她正確強調出《黑暗之心》能讓當代讀者一窺權力如何在不同大陸、不同人群間運作，也詳細說明康拉德在非洲的經驗，以及利奧波德的殖民活動實際上如何進行。《黑暗之心》初版時，向英國讀者揭露那些以「文明教化」為名在剛果實施的暴行，告誡他們不要相信這類霸權干涉背後有任何可取「思想」。利奧波德將一片土地命名為「剛果自由邦」（這命名帶著些許玩世不恭），而比利時卻在此戕害人權；人們常忘記，在E．D．莫瑞爾開始在報章雜誌對此展開抨擊之前，早幾個月《黑暗之心》就已在《布萊克伍德雜誌》連載。和康拉德另一部非洲故事〈進步的前哨站〉一樣，《黑暗之心》也寫出帝國主義怎樣在基層運作——以及帝王、政客和記者等人言論所描繪的畫面距離真相是多麼遙遠。

不過，瑪雅．加薩諾夫是透過另一趟全然不同的旅程，從香港越過印度洋航向英國，以洞察康拉德與二十一世紀當代世界的關聯性並加以解釋。這趟旅程同時也賦予本書勾勒的脈動：也就是康拉德在成為職業作家之前，身為水手的他從甲板或艦橋上看見「一個全球各地互相關聯的世界」，亦即我們現在所居的這個世界，「逐漸顯現」。成為作家後，在他所寫的小說裡，康拉德重訪航海歲月曾去的地方，非洲、印度、模里西斯、東南亞、澳大利亞，還有那些他大概只匆匆一瞥的地方（例如《諾斯楚摩》的南美洲）。此外，他從海上歸來時以倫敦暫時為家，在其他的旅程裡到過日內瓦和法國某些地區，這些也都呈現於他的小說裡。他從未前往《西方眼底》的俄國，但藉由俄國文學來認識俄國，也認得俄國是宰制兒時波蘭的帝國占領勢力。簡言之，如加薩諾夫所言，他是「全球化世界裡的公民」。

然而，康拉德身為波蘭人的部分也實在不可忽視。他雙親對波蘭獨立運動自發的犧牲奉獻是他人生無法磨滅的經驗，這也浮現在他晚年為波蘭請命的政治熱情裡。加薩諾夫巧妙援引柯爾澤尼奧夫斯基家族背景，以及康拉德幼年成長環境中的文學運動、政治奮鬥、警力監控與流刑等歷史脈絡。康拉德在英國商船工作的歲月裡以倫敦為居所，這又是一個非常不一樣的世界。倫敦就像巴黎，這座城市經歷過大規模改建，拆除市區貧民窟、鋪設新的寬闊幹道。同時，倫敦也像加薩諾夫所形容，是「全世界的『某處』組成的蛛網」中心。更重要的是，她觀察到當時英國以收容政治難民而自豪：沒有限制、不須護照與簽證。康拉德唯一一本以倫敦為背景的小說《密探》裡大部分角色都是外國人，這點頗值得注意。康拉德寫這部小說的背景是因為寫作不久之前，右派政治人物與報章雜誌進行宣傳活動，反對逃離俄國反猶屠殺的東歐人抵達英國，導致一九零五年的《外國人法》，自此英國移民政策從維護難民轉為維護邊界。

康拉德在英國商船上任職時，是眾多不同國籍船員中的一員，加薩諾夫很有眼光地強調出這件事。當康拉德開始在海上討生活，英國造船業正處於高峰，英國船東控制百分之七十世界貿易。但這一切都隨著帆船被輪船淘汰而改變。正如加薩諾夫所示，水手這一行地位低、薪水又少，而且充滿危險。海岸運煤船「海撈者號」是康拉德在一八七八年學英語的地方，它在一八八一年十月帶著全體船員葬身海底。一八八三年，「巴勒斯坦號」甲板發生爆炸，在蘇門答臘外海毀於火災，康拉德用這次經驗來寫短篇小說〈青春〉。文學界一開始將康拉德定位為異國風情小說作家。當時書評家還陶醉在吉卜林筆下的印度生活故事裡，直接就把康拉德視為同一種帝國主義風格的寫作者，為《奧邁耶的癡夢》裡兼併婆羅洲的行動喝采，完全誤解書中對歐洲殖民者的反英雄式處理。不出所料，在〈青春〉、〈颱風〉（背景在南中國海）和《水仙號上的黑鬼》（內容詳述從孟買到倫敦的航程，途中「水仙號」差點在好望角因暴風雨翻覆）出版後，康拉德的早期聲名又多出一部分：航海小說作家。

康拉德以南美洲為背景的小說《諾斯楚摩》是他筆下的全球化世界集大成，也是英語小說中討論全球化的傑作。這部小說靈感來自他與羅伯特．康寧安．格雷厄姆的友誼，呈現一個複合式的南美洲國家，該國過去曾長期受西班牙統治，而獨立運動領導人物卻是西班牙殖民者後裔，近年又遭英美兩國以挹注資本於公共建設計畫的方式進行新殖民主義式的侵略。加薩諾夫引述格雷厄姆在巴拉圭與阿根廷的一些經歷，為這本小說提供一些背景脈絡；她又詳述當時刺激康拉德動筆寫作的大新聞，也就是巴拿馬從哥倫比亞分離出來（以及美國干涉支持新國家成立）的經過。她呈現出一本起初欲探索十九世紀民族主義（如德義統一建國與南美洲爭取獨立的動亂所印證）的小說，最後如何成為一部預言書，預示著我們現在以後見之明所看到的「美國世紀」之降臨。

羅伯特．漢普森（Robert Hampson）

倫敦大學皇家哈洛威學院榮譽教授（Professor Emeritus, Royal Holloway, University of London）、倫敦大學英語研究中心研究員（Research Fellow, Institute for English Studies, University of London）。

推薦序

小說家也可以是歷史家

陳思仁／台北藝術大學通識教育中心兼任助理教授

「歷史進入小說」可以說是瑪雅．加薩諾夫在《黎明的守望人》一書中對康拉德小說的評論了。這裡的歷史指的是十九世紀末，由帝國主導下的全球化歷史。這個我們以為二十世紀末才出現的全球互相關聯的世界，實際上在康拉德的時代已逐漸顯現，並體現在康拉德個人生活經驗與小說中。於是，作者瑪雅藉由描述康拉德的個人生平而同時在本書中書寫出一部十九世紀末全球史，也藉由分析康拉德的小說，說明他理解到的歷史，最終，作為一位受到全球化進程影響的個人，作者認為小說是康拉德提出個人安身立命的傳聲筒。

二十歲初頭就栽進航海世界的康拉德，無論他在船上、在殖民地、在等待下一艘啟航船班的空檔期時所待的世界金融中心倫敦，都處在新科技——運河、鐵路、電纜——帶來的新世界，這個而今我們以「全球化」一詞描述的世界，是發生在以海洋為聯結的地理空間上，而這讓康拉德有機會在倫敦、阿姆斯特丹、新加坡、金夏沙、東南亞海域、印度洋、剛果河等港口與船東、船運代理者、船員、各地碼頭工人與搬運工人打交道，他看到物品的全球流通，以及流通背後的跨國勞動力與歐洲的壟斷與征服，這些運作出一個十九世紀末的全球化進程。儘管當時的康拉德無法名之這個世界、卻能以其小說掌握到，這就是作者瑪雅說的：「大英帝國已消失，康拉德的世界卻在我們的世界表面下散發微光。」

作者在本書中為康拉德作傳，同時鋪陳一部十九世紀末的全球史，讓讀者既可以看到一位亡國貴族的命運正與全球化進程交錯影響，又能了解康拉德的小說是反映了十九世紀末正在或已發生在全球各地的歷史。如作者認為康拉德立志「作為一個英國船員」，實則是倫敦當時是大英帝國全球海洋航線的中心地位，大英帝國擁有領先歐洲其他國家的船隻噸數，也不限制船員國籍身分，因此與其是康拉德選擇當一位英國船員，毋寧說是因為倫敦提供了外來移民者更多工作機會，可以說十九世紀末的倫敦，是今日任何全球化城市的寫照。倫敦的全球化還表現在它對歐洲革命份子以及各種政治革命主張的接納，這也是本書分析的第一部小說《密探》一書故事軸線。

當看似命運讓康拉德上船駛往東南亞時，這正是西歐帝國積極征服與殖民的區域，任何一位船員都會有機會到此見識帝國的遠東邊界。而康拉德日後負責在婆羅洲與蘇拉維西之間各港口運送物資（軍火與奴隸等），是因為婆羅洲已成為英國、荷蘭、西班牙等帝國與當地蘇丹統治者之間爭奪地盤與經濟利益的地方，這給當地帶來戰爭、叛亂與衝突，同時也成為海盜、走私或想尋求名利的人一個獲得成功的好地方。如同本書分析的第二部小說《吉姆爺》中的吉姆，即是在這樣地全球歷史機運下來到東南亞與婆羅洲，最後悲劇性死亡。這是一個正轉變成全球命運與共的世界，無人是孤島。

當康拉德前往非洲剛果擔任輪船大副，這次的歷史機運是由比利時國王私心所主導的帝國野心，本書討論的第三部小說《黑暗之心》一書源自康拉德個人經歷，作為一位歷史人物，他正在經歷剛果正要發生的壓迫與恐怖，因此小說以「黑暗」名之，是康拉德的歷史體認，而作者以比利時安特衛普建城故事比擬比利時國王對剛果殘酷統治的雷同，讓裝點著工業文明的安特衛普，透露出其歷史本質是殘忍與暴力，如此呼應康拉德在《黑暗之心》一書中對「文明與黑暗」的反思，以及黑暗野蠻是否是本性（人性）的質問。全球各地所發生的歷史，都無法不與歐洲帝國脫離關係，其背後動機無不是商品利益、帝國利益與在地權力結構糾結一起，有了這樣的歷史認知，則《諾斯楚摩》一書雖非出自康拉德個人經歷，卻能靠著朋友的口述經歷，而讓他寫出一本即將在中南美洲上演的政權革命、並預言美國帝國的誕生。

史學發展上，自新文化史學在史料上採取開放態度，讓研究歷史的材料沒有所謂優劣、可信與否的差異分別，如史家達頓曾應用過「童話」（口傳與印刷品）讀出十七至十八世紀法國農人的心態，因此小說文學是否適合以及可否作為研究歷史的材料，已無須贅言探討。然而，研究小說文學的史學目的為何？它可以讓我們瞭解甚麼歷史？哈佛大學歷史學庫利奇講座教授瑪雅・加薩諾夫在《黎明的守望人》一書中提供了一個觀點：每位小說家都是歷史人物，每一位歷史人物包括你我都深受世界變化影響，儘管可能未能名之，但有些人會以小說形式、童話、歌謠、影視等媒介表達他們所意識到的世界，如小說家是藉由小說中人物的行動表達他理解到的「歷史」。

作者瑪雅在本書就是將康拉德視為歷史人物，認為他以小說形式捕捉到他理解的當下歷史，即帝國下的全球化。因此，呼應美國史家貝克（Karl Becker）所言「人人都是他自己的歷史學家」，那麼康拉德不過就是以小說形式作為一位歷史家書寫歷史。然而，要如何證明康拉德小說中的「歷史」，幸好歷史學家長期對這段歷史有相當多基礎研究，提供了作者瑪雅描繪出一幅十九世紀帝國－殖民史、帝國主導的全球史，以及科技帶來的衝擊等歷史背景，以便讀者理解何以康拉德小說是以全球性為空間布局，以及理解小說中人物的命運是如何受到帝國主導的全球化影響，小說人物的行動與其結局，都源於帝國勢力對全球商品的掠奪所帶來的破壞、壓迫，及改變當地權力結構也影響歷史上任何一個人的命運。

十九世紀末歷史專業化後，史家傾向在小說與歷史之間劃一條界線即「虛」與「實」，往往將小說列為虛構性而不具參考價值，最多討論小說的「虛中實」。這種二分法只是專斷認為唯有受過專業訓練的史家寫的歷史才是「史實」，但事實上，史家不也需借用語言中的過去時態、客觀性語言以及「論說形式」捕捉過去的經驗。《黎明的守望人》一書並未陷入這種「虛」「實」二維對立思維，作者直接認定小說的世界就是康拉德經驗到的歷史，亦即康拉德只是以「小說形式」，傳達出其對歷史的理解：人是在行動中創造歷史，但通常不是在他可以選擇的歷史條件下創造歷史（本書第四十六頁中一段話的改寫），所以虛構一個小說人物的命運不過是為了描繪那段正在發生的歷史條件（即帝國主導下的全球史）。康拉德的歷史視野讓他掌握到帝國正在形塑的全球聯結的世界，小說家若要成為歷史家，需要具備的也是這種歷史視野。

導讀

暗夜的主人，黎明的訪客

——康拉德預見於全球化的歧路，他的人生故事留給後世許多待解的難題

鄧鴻樹／台東大學英美語文學系副教授

一九二三年四月七日，《時代雜誌》首次以小說家作為封面人物，獲此殊榮的風雲人物就是英國作家康拉德，當時「英語文壇地位最為崇高的作家」。

康拉德是現代英國文學的奇葩：他是波蘭人，原本是船員，跑船近二十年後才改行專職寫作。成長期因戰亂影響，並未接受正規教育；不過，在船上自學英語十餘年，便以「第二外語」寫小說（他的法語比英語好），最後竟成為異國的文豪。

康拉德寫作場域橫跨歐亞非三大洲，被冠上「七海遊俠」的稱號。獨特的航海生涯與移民背景賦予他寬廣的國際視野，促使他省思國族與人性的議題。《黑暗之心》、《吉姆爺》等代表作運用複雜的框架敘事，開創印象派現代小說，對後世作家影響深遠。從毛姆乃至石黑一雄等風格迥異的作家，皆深受康拉德影響。海明威也是康拉德書迷，年輕時曾表示：「我所讀過的書沒有

一本能像康拉德的書那樣讓我很有收穫。」

寫作的歷史宿命論

康拉德寫道：「每部小說都含有自傳成分」。他的作品最大特色就是所塑造的真實性並非憑空杜撰，而是源自親身經驗與真實事件。哈佛大學歷史學者瑪雅・加薩諾芙認為，康拉德自傳式寫作其實蘊含深層的歷史動向。康拉德「目睹了一個世界的誕生，一個全球互聯的世界」，從船員蛻變成移民作家的曲折過程，「實為全球化的最佳體現」。加薩諾芙指出，閱讀康拉德小說，虛實之間可見「一段從裡往外看的全球化歷史」。

《黎明的守望人》秉持新歷史主義的觀點，引領讀者窺探康拉德作品的時代意義：以「人物傳記的角度」解讀康拉德勾勒的全球化現象；以歷史的角度「從外往內」，解讀「他的抉擇以及環境替他做的決定」：

> 在他每一部作品裡面，無論是以何處為背景，康拉德都試圖理解全球化世界裡生活的盤根錯節：異鄉漂泊的道德與物質衝擊、多元種族社會裡的緊張與機會、科技變化導致的破壞。康拉德意有所指地挑戰西方個人自由的理念，相信人們永遠無法從更強大的外在力量的束縛裡真正解脫，並認為就算是最自由的意志也可能受制於所謂「命運」。

康拉德親身經歷帝國主義的殘酷、跨國經濟的貪婪、科技工業的顛覆與政治狂熱的盲目，他的人生故事與所創作的故事，就是大時代的故事。因此，康拉德本人與其作品人物所歷經的困境——所謂無從解脫的「黑暗之心」——皆為有跡可循的歷史難題。讀者若能追尋康拉德腳步，探究他的人生境遇，就能追溯「命運」的歷史原型，亦能更加了解當代人生所面臨的挑戰。

悲觀視野的文化因素

康拉德作品的主要人物幾乎都擺脫不了命運的枷鎖，深陷「兩害取其輕」的抉擇。加薩諾芙發現，康拉德作品的重要角色皆「在流離失所、疏離、與絕望中掙扎」；綜觀其作，竟然「共有十七個人物最後自殺」。《黎明的守望人》以國族、海洋、文明、帝國等四大角度，鉅細靡遺地剖析造就出康氏悲觀視野的文化因素。

本書第一部探討康拉德「無家亦無國」的出身，闡釋他日後注定會如筆下人物，一輩子飽受離散之苦。他年輕時之所以遠離家園，走向大海，乃時代變局所迫：「康拉德其實已經漂泊了一輩子。航海只是讓概念成為現實而已。」

第二部敘述康拉德海洋人生所隱藏的時代背景。在以蒸汽機為主的工業時代，他終其一生試圖創造一個守住傳統的帆船神話。舊時遍布各大洋的帆船是「一個就算再也找不回卻也必須繼續追尋的理想」。

第三部檢視康拉德作品最受人推崇的主題：文明。他寫作的對象雖為歐洲人，寫出的作品卻悖離歐洲中心主義。加薩諾芙詳盡說明十九世紀瓜分非洲的時代背景，讓讀者更加體認康拉德獨特的文明觀：「發生在此與發生在彼的事情其實本質相連。任何人都可能是野蠻人。任何地方都可能變得黑暗。」

第四部深入解析康拉德傳世巨作《諾斯楚摩》所描寫的「一個全新而冷酷無情的事實」：崛起於全球化洪流的跨國政經勢力。《諾斯楚摩》揭露康拉德對政治感到的悲觀無助：「甘願也好，不甘也罷」，無人能逃離物質利益的掌控。

「宿命支配人世」

《諾斯楚摩》敘述一個虛構國家歷經革命戰亂的波折，建國的成功象徵物質主義的勝利。如加薩諾芙指出，這本小說雖然是康拉德唯一並非改編自親身經驗的作品，卻異常真實地寫出他航海生涯造訪過的每一個角落。這些地方已被物質利益滲透侵蝕：「能夠善終的人物只有輪船船長、鐵路生意人、以及金融家——代表全球化的命運三女神。」

康拉德曾對哲學家朋友羅素說：「我從來在任何人的書或任何人的話裡都找不到一點可信的東西，能暫時動搖我根深柢固的『宿命支配人世』的想法。」這番話讓讀者想起《吉姆爺》的康氏宿命論。面對陰晴不定的大海，剛入行的年輕水手吉姆意識到人生受制於某種致命力量：

冒險犯難與驚濤駭浪的危險潛藏許多暗處，偶然間才能於事實的表象瞥見一股不祥的強橫意圖——某種強加於人心、無法形容的東西；糾葛的意外與狂暴的原始力量朝他而來，懷抱著恨意、勢不可擋、顯露不受控制的殘酷……這股意圖想要打碎、破壞、毀滅他所見過、遇過、愛過、嘗過、或恨過的所有事物……

《黎明的守望人》的讀者恍然大悟：吉姆所察覺的力量，就是歷史的無情力量，支配著康拉德船員兼作家的雙重人生。他的人生哲學的成形並非經由抽象思辨，而是與充滿苦難的現實人生密不可分。

康拉德將人生故事化為小說，所敘述的困境，就是每一位現代人可能遭遇的困境，有待讀者繼續反思如何力挽狂瀾。只有親身探訪黑暗之心，才能於黎明時分回顧暗黑的不祥，才能預見曙光乍現之可能。

導讀

黎明的守望人：康拉德的人生之旅

林志龍／國立中興大學歷史學系副教授

有很長一段時間吉卜林是大英帝國的文學象徵，他年少的印度經驗提供創作的泉源，他以英國人的身分歌頌帝國也反映了身處的時代。蕭邦有鋼琴詩人的美稱，他長住法國，對祖國波蘭的舞曲創作卻有重要貢獻，每年在華沙舉行的國際鋼琴比賽以蕭邦之名舉辦。蕭邦活躍於十九世紀前半，吉卜林出生前便已去世，兩人生平沒有交集。蕭邦的故鄉波蘭是中歐古國，近代無法對抗俄奧和普魯士三大強權慘遭瓜分，雖於拿破崙橫掃歐陸時趁勢再起，還是遭到俄國鎮壓。波蘭的歷史與歐陸強權連結，尤其是十九世紀之後和法國有著緊密關係，與海上霸權英國較為遙遠。吉卜林和蕭邦，英國和波蘭，乍看之下沒有交集，康拉德在波蘭出生，長居英國以英文寫作，就是如此撲朔迷離的存在於世間。

康拉德家族是波蘭的貴族地主，但在俄國占領下已經沒有政治影響力，依存土地的農業經營也跟不上產業革命的步伐。父母為波蘭獨立而奮鬥，甚至付出生命，真正在經濟上支持康拉德的舅舅逐利而不顧文學與政治，康拉德成長於俄國強力鎮壓波蘭民族主義，新興工業凌駕農業，舊時代的土地是他的成長背景。

波蘭沒有海洋產業的傳統，康拉德揮別故鄉，投身商船工作無疑是人生的一大轉折，但在他的文字寫作仍可見到父執輩在故鄉身為受壓迫者對抗權力：早期的《密探》以異邦人聚集的倫敦為背景，異議份子反抗政治權威，對抗資本主義體制，破壞錙銖計較的計時系統，從中牽扯複雜的家庭關係，以現實的大都會反映了康拉德的成長背景；晚期作品描繪中南美洲人民對抗強權，回應康拉德友人的浪漫主張。跑船充實他的視野，使得他能鉅細靡遺描繪海上生活。他隱然陶醉在過往時代，歌頌正在衰退的風帆船隻，早期的東南亞見聞成為他海洋文學創作的泉源。其中西方船隻作為文明交流的利器，凸顯西方科技的威力，《吉姆爺》的主角躊躇於嚮往的東方世界，自負但卸責，不啻為白人優越感的象徵，最後的犧牲代表更加投入這塊土地，但仍是高高在上的他者。康拉德為了當上船長，前往比利時控制的剛果工作，目睹歐洲文明最黑暗的一面，成為《黑暗之心》的創作依據。無論他的文字如何緊扣時局，見證所謂「西方文明」如何蹂躪勢力入侵之地，他都選擇旁觀，像是遠離祖國之後，以後來習得的英文，描述他不會真正融入的異鄉，波蘭和長期定居的英國，從不是創作的主題。

吉卜林歌頌大英帝國，以帝國一份子為傲，筆下英國治理的芸芸眾生千姿百態，襯托帝國盛世。康拉德描繪帝國，筆下主角身處帝國卻無法擺脫過往，冷眼旁觀不願歸屬，追根究柢似乎遙指故國波蘭，政治受到俄羅斯帝國支配，貴族地主因產業轉型沒落，因此受壓迫者不願歸屬為帝國成員。康拉德被迫出亡，他選擇了飄泊的職業，以疏離的文字書寫各地見聞，卻不願投入其中，在邊陲緊依舊時代，見證野蠻新世界的來臨。康拉德的同胞蕭邦客居他鄉，終身不忘祖國；康拉德的故鄉回憶隱身於異國文字，與他的遊歷化身為小說創作，從不明言也不參與實務。他們用不同方式陳述生命的苦難，因此吉卜林視帝國為光榮，康拉德視其為壓迫。康拉德身處異邦，跟他的主角一樣在黑暗中孤身奮鬥，心中或許盼望惡夜結束，卻不知黎明何時到來。

獻給與我一同旅行的朋友們。

「我就是這世界，現在來拜訪你。」

——約瑟夫・康拉德，《勝利》，一九一五

黎明的守望人：殖民帝國、人口流動、技術革新，見證海洋串起的全球化世界

目次

康拉德的旅行
馬來西亞
新加坡
布隆岸
柏勞
婆羅洲
棟加拉港
門托克
馬辰
蘇拉維西島
蘇門答臘
勞特島
爪哇海
三寶壟
爪哇
沃洛格達
俄羅斯
本區細節參考左方圓框
北海
倫敦
勒哈佛爾
伊斯坦堡
印度
孟買
加爾各答
曼谷
南海
新加坡
赤道
本區細節參上方圓框
史坦利瀑布 (基桑加尼)
剛果
馬塔迪
利奧波德市 (金夏沙)
波馬
路易港
模里西斯
印度洋
澳洲
南大西洋
好望角
阿德雷
雪梨
墨爾本
塔斯馬尼亞
© 2017 Jeffrey L. Ward

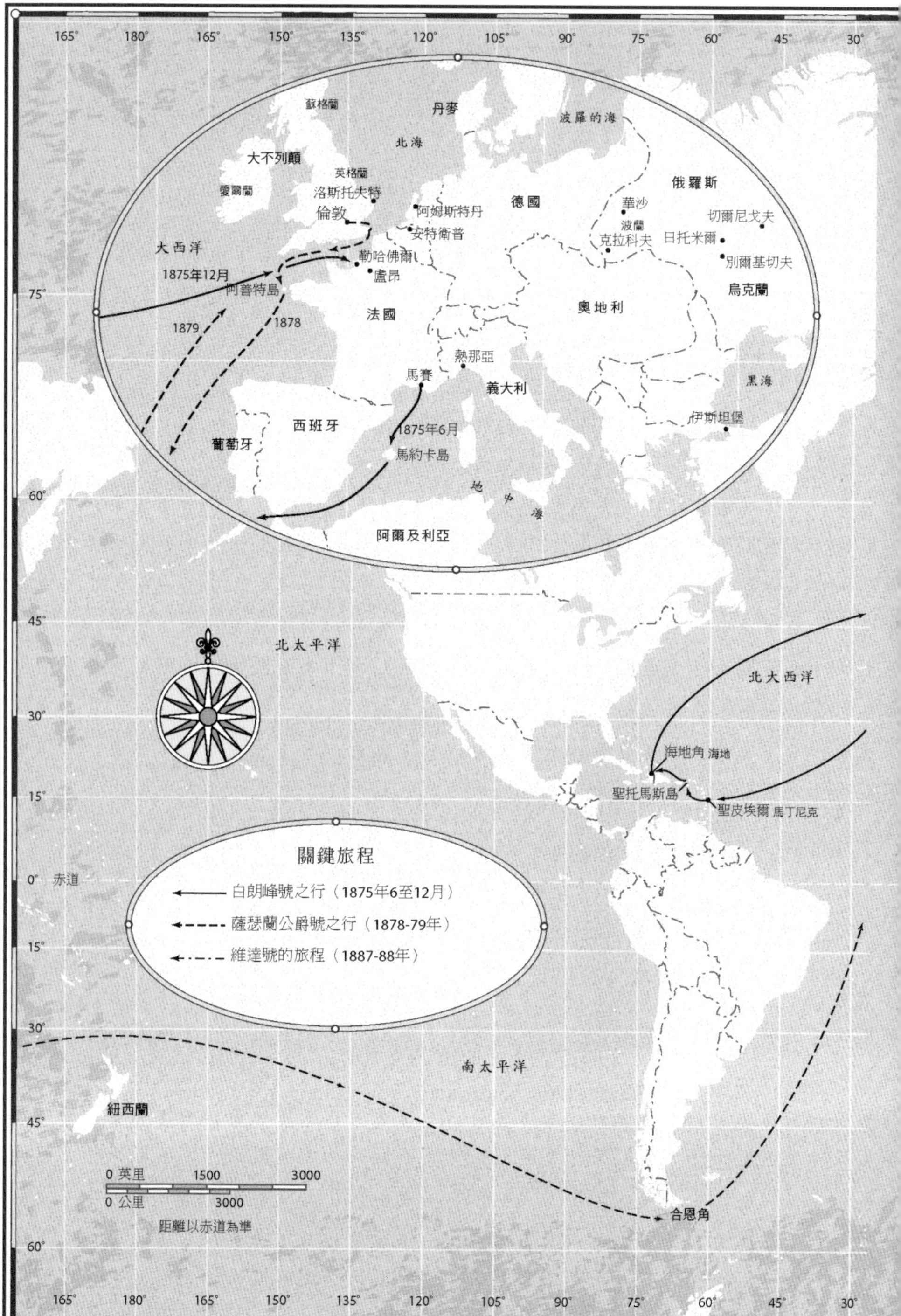

165°
180°
150°
135°
120°
105°
90°
75°
60°
45°
30°
蘇格蘭
丹麥
北海
波羅的海
大不列顛
英格蘭
愛爾蘭
洛斯托夫特
倫敦
阿姆斯特丹
安特衛普
德國
俄羅斯
華沙
波蘭
克拉科夫
日托米爾
切爾尼戈夫
別爾基切夫
烏克蘭
大西洋
1875年12月
阿普特島
勒哈佛爾
盧昂
1879
1878
法國
奧地利
熱那亞
馬賽
義大利
黑海
伊斯坦堡
西班牙
葡萄牙
1875年6月
馬約卡島
地中海
阿爾及利亞
北太平洋
北大西洋
海地角
海地
聖托馬斯島
聖皮埃爾
馬丁尼克
關鍵旅程
白朗峰號之行（1875年6至12月）
薩瑟蘭公爵號之行（1878-79年）
維達號的旅程（1887-88年）
0° 赤道
15°
南太平洋
紐西蘭
0 英里 1500 3000
0 公里 3000
距離以赤道為準
合恩角

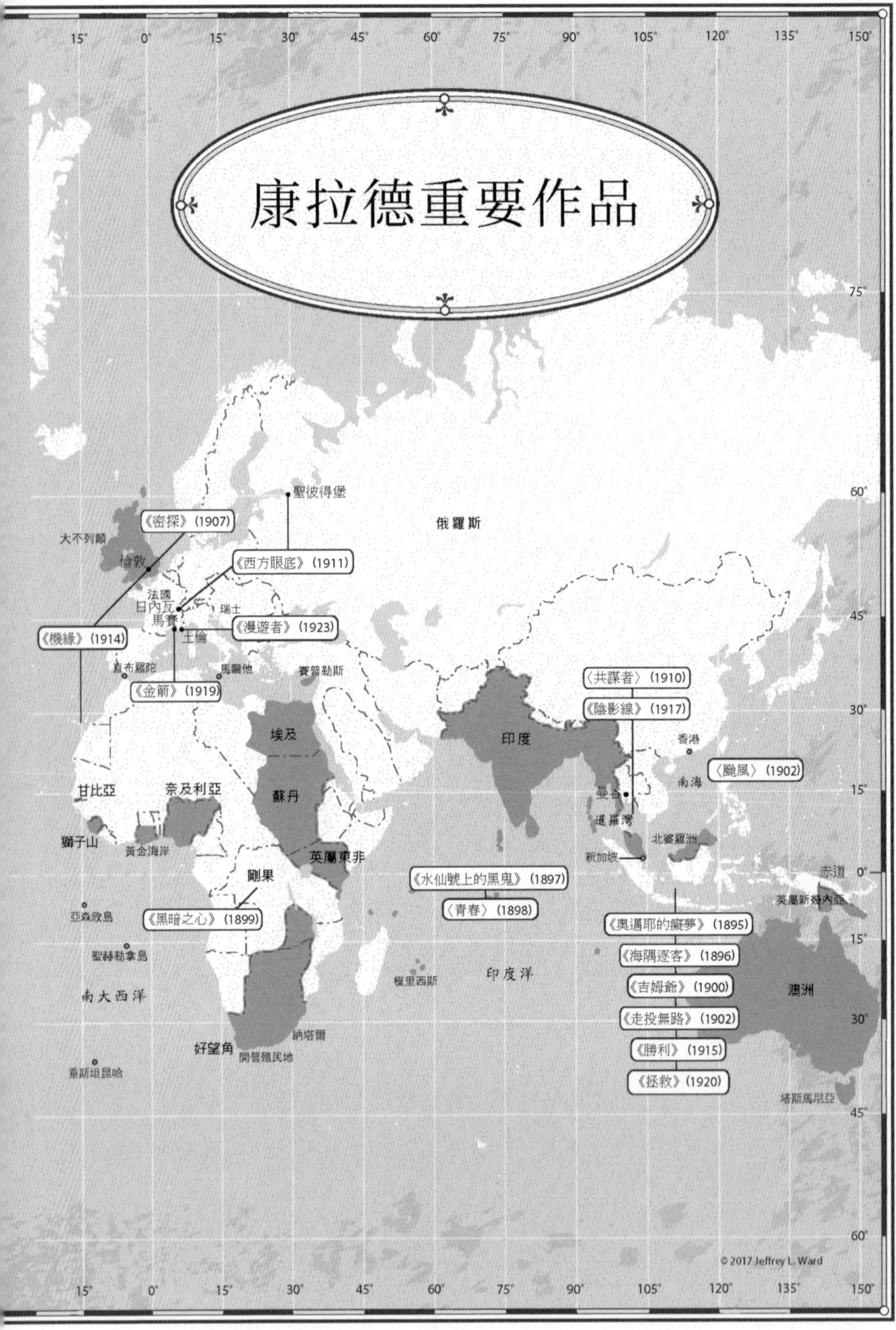
康拉德重要作品
聖彼得堡
俄羅斯
大不列顛
《密探》(1907)
倫敦
《西方眼底》(1911)
法國
日內瓦
瑞士
馬賽
《漫遊者》(1923)
土倫
《機緣》(1914)
直布羅陀
馬爾他
賽普勒斯
《金箭》(1919)
埃及
印度
〈共謀者〉(1910)
《陰影線》(1917)
香港
〈颱風〉(1902)
南海
曼谷
暹羅灣
甘比亞
奈及利亞
蘇丹
獅子山
黃金海岸
英屬東非
北婆羅洲
新加坡
剛果
《水仙號上的黑鬼》(1897)
〈青春〉(1898)
赤道
英屬新幾內亞
《黑暗之心》(1899)
亞森欣島
《奧邁耶的癡夢》(1895)
《海隅逐客》(1896)
聖赫勒拿島
模里西斯
印度洋
《吉姆爺》(1900)
澳洲
南大西洋
《走投無路》(1902)
納塔爾
好望角
開普殖民地
《勝利》(1915)
垂斯坦昆哈
《拯救》(1920)
塔斯馬尼亞
© 2017 Jeffrey L. Ward

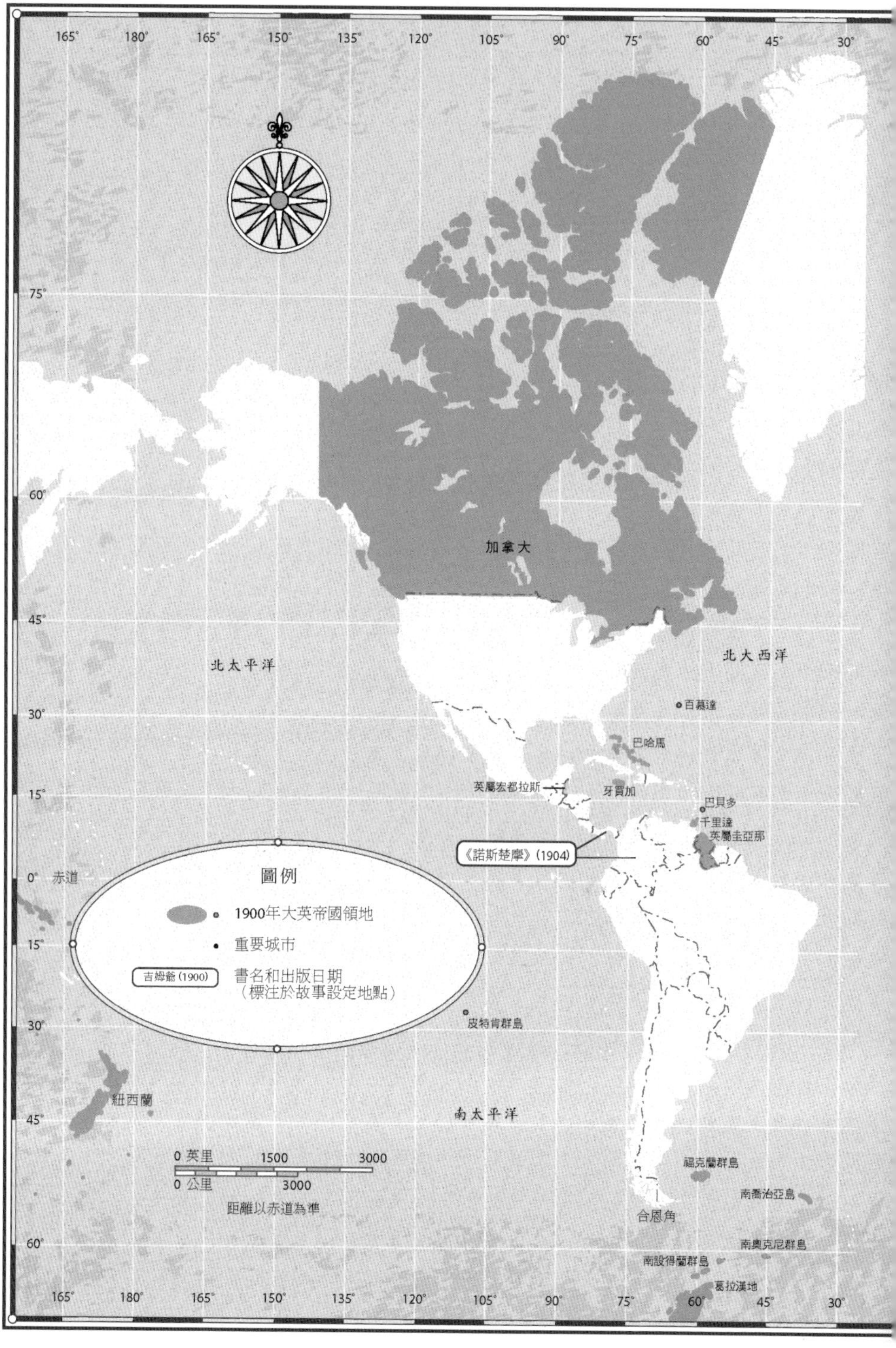

加拿大
北太平洋
北大西洋
百慕達
巴哈馬
英屬宏都拉斯
牙買加
巴貝多
千里達
英屬圭亞那
《諾斯楚摩》(1904)
赤道
圖例
1900年大英帝國領地
重要城市
吉姆爺(1900)
書名和出版日期
(標注於故事設定地點)
皮特肯群島
紐西蘭
南太平洋
0 英里 1500 3000
0 公里 3000
距離以赤道為準
福克蘭群島
南喬治亞島
合恩角
南奧克尼群島
南設得蘭群島
葛拉漢地

前言 屬我族類

要去剛果是一件很困難的事，那裡東邊正在打內戰，南邊有個被國際採礦公司硬從地圖上挖出來的「影子國」，首都金夏沙的政治抗議活動也有愈演愈烈的趨勢。從許多方面來說，剛果民主共和國都是天底下最混亂不堪的國家。該國雖富藏天然資源，卻被擺在聯合國人類發展指數接近最底部位置，且它的人均國民總收入全球倒數第二[1]。我的旅遊指南裡這樣說：「這是一片面積廣大的黑暗角落，地理上與精神上都是如此。……這裡的人一直在與自己的心魔作戰，也一直在與整個自然環境作戰。」[2]換句話說，那裡就是黑暗之心，而這就是我想去那裡的原因。

頭一件事，我需要簽證，為此我得從剛果的某人那裡取得一份公證過的「Prise en Charge」，即贊助保證書。透過金夏沙的中間人，我總算收到一份黃色文件，上頭滿布著紫色、綠色與藍色印章和簽名，數一數總共有二十四個，包括內政部、外交部、移民局局長、公共事務局、移民警察、市長辦公室，以及好幾個公證人、行政官員和單位主管，有些印章帶有山獅與長矛的圖樣。這東西花了我不只五百美金。

我將簽證申請書送去華盛頓，訂了兩個多月後的機票，然後開始計畫要在那兒做什麼。我去找每一個想得到可能跟剛果有點關係的人，再去找他們建議聯絡的對象。我跟一間膽大的旅行社擬出一套行程，他們會用飛機載我到內陸深處的基桑加尼，接著搭船沿著剛果河的大彎駛上一千六百公里回到金夏沙。這趟旅程會花掉一大筆錢，雖然食衣住行都只有最簡陋的程度，但他們告訴我說，一個西方女性遊客要能在世界最少人觀光的地方安全旅行（隨扈全職隨行）就得付出這種代價。

我在大學裡一個叫做「全球支援服務」的辦公室見了一位男士，他坐在鋪著辛巴威國旗的桌子後面，交給我一份安全簡報和醫療撤離計畫，並建議我每樣東西都要上兩道防水，把錢貼身綁在腳踝上，隨時隨地保持警覺，且要做好任何物品都可能被偷的心理準備。然後，他走去開櫃子拿了個禮物給我：蚊帳。

萬事俱備，但經歷數個月申辦程序之後我依然沒有拿到簽證。華盛頓的使館說他們還在等金夏沙的外交部許可，於是我又多花了印章錢。我認識的人幫我去催他們認識的人，但一切文風不動。我得知簽證延遲是對方有意為之，因為他們不准任何美國人踏進國門。

多虧我碰巧與剛果使館裡某個工作人員拉上線，我的簽證終於發了下來；那天是新學期的第一天，所以我得等到課程結束才能離開。於此同時，剛果的政治危機一觸即發，約瑟夫·卡比拉總統任期行將屆滿，但他卻拒絕排定大選日期。反政府的抗議活動讓金夏沙一片混亂，將近五十人遭到維安部隊射殺、砍殺，或是活活燒死。計程車司機不願從機場載客到市中心，因為害怕遭到攻擊。美國國務院下令外交人員的家屬撤離，歐盟則計畫實施制裁[3]。旅行社建議我，如果還是決心走這一遭，最好得在總統預定卸任（或是拒絕卸任而引發更嚴重的暴動）之前離開該地。

這下子我只剩三週時間。我帶著蚊帳與旅遊指南，把錢塞進鞋子裡，上傳剛果倫巴音樂（即「蘇庫斯」）至播放清單，啟程前往機場。

一百多年前，一位名叫康拉德．柯爾澤尼奧夫斯基的波蘭水手也想去剛果，他的行程一再推遲彷彿要等到天荒地老，卻在突然間一夕成行。他在一八八九年十一月前往一間總部位於布魯塞爾的公司面試，應徵剛果河的汽船船長職位。對方答應給他工作，卻不理睬他事後的詢問信件；當他再次親自登門詢問，對方則要他再等下去。經過六個月懸而未決、沒消沒息，康拉德終於接獲職位開缺的通知，要他在一週內啟程前往非洲。

「你知不知道我匆忙到了見鬼的程度！」他寫信給一個朋友，「真想讓你看看那麼多的錫盒與左輪槍、高統靴與溫柔的道別……有多少藥罐與綿綿情意的珍重再見。」[4]康拉德原本預計在剛果待三年，但只在金夏沙與基桑加尼之間來回航行一趟之後就撒手不幹。他在剛果見識到歐洲統治者駭人聽聞的貪婪、殘暴與表裡不一，最後是在心理與道德雙重絕望中離開非洲。九年之後，他將親身經歷化作一部名為《黑暗之心》（一八九九）的小說，那時他已在英格蘭定居，且將名字改為英式的約瑟夫．康拉德。

我之所以要去剛果，是想盡我所能去看康拉德當年所見——因為康拉德的見聞在那之後塑造了太多人的見聞認知。《黑暗之心》至今仍是讀者最多的英語小說，此書改編的電影《現代啟示錄》又將康拉德的故事帶給更多人。「黑暗之心」一詞已經有了自己的生命，康拉德的書成為思考非洲與歐洲、文明與野蠻、帝國主義、種族滅絕、喪心病狂等課題的試金石，而這些都是有關人性的課題。

該書也成為衝突的引爆點。在一九七〇年代，奈及利亞小說家齊諾瓦·阿切比公開批評《黑暗之心》是「一本極不尊重且全然可憎的書」，裡面充滿貶低非洲與非洲人的刻板印象[5]。阿切比還說康拉德是個「該死的種族主義者」。不久之後，一位名叫巴拉克·歐巴馬（編按：美國前總統）的美國與肯亞混血大學生遭到朋友質疑，要他解釋為什麼在讀「這本種族主義宣傳品」。「因為……」歐巴馬結巴說，「因為這本書能教我一些事，……我是說關於白人的事。你知道嗎，這本書並非全都在講非洲或黑人，它講的是寫這本書的那個人。歐洲人，也是美國人。一種看世界的特定方式。」[6]

我在綺色佳高中的英語課頭一次讀到《黑暗之心》，康拉德對歐洲帝國主義的憤世嫉俗批判態度看來既刺激又大膽。後來，我在哈佛帶著學生將這本書和阿切比的文章一起閱讀時，我開始理解康拉德觀點的價值所在，原因與歐巴馬一樣；不是要撇開康拉德的盲點，而是因為其價值正出自這些盲點。康拉德記錄了各大陸與各種族間權力運作的要素，這些要素在他開始寫作時就是值得關注的問題，其重要性至今依然。

而《黑暗之心》只是個開端。當我讀過更多康拉德的書，我發現自己一次又一次因他那「看世界的特定方式」的全面預言性感到不可思議。「九一一」事件以及伊斯蘭恐怖主義興起之後，我驚愕地記起那位在《黑暗之心》中譴責帝國主義的作家也寫了《密探》（一九〇七），以倫敦一場炸彈恐怖攻擊為主題。經歷二〇〇八年的經濟危機之後，我發現康拉德在《諾斯楚摩》（一九〇四）中描寫的跨國資本主義搞出的把戲，也每天登上新聞版面。當數位革命如火如荼進行時，我又發現康拉德在《吉姆爺》（一九〇〇）和其他許多作品裡，講述科技顛覆的後果如何影響他最熟悉的行業：船運。後來，當移民問題的爭論讓歐洲與美國陷入混亂不安，想到康拉德居然能以英語寫出**這些**作品，過去對他的讚歎與驚豔，再次浮上心頭——畢竟，英文是他的第三語言，成年後才開始學習。

康拉德的筆像枝魔杖，召喚出未來的精靈[7]。他是怎樣辦到的？康拉德為什麼能像加勒比海作家奈波爾所說的，總是「比我搶先一步，走遍天下」？一百年前，他到底如何能順利做到「思考我的世界，一個我今天認得的世界」[8]？如果能搞懂這點，我一定能學到一些重要的事，關於他的時代——以及我的時代。

我在橫越印度洋的半途中想到答案。那時我從香港搭乘達飛通運「克里斯多佛·哥倫布號」回英國，這艘法國貨輪每隔十一週往返於中國和北歐之間，船上載運量可達一萬三千三百四十四個六公尺貨櫃。這年頭幾乎沒有哪個人想要花四週搭船旅行，因為同樣的旅途搭飛機只需要不到十四小時。我刻意選擇走海路這種落後的旅行方式，是為了回到過去，以便好好體會康拉德生命與寫作的核心。

康拉德出生於一八五七年，地點是現在的烏克蘭，雙親都是波蘭人。他十六歲便離開深處內陸的歐洲心臟地帶，成為一名水手。從那之後二十年間，在他尚未發表隻字片語之前，他一直是專業海員，行程涵蓋加勒比海、東南亞、澳大利亞與非洲等地。這些航行經驗後來為他許多小說提供靈感，因此他常被人說是「海洋作家」，與赫曼・梅爾維爾齊名。

在「克里斯多佛・哥倫布號」上，我把所習慣的二十一世紀速度與連線通訊全部拋在腦後，過著沒有網路、沒有電話、沒有新聞的日子，成為一個全男性群體的一員，如同康拉德曾屬於的那群體。船上約有三十名歐洲船員與亞洲水手，他們的海上生活是以二十四小時全天候輪班來計算，同時倒數著下一個停泊港的天數。我們走的是世界最古老的商路之一，只是把過往載運的茶葉、瓷器、絲綢與香料換成裝滿廉價電器、塑膠製品和冷凍食品的貨櫃。我們在新加坡靠岸，我沿著河岸來回走了一趟，在當年的郵政總局外看見紀念康拉德的牌匾。我們在馬達嗡嗡聲中靜靜駛過同一片炎熱平靜的海洋，開往通航於一八六九年的蘇伊士運河，速度與一個世紀之前航行此處的輪船大約相同。歐盟的反海盜巡邏艦於非洲之角外海航行，但在康拉德的時代這片海域則是由英國海軍維持治安。

當我注意到愈來愈多類似處，我就發現自己把事情前後想反了；重點不在於我這趟「克里斯多佛・哥倫布號」之旅是個時代錯誤之舉，而在於康拉德是他那個時代的先鋒。從船隻甲板上，康拉德目睹了一個世界的誕生，一個全球互聯的世界，也就是我今天航行通過的世界。

歷史有如為當代所設的心理諮商：歷史促使當代談論上一代。因為「全球化」一詞是在一九八〇年代才開始盛行，我們很容易誤以為大部分與全球化有關的事物都出自那個年代或是更晚：經濟互助、邊界開放、人民種族多元且網絡化、國際機構與國際標準、舉世共享的文化指涉等等。不過，美國詩人華爾特·惠特曼所稱「現今三大成就」，全球連結的速度與範圍為之改觀的事件，早已見於康拉德的年輕時代，而非我的：「舊世界，東方蘇伊士運河／新世界強大的鐵路滋延蔓生／海中鋪設能說善道的文雅電線。」[9]康拉德的船與載著來自歐洲與亞洲移民的海輪並肩停泊，人口運送規模前所未見；越洋電纜沿著康拉德的航線鋪設，傳播新聞的速度史無前例地超越口耳相傳。每趟航行之間他落腳於倫敦，一處全球性的金融市場，與世界融為一體的盛況，直到一九八〇年代才又重現[10]。

康拉德不會聽過「全球化」這個字眼，但他從帝俄偏鄉橫渡汪洋抵達英國新家的旅程，實為「全球化」的最佳體現。他利用個人經驗與真實事件，將自身的全球性觀點注入小說中。亨利·詹姆斯將康拉德的天賦才華說得很清楚：「針對思想而言，從來沒有人能了解你所知道的事情，你是這一切的藝術家，你的權威至今無人能及。」[11]正因如此，康拉德筆下勾勒的世界地圖看起來與同期作家非常不同。康拉德常被拿來與魯德亞德·吉卜林這位大英帝國有實無名的桂冠詩人做比較：吉卜林的小說故事發生在地圖上塗成紅色的區域，也就是受英國統治的地方；但康拉德沒有一本小說是以英國殖民地為背景，就算那些以英國本土或英國船隻為場景的小說通常也都以非英國人為主角。康拉德將小說之網，籠罩歐洲、非洲、南美洲與印度洋。他也在網眼中穿梭遊走。他將讀者帶往「電報纜線與郵船航路盡頭之外」的地方，登上那在快輪旁邊緩慢行駛的帆

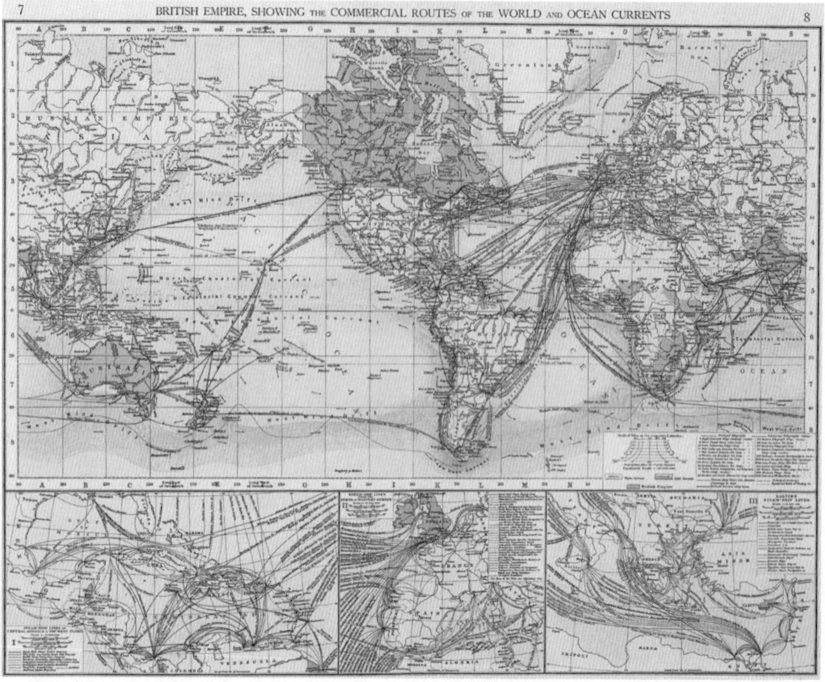

一九〇〇年帝國擴張與全球網絡，英國殖民地以灰色標明。

船，進入「存在於世界失落的角落，被人類放逐的人群」[12]之中。

大英帝國早已消失，如今已沒多少人還在讀吉卜林的作品。但康拉德的世界卻在我們的世界表面之下散發微光。今天，網路纜線在海床上與老舊電報線並排躺臥，康拉德書中人物的低語，也回響於新世代反全球化的抗議者與自由貿易的支持者、自由國際主義者與激進恐怖主義者、提倡社會正義的激進分子與排外的本土主義者的耳邊。況且，要說現在足以用來象徵全球化的事物，沒有什麼比得過貨櫃船，因為它讓運輸變得極其價廉；如果我們在蘇格蘭抓魚，送到中國去骨切片，然後再送回歐洲銷售，花的錢會比直接在當地僱工人動手還要少。世界貿易有百分之九十都藉由海運完成，與過去相較，船隻與船員更處在全球經濟的核心[13]。

簡言之，我在康拉德的人生與小說裡所找到的是一段從裡往外看的全球化歷史。接下來，我得找到一個描述的方式。

我在本書啟程探索康拉德的世界，身上帶著歷史學家的羅盤、傳記作家的地圖，以及小說讀者的領航六分儀。我述說他的生平故事以連結歐洲、亞洲、非洲、拉丁美洲，以及它們之間大洋的歷史，並探討康拉德的四本名著是怎麼說這些地方：《密探》、《吉姆爺》、《黑暗之心》與《諾斯楚摩》。

「所有關於我在那遼闊世界裡的人生，都能在我書裡找到。」康拉德曾說[14]。早在康拉德生前，評論家理查德．庫爾和熱拉爾．尚奧布里已在康拉德首肯之下出版他早年旅行紀錄，並解釋這些經驗對其作品的影響。晚期最具洞察力的評論家如愛德華．薩伊德和伊安．瓦特也清楚知道，詮釋康拉德小說的關鍵，就在於把它們當傳記來讀。然而康拉德出的這道題可不好解，他讓人誤以為某些故事是自傳，但實際上並非如此；而且，他部分隱藏自己的過去，部分的過去因而為之改觀[15]。

只是，傳記作者可用的資料其實不多。《約瑟夫．康拉德書信集》是編纂詳盡的九大冊，全部加起來共有約五千頁。但從康拉德一八五七年誕生至他一八九五年出版第一本小說之間，只有兩百頁涉及這段期間。也就是說，他百分之五十的人生只留下百分之四的資料，而這百分之五十卻正是他「在那遼闊世界裡的人生」，自謂創作的靈感來源。文學史專家諾曼・謝利在一九六〇年代上天下地找出康拉德小說特定的資料來源，可謂戰功彪炳[16]。不過，許多為康拉德立傳的重要作者，包括喬斯琳・貝恩斯、斐德烈・卡爾、濟斯瓦夫・拿吉德和約翰・史塔波等人，都著重康拉德寫作生涯資料遠較充足的細節：他的寫作過程（備受煎熬）、經濟狀況（窮困）、筆友關係（充滿溫情）、家居生活（平靜）與經紀人和出版商的關係（好壞參半），以及身心健康情況（悽慘）[17]。

為了探究康拉德「在那遼闊世界裡的人生」，我著手尋找不同的線索。「人創造歷史，但並非在自己的腦子裡。」《密探》裡一位業餘哲學大師如是說。這句話以詼諧方式改寫卡爾・馬克思的言論：「人創造自己的歷史，但……並非在自己選定的條件下。」[18]傳記與歷史的差別在於傳記作家一般是以某人為起點，但歷史學家通常是以環境條件為起點。如果以人物傳記的角度去看，康拉德能從內往外開啟一部全球化歷史；若視他為一個歷史人物，則能讓我從外往內塑造出他的傳記，以便分辨他的抉擇以及環境替他做的決定。

小說與歷史的差異在於真實性：小說家編造故事，歷史學家則否。另一個呈現差異的更佳方式則是考慮「觀點」的問題。歷史學家止步於史料斷絕之處，也就是說它們經常會在某人心靈的門前就停步。縱然日記或信件有時似乎能「揭露一切」，歷史學家一般都視事件有別於某人對事件的看法。相反地，小說家直接闖進一個人的感受、認知與思想裡並優游其間；小說中發生的事件其實**就是**人對事件的看法。康拉德認為，正因如此，小說能更真實記錄人生經驗。「小說就是歷史，人類的歷史，不然就什麼都不是。」他說，「但小說還不只這樣，它的立足點更加實在，因其現實基礎建立於小說形式以及對社會現象的觀察，但歷史的基礎卻是史料，……也就是二手印象。」[19]

康拉德小說也不只這樣，這是他討厭被歸類為「海洋作家」的原因之一（他也不喜歡梅爾維爾，認為《白鯨記》是「一部矯情的狂想曲，只是拿捕鯨當主題，全書三部沒有一句關於捕鯨的真心話」[20]）。「若說我是寫海洋的作家，我不是這樣，或說不只這樣——也不要說我是寫熱帶的作家。」他如此堅持道[21]。在每部作品裡面，無論是以何處為背景，康拉德都試圖理解全球化世界裡生活的盤根錯節：異鄉漂泊的道德與物質衝擊、多元種族社會裡的緊張與機會、科技變化導致的破壞。康拉德意有所指地挑戰西方個人自由的理念，相信人永遠無法從更強大的外在力量的束縛裡真正解脫，並認為就算是最自由的意志也可能受制於所謂「命運」。他小說裡的重要角色常須做出某種關鍵抉擇，所面對的後果影響之廣，遠超出自己所能想像。康拉德的小說是不顧倫常的。傳達了通往全球化的世界裡人應有的行為，在這個世界裡老舊規則逐漸不合時宜，卻還沒有人寫下新的方針。

任何一位偉大作家都會引來許多詮釋與反響，康拉德也不例外。許多專書探討其生命與小說的某些面向，這些面向在我這本書中鮮少觸及，其中最重要的包括他在文學上的影響，以及他與其他文學家的關係。你的康拉德與我的或許不同，他可能是你最喜歡的作家，也可能是你最討厭的作家，又或者你從來沒聽過他，也或許他寫的東西你一個字都沒看過。

我很常檢討自己對這位已故白種人的執著，這人老是陷於憂鬱，憤世嫉俗的程度無可救藥，且以今日標準看來渾身都是可怕的偏見。他的作品裡幾乎沒有完整立體的女性人物，彷彿幾乎不認為女人也是人；身為女性，我很猶豫是否要花這麼多時間在這樣一個作家身上。擁有一半亞裔血統的我，面對康拉德將亞洲人奇異化且常加以貶辱的做法實在只能皺眉；擁有一半猶太血統的我，遇上他偶發但無庸置疑的反閃族態度，不免動怒。我在波蘭循著康拉德的足跡前行時弄傷了腿，然後又在走他當年同一條航路的大帆船上嚴重暈船——這還都是我沒走進剛果未知危險之前的事。我第一次打開《諾斯楚摩》這本書時根本讀不下去，而我在寫這本書的過程中經歷無數個輾轉反側的不眠夜，這讓我感到害怕；惡靈曾讓寫作成為康拉德所受的酷刑，我深怕同樣的惡靈是否也已找上門來。

然後我想起在「克里斯多佛．哥倫布號」上溫暖平靜的日子，那裡海上破曉的極致之美讓我願意每天早起只為看日出。我能想像在船上工作的康拉德，聰明、風趣、博學、敏銳，一個重情義的朋友，一個盡心顧家的男人，且以那個時代的標準來說，他在某些地方出奇地寬容。不論我同意康拉德與否，總覺與他相交益多於弊，他在書頁上呈現的眾生聲音如此國際化、種族如此多元，遠勝過我所知道的任何一位同期作者。他和我一樣有幸屬於當代世界頂尖強國裡的中產階級一員，至於伴隨這個身分而來的責任與挑戰，他的書則呈現經過深思的面對與處理方式。他不怕揚棄陳腔濫調，只要見到剝削、暴政與虛偽就勇於指責。我記得《吉姆爺》一書裡如咒文般不斷重複的一句話：「他是屬我族類。」無論如何，約瑟夫・康拉德都是屬我族類，是一個全球化世界裡的公民。

第一部

國族

康拉德出生那年波蘭被瓜分的情況。

Corlin
Mewes
Flatow
Marienwerder
Eylau
Friedland
1807
Graudenz
Culm
Bromberg
Thorn
R. Netz
Inowraclaw
Myszyntec
R. Narew
Lomza
Brok
Plock
Posen
Sompolno
Bielsk
R. Bug
Praga
WARSAW
R. Wartha
Zullichen
Schrim
Kalish
Rawa
R. Vistula
Seidlec
Luskow
Glogau
R. Oder
R. Prosna
Petrikau
Kosance
Kock
Kemper
Breslau
1760
1757
Radom
Lublin
Leuthen
Brieg
Pilica R.
Opalon
Rachov
Oppeln
Miechow
Glatz
Koniggratz
Ratibor
CRACOW
Tarnow
R. San
Czaslau
Raeszow
Troppau
Myslenice
Olmutz
Jaslo
Dinow
Sandec
Iglau
R. Vag or Waag
1805
Brunn
Trentschin
Pressov
Carpathian
Austerlitz
Kremnitz
Mihaly
Kaschau
Wagram
1809
Essling
Leopoldstadt
Presburg
Schemnitz
Aszalo
Munk

第一章 無家亦無國

一八五七年，距離聖誕節還有三週，來自烏克蘭別爾基切夫加爾默羅會修道院的一名僧侶穿著涼鞋踏過結冰地面，去為一家人的頭生子施洗[1]。他拿聖水往嬰兒身上灑三次，用嬰兒外祖父的名字約瑟夫、祖父的名字迪奧多，以及波蘭愛國文學英雄的名字康拉德為這個新生兒取教名。上帝已使你重生，教士對約瑟夫・迪奧多・康拉德・柯爾澤尼奧夫斯基這樣說；他身上所塗的油膏帶著家族的歷史與希望[2]。

嬰兒的父親名叫阿波羅・柯爾澤尼奧夫斯基，大日子的隆重感充盈他的內心。對任何父母來說，頭生子降世都是獨一無二的大事，而阿波羅對此事的體驗還深具政治情懷：這是一個反省他祖國波蘭命運的時刻，這祖國如今國已不國。別爾基切夫過去曾是波蘭-立陶宛這個獨立的聯合政體一部分，但到了十八世紀末，聯合政體已被幾個鄰國三大口瓜分吞噬淨盡。此時奧地利統治南邊的加利西亞省，普魯士在西北部施展治權，俄羅斯則把剩下的全搶走，獲得差不多涵蓋立陶宛、白俄羅斯與烏克蘭全境的大片土地；凱薩琳大帝說這是「俄國人收復失土」，波蘭人則說這是「竊土」[3]。幾乎只在一夜之間，烏克蘭的波蘭人就成了踩在歐洲最專制帝國靴底的碎石。

寫作是阿波羅的職業，他將政治化作詩句，為長子的洗禮日寫了一首歌。「給吾兒，」他是這樣開頭的，「生於此地遭受莫斯科高壓統治的第八十五年」：

稚嬰吾兒，睡吧莫恐懼。
世界黑暗，聽這搖籃曲，
你沒有家，也沒有了國……

稚嬰吾兒，要對自己說，
你無土地也無愛，
你無國家也無人民，
當你的波蘭母親躺在墳墓裡。

沒有欣喜、自豪、寬心，或身為父母在一個健康孩子平安呱呱墜地後所感受到的快樂心情，阿波羅這首搖籃曲卻是哀歌，悲悼一個一出生就成為孤兒的嬰孩，這孩子在有機會活下去之前就已為他人披麻戴孝。阿波羅像是透過隧道看向未來。隧道被高牆所局限，那便是帝俄的統治，但盡頭有光，那便是波蘭獨立；人面對的挑戰在於需要一直前進，直到抵達彼端。也正因此，阿波羅的座右銘是 *ubi crux, ibi poesia*：「有十字架的地方，就有詩。」或如他自己的習慣說法：「只要有目標，就有希望。」[4]他鼓吹的是勇敢與不屈不撓，是奉獻與耐心。「時候會到，日子會過去。」這是他的結論，而康拉德將在上帝恩典之下看見波蘭死後復生。

阿波羅寫詩是要啟發人。但當他將這一團圓眼珠、小拳頭、暖呼呼的小東西抱在懷裡，他無法預見到這些字句將揚起什麼樣的回聲——心理的黑暗將如何凌遲康拉德，孤獨將如何緊隨他左右，他將到多麼遙遠的異地漫遊於遠方人群中，直到找到某種可稱為「家」的東西。阿波羅不可能想像得到，若從未來回顧，他的鼓勵簡直有如詛咒。

波蘭有句古老俗語，說的是康拉德．柯爾澤尼奧夫斯基一八五七年十二月三日出生的那個城鎮。如果你跟某人說「寄信到別爾基切夫」，意思就是「寄信到無名之地去吧」——要別人別想找到你[5]。這句俗話之典故出處，乃由於別爾基切夫在十九世紀是個頗重要的「有名之地」，尤其此地當時還占絕大多數的猶太人口更是這麼認為。別爾基切夫每年舉辦無數貿易集市，因此那種居無定所的行腳小販總會固定在此停留。如果他們說「寄信到別爾基切夫」，意思就是寄信到一個他們路上會去的地方——你一定找得到我。

這世界是由「無名之地」和「有名之地」所構成——但哪個地方算是哪一種，這問題要看你的觀點是從「何地」出發。康拉德的人生故事，以及他生活的世界，就是一部「無名之地」和「有名之地」相衝撞的歷史。他出生當年，俄亥俄州一間銀行倒閉，引發的金融恐慌弄垮了漢堡幾家公司[6]。英國軍隊艱苦作戰壓制印度兵變。印度軍隊航行到廣東來對中國清朝官員施壓[7]。

中國移民在婆羅洲某條河揭竿叛變，而他們所在的這個馬來國度統治者卻是名歐洲人[8]。歐洲紡織品與槍械被運到剛果盆地換取象牙，這些運貨經商的村民卻可能一輩子都沒見過半個白人[9]。一個美國軍事冒險家被逐出尼加拉瓜。美國製的汽船溯南美洲河流而上。一座於里茲製造的火車頭拖著首列火車駛出布宜諾斯艾利斯[10]。

康拉德長大後會踏上更快、更遠的貿易、金錢與人口移動之旅途，踏足每一塊大陸，但他的旅程卻是始於一個叫做波蘭的地方，在當時歐洲地圖上已經蕩然無存，被一七七二、一七九三和一七九五年的三次瓜分給徹底消滅[11]。不過，對於康拉德那滿懷愛國熱情的雙親阿波羅與伊娃而言，波蘭卻是他們唯一在乎的「某處」。他們教給兒子的世界觀就是種一孔之見。

歷史是某些人背上的重擔，康拉德的家族在這負荷底下蹣跚走入十九世紀。他們屬於地主鄉紳組成的特權階級「什拉赫塔」，其世系可追溯到波蘭建國神話的時代。什拉赫塔占波蘭人的十分之一，他們有的富可敵國，有的一窮二白，但全都享有相同權利，包括使用徽號以及免遭無理逮捕等等。每個什拉赫塔男性成員都有任官的資格，還能投票選舉議會代表，這些議會代表則有權選舉國王[12]。什拉赫塔過去曾被視為波蘭–立陶宛聯合政體「貴族共和國」的公民脊梁，卻在俄帝國統治下喪失特權；他們感到自己肩負特殊責任，必須重建一個獨立的波蘭國。

康拉德的父母在戰敗的陰影中成長。民族主義者在一八三〇年大舉起事，地點在波蘭人占大多數的華沙一帶（所謂波蘭會議王國的腹地），但這場起義在一八三一年就遭俄軍鎮壓。沙皇廢除該地區議會，實施軍事占領，並將俄國化政策的大螯伸往教育、法律與宗教。接下來，俄國統治者沒收五千名什拉赫塔成員的地產，將八萬平民流放到西伯利亞以及更往東的地區，並強迫十萬波蘭士兵前往高加索艱苦服役。起義人士中約有一萬名比較幸運的人成功移民，讓以巴黎為都的波蘭國流亡成員規模一下子擴大不少。政治人物在那裡計畫回祖國東山再起，應和著難民詩人亞當·密茨凱維奇詩句裡迴盪的抑揚頓挫，以及流亡作曲家佛雷德里克·蕭邦馬祖卡舞曲和波蘭舞曲的旋律[13]。

若你的歷史被攔腰斬斷，語言被禁止使用，宗教被邊緣化，生活模式變得窘迫且遭奚落，你當如何？康拉德生命中最重要的兩個男性——他的父親阿波羅·柯爾澤尼奧夫斯基與他的舅舅塔德烏什·波布羅斯基，分別提出兩種不同答案。康拉德在波氏家族這邊學到了祖先如何在逆境中掙扎圖存。他的外祖父認為一八三〇年起事「愚蠢至極」，當時他人待在烏克蘭不動，而身邊性格較衝動的朋友都忙不迭地奔赴參與[14]。此舉使他得到報償，變得比較富裕。他在一八五〇年過世時，留下六千畝地與三百六十名男農奴來抵償債務，還有一座釀酒廠、酒館、磨坊，以及一座養滿上等好馬的馬廄[15]。康拉德的舅舅塔德烏什那年才二十一歲，就坐上波布羅斯基家主之位。他和其他人一樣厭惡俄國人，但認為沙皇統治是不得不接受的無奈事實。他將政治活力轉投注到土地改革和農奴解放等實際問題上[16]。

至於柯氏家族那邊，則讓康拉德學到他的親戚們怎樣起身反抗。康拉德的祖父是拿破崙戰爭退役軍人，在一八三〇年自掏腰包徵集一支騎兵隊，揚鞭策馬去與俄國人作戰。他為此受到破產的懲罰。這家族不得不搬離豪華的祖宅莊園，到城裡某處安身，康拉德的祖父在那裡為政府工作勉強餬口，負責管理另一名波蘭人被沒收的土地。

一八三一年，波蘭反抗軍戰敗那年，康拉德的父親阿波羅才十一歲，就已切身體驗到喪國之辱。他從浪漫詩人的字句中尋求慰藉，比如歌頌波蘭為「眾國中的基督」的密茨凱維奇，此人在年輕一代什拉赫塔的心中灌輸讚頌信仰、勇氣、抵抗與愛的詩歌[17]。二十出頭的阿波羅在聖彼得堡大學念語言，那時他加入一個蓬勃發展的地下文學社團，社團內的波蘭學生互相交換走私來的禁書，這些書都是在外國重印的版本（黑話裡稱作「吸墨紙」），或是人力辛苦手抄而成[18]。阿波羅開始出版自己的作品：包括一部戲劇和一本詩集，還翻譯他最喜歡的法國作家維克托・雨果的一本書[19]。文學之於他就如軍隊之於他父親：一個尋找意義、實踐信仰、貫徹責任感的地方。如果你缺乏政治權力，你可以善用詩的力量——倘若專制政權要審查你的文字，你抵抗的方式就是將話說在沉默的書頁裡，在假封面的掩藏下暗中流傳於朋友之間。

身為徹頭徹尾的實用主義者，塔德烏什・波布羅斯基在妹夫阿波羅身上察覺到某種不切實際的烏托邦主義，毀掉阿波羅父親的思想，「永遠蓄勢待發，不經思索就要翻身上馬驅除敵虜。……任誰都知道這位什拉赫塔從前打仗很行——但很少人追問這人腦子行不行」[20]。塔德烏什認為世襲貴族世襲的是種政治幻想。一個人的責任當是面對現實。阿波羅在簽名時總「頗為做作」地將貴族氏名「納文奇」簽上去，以標舉自己的什拉赫塔身分，而塔德烏什對此嗤之以鼻[21]。問題在於，阿波羅這麼做並非僅是為了貴族氣派。因為對他來說，貴族就是政治自由傳統的傳承者，而他的天命就是復興這傳統[22]。

一八四六年，阿波羅從聖彼得堡歸來，回到烏克蘭鄉間，日復一日過著管理莊園的枯燥生活。他受不了和這些缺乏政治意識的鄉野村夫一同生活[23]。「有時我會想，我是落入美洲蠻荒叢林裡，成了一個迷路的人類，在那兒被大群猴子嘲笑。」他如此抱怨[24]。但他所愛的兩個對象使他無法離開。

第一個對象是塔德烏什的妹妹伊娃．波布羅斯卡（編按：斯拉夫名字尾如男性是基〔Ki〕，女性姓氏就變成卡〔Ka〕）。他們相識時她才十六歲，但已有沉魚落雁之貌，而且「比她那時代的我族女性受過更高等的教育」。他陷入熱戀，說她是「他的碧雅翠斯，……極具魅力與才智，一個有教養且心靈如天使的烏克蘭女孩」[25]。阿波羅言談鋒利、品味高雅、長相特出（有人說是醜陋），自然是地方上各家競相邀請的茶會常客。但邀他喝茶是一回事，讓他追求你女兒又是另一回事。伊娃的母親「懷疑他個性輕佻且心性不定」，她的父親則「覺得這人不切實際且不夠精明」，認為這種人八成會把時間都花在「閱讀、寫作、騎馬而非工作」上頭。為了轉移阿波羅對伊娃的興趣，她父親帶著他到當地各處參加社交活動，希望他會看上別的女孩，但阿波羅「總能巧妙地操弄情況，讓那些女孩或女孩雙親都不把他放在心上」。伊娃的家人還沒察覺，但伊娃自己其實早已對阿波羅心生愛慕，為了他「將其他追求者都拒於門外」[26]。

面對他投注生命熱情的另一對象：波蘭，阿波羅的態度同樣堅定。他書寫著，守望著，等待起義的時刻到來。民主革命的浪潮在一八四八年席捲歐洲，時候到了嗎？還沒。一八五四年，英、法兩國在克里米亞展開對俄作戰，時候到了嗎？阿波羅呼籲烏克蘭什拉赫塔領導人民起義，

左：伊娃・柯爾澤尼奧夫斯卡，娘家姓波布羅斯卡。
右：阿波羅・柯爾澤尼奧夫斯基。

認為農奴自然會站在波蘭地主這一邊。然而巴黎大權在握的波蘭流亡政府卻命令他們稍安勿躁[27]。

數年耐心為阿波羅贏得第一個對象。伊娃・波布羅斯卡原本在家人期望下與阿波羅保持距離，但她在二十出頭的時候已明顯傾心於阿波羅，讓母親與兄長塔德烏什擔憂「她的健康與未來都將受到威脅」。倘若無法嫁給阿波羅，她就終身不嫁。她的家人暗示阿波羅再來提親，之後他們兩人在一八五六年春天結婚[28]。此時他三十六歲、她二十四歲，經歷將近十年分隔，對彼此的真心依舊不改。此刻他們終於攜手走向共同的目標：建立一個自由的波蘭。

他們的孩子在一八五七年十二月出生，新生兒姓名的頭兩節名字是紀念阿波羅與伊娃各自的父親，但第三節名字「康拉德」（也就是大家實際上用來稱呼這孩子的名字）卻顯示他倆面對俄國統治的態度。這個名字出自亞當・密茨凱維奇的作品。他寫於一八二八年的詩作《康拉德・華倫洛德》描述一名立陶宛戰士為了復仇，成功混入條頓征服者高層，刻意誘使他們走向滅亡[29]。一八三二年，密茨凱維奇在劇作《先人祭》第三部再度用了「康拉德」這個名字。「我的靈魂今已化入祖國，」康拉德唱道，「她的靈魂在我體內駐留。／故土與我已成一個大我。」他看著波蘭「有如兒子看著／父親在刑具上受苦」，於是他喊道：「主啊，拯救我們！」[30]

康拉德出生頭一兩年，阿波羅扮演著什拉赫塔地主的角色，管理他從一個富戶租借來的農莊。然而，不出他的大舅子塔德烏什所猜想，阿波羅對此一點兒也不拿手。「詩人啊，」敏於論斷的塔德烏什這樣說，「這種活在想像與理想裡的人，沒能力制定具體生活計畫；他們最會的就是從這些事務當中抽身，卻把它們留給那些沒那麼純潔、沒那麼理想化的人，那些更了解世俗生活之掙扎與需求的人。」[31]錢花出去，但沒多少收益進來，接著又是更多錢花出去；等到一八五九年，柯爾澤尼奧夫斯基一家人已經賠光所有投資，還包括伊娃母親出的一些錢。

阿波羅帶著家人搬到日托米爾，試圖以寫作為生。「我**必須**寫，因為——就目前來說——我沒別的事能做。」[32]他以波蘭語翻譯法文作品（主要還是維克多・雨果，也包括阿爾弗雷德・德維尼的詩作《查特頓》），賺了些錢，並將自己的浪漫民族主義挹注於詩歌、戲劇和報紙文章。當時在位的沙皇亞歷山大二世傾向改革，解放農奴成為當下主要政治議題，什拉赫塔階級於是抓住「農奴問題」作為為波蘭尋求利益的可能方法。華沙的大人物成立「農學社」來討論土地經營相關問題，該組織很快變成掩護什拉赫塔民族主義活動的幌子[33]。或許是因為農業問題與政治的關聯，當阿波羅與塔德烏什．波布羅斯基罕見地攜手提議發行一份農業新聞週報供當地鄉紳閱讀，卻得不到俄國政府許可[34]。

阿波羅對農村改革逐漸失去信心。愈來愈多地主拋棄農耕，改為經營工業化的甜菜根製糖產業，這景象使他感到絕望。「讓我們提倡農業和一切相關的東西，把它們當作首要之務，」阿波羅在投給華沙報紙的文章裡如此堅持道，「製造業、工業和貿易不應壓過我們的農業，應維持它們下僕的地位。」[35]他指責同儕不要臉地模仿工業化英國的種種模樣，並預告未來將有大規模經濟衰退，人民的體格與道德也將衰頹[36]。他將自己的怨憤寫進《看在錢的份上》這部戲劇，諷刺那些小心眼又嗜錢如命的什拉赫塔；戲在基輔和日托米爾都有上演[37]。面對波蘭人受到的壓迫，阿波羅開始傾向更為激進的立場。

他並非孤軍奮戰。華沙的民族主義者開始在波蘭歷史紀念日舉辦大型公共集會。現場群眾高唱愛國歌曲，唱的是〈波蘭還未亡〉和副歌填了新詞的〈天佑波蘭〉：「主啊，還我們自由與故土！」一八六一年二月，農學社舉行年度會議時，一場大規模示威活動在街上成形。俄國軍隊朝群眾開火，市民五人死於槍下。愛國人士的反應是宣告「舉國震悼」，並著全黑衣以表達抗議。原屬波蘭各地區的教會都為死者舉辦紀念儀式。示威活動與武力鎮壓在四月重演，這次有包括男女老幼在內的上百市民血濺皇家城堡外的鵝卵石地[38]。

華沙傳來的可怕消息在鄉間各地回響。住在日托米爾的伊娃也換上國喪服，並鼓勵他人效法。阿波羅那時已是同儕間「出了名的煽動者」，「想必遭到警方監視」，卻在自宅舉辦一場政治集會，討論向沙皇陳情事宜。高中生在學校裡唱愛國歌曲，活動家遊說地主捐錢為波蘭會議王國建軍，誓要「以鮮血畫國界」[39]。

高牆即將成圍，道路正在收窄，隧道盡頭的光愈來愈亮、愈來愈吸引人。在這樣的氣氛下，柯爾澤尼奧夫斯基一家人於是拔足奔赴。

康拉德往前衝刺，繞著他波氏祖母的花園跑呀跑。這座莊園大宅位在特列科夫，是距離別爾基切夫八公遠的鄉下地方。「我在這裡很好，」他向他的父親報告，「我在花園裡跑來跑去，但我不喜歡蚊子咬。」[40]外婆會帶他乘車出去玩，還會給他說故事；媽咪幫他上課，領他上教堂，還讓他在儀式結束後往外跑，把錢施捨給等在教堂門邊的乞丐。他跟乞丐能聊多久就聊多久，回家路上他會把聊天內容全都跟媽咪說，還會說關於馬和熊的事。「我猜想可愛的康拉齊歐（康拉德的小名）會長成一個不凡的人，擁有一顆偉大的心，」他寵愛孫兒的祖母這樣說道[41]。

這是一八六一年的春天，康拉德三歲半，這個年紀會記得一些事情，且將記憶保留一輩子。小孩子記得的都僅是事物的一角。康拉德對特列科夫這段日子最深刻的印象或許是蚊子停在他白軟軟的腿上，或是穿著上教堂用的全新黑罩袍，一邊玩著好心的朋友給他的馬鞭。

他大概不會記得他母親特別用心記錄的那些東西。她寫到她之所以給康拉德做那件黑外衣，是因為這孩子苦苦哀求想跟身邊見到的每個人一樣「守喪」——為了被謀害的波蘭而穿喪服。還有就是他每天都在問：「我們什麼時候去找爸比？」[42]

一八六一年五月，阿波羅「被活動成員召喚往華沙」[43]。他表面上的正式任務是去出版一份雜誌《雙週刊》，試圖效法頗具影響力的法國政治文化期刊《兩世界雜誌》[44]。但「他的主要目的」，據他一名最親近的朋友回憶，是要去幫忙協調華沙的民族主義行動，「以便讓這整場運動的方向趨於一致」[45]。

此時，跨宗教與社會領域的波蘭人都希望提高自治程度，但「趨於一致」的方向也就到這裡為止。阿波羅掉進了一鍋地下組織的大雜燴，每個組織都在鼓吹解放祖國的不同遠景，以及達成目的的不同手段。他某些老朋友屬於「白黨」，這是個大部分由什拉赫塔人物組成的溫和派團體，他們支持「精神革命」而非實質造反。阿波羅自己則傾向「紅黨」的激進立場，這派人馬要的是全面性的社會革命與政治獨立。他頭戴農奴帽走上華沙街頭表態，因此贏得某些年輕激進分子與學生追隨，這些人曾參與組織該年年初的街頭示威[46]。就連紅黨內部都難以達成共識，有的想參加即將舉行的地方選舉，但其他人則想聯合抵制此事；有的想打入俄國革命分子的網絡，也有其他人支持恐怖攻擊手段。阿波羅堅持要一個由什拉赫塔掌權的理想版本「貴族共和國」，那裡農奴制將被廢除，歷史上的波蘭－立陶宛聯合王國將獲重建。「波蘭的人民，」他在眾多文宣的其中一本小冊子呼籲道，「繼續守喪，在教堂祈求神恩，存下每一分錢來積攢經費，這樣子等時候到了你就已經準備就緒。」[47]

伊娃和康拉德留在烏克蘭，輪流到不同的親戚家裡住，直到阿波羅寄信來要他們去跟他會合。為了躲避郵局信件檢查的窺視，他們盡量託人捎信，伊娃在信裡告知阿波羅地方上最近的政治情況。「守喪的人愈來愈多。」她自豪地說，還說教堂裡也會唱愛國詩歌。壓迫的範圍也愈來愈大。俄國政權關閉日托米爾高中整整一年，還把領頭搗亂的學生送去軍中服役。警察騷擾教士，以「發表煽動性言論」的罪名當場逮捕人民，並更嚴格地監視那些激進分子。

伊娃說，假使沙皇的警察要來搜索她家，「我都準備好了，請放心。」從阿波羅離開的那一刻，當局就不斷找鄰居和僕役盤問他的下落。別爾基切夫的警長親自「便衣易容，無聲無息地出現在捷列霍維大門口，到馬廄找人問問題」。此人假裝自己是阿波羅的朋友，「最後，坦白地」，那人詢問「你是否已經回到華沙」。伊娃替丈夫出謀獻策，建議他怎樣隱匿行蹤，讓他用假名告訴她他身在何處，要他跑到別的城鎮寄信給她。分離的感受對他倆而言皆如幻肢般真實：「你思念著我，而我不願說出我有多想你，因我曉得不需文字你已心有靈犀。」她不能太頻繁寫信，對此他必須懷著耐心，因為「有經驗的人說這樣對你比較安全」[48]。

她的信裡熱情與決心躍然紙上。「告訴我如何去愛，以便能守護你免遭不幸？告訴我如何上達天聽，以便你能獲得神祐與神啟。」[49]她迫不及待要與他相會，為了同樣的目標而攜手：「我的靈魂渴盼見到我們夢中的『青年波蘭』，你將要創造它，賦予它生命，帶領它走向未來。」[50]沒有他的時光度日如年，「在我們分別的日子裡，給我點事情做吧。」她求告著。「我試著回去練練鋼琴，但這臺鋼琴從六個月前已經缺了三十根弦，……讓我做些翻譯吧」（法語譯成波蘭語），她提議說，「給我些新的可讀的東西」[51]。她想法子將她與康拉德的家當分散寄放在朋友處，這樣一旦阿波羅叫他們過去，他們就能即刻動身。

一八六一年十月初，伊娃與康拉德到華沙與阿波羅團圓，住進新世界街一間出租小公寓。只要再等幾週，即將成為波蘭民族運動之聲的報紙就要發行。十月十五日即將舉行示威遊行，那天是民族英雄塔德烏什．柯斯丘什柯逝世紀念日，此人領導波蘭突圍反抗一七九〇年代強權瓜分的勢力。哥薩克軍隊闖進教堂打斷聖事，拖走參與儀式的信徒，在一波大規模逮捕行動中圍捕超過一千五百人[52]。阿波羅在自己公寓裡聚集一群大約十八名紅黨活動家商討下一步。他們自行組成一個「行動委員會」，宣稱已經做好發動起義的準備，「隨時準備好明天就能起事，只要有必勝把握就揭竿而起，多做少說」[53]。

幾晚後，伊娃和阿波羅遲遲未就寢，在夜深人靜時閱讀寫作，而康拉德一定已經上床睡覺了。那時已過午夜，突然有人猛力敲門。穿制服的人一擁而入，指控阿波羅陰謀顛覆並宣告他已被逮捕，隨即將他帶走。「從門鈴響起才過六分鐘，他已經從家裡被帶走」，伊娃說，事情「簡直像一場入室搶劫」[54]。

阿波羅是基於四項罪名被捕：夥同藝術學校和中學學生組織「米羅斯拉夫斯基紅黨」的陰謀團體，在威德爾咖啡館製造衝突，出版一本煽動性的小冊子《國族覺醒》，以及該年較早時在日托米爾引發動盪，「組織起……社群，為了在華沙被殺的人禱告」，而「他妻子也分發象徵守喪的黑紗」。這些罪名呈現警方既有知又無知的奇特情況，阿波羅確實與紅黨學生分子共商計畫，也匿名出版過民族主義文宣，在日托米爾時也支持過守喪與禱告活動。但他的團體可不叫做「米羅斯拉夫斯基紅黨」，也不曾在咖啡館挑動打架情緒，更沒寫過《國族覺醒》這東西，且他也未必就是日托米爾這場騷亂的頭號策動者。阿波羅對四項罪名全部加以否認[55]。

他們將阿波羅帶往華沙城堡，關進囚禁政治犯惡名昭彰的「十號館」。「華沙城堡是這城市隨時待命的毀滅機器，同時也是沙皇政權埋葬波蘭愛國主義的巨大墓穴。」阿波羅後來如此寫道。這裡「扼殺了一代又一代的波蘭愛國者」。光是長時間待在冰冷潮溼的牢房裡，就足以讓許多下獄者在等待判決時提前因病而赴死。每隔一段時間，阿波羅會被拖出牢房接受審訊。但日子過了一週又一週，牢裡的他始終不知道自己的案件何時才會得到審理。拘禁生活摧殘他的身體。他的牙齦流血，關節因風溼與壞血病而腫脹疼痛。從他待的房間就能聽見牢門的硿硠聲，鐵門門拉起放下的吱嘎碰撞聲，以及鐵鍊的嘩啦聲響。他能聽見人拖著腳步走進來，表示又有新的政治犯遭到圍捕；還會聽到囚犯拖著腳步走出去，有的被流放，有的被送到礦場做苦工，有的死在絞刑臺上或遭槍決——還有的遇到「最糟糕的下場，因其最不名譽」，那就是被迫穿上敵人的軍服到俄國軍隊服役[56]。

城堡外，伊娃還帶著康拉德待在新世界街，想要弄清楚丈夫到底出了什麼事。警察又來他們公寓搜索，沒收阿波羅的文件與她從日托米爾寫給他的信。他們還把伊娃也帶去審訊，就信件的內容盤問她。「這不是我的筆跡，她堅稱，我沒寫過這些東西[57]。和阿波羅一樣，她也「對他們（家人）的命運一無所知。」[58]。

伊娃的母親從別爾基切夫趕來幫忙。當伊娃每天前往城堡，和大群女人一起聚在門前想要得到她們坐牢親屬的隻言片語，這時康拉德可能是由外婆照料。每天，這群女人的請求都遭拒絕。「有時我們站在那裡一整天，淋雨受寒，等一張小紙條，等消息，有時什麼都沒等到。有一次，為了取暖和打發時間，我們開始點數自己這群有多少人，結果有兩百多人。」隨著逮捕行動持續，等在牢門前的人愈來愈多：被捕的人有教士、猶太拉比、牧師，「各種階級，不分貧富、老少與境遇，還包括幾名女性」，都被關在光禿禿的磚牆之內。見不到丈夫的伊娃逼問守衛阿波羅的健康情況。她給阿波羅送乾淨被單與食物，且在死活央求之後獲准給他「一本祈禱書和羅伯森的英語教本」。每隔十天她可以寫張短箋給阿波羅；只要內容通過檢查，他就能讀到短箋並寫一句話回覆。

一八六一年聖誕夜，距離被捕已有兩個月。別人寄來給阿波羅的信在家中已堆積成山，這些都是親戚朋友送的禮物，是他們的祈禱與祝福。伊娃每天穿過這座城「悲傷、黑暗且寂靜」的街道前往堡壘。一如往常，她看見城堡前擠滿囚犯親屬，有的耐心守候，有的煩躁不耐。大約是最後幾個月，伊娃終於獲准與阿波羅會面數次，每次只有短短五分鐘，中間隔著緊密鐵絲網，兩邊都有警衛，有穿標準制服的，有穿花式制服的，也有的一點特色也沒有，但只要有人多說點什麼有意義的，所有警衛都會斥喝「不准」。伊娃和阿波羅用他們配給到的時間說笑取樂，因為「哭泣的景象令人不喜」，更何況維持心情高興總是好的。

但這一天與過往不同。作為節日恩典，囚犯可以與家人短暫見面，且中間不必隔著柵欄。越過無數圍著披肩的肩膀與包著絲巾的腦袋，伊娃張望著阿波羅是否已經出來，在哪裡？……那裡嗎？是他嗎？他看起來好瘦，臉上滿是汙垢，鬍子長得像芒刺叢。他們牽手，隔著一條看不見的自由之線；他們分到一塊由教士祝聖過的聖餅，而後禱告[59]。

康拉德此時剛滿四歲。很久以後他回想道：「在這座城堡院子裡——代表著我們國家，我的童年記憶由此而始。」[60]

一八六二年四月，軍事法庭判決阿波羅．柯爾澤尼奧夫斯基四項罪名皆成立。根本沒有開庭。伊娃從日托米爾寄來的信裡曾警告阿波羅當心被捕，審訊者以此為據證明「他的活動性質及偏差思想」。

幾週後的某天清早，一名獄卒帶著一位俄國軍官進入阿波羅的牢房。

「麻煩起立聆聽我宣讀判決。」軍官以俄文說道。他清清喉嚨。「先生，大名是？」

「阿波羅．納文奇．柯爾澤尼奧夫斯基。」

「就算是在城堡裡，政府也可能上當，」軍官繼續說，傲慢地解釋他為什麼要問姓名。「可能有人替換你而以無辜之身受刑，一個公正的政府不願讓這種事情發生。」

「政府的公正人盡皆知。」阿波羅用波蘭語反脣相譏。

軍官展開判決書，長達好幾頁的手寫文件。他開始宣讀：「當局查之甚詳，……整場叛亂活動的主事者，……儘管調查委員會並未掌握任何證據，……但以被告的無恥回應，……說他是個波蘭人，不論過去未來永遠會為波蘭的幸福而奮鬥，……下令將其驅逐出境，……接受其放逐地警方高度監視。」

「就這樣。」他的話戛然中止。但判決書後頭還有好幾頁。「請在判決書簽字證明已被告知內容。」阿波羅抗議說根本沒聽到完整內容。但裡面一句話其實就能總結一切：「判決如下，柯爾澤尼奧夫斯基與其妻應被送往彼爾姆定居，接受警方嚴格監控。」彼爾姆在華沙東北方二千四百多公里外，位於西伯利亞門戶。這刑罰的俄文用詞 ссылка 意為「放逐」——或如阿波羅後來在回憶錄中所說：「以荒野為監禁處，與野生動物共處且缺乏自衛手段。」[61]

對柯爾澤尼奧夫斯基一家人而言，放逐實際上就是終生為遷徙與疾病所苦。往彼爾姆之路迢迢，且春季道路因融冰而變成車轍交錯的泥溝，任何東西壓上去就下陷，是最不宜旅行的季節。一家人在俄國憲兵的護送下啟程東行[62]。當他們還身處波蘭會議王國地界，這些護衛的態度就是「非比尋常、令人齒冷的禮貌」；但從他們踏出波蘭人占多數的土地那一刻，憲兵馬上翻臉表現出「令人齒冷的無禮」[63]。這家人受刑的第一個受害者就是康拉德，他才出莫斯科就高燒不退，相當危急。驛站一位醫師用水蛭為他治療，並建議柯爾澤尼奧夫斯基一家人別再走了，「因為……繼續旅行的話這孩子可能會死」。然而，「就在此時」，士兵「開始給馬套輓具」準備上路。這使得做爸媽的陷入恐慌。阿波羅堅決不從。他硬碰硬地向士兵表示有種就來。伊娃則是苦苦哀告：「救救我孩子，求你們哪！」這般「消極抵抗」為他們爭取到往後延「大約十二小時」，直到一名地方官員強迫他們出發，用詞令人心寒：「小孩生下來就是要死的。」

馬車在泥濘中轆轆搖晃往東走。伊娃和阿波羅在黑暗車廂裡為病中的兒子禱告，一直到退燒為止。「那時上帝一定降福與我，……因祂在艱苦旅途中保住這孩子的命。」阿波羅這樣說[64]。接下來換伊娃病倒。在搖搖晃晃的馬車臨時鋪成的便床上渾身發抖。當他們抵達下諾夫哥羅德時，她已經病到得靠護衛來搬運。柯爾澤尼奧夫斯基一家人再度拒絕動身；俄國人也再度拒絕讓他們半路暫停。這次當地一位指揮官（後來才知道是伊娃哥哥的熟人）介入幫了一把，向莫斯科發電報請求允許這家人在當地休息幾天。喜出望外地，回電竟帶來更多令人寬慰的消息。電報裡說，因為另一個熟人出於善意介入，他們的放逐地被改到一個路途較近、生活較不那麼艱苦的城鎮沃洛格達，約位在莫斯科東北方四百八十公里處。

「沃洛格達是一大片寬度廣達三俄哩（編按：約三公里）的沼澤地，裡面有縱橫交錯的木造步橋，全都腐朽不堪，踏上去搖搖晃晃。」阿波羅在一八六二年給某個表親的信中如是寫道，那時他們才剛抵達不久。該處的潮溼瘴癘惡名遠揚，阿波羅開玩笑說這條河名字叫做「斯克富拉河」（意為「腺病」），因為這種淋巴疾病似乎是當地土產。城裡瀰漫著「爛泥、樺樹焦油和鯨油」的氣味。「這裡一年有兩季：白冬與綠冬，」他說，「現在正是綠冬之初，雨已經連續下了二十一天，還會一直下到綠冬結束。」當白冬降臨，北極風從白海颳來，他們在爐子裡塞滿昂貴柴薪，徒勞無功地試圖抵擋蝕骨寒氣。與他們作伴的還有其他大約二十名波蘭流放者；對這些人而言，他們的來到「猶如幾滴水滴在生石灰裡」。柯爾澤尼奧夫斯基一家人和其他天主教徒一起「蓋出一座教堂」，「我們生活的中心。我們禱告很勤，是發自內心的虔誠」[65]。

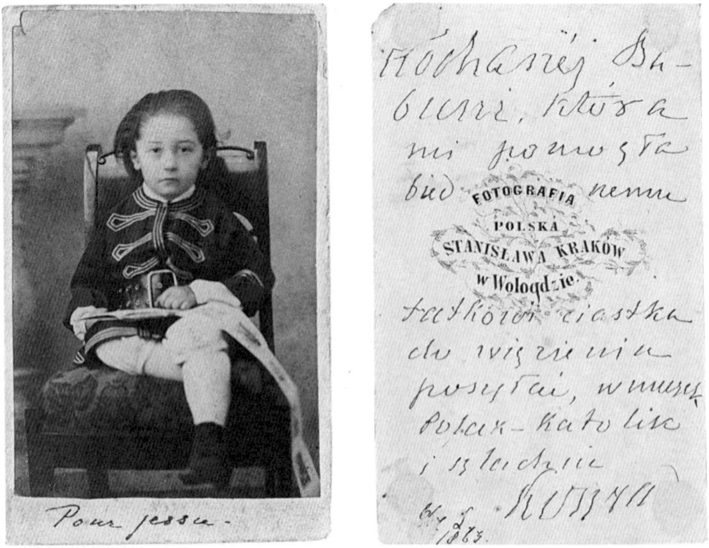

康拉德·柯爾澤尼奧夫斯基在沃洛格達，以及他小時候寫的字。

有個波蘭人經營「一間攝影工作室，拍攝當地腺病照片」[66]。就在這兒，大約是他五歲生日前後，康拉德給拍了全身照。他父母把他頭髮往後梳，給他穿上一件有飾扣的外套，還在他腰間繫一條寬皮帶。他爬上工作室的椅子，把一條腿壓在另一條下面，翻開膝蓋上一本書，然後像隻烏鴉般嚴肅地抬頭看向罩著黑幕的大相機。幾週後，康拉德在這幀照片背面用大而顫抖的字跡寫下一段獻詞：「給我親愛的奶奶，謝謝你幫我送麵點給坐牢的可憐爸比。你的孫子，波蘭天主教徒與什拉赫塔一員，康拉德。」[67]

波蘭人、天主教徒、什拉赫塔。阿波羅與伊娃要他們的孩子永不忘記這三個身分——尤其是在一八六三年這個冬天，當他們告訴他該寫什麼的時候。他們剛從會議王國（編按：指一八一五年維也納會議中成立，由俄國沙皇統治的俄屬波蘭）收到令人心焦如焚的消息。自從柯爾澤尼奧夫斯基夫婦離開華沙，原本以他們公寓為集合處的「行動委員會」進行重組並日漸壯大。在新名稱與新領導者之下，打算於一八六三年春發動大規模起事。然而，他們的計畫卻遭政府的手段擾亂（主事者是妥協派的白黨人），逼得委員會加快腳步。一八六三年一月，波蘭國民政府宣告成立，並公開發表宣言，承諾給予農奴自由，同時號召聯合政體所統治的傳統民族，包括猶太人、立陶宛人、羅塞尼亞人和波蘭人，奮起抵抗俄國人。伊娃的弟弟史蒂芬成為委員會在華沙的領導人，全力呼籲人民要萬眾一心。從俄國與普魯士邊界，一直到深入立陶宛、白俄羅斯與烏克蘭內地的城鎮，千萬名起義者對俄軍陣地發動襲擊。

他們一次又一次被俄國軍隊擊退。雖然各地與俄國的軍事衝突超過一千起，但這整場缺乏規劃與武裝的起事始終成不了氣候。波蘭國民政府活躍於地下工作，它有一套複雜縝密的間諜網絡，包括化名與一組難以破解的密碼（以密茨凱維奇的詩作〈塔德烏什先生〉為基礎），但這場起義在明地裡一直無法得到法、英、奧等國不可或缺的支持。況且沙皇在這段期間還將波蘭各省也納入農奴解放詔令的適用地區，免除他們勞動與交租的義務，巧妙地消除了農奴階層加入叛亂者的可能性[68]。

身在沃洛格達的阿波羅與伊娃，顫抖著手打開每一份新聞公報：「報紙有如鴉片，我們知道會要我們的命，但還是繼續讀下去。」信件比報紙更可怕。不出一年，阿波羅的家族被消滅淨盡：他哥哥戰死，妹妹和弟弟被逮捕後遭到流放，而他那總是身先士卒的父親卻身心交瘁而死。

阿圖爾．格羅特蓋，〈令人哀慟的消息〉，一八六三年。

波布羅斯基家族這一邊也受災殃。伊娃的弟弟卡齊米日在基輔入獄，而弟弟史蒂芬——那可親可愛的史蒂芬，擁有「難以言喻的」魅力，「辯才無礙且天生機智，帶著令人難以抗拒的迷人善意」——這位華沙地下組織頭號人物卻在一場與政敵的決鬥中死於槍下[69]。只剩下哥哥塔德烏什這個實用主義者還保有自由之身。而就像他父親之前的遭遇一樣，如今輪到他照顧那些參與起事的親戚朋友遺留的孩子[70]。

「我們內在的生命已全然結束，絕望使我們震驚不已。」阿波羅這樣說[71]。波蘭浪漫派畫家阿圖爾．格羅特蓋畫了一系列作品描繪一八六三年這些事件，柯爾澤尼奧夫斯基家族當能從其中一幅〈令人哀慟的消息〉裡，認出自己的身影[72]。畫中一群身著黑衣的人圍繞桌旁，悲慟得不能自已，桌上那份報紙彷彿詛咒。女人用手帕覆住涕淚，一名男子苦痛地以信掩臉。角落有另一名男子拳頭緊握、眉頭深鎖，緊咬牙關恨不得當即展開復仇——但他的拳頭被吊腕帶懸著，而其怒眉之下卻是因悲傷而緊閉的雙眼。整幅畫裡只有一個人置身事外，看著這一切：一個小男孩站在哀悼者之間，兩眼不安地圓睜，搞不清發生何事。

阿波羅將他對這些事情的憤怒宣洩於《波蘭與莫斯科大公國》長篇的譴責文字裡，把自己的獄中經驗與沙皇政權壓迫波蘭的漫長歷史相提並論。「我們波蘭人在莫斯科大公國的手下受盡屠戮、燒殺、劫掠、姦淫與凌虐，」他開頭寫道，「我們死在他們的馬刀、刺刀與槍下。我們熟識他們的棍棒、皮鞭與絞繩。」「整個莫斯科大公國就是一座監獄。」他繼續說道，橫衝直撞進入比喻的世界。意象很快就轉成漩渦，融成一團模糊的怒紅。莫斯科大公國是「一群有耐性的土狼」；是「數不清一群又一群」的昆蟲，「染滿了腐蝕的毒素」；是一隻飢渴野獸「把波蘭當作屍體，活生生地吞咬」。莫斯科大公國是一部殺戮機器，用「機輪與輪齒」將波蘭碾碎，「重壓、擊打、粉碎、凌遲、劫掠」。莫斯科大公國是「最髒賤也最致命的瘟疫」，是「一大坨倒在大地果實上的惡臭糞土」，其「野蠻、無知、背叛」吞噬了「文明、光亮、對上帝以及人類未來的信仰」[73]。隧道塌陷了。一切陷入黑暗。

在沃洛格達這座「跑的是腺病而非沙子的時漏」，阿波羅和伊娃的身體狀況都不好。經過再三陳情，請求以健康考量將他們移送到較溫暖的地方，當局最後終於讓他們搬去烏克蘭的切爾尼戈夫，該地和基輔相隔不到一百六十公里，且離家園要近得多。兩人中身體較差的伊娃還獲得三個月的時間，可以帶著五歲大的康拉德去她哥哥塔德烏什的莊園探訪[74]。她一直堅持自身病狀只是「心病」，因「我們雙方家族成員一再遭受的厄運」而引起，很快就會過去。但這病始終沒有過去：她的肺結核症狀愈來愈嚴重。

到了一八六五年冬天，也就是遭放逐的第三年，「病入膏肓、命若殘燭」的伊娃已經成活死人樣。「絕望像鐵鏽緩慢侵蝕（她的）身體」，阿波羅說道，還說她「幾乎沒力氣看我，說話氣若游絲」。阿波羅「卑躬屈膝地苦苦哀告」當局「能讓我們換地點放逐」以便獲得較佳的醫療照顧。他們的家醫從日托米爾一路趕來為她看病，但她虛弱到承受不住醫師建議的手術。阿波羅拖著自身病體，充當全職看護，讀書給她聽，與她一起禱告，抬她上下床，且時時表現出高興的模樣，這樣伊娃才能「相信我們絕不可能分離，否則她說不定再沒有力氣撐過任何事情」。但他同時已在心中構思悼詞。「我們從未因彼此而變得盲目；我們之所以相愛，並非因為視彼此為完美，而是就算我們有短處與缺點，……我相信……直到今天，我們都活在幸福的崇高光芒裡。」這部感情戲裡只有兩個角色，「小康拉德自然是被忽視的」[75]。

日漸昏沉孱弱的伊娃，終於在一八六五年四月的一天逝去。「她的死是阿波羅最後的致命一擊，」阿波羅的老友史蒂芬・布許金斯基如是說，「世間少有如此匹配的佳偶，他傾慕她，而在她眼裡他乃舉世無雙的理想男子。」[76]阿波羅以悲慟將自己活埋。「我幾乎整天都守在墳墓旁，」他吐露說，就連夜晚都警醒不眠，質問自己的信仰，想像著她仍在身旁替他代筆寫信。阿波羅覺得自己也是大限不遠——且他歡迎著死亡到來，只要這能讓他再度與她相聚。

但這兒有個「小傢伙」還活著，那就是七歲大的康拉德。他的母親伊娃已然入土。倘若阿波羅也死去，那還得有人來照顧康拉德。「她過去把整顆心與靈魂都挹注到這孩子身上，如果現在要把他無依無靠留在世間，或是讓他沒有一點希望地被拋棄，這對我來說像是辜負了她的心與靈魂。」阿波羅要求華沙的一位老朋友擔任康拉德的監護人，還「安排小康拉德就學階段都能獲得一筆津貼，錢雖少但足以養活他並支付教育費用，……我今日已經做出一切必要犧牲來確保他的明天。」[77]

伊娃死後的幾個月裡，阿波羅信件中的無盡哀思偶爾會出現康拉德這個插曲，他拜託華沙的朋友送來課程大綱與教科書，並把他的舊書桌賣掉來付帳；「以前她最喜歡這桌子，但她再也看不到我坐在桌前了。」他知道自己沒有盡到陪伴兒子的責任。「可憐孩子，……他看著我因悲傷而衰老的模樣，誰知道這景象是否讓他童稚心靈早添歲月，或是讓他懵懂的心早染風霜。」「這小東西簡直像是在修道院長大。墳墓下埋著我們忘不了的那人，提醒我們生死無常。」[78]他明白最佳的做法就是把康拉德送走，實現伊娃「讓她孩子未來受到庇護的遺願」[79]。「我的康拉德會在人的環境裡長成一個人。」[80]

縱然阿波羅求死之心甚堅，但他還是活了下來。於是他繼續寫作。當他坐牢時，伊娃給他的那本羅伯森英語教本起了好大作用，阿波羅在聖彼得堡大學學過語言，如今英文好到可以翻譯成波蘭文。他所選的第一本書書名意味再深長不過：查爾斯．狄更斯的《艱苦歲月》。同時，康拉德過去是藏身在他喪妻之痛陰影下的一份擔憂，現在已漸漸成為關注的新對象，他活下去的唯一理由。「我再一次開始面對我的生命，而我的生命目前僅圍繞著小康拉德轉動。」[81]這孩子愈長大「看起來愈像他母親」[82]。「我親愛的小東西會照顧我呢。」阿波羅自豪地說道。「他的心，遺傳自……他母親——但他的腦袋就無甚可觀——這是遺傳我的。」[83]阿波羅用羅伯森那可靠的教學方法來教他兒子法語，「現在能對它在吾兒身上發揮的效果讚歎不已」[84]。

一八六六年春天，阿波羅把康拉德送去和他祖母與舅舅塔德烏什一塊兒待在鄉間。他們能給他的比阿波羅多太多：教他念書的法國女家庭教師，「說他才學了一年法語就懂這麼多實在了不起」；和他同年齡的表親作為玩伴；他們自身代替了雙親角色，一個是愛孫如命的祖母，另一個則是「疼外甥的舅舅，把對妹妹的親情全都改放到她兒子身上」[85]。只是，康拉德已然禁受放逐生活的摧殘，不僅會頭痛，偶爾還癲癇發作，且又患了一場德國痲疹；他的親戚為此帶他去日托米爾、基輔和奧德薩求醫。「我很寂寞」，阿波羅承認道，他在切爾尼戈夫鎮日埋首於翻譯工作「好讓我兒子未來的財務狀況更安穩」[86]！然而，「想想」，他思忖道，康拉德也會「思念我」，縱然「他過去看到的全是我烏雲密布的臉，而他九歲大的人生裡唯一的消遣只有繁重功課」[87]。

康拉德已有一年多沒見過他父親，但塔德烏什．波布羅斯基的莊園某天突然來了一名訪客，鬚髮蓬亂如黑莓樹叢。阿波羅換下他的舊西裝與舊領結，改穿一身簡樸的農民服裝。他過去那蠟捻整齊的鬚髭，如今在臉上亂長如馴鹿苔[88]。體內，他的肺臟逐漸坍塌成坑洞與膿液。當局發給他護照，讓他去阿爾及爾或葡屬馬德拉島這類氣候較溫暖健康的地方——他終於從放逐的苦難裡解脫，就在身染重病來日無多且窮得無法遠行的時候。

利用這簽證機會，阿波羅總算把自己和康拉德弄出帝俄之外。他們一起去了位於奧屬加利西亞的利維夫，在那兒「一個形銷骨毀的人帶著個沒娘的兒子」，讓鄰居感嘆「這景象簡直是波蘭畫家格羅特蓋拿鉛筆畫出來的」[89]。他們像一對獨腳人那般活著，各自都無法獨立，但只要靠在一起就能站穩。「兩個無家的漂泊者相依為命，」阿波羅說，「我是他景況淒涼的保護者，他是唯一讓我在世間活下去的力量。」一八六八年，父子倆在附近桑博爾地區山間一處療養地待了一夏天，康拉德在那裡治療「尿道結石，……在他膀胱裡時不時導致痙攣」，阿波羅則為了對抗肺結核而「喝羊乳清，……我決心十足，當……警察問我在加利西亞做什麼，我坦蕩蕩回答，『我在喝羊乳清』」[90]。

阿波羅再度身處波蘭語言、文化和信仰之中，他覺得「自己從長眠中被喚醒」。多年以來，寫詩的動力首次在他體內湧動。阿波羅在一八六八年有首詩受他最敬愛的雨果啟發而作，他在詩裡將波蘭人民比作海洋。他們有時看似退潮的大海般平靜無波——但且等著瞧，他激勵大家說，漲潮的時刻要到，波蘭人民將再次奮起[91]。

一八六九年初，阿波羅在波蘭南部大城克拉科夫接了《國土》雜誌的工作，主編是他老友與作家同僚史蒂芬．布許金斯基。阿波羅覺得克拉科夫是個最完美的地方「讓康拉德長大，不是要長成民主派、貴族、煽動家、共和派、保皇黨，或是這類人士的奴僕走狗——而是要長成一個波蘭人」[92]。日子一天天過去，春天來了，阿波羅的行動範圍卻從整間公寓逐漸縮小成他的臥室，最後只局限在床上。鄰居一個女管家幫他們做飯、打掃。接著抵達的是戴著漿挺白頭巾的醫護修女，像天鵝般在打亮的木地板上航行。布許金斯基來訪時，看見他朋友深情款款地看著「他的婚戒與他妻子的肖像」。是時候該把教士請來了。到了一八六九年五月底，「身邊圍繞他所親所愛的人」，阿波羅．柯爾澤尼奧夫斯基的生命之潮逐漸退去[93]。

自從伊娃死後那悽愴的幾個月以來，他的遺願大概一直沒有變：「我不敢要求更多，只願天助康拉德在正派人之間立足，將他的身體與逐漸覺醒的靈魂焊在我們社會的大我之上。」他曾這樣說，還說希望「將她的骨灰從異地墳場帶回家族墓園」。至於他自己，只期望「將我的腳放在故鄉泥土上，呼吸它的空氣，注視那些我所愛之人的眼睛，然後呼喊：上帝啊，就是現在，求你帶走你的僕人，因他已經非常、非常疲憊了」[94]。

據《國土》雜誌報導，他過世當晚，「大批人群」聚在柯爾澤尼奧夫斯基寓所外的鵝卵石地上，「向最偉大的波蘭之子致最後的敬意」。來的有「教士、帶著旗幟的市裡各行各業人們、大學教授與學校老師、學生與學童」——也就是除了「所謂上流社會」的所有人。在「深沉的悲痛與敬愛之情」裡，他們護送靈柩穿過市集廣場，經過聖馬利亞教堂的尖塔，走出聖佛羅里安門，前往拉策維茨基墓園，阿波羅．柯爾澤尼奧夫斯基在那裡以「莫斯科暴政殉道者」的身分長眠。墳前詩班唱著〈萬福天后〉，悼念者淚流不止[95]。

「在這龐大的遊行隊伍前端」，十一歲大的孤兒康拉德邁步而行。在此之後，史蒂芬・布許金斯基把康拉德帶回自己在聖佛羅里安街的家裡照顧，直到他外祖母泰奧菲拉・波布羅斯卡抵達烏克蘭。布許金斯基告訴她，她那「最令人疼愛的孤兒」是如何「用最溫柔的關心呵護他可憐的父親，並跪在床邊的教士與修女之間淚水潸潸地為他的靈魂祈禱」。所有人都受到他這情緒感染，因此他們花了好些時間才回過神來通知布許金斯基先生，而他一來就將這男孩緊緊抱在懷裡[96]。

這是當時旁人留下絕無僅有的記載，讓我們一窺康拉德的感情。要再等四十多年以後，康拉德才會首次提筆記下自己童年的事情。

第二章　啟航點

「依照他父親遺願」，泰奧菲拉．波布羅斯卡將外孫康拉德送進聖佛羅里安街離布許金斯基家不遠的一間小型學校，校長是參與過一八六三年起事的老兵。阿波羅死前一直擔心康拉德「當時不愛念書且缺乏定性」，不過「老實說他也才十一歲，喜歡從同情的角度去評量每件事，且溫柔善良得難以言喻」[1]。康拉德在家自學了無章法，對「德文和拉丁文缺乏認識」，讓他無法和同齡學童一起上課，但「師長都稱讚他很勤勉、有理解力且用功」[2]。

接下來將近四年的光陰裡，泰奧菲拉與康拉德一起住在克拉科夫。她知道「一個失根放逐者的遺孤需要別人無限珍愛」，因而將他「放在心頭上疼」。舅舅塔德烏什．波布羅斯基則擔起父親與物質提供者的角色（他自己沒有兒子）[3]。他在一八六九年九月寫下第一封給「小康拉德」的信，這樣的信他寫了一輩子。

「這是上帝旨意，要讓你承受一個孩童所能遭到最大的不幸，既失怙又失恃，」他嚴肅地開頭，「但因祂的慈悲，上帝賜下恩典，讓你有最好的外祖母與我來照顧你，照應你的健康、你的學習與未來的人生方向。」塔德烏什列下一串優先事項清單。「若缺乏徹底完整的教育，你在這世上就一文不值」，所以要「矢志勤學」，「學好每個學科的入門基礎」。讀的「不能只是簡單吸引人的東西，……要讀有用的」，不論那有多困難，「要知一個人……若不懂得怎樣自立自強，他就不再是一個人，而變成無用的傀儡」。塔德烏什向康拉德保證，家族會負責他一切安排與開銷。「你該做的就是讀書，保持健康，而且這方面……假使你聽從長輩的意見，你的身體可能會完全康復——只要別胡思亂想那些不適合你年紀的感觸與思想。」[4]

這些鏗鏘有力的指示，其實話中有話。塔德烏什想把康拉德教養成一個頭腦實際的波布羅斯基，而非像他父親那樣的柯氏夢想家。朋友眼中的阿波羅是高貴而浪漫的標準愛國者，教兒子最重要的就是要「當個波蘭人」[5]！康拉德或許沒學過德文與拉丁文，卻能將密茨凱維奇的作品倒背如流，且（父親老友史蒂芬·布許金斯基發誓說）再沒別的男孩擁有一顆「如他那般高尚的心靈」。在塔德烏什看來，阿波羅這人不負責任、有勇無謀，且最要命的是根本無力撐起一個家。過去幾年來，塔德烏什所看到的康拉德，是一個動不動就生病且整天沉浸在陰鬱遐想裡魂不守舍的男孩。當個波蘭人？先講求實際再說吧。

塔德烏什·波布羅斯基，康拉德的舅舅兼監護人。

身為文人，阿波羅紀念兒子出生的方式是寫一首愛國詩歌；身為商人，塔德烏什紀念他當上康拉德監護人的方式，則是記帳。他打算「在康拉德長大成人的時候」，將帳簿贈送給他。「我要你知道你雙親與你家族其他成員的全部關係——我要你知道這筆基金是怎麼存起來的，設立目的是將來要幫助你工作自立」，還要他「知道我們都愛你的母親，且愛屋及烏地愛著你與你的父親」[6]。接下來的二十年，塔德烏什將康拉德名下的每筆借貸都記入這本「檔案」裡，還以冷嘲熱諷附注著他對外甥行為的評語。

關於之後五年內康拉德怎樣過、在哪裡過他的人生，塔德烏什「檔案」是當時留下的唯一史料。康拉德在聖佛羅里安街的學校老師那裡受教一年，然後在克拉科夫亞捷隆大學醫學生亞當・普爾曼的家教指導下學習三年[7]。康拉德十六歲之前那年秋天，「因為克拉科夫當時流行痢疾」，塔德烏什送他到一個表親在利維夫的旅社去，以便「讓你變得堅強，這是每個男人人生中所需要的」。帳本裡也記載康拉德為了健康每年出遊：一八六九年和外祖母去過「瓦騰堡湖區」，有三個夏天都在波蘭克雷尼察溫泉區度過，還有一次是在一八七三年春天，「遵照醫囑」與家庭教師普爾曼到瑞士徒步旅行六週[8]。

面對這些安排，這孤兒自身感受如何？關於此事，他並沒有留下隻言片語。只有其他人字裡行間提到的一些事情，暗示著那些不適合他的「感觸與思想」依舊在他身上徘徊不去：一連串不知名的疾病、頭痛與「情緒問題」[9]。這些線索就像從海床上回彈的聲納訊號，只能呈現深度，但完全顯示不出海底下究竟是個什麼樣子。

康拉德年輕時的克拉科夫：市集廣場與聖馬利亞教堂。

當康拉德終於留下紀錄，他所用的不是言語而是行動。那是一八七四年的秋天，他剛在利維夫待完一年而回到克拉科夫。幾年前那個隨著父親的送葬隊伍通過主廣場的孤弱男孩，原本慣於守喪，如今卻已是個試圖表現出大人模樣的少年。康拉德用一層髮油把頭髮往後梳，在絨布馬甲背心口袋裡放入單片眼鏡，然後才出門。他熟悉克拉科夫縱橫交錯的灰泥高牆與古老磚石的許多角落，諸如玻塞斯卡街他父親過世的那間公寓、聖佛羅里安街的小型學校、斯皮塔爾納街他與外祖母一起住的那間房屋，他和史蒂芬·布許金斯基的兒子會一起從那兒的窗戶探出頭來，往「底下經過穿黑長袍的猶太人」頭上砸水球[10]。聖馬利亞教堂尖塔上有個形單影隻的喇叭手吹著克拉科夫傳統夜曲〈黎明

青少年時期的康拉德．柯爾澤尼奧夫斯基。

歌〉，曲調會在第五個音符戛然而止，歌頌著一個被壓抑難伸的國家[11]。

越過環繞市中心的其中一個公園，康拉德走進克拉科夫最好的照相館，給自己拍攝肖像[12]。他按照吩咐擺姿勢，將臉稍稍偏離鏡頭。他的下巴與嘴唇長得豐滿，會讓故作嚴肅的少年看來像是繃著臉不高興。但他的眼睛卻屬於另一個年紀，黑色眼眶像是海中岩石被潮汐洗出的紋路。

康拉德將近十七歲，剛從學校畢業，正是在克拉科夫定居，依照塔德烏什指示就業從商的大好時機。他父親也希望他待在克拉科夫「當個波蘭人！」接受傳統薰陶。但康拉德多年來想要的卻只有離開這兒，離得遠遠的；神奇的是，塔德烏什居然願意讓他這麼做。

塔德烏什在一八七四年九月於帳本中記下此事。「我去了克拉科夫和利維夫，為的就是把你送去商船上，這件事你已經纏著我不停講了兩年。」康拉德想要成為水手，對此愈來愈執著。對一個在離海洋千百里的內陸成長的年輕人來說，這似乎是件全然幻想性的事。然而康拉德其實已經漂泊了一輩子。航海只是讓概念成為現實而已。

塔德烏什安排將外甥送往馬賽。多虧當時流散在法國的大量波蘭人，塔德烏什認識一個波蘭人，這人又認識另一個波蘭人有個表親是船東[13]（康拉德當時自然已經能說一口流利法語）。他付清康拉德在加利西亞的大筆開銷、旅費，以及這位未來海員「購置裝備的部分費用」。錢繳清、行李打包、文件備妥、火車票在手，康拉德向親友道別。他對塔德烏什承諾說，無論身在何處都會是個負責任的人；對他父親的摯友史蒂芬．布許金斯基保證說，他絕不忘本。「我始終記得當我要離開克拉科夫時你說的話，」許多年後康拉德回憶道，「『記住』，你說，『無論航向何處，你的方向都是波蘭！』」

「這話我從未忘記，永遠都不會忘！」[14]

在一個非常難得的時刻裡，那時康拉德早已變成英語拼音C開頭的康拉德，他翻回這世紀百年書頁的前頭，寫下兒時在波蘭的日子。一九〇八年（那年他五十歲）出版回憶錄《私記》，以及其他一兩篇短文，都用成年人的遣詞用字說出年輕的思想與感受。在一篇動人的短文中，康拉德憶起父親在克拉科夫重病彌留的房間，自己躡手躡腳走進那片「可怕的靜寂」。他會親吻被單下那躺臥著的軀體，靜悄悄走出去，「然後，不總是這樣，但經常是獨自暗泣直到沉沉睡去」。「然而，當那不可避免的」永別時刻到來，康拉德說，「我覺得我一滴眼淚也沒流」。所有人都覺得他「是世上最冷血的小渾蛋」[15]。

「如果我不是個愛看書的男孩，不知道自己會成什麼樣子，」康拉德這樣思忖著，「我想我大概會發瘋，以一種徒勞無功孩子氣的方式。」相較於因放逐、孤立和悲傷而令人難以承受的現實生活，他打開書就能環遊世界。他會讀那些勇闖北極與非洲的探險故事[16]。在他八九歲的時候，就「第一次被引介認識文學中的海洋」，那時他坐在父親的床腳下，朗讀父親所翻譯的雨果《海上勞工》（一八六六）精校稿。他從這裡啟航，揚帆駛過英國小說家佛里德里克．馬里亞特船長的大洋故事，又開進美國小說家詹姆斯．菲尼莫爾．庫珀的航海小說[17]。他決定自己將來要當個水手。

康拉德在《私記》中述說這想法如何茁壯起來。我想當水手，他自言自語道。「一開始……這話」被他家人「當耳邊風」，但「我用盡各種方式，設法激起片刻的關注，讓人不禁發出『那是什麼怪聲音？』——這樣的詢問」。我想當水手，他重複說著。「你聽到那男孩說什麼嗎？這想法真是異想天開！」「一波令人震驚的流言蜚語」在家族裡傳播開來。當塔德烏什聽到這個消息，還特地前往克拉科夫勸說康拉德打消主意。

「好好想想這在你人生其他大事裡代表什麼意義，我的孩子，」他建議道，「在此同時，別忘了盡力考好年考。」[18]

康拉德繼續和家庭教師亞當．普爾曼去阿爾卑斯山徒步度假。顯然普爾曼肩負著「說服我打消浪漫愚想的祕密任務」，因為「他在火車上勸說，在湖裡渡輪上也說」，甚至當他們在瑞吉山欣賞當地著名日出時，這觀光客必看的瑞士勝景也未能阻止普爾曼噤口不言。

「（你）能期望從那種生活獲得什麼……？」普爾曼問他的學生。康拉德承認這是個「回答不了的問題」。他感到「我夢中那幽靈般、無形、令人神往的海洋」逐漸消退。

然後，剎那間，浪潮回捲而來。「我們四目交會，真實的情感在我倆的眼裡閃耀。這就是結論。他突然拾起背包站起身來。」

「你是個徹頭徹尾無可救藥的唐吉訶德。你就是那種人。」普爾曼說。

他們沒再談論此事。兩名年輕人抵達旅程終點威尼斯，出海去麗都島。他們背後是閃閃發亮的潟湖與銀色圓頂的天際線。面前則是光輝燦爛的海灘、碎浪，以及一望無際的汪洋。直到那一刻之前，康拉德說：「他和我皆不曾見過真正的海洋一眼。」[19]

每個目擊者都可以用不同的方式講故事，且一個人感受到的情緒與想法，只有自己最清楚，無人能「目擊」。只是，康拉德所說的話沒有一句與其他紀錄相符。當年那個將哭泣的他從父親臨終床前拉開的大人，說他是個被悲痛吞沒的小男孩，根本不是個「冷血的小渾蛋」。他首次看到海，是一八六六年和祖母一起去烏克蘭的奧德薩，而非在威尼斯。塔德烏什從未提及曾特地去一趟克拉科夫勸阻外甥尋求航海生涯（以我們對他的認識來看，他要是真這麼做了，一定會把這事寫進帳本裡）。康拉德說啟發他想當水手的那本書是雨果的《海上勞工》，這話非常奇怪。該書說的是一個與社會格格不入的人追求其心儀女子，最後看著她與別的男人搭船遠航，自己卻溺斃於海中，這裡頭可沒有多少對真實航海的描寫。康拉德在這本書裡遇見的大海，是一片破碎夢想的汪洋，一片自棄生命之地。

回憶錄可讓人把自己寫成別的樣子，希望別人，或也包括自己在內可接受的樣子。康拉德為他少年時代打造的文學版本，是一個無憂無慮的夢想家，快活地航行駛過童年的動盪與創傷。然而，那些熟識他的人所描寫的形象與這簡直天差地遠。是那樣一個更困頓、更複雜的人物一次又一次在康拉德的小說裡現身，而「每部小說，」康拉德在《私記》裡承認道，「都包含一點自傳的要素。」[20]他筆下角色在流離失所、疏離與絕望中掙扎。共有十七個人物最後自殺。

康拉德人生早期的其他特質也悄悄潛進他畢生作品中。他長大成人的過程，是理想化的柯氏與實用派的波氏兩支血脈在體內爭奪主導權。《私記》裡的年輕康拉德乍看之下是父親的翻版，是像阿波羅那樣的夢想者與作家。「我的讀者知道我堅信世界……建構在……『忠貞』這個概念上。」他在前言裡說道。這種價值觀是以他雙親投身波蘭獨立運動的不朽精神為範本。

但康拉德和每個波布羅斯基一樣，發自內心鄙夷「革命精神」那「打不破的絕對樂觀態度」。而當他真的描寫波蘭時，他用的是舅舅的聲音。康拉德唯一一部以波蘭為背景的作品〈羅曼王子〉源自塔德烏什一九〇〇年出版的波蘭語回憶錄，描寫在塔德烏什家作客時遇到的一名一八三〇年事件的主事分子[21]。就連《私記》裡大量內容也都引自塔德烏什這本書。康拉德是從塔德烏什那兒學會描述他的柯氏祖父，說他是「那種認定只有『翻身上馬驅除敵虜』才是理想愛國行動的波蘭鄉紳」。他也是從塔德烏什那兒構築起他母親的形象，「理想中的波蘭女性」，一個「慈愛、聰慧、沉靜、如同守護者的存在，她的眼裡有種帶著威嚴的溫柔」[22]。

至於他父親，也就是塔德烏什主要進行反制的對象，康拉德曾描述阿波羅死前幾週一幕奇特的景象。他走進病房，發現他父親「坐在一個很深的扶手椅裡，背後用枕頭支撐起來。那是我最後一次看到他下床」。一個護士跪在壁爐旁「把東西放入壁爐的烈焰裡」。她聽從阿波羅的指揮，將手稿與信件往火裡送。康拉德在旁邊不可置信地看著。「這毀滅之舉充滿屈服的氣氛，深深影響了我。」[23]

無論康拉德看見被燒的是什麼，那都不是阿波羅的稿件；這些東西都受到他遺囑執行人的保管而留存下來。但這誤會其實含有深意。康拉德眼中的父親，至少在他回憶的時候，是個「被打倒的人」，當遭受致命攻擊，文字與理想最終還是無力抵擋遠比他強大的那些力量。

康拉德從未忘記或原諒戕害他童年的「大俄羅斯帝國暴虐陰影」。這引發他產生一種宿命論的觀點，認為在這世上無論多麼盡力走出自己的路，終將無法脫離命運的軌道。阿波羅曾寫說俄羅斯是部機器，它的「機輪與輪齒」將波蘭碾碎[24]。康拉德也將這世界寫成一部機器。人生，他向朋友寫道，就像一架動力紡織機。「把我們織過來又織過去。織著時間、空間、痛苦、死亡、腐敗、絕望以及所有幻想——而一切都沒有意義。」不論你多麼希望它能繡點圖樣，或是織些浮花錦緞，或就只是稍作停頓，「你都無法干預它」，「你甚至不能砸了它」。你只能「驚恐呆立」看著哐噹作響的機架繼續它們「冷酷無情的工序」[25]。

康拉德小說內容發展常取決於一個人必須做出關鍵抉擇的難得時機。這是一個人可以僥倖逃脫命運——或使命運成為定論——的時刻。你可以待在下沉的船上，或跳進救生艇。你可以用真相傷害人，或用謊言安慰他們。你可以守護珍寶，或將它盜走。你可以把什麼炸了，或去舉報放炸藥的密謀者。

你可以一生都待在從小長大的地方，也可以離開那裡，永不回頭。

馬賽，充滿橄欖油、柑橘樹、甜酒與一袋袋香料的城市，吞吐地中海，眼望大西洋，十字軍、革命家、基度山伯爵之城。康拉德從住所走下山坡到馬賽舊港。沿著連綿的屋脊高聳著一根根桅杆，像收割過的麥稭。他走過咖啡館，裡面有骨牌喀拉聲、苦艾酒玻璃杯叮噹聲，有農婦馱著滿籃羊乳起司叫賣，還有個老北非人搖著手搖風琴，背後傳來電車刺耳的嘰吱聲。各艘船的船長在船務代理行裡進進出出，臉上皺紋有如舊報紙。刺人的陽光如拳頭般落在港內水面。「喬治先生！」一名領港高喊，用法語將「柯爾澤尼奧夫斯基」壓短發音這樣喊著[26]。

康拉德成功出走。他再也沒有寫信給史蒂芬・布許金斯基或亞當・普爾曼，就算塔德烏什舅舅一直催他這麼做。他從克拉科夫帶出來的一個行李箱弄丟了，裡面裝著波蘭語書籍和一幀家族合照。塔德烏什不高興地補寄一幀照片給他，用寫滿「訓誡」的紙包著。「你的毫無條理，還有你對待東西那種隨便的態度，……讓我想到柯爾澤尼奧夫斯基家族，」塔德烏什斥責道，「什麼東西都要糟蹋浪費——這一點都不像我親愛的妹妹，你的母親。……你是需要個奶媽嗎？」[27]

康拉德自己都搞不大清楚錢花到哪兒去，但錢就這麼花掉了。八個月的津貼在幾週內消失無蹤。被質問的時候，他連自己的花銷都說得不明不白：是生活日常開支呢，是借給朋友了呢，還是花去那些不願意跟人說的地方了呢。但他需要更多錢，也就是說又得去找他舅舅。從烏克蘭寄回來的信中畫滿了驚嘆號，且工整列出各種金額。塔德烏什舅舅責備他的揮霍、粗心大意，甚至包括求援的態度。「我得直說，我不喜歡你報告事情的語氣。……確實，一個人不必因為做了蠢事就得自殺或去加多森修會隱修，……但你能不能有多一點悔意。」縱然如此，「**這是第一次也是最後一次**」，「**下不為例**」，塔德烏什還是寄了錢給他[28]。

當時康拉德已快二十歲，亟須逃離俄國人的掌控，但此事難度也愈來愈高。依據法國法律，他身為外國國籍持有者，需要先獲得本國領事館許可才能登記上法國船隻工作；但因康拉德正值入伍當兵的最佳年紀，俄國領事館絕不會放行。在此之前，他還能說服馬賽港的檢查員睜一隻眼閉一隻眼，讓他往返三趟西印度群島之旅。但一八七七年夏季的某天，那時俄國剛與土耳其開戰，康拉德正要登船時，檢查員卻沒有放水。他們發現康拉德拿不出應有文件，於是把他擋下來。如果康拉德還想上船工作，他要麼去找法國船以外的船隻，要麼就得去別的地方歸化以解除俄國國籍。

塔德烏什考慮各種選擇。有很多可移民的地方：瑞士、美國、拉丁美洲。康拉德還提過他在馬賽見到日本領事，所以誰知道呢，「說不定你能當上日本海軍將領？的確，一旦投入一個世界性的職業，就像你在商船上的工作一樣，身在何處就不重要了」[29]。塔德烏什唯一提出反對的是康拉德自己的想法——亦即去英國，在世界最龐大的商船隊裡找工作。這實際嗎？「我第一個問題是，你會講英文嗎？」[30]

登船無望之際，康拉德陷入更深的債務泥淖裡。但機緣巧合之下，他遇到他第一艘船「白朗峰號」的船長，為他指引一條明路。我現在到西班牙賣違禁品的生意做得風生水起，船長私下透露。跟我一起投資，他對康拉德說，我能讓你大賺一筆。康拉德給他一千法郎，船長還給他一千四，於是康拉德把剩下的錢全掏給他。結果船長這次空手而歸。康拉德這下子毀了。他沒臉去見塔德烏什舅舅，只好去找德國朋友理查．費希特借錢。他帶著錢去蒙地卡羅賭場，希望在賭桌上賺回自己的財產，最後卻把錢全都輸光。一無所有的康拉德回到馬賽，邀請費希特來喝茶，以便告知這個壞消息[31]。

一八七八年二月底，塔德烏什人在基輔參加貿易展，卻收到法國發來令人心驚膽戰的電報：康拉德受傷，寄錢，速來。」[32]他迅速把事情處理完，加緊腳步趕往馬賽，發現外甥胸口中彈，正在養傷。

原來，約好來喝茶的費希特還沒抵達前，康拉德拿出手槍，對準胸膛扣下扳機。

康拉德沒打中心臟（不知是否故意）且復原情況良好，這讓塔德烏什鬆了好大一口氣。為了名譽著想，他們說好對外聲稱他是在決鬥中受傷[33]。不過，塔德烏什很了解外甥，知道這些問題病根不淺。塔德烏什在馬賽待了兩週來「研究這個人」，好把康拉德導回正軌。他在康拉德身上看到太多柯氏家族的影子，思想浪漫、不負責任、「極度敏感、自負、內向，兼之易於衝動」。但就算這樣，他也「不是個壞孩子」。康拉德不像大多數水手那樣嗜酒，他不常賭博，也沒有明確跡象顯示他沉迷女色。他「能做事又會說話」，有禮貌，「相貌英俊」且「人緣好」。雖然說「我們波蘭人，特別是在年輕的時候，總對法國人與共和制度有種出自內心的喜愛」，但塔德烏什很高興發現康拉德是個「帝國主義者」，支持拿破崙三世已倒臺的政權。

塔德烏什所能想得到的首要之務，就是讓康拉德放棄海洋回到克拉科夫。這點被康拉德拒絕了，「堅持說他愛自己所選的職業，現在不想、以後也不會改行」。甥舅一起「決定他該去加入英國商船隊，那兒申請手續不像法國這樣嚴格」[34]。

康拉德傷口才剛癒合，馬上就登記加入一艘掛英國旗的輪船「畫眉鳥號」。但他和這艘船實在合不來：康拉德不喜歡船長，船員們也不喜歡他。當「畫眉鳥號」噴著蒸汽前往諾福克海濱港口，康拉德決定辭職。他跟船長吵了一架；他下船上岸，以致租鋪位的押金被沒收一部分，然後快馬加鞭前去倫敦[35]。至於在馬賽到底發生了什麼事，他永遠都不會把真相寫出來。

第三章　異鄉異客

一八七八年，入秋的第一週，世上最大的都市正繞著它全球性的中軸運轉，努力過活、努力前進，賺錢、花錢、投資、發明、敗德、交易。倫敦已有四百五十多萬人口，仍在迅速增長，這城市愈來愈自然展現出它獨有的偉大。建築工人將查爾斯．狄更斯小說常見的骯髒烏鴉群巢、汙穢暗巷，與悽慘破屋一一掃開，鋪下嶄新的交通要道：沙夫茨伯里大道、查令十字路和皮卡迪里圓環。泰晤士河岸在狄更斯時代是一道爛泥斜坡，是拾荒者與流浪漢出沒的邊緣地帶；如今，在那宏偉的維多利亞堤岸，工程師已將克麗奧佩特拉尖碑豎立起來[1]。沿河而下，港區開發商將水域切割成格狀的水池與碼頭。不論往北往南，棋盤般的排屋都如拼布花樣般點綴城郊，百姓的安樂家宅。地底還有網絡般的地鐵通道，將通勤者送進又送出城市的心臟地帶。

倫敦是一隻蜘蛛，棲身於全球各處組成的互聯網絡上，用一行行新聞報導捕捉世界。等待啟航的輪船目的地是加爾各答、阿德雷、布宜諾斯艾利斯和橫濱。入港船隻帶來各種消息，西印度群島有颶風、祕魯動盪不安、聖薩爾瓦多鬧蝗災。碼頭工人在倉庫裡塞滿美國棉花、澳大利亞羊毛和加勒比海可可。金融市場上有土耳其、巴西與瑞典證券，有拉丁美洲礦產、印度茶和北美鐵

SEA.--WANTED, respectable YOUTHS, for voyage or term, in two splendid ships for Australia, and others for India, &c.—W. Sutherland, 11, Fenchurch-buildings, Fenchurch-street, near rail. Established 1851.

海員。——誠徵，正派青年，算航途或航期，兩艘好船往澳大利亞，其他船往印度等地。——W·薩瑟蘭，芬丘奇大樓，芬丘奇街，靠近鐵路。成立於一八五一年。

一八七八年九月二十五日《泰晤士報》一則廣告。

路，價格上上下下。一艘滿載乘客的渡船在泰晤士河沉沒，伍利奇市政廳正對這樁慘劇進行調查。水果展和國際馬鈴薯展的評審在水晶宮裡頒獎。在紐因頓，七千人聚集聆聽一名美國禁酒運動者大談飲酒之惡。在西區，吉爾伯特與亞瑟·蘇利文的輕歌劇新作《皮納福號軍艦》獲得滿堂彩。

利物浦街火車站，一輛來自諾福克的列車嘶嘶響著進站，一名年輕人走下車。他已仔細研讀《泰晤士報》一陣子，用那登滿廣告的頁面來練習他的初學者英文。私人教師與家庭女教師徵求學生，廚子與女僕尋求好人家僱用，「穿黑衣的高䠷女士」尋找「里昂號上非常照顧她的那位紳士」。其中一條廣告，深藏在報紙版面的六個欄位中，尋找的對象似乎是**他**。

康拉德·柯爾澤尼奧夫斯基想要這工作，他來倫敦就是為了求職。廣告收在口袋裡，他細閱地圖，拿起行李，然後隱沒於人群中[2]。

「我同意讓你上英國船工作，但可沒同意你待在英格蘭，更不用說你還跑去倫敦在那兒浪費我的錢！」康拉德的舅舅塔德烏什從大陸另一端發來雷霆之怒，當他聽說四處亂跑的外甥最終落腳何處的時候。「天曉得你是為什麼要去倫敦，但你心知肚明你什麼都沒有、誰都不認識，根本沒辦法自力更生。」[3]就算他沒說出口，但康拉德一定很清楚自己為什麼來這裡。倫敦是全世界最能讓人隱身的地方，他和雙親在俄羅斯帝國的遭遇絕不會發生在這裡。

倫敦只給答案，不問問題。這個國家來者不拒：不需要護照或簽證，也不必提出文件證明財力。沒有人會被迫服兵役。沒有人會只因說了或寫了反對當局的言論就鋃鐺入獄，也沒有人會因政治因素而被引渡。自由使得倫敦成為歐洲的海灘拾荒者，撿拾那些被政治變遷的巨浪沖上岸的難民：涉入一八三〇至三一年起事的波蘭人，參與一八四八年事變的日耳曼人與匈牙利人，一八五〇年代與加里波底並肩作戰的義大利人，一八七一年巴黎公社的激進派法國人，甚至還包括法國前皇帝拿破崙三世本人。英國扮演著「外國人避難所」的角色，是一盞自由燈塔，英國佬為此對自己國家可頗為自豪。若論寬容世上只有瑞士類似，但瑞士所能提供的機會跟這世界第一大都市完全無法相比[4]。

步出車站後，康拉德成為住在倫敦超過五萬名歐陸人的一員，這人數比克拉科夫總人口還多。從利物浦街往東走，他會看到這城市其他七千名「俄國人與俄屬波蘭人」其中一些，不過這些大都是躲避沙皇政權迫害的猶太人。若往西去，他會走進克勒肯維爾的「小義大利」，那是一處充滿灰磚巷道的迷宮，裡頭男男女女忙著填裝冰淇淋車或是擦拭手搖風琴。倘若繼續往霍本走，義大利人就會漸漸換成法國人，那兒位在導覽手冊所稱「狄更斯世界」的中心，是個名副其

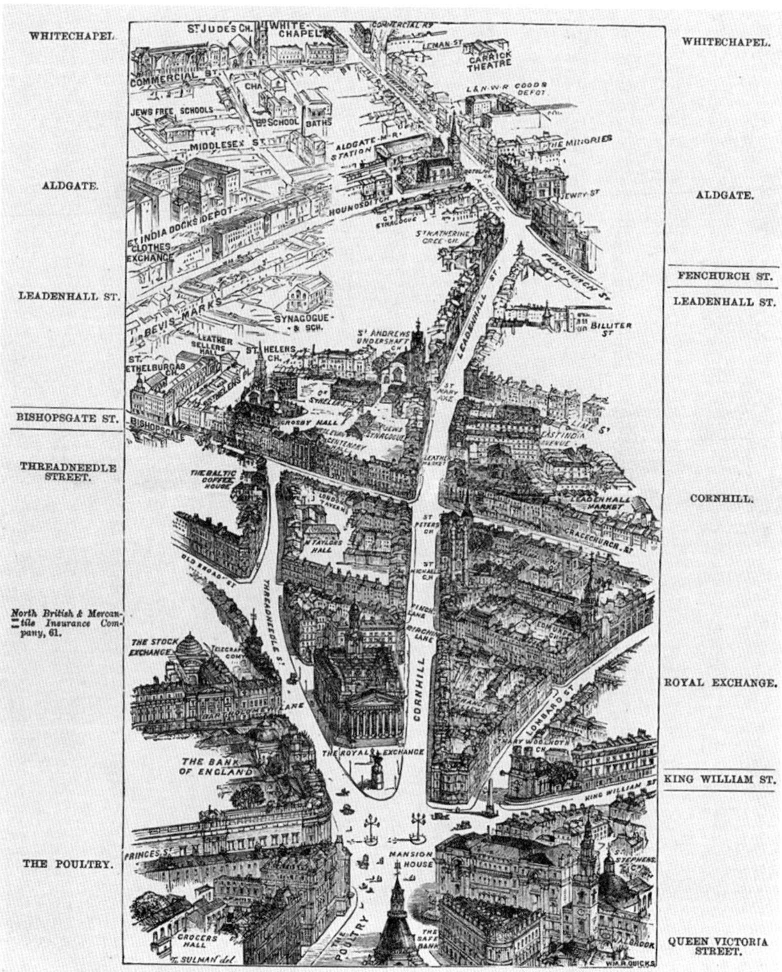

FROM THE POULTRY TO BISHOPSGATE STREET AND TO WHITECHAPEL.

一八八〇年倫敦市區鳥瞰圖。

實的小巴黎[5]。從這裡走一點路就到蘇活區，外國人倫敦的首都——也就是日耳曼倫敦的首都。這城市裡住有超過二萬名日耳曼人，其中約四分之一是公司職員；其他則是侍者、麵包師、屠夫、教師，偶爾會有王子之類的人物，還有一大群被放逐的革命分子，就像你可能會看到大英圖書館某張桌前那個振筆疾書的大鬍子卡爾．馬克思一樣[6]。

沿著蘇活區邊緣一條大道，路上跑著各種馬車，有頂的、沒頂的、貨車或雙輪馬車，康拉德在這裡可能搭上一部搖搖晃晃的綠色公共馬車，爬到頂篷的刀板座（譯注：knife board，指公共馬車車長座位）上，抓穩坐好，一路往北走好遠的路[7]。倫敦的太陽與其說是日光燦爛，不如說像是掛在被煙灰染黑的牆面後的一層灰白玻璃紗，根本不露臉。他在公共馬車車頂座位上能飽覽成排建築物裝飾華麗的門面，俯瞰底下蔬果小販的手推車，戴著圓頂硬禮帽的生意人，以及穿蓬蓬裙的女性閃避濺起的泥水。越過攝政運河，這城市漸漸化作一片片百褶狀的屋頂，上面插著一根根煙囪。這裡的公園與綠地都沒有鐵柵圈禁。公共馬車終點站在斯多克紐溫頓。康拉德會在這裡離開主街，沿著戴尼夫路往下走，這條路很長，乳黃色窗框像在兩旁寬矮磚屋的臉上眨眼。他會在這條路的六號推開一扇小柵門，踏上一個小門廊，打開一面窄綠門，然後消失在門內。這是他第一個長時間作為「住家」而提供的地址。

三十幾年後，回顧他抵達倫敦的情況，約瑟夫．康拉德描述說那時自己好像誤入一部查爾斯．狄更斯的小說。當時他對倫敦的一切認知都來自狄更斯。他童年時如飢似渴地閱讀狄更斯的波蘭語版本，訝異於「尼可貝夫人是如此善於用波蘭語和人前言不對後語地閒談，邪惡的拉爾夫又多麼會用波蘭語大發脾氣」[8]。他踉蹌步出利物浦街車站，在「一個狄更斯式的角落」裡一個「狄更斯式」的辦公室，找到那個船運仲介，那人正在吃一塊「從轉角某間狄更斯式餐館裡買來的」羊排[9]。

事實上，一八七八年康拉德．柯爾澤尼奧夫斯基抵達時，狄更斯筆下倫敦早已消失（被夷平來改建更寬的道路與更好的房子），但這點並不重要。只要透過狄更斯來講他的故事，康拉德就能把一個「初到異鄉」的故事變成「歸化當地」的故事。他照亮了一條路，讓一個波蘭作家愛讀書的兒子康拉德．柯爾澤尼奧夫斯基（Konrad Korzeniowski），能成為文壇廣受好評的英國作家約瑟夫．康拉德（Joseph Conrad，譯注：本書談到作為作家身分時的康拉德用 Conrad）。同時他也不著痕跡地將人生早期某些部分隱沒，包括不安定的青春期所遭遇的病痛與不幸，以及在馬賽自殺未遂的事。

康拉德鮮少寫到自己早年人生，偶爾提及時，最常回憶來到倫敦的最初幾年。他在俄羅斯帝國長大，被灌輸自己是天主教什拉赫塔波蘭人，與他身邊其他的俄羅斯人、猶太人，以及烏克蘭農奴皆非同類。他的自覺被差異的刀刃磨利。身為倫敦一個年輕外國人，差異性卻成為他的入口點。「在這片自由好客的土地上，就連我們族裡最受迫害的人都能獲得相對較多的安寧與一定的幸福，」他在一八八五年這樣寫給卡地夫一個波蘭熟人——用的是英文，「當我用英文說話、寫作或思考時，『家』這個字對我來說指的總是大不列顛那友善的海濱。」[10]他在一八八六申請歸化英國籍（並獲得接受）[11]。從此，他的居處再也不曾距離倫敦超出一兩小時之外。

日後身為一個定居倫敦的成熟作家，康拉德覺得在這「巨大城市，……人口比某些大陸還多的龐然大城」裡，有足夠空間「擺放任何故事，足夠深度來呈現任何激情，足夠多樣性來設計出任何背景，足夠黑暗來埋葬五百萬生靈」[12]。然而他所有作品只有一部小說是以倫敦（或英國）為主要場景，而他寫這本小說時卻選擇去說一個關於外國人的故事。最後寫成的這本書以一八八六年倫敦為背景，出版於一九〇七年，書中透露許多關於他來倫敦之前的往事，比他自己在其他地方明白說的多得多。他替這本書取名為《密探》。

故事開頭，一名男子走出蘇活區一間商店，時間是春天某日一大清早，「特別倫敦的太陽」像「充血的」眼睛往下看。那商店遠遠看來像是文具行，而那男子模樣看起來像是個正派中產階級，身穿赭色長外衣的時髦胖子。他注意到倫敦門牌號碼編得雜亂無章，一號隔壁是九號，九號又緊鄰著三十七號。如果你是外來人，確實會注意到這類「地誌學上的謎」，不過阿道夫．維洛克自認為「見過夠多世面而不會被騙」[13]。這是第一條線索，顯示《密探》的世界裡沒有任何東西表裡如一，你所知取決於你深入的程度。

維洛克自稱「生具英國臣民身分」，卻擁有歐洲（法國）血統，在法國某地住了若干時間。他表面上是個「心寬體胖、好脾氣」的一家之主，家庭生活卻以妥協的默契為基礎。維洛克「眼神堅定」的年輕妻子溫妮放棄愛人嫁給維洛克，只因維洛克能為她身染痛風的母親與她弟弟史提威提供一個穩定的家。生來清秀的史提威看起來「優雅，且有種纖弱的美」，但「下脣垂著嘴半張」顯示某種智能缺陷。維洛克一家人的店看似間文具行，但如果細審櫥窗擺設，就會發現其實是間色情書店，裡面擺滿了「裸露程度不一的跳舞女孩照片」以及黃色書刊。男客竄進店裡之前，都先豎起領子遮臉[14]。

到了晚間，常有看來像要買淫照的客人直接走向櫃臺，掀開活板門，鑽過去進入後面一間小客廳。他們擠在維洛克的壁爐旁，將領子摺回原樣，然後開始談論革命。這些人全都像維洛克一樣來自國外。群體中的哲學王子米歇里斯之前被關了十五年，出獄時已因政府伙食而發胖。此人是倫敦社交圈女主人的最愛，他在她們的沙龍裡宣揚資本主義垮臺的「樂觀」遠景：「未來與過去全都白紙黑字寫好了——奴隸制、封建制、個人主義、集體主義。」醫學生亞力山德．奧西彭有時負責宣傳，用革命冊子誘惑讀者，用斜睨杏眼、黃棕髮與「黑人模樣」的紅潤臉龐誘惑女人。還有瘦巴巴的禿子卡爾．雲德特，自稱是個「恐怖分子」和「炸彈襲擊戰的退伍軍人」，用他那張牙齒掉光的嘴鼓吹大規模殺戮。湊齊這場邪惡集會的第四人是個「衣衫襤褸的矮子」，別人稱他「教授」。但他對學術根本一無所知。「恐怖分子和警察都是蛇鼠一窩。革命與法治——不過是在同一場遊戲裡籌碼的移動；白費力氣的情況基本雷同。」他感興趣的是革命運用的科技。「我想要發明一種能自行調節適應任何行動環境的引爆裝置，……一種具有高度智慧的引爆裝置。」他外套底下帶著炸藥，只要把橡膠按鈕一壓，就能隨時引爆[15]。

至於阿道夫．維洛克，一般人都以為他是個開店的。這些歐洲來的「政治友人」卻清楚他是個無政府主義者。然而，那個春天早晨，當他踏著「辦正事的堅定腳步」走過切舍姆廣場，敲一間大使館的門，然後被帶進去時，他在那兒的身分就是一個簡單的三角符號「Δ」。這是俄國大使館（這點自不必說），維洛克已經以線民身分領他們薪水領了十一年[16]。

維洛克被找來，因為使館新任一等祕書弗拉基米爾要派給他工作。弗拉基米爾感嘆英國這國家「對個人自由的看法」是如何「荒謬」而「感情用事」，是如何因這樣而庇護了各種歐陸搗亂分子：無政府主義者、社會主義者、革命分子等。他希望英國人對此採取強硬手段，而他要維洛克來幫忙。他命令維洛克去引發「一場好樣的恐慌」。「一場無端而來的褻瀆，這次攻擊必須全然呈現其中毫不講理的駭人成分。」他思忖著。「在國家藝廊放顆炸彈會產生一些噪音」，但他靈光一閃，明白更好的選擇當是某種科學與工業的象徵物，而這兩樣東西「英國人相信……是他們物質繁榮的源頭」。弗拉基米爾決定以格林威治的「本初子午線為目標」，世界的經度與時區都以此處為基準而設立。「整個文明世界都知道格林威治，」他這樣說，就此滿足地達成結論，「我認為這個是最好的，也是最簡單的。」[17]

爆炸事件發生在故事幕後，也就是兩章之間。奧西彭與「教授」在蘇活區一間啤酒館買醉時，奧西彭提到這件新聞。「有個人今早在格林威治公園把自己炸了。」他從口袋抽出一份報紙。「在一棵樹底下，地上好大個洞，……周遭滿是一個男人炸成碎片的屍體，……他們說這絕對是企圖炸毀天文臺的惡行。」[18]

「嗯哼，」奧西彭隨口喃喃說道，「不怎麼可信啊。」犯人會是誰呢？

「我用一個字詞告訴你他是誰，」「教授」答道，「維洛克。」維洛克近來曾從「教授」那兒搞到一些炸藥，看來這些東西是在維洛克抵達目標之前就意外引爆。「教授」罵罵咧咧，說著他的引爆器竟然出問題。他悄悄地溜出咖啡館，心裡悶想著怎樣才能做出更好的炸彈。他拐進巷子，看見一個人影走來。那人的步態以及玉米鬚般的鬍子讓他一眼就認出來。是蘇格蘭場（譯注：即英國倫敦警察廳代稱）總督察希特。

希特已經監視這些革命分子好幾年，對「哪個人哪個小時幹了什麼事」瞭若指掌。當天早上他聽到格林威治事件的新聞，即信心滿滿告訴上司：「這些人沒一個與這事有關。」[19]但當他去格林威治進行調查，卻發現證據一致指向維洛克這個圈子。證人說看到兩名男子從米歇里斯住家那方向走來，且希特從法醫桌上那堆掃起來的屍塊裡找到這人原本是活人時所留下的線索：幾根淺色頭髮、斷腳上一隻鞋，以及從大衣領子被扯下來的白棉布地址標籤。標籤上寫著布列特街三十二號。正是維洛克的店。

希特想逮捕米歇里斯，這團體的意識形態領袖，但蘇格蘭場的上司擋住了他。這位助理總監在亞洲熱帶地區警界歷練已久，是追蹤打擊犯罪集團的老手。現在有個機會讓他在倫敦重施奇技。是時候把「那些從外國政府那兒拿錢的傢伙」給揪出來了[20]，而維洛克顯然是逮捕對象。助理總監親自接手此案，動身前往蘇活。

他知道，若要深掘進入倫敦的中心地帶，最好把自己打扮成一個陌生人。他穿上樸素衣著，調整行為舉止，然後溜進街道，從模樣看來「大概就像個怪異的外國佬，人們常見到」在這一帶的「黑暗角落裡竄來竄去的那種」。他在「一間義大利小餐廳」吃頓便飯，那兒「人和他們面前餐點一樣，都沒了國籍」。他看著窗戶倒影，「為自己陌生的模樣所驚」；他捻了捻鬚髭，豎起衣領，往維洛克的店鋪走去[21]。

場景回到布列特街，維洛克一家人正在適應變局。溫妮的母親決定搬進一所收容寡婦的救濟院，這下子史堤威全得靠溫妮來照料。史堤威因為母親不在身邊而悶悶不樂，因此溫妮催著維洛克帶他出去散心。「你想拿那孩子做什麼都可以，阿道夫，……他為你可以上刀山下油鍋。」他們決定把史堤威送走，讓他到城郊的米歇里斯那兒待一陣子，希望換個生活環境會對他有益。「真像父子一樣」，溫妮看著維洛克與史堤威一同走遠，心裡這麼想著[22]。

維洛克去探望史堤威回來時遇上一場帶著煤灰的髒雨，把人弄得涕淚交流、牙關打顫，帽簷都在滴水。爛天氣，爛心情。他對溫妮嘀咕著。乾脆把錢全提出來，搬去另一個國家。法國、加利福尼亞。溫妮給他泡茶，勸他打消主意。「誰會逼你到這般田地？你不是奴隸。在這國家沒人該當奴隸——你別把自己變成個奴隸。」罕見且深情地，她吻了他的眉毛。「如果我不信任你，就不會嫁給你了。」

門鈴響起。維洛克去應門。他回到客廳時看起來「滿臉困惑且心神不寧」，對溫妮說他要出門了。溫妮沒認出訪客，但那人尖尖的鬍子和立起來的領子看來就跟她丈夫其他政治朋友一模一樣。「我先生絕對會幫你。」她向那人保證，而後兩個男人就離開家門，隱身沒入骯髒的夜色裡。

門鈴又響。這次是溫妮應門。她認出來者那副下垂的八字鬍。這人是個警察，總是在附近鬼鬼祟祟。

「維洛克夫人，丈夫在家嗎？」

「不在，他出去了。」

去哪兒？沒回答。

知道我是誰？沒回答。

見過這個嗎？他掏出從格林威治那具屍體上找到的地址標籤。她當然見過。那是她拿墨水寫的，親手縫在史堤威外套裡頭的。這東西是怎麼回事？

正當她對這個線索百思不解，維洛克在此時回來。希特督察跟著他進客廳。溫妮從鑰匙孔偷聽他們對話。

「炸成小碎片：手腳、砂礫、衣服、骨頭、碎片——全都混在一起。我跟你說，他們得拿鏟子才能把他收拾起來。」[23]霎時間，溫妮感到碎片串聯起來了。死掉的人是史堤威。史堤威帶著炸彈。史堤威在樹下絆倒。史堤威，「小可憐史堤威」，可說是她一手養大的，天真、溫柔、單純，被炸成碎片，只剩下這麼一小塊布讓人知道他是誰。

維洛克堅持道，倘若上了法庭，他會和盤托出真相：是大使館派他這個臥底密探去執行任務，炸彈則是意外引爆。但希特要的可不是這些：「這樣根本動不了米歇里斯；會讓『教授』的家庭工業曝光；把整套監視系統都打亂」，還有「沒完沒了地上新聞頭條」。然而希特這回又被上司先發制人。助理總監認為格林威治爆炸案的美妙之處在於「有那麼一件工程，我認為必須加以掌控，而此事是個絕佳的起始點——那工程就是清理這個國家，掃掉所有那些外國政治間諜、警察，以及這類的……的……走狗。」他主張逮捕臥底密探，讓僱用臥底密探的外國外交官心驚膽戰，讓他們以後再也不敢打這種算盤[24]。

在助理總監看來，維洛克只是個附帶的損害。「很明顯他沒有打算害死那個倒楣蛋——也就是他的小舅子。」他向一位政府部長這樣報告。維洛克有「一個真實的妻子和一段真實且正派的婚姻關係，……從某個角度來說，我們所看到的是一部家庭倫理劇」[25]。

維洛克「良心極受譴責」。「我沒想讓那孩子受一點傷，」他對溫妮說，「你知道，我從來不想讓那孩子受一點傷害。」是大使館逼他這樣做——他已經為他們做牛做馬十一年，扮演雙面間諜，以致「在我們結婚的七年內，時時刻刻擔心會給刀子捅」，最後又逼他踏上這一步[26]。

溫妮心神恍惚。「這個人帶走那孩子殺掉。他把那孩子從家裡帶走謀害。他把那孩子從我身邊帶走謀害！」「這個人，她朝夕相處的人……一個如此熟悉的人……她所信任的人，把那孩子帶去殺掉！」維洛克「重重癱坐在」沙發上，虛軟喘息。他聽見溫妮靠近，看見她的影子在牆上伸長。看見天花板上她手臂的影子高高舉起。上面握著一把雕刻刀。他還來不及反應，那把刀已經沒入他的胸膛[27]。

「她成了一個自由的女人，擁有完美的自由，讓她不再有任何事可希冀，也完全沒有任何事可做。」[28]

維洛克的血在地板上蜿蜒成河。此刻溫妮唯一能想的就是會被抓、被吊死。她衝到街上，心中充滿惶恐、混亂與絕望，完全是「孑然一身在倫敦」[29]。她低著頭，卻撞上了亞力山德・奧西彭。

在此之前，奧西彭才在附近一家酒吧裡待了兩小時，始終拿不定主意該如何躲開警察。但這會兒他遇到的是一個悲傷的女人，這他靠直覺就能擺平。「我對你一見鍾情，喜歡得無以言喻。」他脫口而出這些話，並將她摟進臂彎裡。然而，從她絮絮叨叨的自白裡，他拼湊出一個自己原本想都沒想過的故事。溫妮的形象在他心裡從一個悲痛的婦人轉化為一個瘋女，一個殺人女魔頭，一個像她被炸爛的弟弟那樣的「退化者」。奧西彭保證會盡快將她送去巴黎，這樣她就安全了。當晚他帶著她坐上客輪接駁火車。但火車一出站，奧西彭就拋下溫妮跳車。她全部的錢——也就是維洛克從大使館拿到的所有薪水——都塞在他外套口袋裡一個皮夾內[30]。

小說最後一幕發生在蘇活區的啤酒館，奧西彭與「教授」又在那兒碰面喝酒。奧西彭自從格林威治插曲事件後就悶悶不樂——甚至連調情的力氣都沒有——因此「教授」找他乾杯來給他打氣：「敬現狀毀滅。」奧西彭習慣性緊張兮兮地伸手摸口袋裡一張皺巴巴的報紙。報紙日期是十天前，上面印著：「海峽渡輪女性乘客自殺。**這瘋狂或絕望的行為似乎注定籠罩著一層神祕面紗**。」一名普通水手在甲板上發現這女子的婚戒。那是溫妮的戒指。「瘋狂或絕望」這幾個字在奧西彭耳裡不斷迴盪。然而，《密探》一書最後幾行字寫的卻是「教授」。他漫步在蘇活區巷道裡，心裡想著怎樣進行滅絕。在這城市千百萬無辜人口裡，「他的行蹤雖不引人注意卻致命，猶如人來人往的街道上一隻害蟲」[31]。

《密探》是康拉德向他最愛的查爾斯・狄更斯致敬的作品。康拉德用名詞與綽號來替人物命名（例如希特〔Heat〕和「教授」）。他也像狄更斯一樣，用人格砌出皮相，給米歇里斯塗塗抹抹、把卡爾・雲德特擰得乾癟，並「用一種肥豬式的風格」強化維洛克這個角色。康拉德筆下的倫敦吞噬陽光、噎著汙泥、咳出粉塵又嗆著濃霧。施一點狄更斯式的魔法，一個在這人山人海大都會中遊蕩的角色，可能就會遇上那個推動情節發展的人：「教授」雖然「匿跡於人群中」，卻在拐進巷子時見到希特督察；溫妮從店裡踉蹌衝出來「眼前一片黑，生怕自己跌倒」，就這麼碰上了奧西彭。康拉德最喜歡的狄更斯小說《荒涼山莊》隱隱浮現於《密探》的字裡行間；這本書他讀過「無數次，包括波蘭語和英語版本」，並對此書懷著「一種強烈且無法理喻的感情」[32]。狄更斯的巴克特督察是個「身材壯碩、面容穩健、目光銳利的黑衣男子」，這人物交棒給康拉德的希特督察，一個「健壯男子，……穿著黑色長大衣」，其「目光炯炯，看穿一切」。狄更斯那無辜受難的清道夫喬或許是可憐憨傻史堤威的表親。《荒涼山莊》裡面有一段寫到人體自燃現象，《密探》裡則有炸藥引爆。康拉德・柯爾澤尼奧夫斯基閱讀狄更斯，約瑟夫・康拉德則改寫狄更斯[33]。

表面上看來，《密探》像是一本偵探驚悚小說。每本偵探小說都是一部歷史小說：運用現存的線索來找出過去某事是如何發生。既然《密探》的背景年代設定在成書之前二十年，這本書也明顯算是一本歷史小說。康拉德以一八九四年發生在格林威治一場真實事件為本，構思出故事情節。而那場事件則又是一連串政治陰謀的一環，將康拉德離開的俄羅斯帝國與他後來視為家園的維多利亞倫敦鬆散連結在一起。

《密探》的真實故事始於一八八一年的聖彼得堡。沙皇亞歷山大二世出席週會閱兵之後，正乘車返回冬宮。行人擠在凱薩琳運河兩旁，以便讓皇室隊伍通過。群眾裡一人從腋下掏出包裹，扔進馬匹左右交踏的雙腿間。霎時一陣閃光，煙霧、喊叫、呻吟，哥薩克騎兵摔在雪裡。馬車能防彈，安然無損；毫髮未傷的沙皇步出車外看發生了什麼事。道路另一側又有另一人丟東西到沙皇腳邊。煙柱高燃、白雪飛濺，消散後只見沙皇血淋淋的軀幹。他的雙腿被炸斷、腹部裂開、手被自己婚戒的碎片割裂，數小時後就一命嗚呼。要了他命的炸彈是一個波蘭什拉赫塔扔的，這人只比康拉德．柯爾澤尼奧夫斯基大一歲[34]。

懲罰康拉德雙親的那個沙皇已經死了。康拉德興奮地寫信給塔德烏什舅舅，長篇大論訴說多麼希望一個泛斯拉夫邦聯可以成立。「你讓我非常高興」，因為「你對我們民族事務感興趣」，塔德烏什這樣回答他。「確實，這是你的責任，我也相信你會一直保持忠誠，但很多人就算住在自己的國家，對這事卻毫不在意。」[35]

康拉德的父母是民族主義者，他們奮鬥的目的是要推翻一個國家——也就是俄羅斯帝國政權國家以解放波蘭這個國家。暗殺沙皇的人則是一個叫做「人民意志」的社會革命集團，屬於新世代的激進分子，要推翻的是普世所有國家。這些人源出於一系列試圖以「人民」為中心重組社會的激進團體。卡爾．馬克思提倡的是其中一種觀點，也就是生產工具國有化——此即共產主義。他的俄國同僚米海爾．巴枯寧則要得更多——這人就是《密探》中講話誇張的米歇里斯的原型。

巴枯寧曾說，任何時候只要國家存在，情況就會是「一個階級被另一個階級壓迫，結果就是奴隸制度」。因為「沒有奴隸制的國家令人難以想像」，所以我們得要消滅國家，這就是無政府主義[36]。激進的目標需要激進手段來達成。「我們必須傳播我們的主義，不是用言語，而是用行動，」巴枯寧堅持道，「因為這是最受歡迎、最有效果，也最令人無法抗拒的宣傳形式。」[37]

沙皇遭到暗殺數月後，歐洲各地的無政府主義者魚貫進入倫敦尤斯頓車站附近一家酒吧，參與世界首場國際無政府主義者大會——這是他們對共產國際的回應，一八六四年共產國際第一次集會地點也在倫敦[38]。受到俄國發生的事情刺激，這場大會正式決定採用「行動宣傳」的戰術。「幾天內」，無政府主義政治理論家彼得．克魯泡特金說道，一場暗殺或炸彈行動就能「造成超越千萬本小冊子的宣傳效果」[39]。

行動靠的是炸藥。一八六七年炸藥獲得專利，一般平民也能用這具有大規模殺傷性手段的炸藥武裝起來。一八四八年的維也納、一八六三年的華沙，以及一八七一年的巴黎，革命分子都遭到配備精良武器的軍隊挾著數量優勢掃蕩。如今只需要從礦場或工廠偷幾管火藥筒，或是在家庭化學實驗室裡自行調配，就能靠一己之力摧毀目標震驚世人。「人民意志」刻意選擇炸藥而非手槍來暗殺沙皇，就是為了戲劇性效果[40]。克魯泡特金鼓動無政府主義者研讀化學，這樣就能學會製作炸彈；德國激進主義者約罕．莫斯特更進一步寫了本炸彈製作手冊《革命戰爭的科學》[41]。莫斯特在火藥爆炸的畫面看見新時代的晨光：「炸藥的力量足以摧毀資本主義政權，正如同火藥與來福槍的力量足以將封建主義從世上抹殺。」[42]

一八八一年一個多霧的冬夜，「炸藥宣傳」降臨英國。索爾福德一處兵營被炸，一名小男孩身亡[43]。隨後多場爆炸案毀了契斯特另一處兵營；接下來是利物浦一所警察局，探員在那裡發現一間貯藏室，內有「邪惡的機械，由計時器、炸藥與硝化甘油組成」[44]。炸彈客從一八八三年開始攻擊倫敦，此後鮮少有單獨犯案的例子。一八八三年三月，《泰晤士報》總部與白廳一棟政府辦公室建築同時遭到炸彈攻擊。十月，地鐵大都會線的通勤者步履維艱地走出普雷德街車站，因一場爆炸讓車廂四分五裂，在隧道內鋪上一層碎玻璃。十分鐘後，查令十字路地鐵車站內等車的乘客被另一場爆炸的力量震得趴倒在地[45]。一八八四年五月底，警察在特拉法加廣場納爾遜紀念柱基座找到十六包炸藥塊。當天晚上，警探們下班之後不到半小時，一顆炸彈炸塌了蘇格蘭場一角[46]。一八八四至八五年的冬季發生一連串攻擊，在一月某個週六達到最高峰，倫敦塔與國會西敏廳地下室同步發生炸彈爆炸。第三顆將（空無一人的）下議院議事廳由內往外撕開，皮椅全給扯成一條條，整間房間鋪滿馬毛填充物[47]。「此時此刻，就那麼一個路人，口袋裡放著炸藥，就讓英國各城市陷入恐慌，甚於十萬大軍在多佛登岸。」《無政府主義者報》如此歡慶著[48]。

只是，這些「炸藥暴行」無一出自無政府主義之手。它們全都是好戰派愛爾蘭民族主義者的傑作，這群人被稱為「芬尼亞」，大本營位在美國[49]。殺害過著日常生活的平民，以象徵性的地點為目標，同時多點攻擊以達最大衝擊效果，芬尼亞為現代恐怖主義寫下劇本。為了回應此事，英國政府也成為反恐怖主義的先驅。議會迅速通過《爆炸物質法》，禁止以傷人為目的持有爆炸物；倫敦警察廳成立一個「特殊分隊」來調查政治罪案[50]。

或許如同執法機構所宣傳的那樣，都是警方大力維持治安之功；也或許是因為英國－愛爾蘭關係政策的變化，芬尼亞在一八八五年終止炸彈攻擊[51]。然而，在世界其他地方，那些確定或可能由無政府主義者發動的攻擊，卻如雨後春筍開始暴增[52]。一八八六年，一顆炸彈在芝加哥乾草市場進行的工人示威活動中引爆。俄國發生更多行刺未遂的事件；羅馬也有教堂和露天廣場給人放了炸彈。在巴塞隆納歌劇院，一名無政府主義者在羅西尼《威廉．泰爾》演出過程中從包廂往外探身，扔了一顆炸彈到底下觀眾席[53]。巴黎有個謀殺嫌犯拉瓦紹爾從警方監押下逃脫，在幾個法院門口放炸彈；警方再度將他逮捕後，他的追隨者炸了一間餐廳，然後又炸了一間公司的總部，接著往下議院裡又扔了一顆。法國人嚇壞了，從此說一個人遭炸彈炸死就是：「被拉瓦紹爾了」[54]。

每一場事件都導致更多人被逮捕或驅逐，更多歐洲難民源源流入倫敦這個避風港。其中以俄國猶太人占絕大多數，這些人大部分都跟無政府主義扯不上關係，但他們是沙皇遇刺事件的代罪羔羊，成為大屠殺的犧牲者。難民裡也有極少數真正的革命分子。有個法國無政府主義者寫了本《倫敦放逐者實用指南》給他初來乍到的同志們參考，書中還附有基礎片語教學（見下頁）。

激進分子尋得途徑前往倫敦各種藏身處。東區伯納街有間聚集猶太無政府主義者的俱樂部，提供多份倫敦發行的意第緒語革命報刊。蘇活區的「自治俱樂部」是「一般無政府主義者的兔子窩」，新人睡在長椅上，上頭牆壁掛著法國無政府主義者拉瓦紹爾肖像，他們用廉價英國杜松子酒燒炙自己的喉嚨[55]。攝政公園附近一間房子裡，有兩名英國青少女熱切歡迎這些人到來；奧莉

法語	書寫英語	口說英語	中文翻譯
Est-il vrai qu'en Angle-terre, il y ait eu deshommes politiques honnêtes?	Is it true that in England there have been some honest politicians?	Iz ite trou date ine Ingelen'de der hêve bine some honest politichanese?...	聽說英國有幾個誠實的政治家，是真的嗎？
Ma jolie fille?	My pretty girl?	Maille prêté guile?...	我的小美人？
Sacré étranger!	Bloody foreigner!	Bladé forégneur!...	外國王八蛋！
Allons boire un verre.	Let us have a drink.	Leteusse hête é drin'ke.[56]	咱們喝杯酒吧。

維亞和海倫・羅塞提的祖父是義大利移民（而她們也是詩人克莉絲亭娜・羅塞提和詩人兼畫家但丁・加百列・羅塞提的姪女），她倆讀過彼得・克魯泡特金的一本小冊子後就投身無政府主義，並在自家地窖發行一份無政府主義報紙《火炬報》[57]。羅塞提姊妹的地下報社很快成為活動中心，聚集著「說各種話的外國人，……俄國人、義大利人、法國人、西班牙人、荷蘭人、瑞典人，他們沒多久就壓過原本的英國元素，……這裡那些真正的無政府主義者大部分都是外國人」[58]。

真正丟炸彈的芬尼亞讓英國人更加害怕那些把丟炸彈掛在嘴上的無政府主義者。「當我們讓這個國家窩藏被世界唾棄的無政府主義者，我們就是用自己的懷抱讓一條蛇取暖。」《帕瑪街報》對讀者提出警告[59]。這樣看來，倫敦成為攻擊對象只是時間問題。小說家記錄下當時的恐慌氣氛，愛德華・費塞特一八九三年的小說《無政府主義者哈特曼：偉大城市的末

SHELLING THE HOUSES OF PARLIAMENT.
See page 147.

愛德華·費塞特《無政府主義者哈特曼》卷首插畫，一八九三年。

日》描述一名德國革命分子發明一種飛行器來轟炸倫敦，「刺穿這文明心臟的心室，……這裡將資本之血推送到世界各地，通過俄羅斯、奧地利、印度這些大動脈，也通過北美毛皮公司、厄瓜多熱帶栽植事業，以及非洲河流上貿易輪船這些微血管」。「癱瘓這顆心臟，」他說，「就能癱瘓幾乎全世界的信貸與金融機制。」[60]這本書的卷頭插畫很嚇人，畫的是大本鐘鐘塔被炸斷，鐘體栽入泰晤士河裡[61]。

倫敦被恐懼的妄想籠罩。探員與無政府主義者進行貓捉老鼠遊戲。「每個無政府主義者都能及時學會一眼認出探員」，有人這樣聲稱，但他們也都知道，「無政府主義的部隊裡到處都是內奸」[62]。當初那些招募入特殊分隊追蹤芬尼亞的探員，現在都改為全職「狩獵無政府主義」[63]。「幾乎每個罪犯都被當作無政府主義者，這成了當時的流行風尚」，同時幾乎每個來路不明的外國人也都遭同樣待遇[64]。

一八九四年二月一個傍晚，天已經黑了，格林威治一名公園管理員聽見天文臺附近傳來一聲巨響。他急忙爬上山丘，看見一個跪坐著的身影，然後他看清楚那是一名男子，年輕男子，穿著好衣服的清瘦年輕男子，淺色眼睛，一頭柔順金髮；他的肚子裂開大口，內臟往外流出，炸成碎塊的左手散落在青草之間。「送我回家。」他喘息著說，而後氣絕[65]。

此人原本身上帶著一瓶爆炸物，卻意外引爆。「炸成碎片！**受害者是無政府主義者（？）**」，小報的文字咆哮著[66]。有人認出來他是馬提亞・波定，法國人，「自治俱樂部」成員。警察說，他顯然是正要去格林威治天文臺放炸彈。那兒可是零度經線，是世界正中央。其他人對此半信半疑。一名無政府主義小冊子作者提出抗辯，說波定是被當密探的姊夫誘去格林威治。至今無人知道真相是什麼。

革命家、理論家、探員、雙面諜；姊夫、炸彈、一場意外。格林威治這件謎案畫了個箭頭指向《密探》。對於自己為何選擇這題材，康拉德的解釋一樣直截了當。他在小說一九二〇年版的〈作者自序〉裡說，他這點子來自「一個朋友在閒聊時隨口說到無政府主義者的幾句話」[67]。這位朋友福特・馬多克斯・福特也是個小說家，那對年輕的激進派姊妹奧莉維亞與海倫・羅塞提是他的表姊妹。康拉德將她們的《火炬報》貼在維洛克店鋪前面的窗子上[68]。歷史就這樣進入小說裡。或說至少康拉德是要他的讀者感覺到歷史進入了小說。

在康拉德的倫敦，文學作品的表象是會誤導人的。比方說，就像瑪莉．科利里和霍爾．凱恩的暢銷書所言，可能你那有錢、溫文，又英俊得不可思議的朋友其實是撒旦假扮，或你所看到的幻覺是來自惡魔而非上帝[69]。比方說，可能在街上昂首闊步的你是個俊美的不老紳士，但你的畫像卻在閣樓深處變得愈來愈老醜扭曲（奧斯卡．王爾德，《格雷的畫像》）。又比方說，你可能調配出一種藥水讓自己變成邪惡的第二人格，但卻找不回配方再次變成好人（羅伯特．路易斯．史蒂文森，《變身怪醫》）。在《岸濱》雜誌裡，你可能發現這個放縱的鴉片煙鬼或那個醉醺醺的馬夫，竟是夏洛克．福爾摩斯為了探案而喬裝改扮。但如果你也讀小報，就會知道開膛手傑克還在東區逍遙法外、身分不明，可能假扮成任何人。在《密探》的世界裡，任何事物都不全然如表象所示。你能知道多少全看你深入多少。

《密探》是一本關於無政府主義者的歷史小說，然而它的開始卻已是結束。波定身上那個瓶子，是英國史上爆炸案中唯一一個疑似無政府主義者所投。海倫與奧莉維亞．羅塞提在格林威治事件之後立刻察覺，「民意」轉為「反對無政府主義者」[70]。波定的送葬隊伍遭上百名抗議者包圍，他們發出噓聲，喊著：「這裡不要炸彈！」「滾回你們自己國家去！」葬禮上，一名講者開始致悼詞：「各位朋友，各位無政府主義者……」——隨後就被臺下「吊死他！」的喊叫聲蓋過去[71]。警察查抄「自治俱樂部」並勒令關閉。兩名義大利人因為意圖依照約罕．莫斯特炸彈製作教程做出爆炸物，而遭特殊分隊密探逮捕。很快地，彼得．克魯泡特金等曾經呼籲「行動宣傳」的人全都改口，因為這教條只成了隨機惡意分子拿來合理化暴行的藉口而已。羅塞提姊妹收掉

《火炬報》，把她們這場無政府主義探險記寫成一本微帶自我批判的自傳式小說《一位女孩與無政府主義者相處的日子》。

等到一九〇六年，也就是康拉德開始寫《密探》那年，「無政府主義」一詞在英國已經成為一種時代錯誤。蘇活區從貧窮與危險的溫床被改造成波西米亞式夜生活的時髦據點[72]。奇情小說作家當時拿更迫切的危機來做文章，比如英國與德國發生戰爭；而卻斯特頓則把無政府主義驚悚小說整套類型在《名叫星期四的人》中全都嘲笑一番；這本書寫的是一個祕密革命群體，裡頭每名成員最後原來都是臥底警察。無政府主義動手動腳，提供的笑點比什麼都多。

「別以為我是在諷刺革命家的世界。這些人全都不是革命分子，他們是贗品。」一九〇七年《密探》出版上市，當時康拉德這樣告訴一名友人[73]。他的美國出版商將此書廣告為「一個外交陰謀與無政府主義者惡行的故事」。康拉德為此十分不滿，「我不想讓人誤會這個故事有任何批判社會或引起爭議的目的」，他抱怨道[74]。「我一點都不想從政治角度看待無政府主義。」[75]說到底，他之所以想以波定為題材，正是因為此事完全缺乏政治上的特殊性。他說波定事件是「一場血腥的無意義，因為實在太蠢，所以無法以任何理性甚至不理性的思考方式來推測它的源頭。……事實擺在眼前，一個人被炸碎，原因毫無一丁點思想，不論是無政府主義或其他的，全都沾不上邊」[76]。

「在我眼中」，康拉德說，這本小說是「以諷刺手法處理一個特殊課題而頗為成功（且真誠）的作品」[77]。諷刺之於文學風格，正如謎團之於故事情節。兩者都必須依靠偽裝：一個人說的話是這樣，但他意思其實是那樣[78]。祕密的存在造就出諷刺效果：因為讀者知道書中人物不知道的事情。

每本偵探小說都可以是歷史小說。問題在於，《密探》裡面隱含的歷史跟無政府主義者關係實在不大。這本書從表面看來主角是個「密探」（維洛克），但事實上，康拉德說，這本書卻是「溫妮．維洛克的故事」。這本書表面上講的是政治陰謀，事實卻如同康拉德筆下探員所察覺的，乃「是一部家庭倫理劇」，是家庭關係推動情節發展。維洛克是為了保護家人才答應扮演臥底密探；史堤威跟著他視作父親的維洛克去格林威治，是因為母親搬走了；溫妮殺死丈夫來為弟弟報仇。康拉德說這本書靈感得自「一段關於無政府主義者的閒聊內容」，但事實上，這本書的作者不需要從別人那裡得知革命政治怎樣讓一個家庭天翻地覆。因為這本書表面上是約瑟夫．康拉德的著作，其實也出自康拉德．柯爾澤尼奧夫斯基的手筆。

《密探》一書描繪著康拉德早年生活輪廓，程度超過他其餘作品。書中有一家人扮演著父親、母親、兒子，以及偶爾出現的祖母角色；阿波羅、伊娃，以及康拉德．柯爾澤尼奧夫斯基，有時還有泰奧菲拉．波布羅斯卡。書中這家人的屋子是革命分子聚會場所，就像康拉德模糊記得，一八六一年，就在他父親被警察帶走之前幾週，他們家在新世界街的公寓「那片寬敞空間裡有人現身又消失」[79]。書中有革命分子的組織、報紙、宣傳小冊，就像他父親的「行動委員會」、《雙週刊》以及《國土》。書中發生一場重大事件，時機未到就爆發，還死錯了人，就像一八六三年那場引火自焚的波蘭起義。書中有個邪惡的異國專制政權，且明明白白說是俄羅斯。

書中有個放逐者的避風港，也就是英國。書中還有個過著兩面生活的主角人物，就像約瑟夫．康拉德．柯爾澤尼奧夫斯基一樣。

「無論在海上或陸地上，我的觀點都是英國式的，」康拉德自述，「但不該因為這樣就認定我已變成英國人。事情並非如此，『雙重人格』在我這個例子上意涵不止一重。」[80]他改變自己的名字和國籍。他用英文而非波蘭文寫作。他說父親的手稿被燒了，他也親手燒了雙親的信件。

但他無法毀去那些烙在他心底的東西。「帶著回憶而活是件殘酷的事情，」他思索著，「像我這個人——過著雙重生活，其中一重裡暗影幢幢，且這些影子隨著時光流逝而變得愈加珍貴——所以我知道那是怎麼回事。」[81]偶爾，當別人問到他的家人，他會主動提供自己的回憶。他記得坐在父親病床上，閱讀阿波羅翻譯稿的精校版本。他記得父親是個「非常多愁善感的人，人格崇高而充滿夢想」，極具宗教情懷「且性情憂鬱」。他還記得父親是「諷刺挖苦人的一把好手」[82]。

康拉德從未直接寫到父親在政治目標上的失敗，但「外力會粉碎理想」——以及「理想會有犧牲者」——這些想法在他的著作中一再浮現。正當康拉德寫作《密探》的時候，應該也聽聞又一樁革命熱情下的死難事件。在英國，雖說發動恐怖攻擊與暗殺的兇手全都具有英帝國臣民身分——包括芬尼亞成員、印度民族主義者和其他人士，但無政府主義所呈現的威脅卻讓本地人對歐洲移民敵意節節高升。此時移民數量暴漲。康拉德在一八七〇年代晚期抵達倫敦時，當地僅有七千個「俄國人和俄國波蘭人」；等到他在一九〇六年寫《密探》的時候，已經超過十萬人，其中幾乎全是猶太人。如果你姓的是「柯爾澤尼奧夫斯基」，英國人對你的第一印象絕不會是為波蘭爭取自由的英雄鬥士。他們只覺得你是猶太人，而猶太人在他們眼中就是又窮又髒，或者是油嘴滑舌、貪得無厭、不能也不願融入英國社會。反對移民的激進分子發出警告，說倫敦正被一場「異族入侵」給吞沒。他們聲稱（這與統計數據不符），移民讓工資降低、租金上漲，還導致各種罪案與惡行[83]。

如果你覺得工作快被外國人搶了，你會去抗議；如果你覺得外國人會殺你，你會變得恐慌。警方警告大家，如果我們允許「習性非常不安全」的人「踏上這片土地卻『不聞不問』」，再多的警務量都無法保障英國安全[84]。格林威治炸彈案之後不久，保守黨的索爾茲伯里侯爵在議會提出法案，限制移民、驅逐可疑外國人。他承認英國人「一直樂於認定這座島可供那些政治鬥爭失敗者作為避難所」，但「事態發展已顛覆人們對於他人前來避難的權利一事的認知」。索爾茲伯里的同僚在一九〇五年通過《外國人法》，這是英國史上首次對移民加以限制。自由黨人士試圖為這個政治避難所維持最優厚寬容的條件，認為英國應該接納任何「生命、肢體或自由受到威脅」的人。但保守黨人士反駁說，如果以英國的標準來看，世上是否幾乎每個人的自由都受威脅？因為英國不可能容納所有人，「自由」一詞也就慘遭從法案刪除[85]。

法案生效後幾週，康拉德開始動筆寫《密探》。他選擇將此書背景設在一八八六年——那是他歸化成為英國公民的年份，而非格林威治事件發生的一八九四年。

康拉德在每一書頁裡都與自己的雙重身分苦戰，不斷看見苦澀的真相：「英語對我而言仍是外語，我必須費盡九牛二虎之力才能運用它。」[86]以筆為工具，他苦苦將語言的鐵杵磨成繡花針，織就出一本專門給「英國人」看的小說，不斷推測「英語讀者讀起來會有什麼效果」。《密探》寫成時，他知道這代表「創作生涯一個特別的新轉折」[87]。直到此時，評論家依然說他出版的一系列以水手和船隻為主題的小說有深度，讚美他是個「海洋作家」。但現在這本書「裡頭一滴水都沒有——只有下雨，而既然整個故事都發生在倫敦，下雨也是再自然不過」[88]。他希望改變題材能讓他擁有更多不同讀者。

相反地，這本書賣況令人失望。他唯一獲得的只有書評家把他說成「某種怪胎，一個膽敢用英文寫作的神奇老外」[89]。「我覺得我這人有某部分對大眾是沒有同情的，……是我的『異國性』吧，我猜。」[90]不久之後，《每日新聞》有個「王八蛋」書評家「說我是個沒國家也沒語言的人，天知道他是出於什麼動機」[91]。這句話對康拉德的侮辱比他遭遇過的任何批評都大。「這就像辱罵一個說不出話的人，……任何一種回應都會觸碰到一個人內在生命的太多感受，攪動起太多祕密的苦痛與複雜的認同，以至於連帶試圖希望被理解都做不到。」[92]不過，幾週後，面對針對他身為「外國」作者的批評，他卻也找到一種方法來回應：他開始寫回憶錄《私記》[93]。

《密探》盡呈康拉德人生的悲劇諷刺性。他長大過程中被教養歸屬於波蘭這個國家，卻永不可能真正活在這個國家裡，因為這個國家在形式上並不存在。他歸化一個國家，卻永不可能真正歸屬此地，因為他在某些方面始終都是外人，且此事在某種程度上是本身意志所致。「我生活在陌生人之中，但不與陌生人一同生活；就算浪跡世界，我也從未離開那個『回憶之國』。」[94]他在這世上沒有家園。

第二部

海洋

80
100
120
140
160
I
E
N
Persien
Beludschistan
Arabisches Meer
Persisches Meer
Socotora
Bombay
Goa
Mangalore
Madras
Pondichery
Calicut
Cotschin
Trivanderam
Ceylon
Colombo
Calcutta
Bengalischer M.
Vorder Indien
Maldiven
Hinter Indien
China
Canton
Hongkong
Emuy
Ningpo
Formosa
Formosa Str.
Hainan
Tonkin B.
Siam B.
Bangkok
Süd-Chinesisches M.
Luzon
Manila
Philippinen
Mindanao
Ost-Chines. Meer
Japanisches Meer
Ochotskisches M.
Kurilen
Japan
Nangasaki
Marianen
Carolinen
Pelew I.
Malacca
Singapore
Padang
Benkulen
Sumatra
Borneo
Celebes
Java
Sunda S.
Banda S.
Kleine Sunda I.
Grosse Sunda I.
Neu Guinea
Torres Str.
C. York
Golf v. Carpentaria
Festland von AUSTRALIEN
Neu-Holland
Korallen-Meer
Vlaming Sp.
Perth
C. Leeuwin
Geographen B.
Austral Golf
Adelaide
Melbourne
Sydney
Bass Str.
Tasmania
Van Diemens Land
Hobarton
Cocos I.
Chagos I.
Sechellen
Rodriguez
Mauritius
Bourbon
Maskarenen
Amsterdam
S. Paul
Kerguelens Land
Monsoon
Süd-Ost-Passat
Nord-West-Wind
Südpolar-Wind
Antarktisches Land
Adélie L.
Macquarie I.
GROSSER OCEAN
v. Cp. n. Madr. 40 T.
Cours bei widrigen Winden
v. Canton n. d. Cap bei N.O. mss. 50 T.
v. Cap n. Sydney 60-80 T.
Bei N.O. mss. i. Dcbr. u. Janr. v. Cp. n. Cnton. 90 T.
Bei S.W. mss. v. Cp. n. Batv. 50 T.
n. Valprs. 90 T.
40
30
20
10
0
50
60

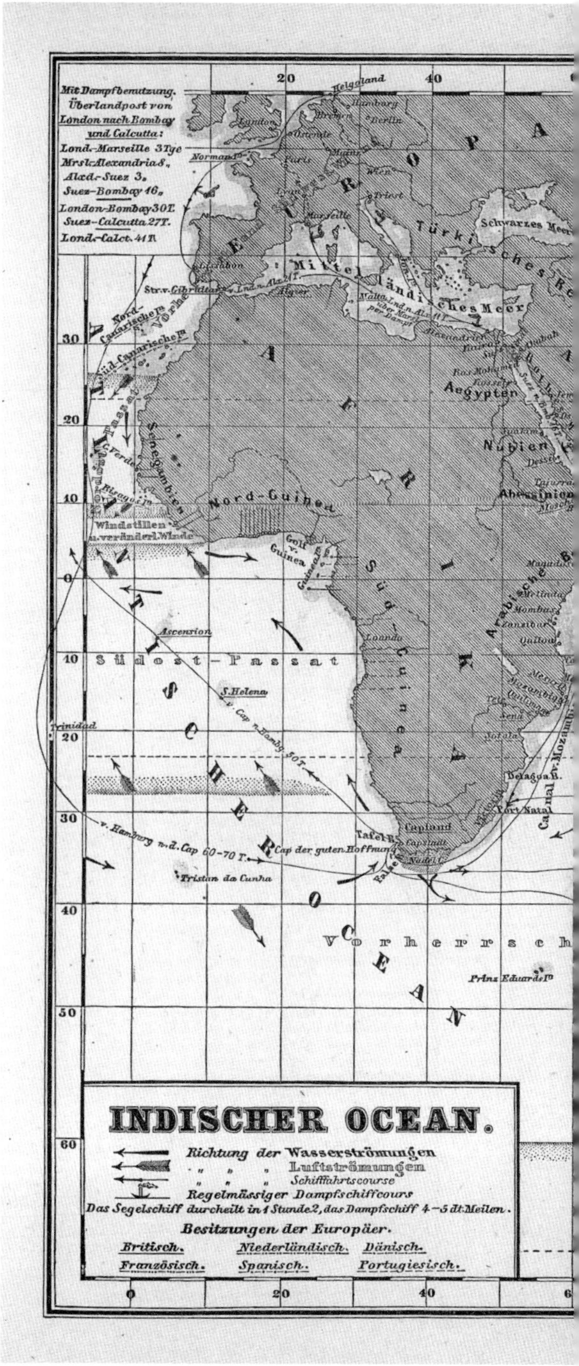

印度洋船運航線，一八七二年。

第四章　逐海而生

「全體右舷值班海員，上工！」黑暗裡有人一聲大喊，聲音震動舷窗。「聽見沒啊，懶蟲？」[1]普通海員康拉德．柯爾澤尼奧夫斯基張開惺忪睡眼，看見成排鋪位和鋪位上七歪八倒的人，微弱光線從頭頂上一個玻璃稜鏡照進來。他聞到霉味與呼吸的酸臭味，於是領悟自己身在何處。這裡是「薩瑟蘭公爵號」船上，駛離倫敦已有六週，越過赤道的第四天，敲鐘七次，進入值早班時間[2]。

他兩腿翻過通鋪邊框爬起身來，手腳並用攀上艙梯，腳跟還因夜間老鼠咬而發痛[3]。水往臉上一潑，拿布一抹，然後進廚房從小桶子裡舀幾勺灰糊糊的麥粥。他把身子靠在帆纜庫上開始吃東西，拿著錫杯猛灌咖啡。晨光中的海面是一片明亮的白。

敲鐘八次，早上八點：開始值午前班。他聽水手長吩咐幹活，這水手長名叫梅耶斯，是個性格卑劣又自以為了不起的巴貝多人。康拉德這時已有些許資歷，足以讓他免掉那些最髒的水手活——比如洗碗盤或是給桅杆上油，但他和瑞典人彼得生還是得負責擦掃甲板。他把繩索俐落地來回繞在固定銷上拉緊，然後去船尾掃地。

在此之前，他從來沒上過像「薩瑟蘭公爵號」這麼大的船，也從沒經歷過這麼遠的航程：這船的目的地是澳大利亞，途中繞過好望角[4]。這時候他也還沒注意到船是如何向著迎風的方向微微被抬高。船在赤道一帶的平靜裡懶洋洋漂蕩，難以想像五週前它在阿善特島外海撞上一陣強風，拋來甩去情況之可怕，連最資深的海員都對此留下深刻印象。那時他在傾斜的甲板上搖晃著身體蹣跚移動，海浪打上他的胸膛又帶著沉重抓力退去。所有人都拚了老命要綁好設備、裹住風帆，並把主帆給收起來。用傷痕累累的紅腫雙手去抓繩梯。風聲的咆哮怒吼足以讓人希望自己變成聾子[5]。

不過這趟航程到目前為止都滿優閒的，沒遇上東北信風。「薩瑟蘭公爵號」緩緩駛入赤道無風帶，等著東南風來把它送走。他們將強風時用的厚重帆布船帆收起來，拉起適用於熱帶緯度微風、材質較軟的破帆。船員在日復一日、一成不變的日子裡輪班。接近亞速群島時有幾隻雲雀和椋鳥飛到船上，還有一隻雛鴞[6]。水手們把鳥兒抓起來關入籠裡作伴，在看不見岸的海洋天地裡藉此回憶陸地。

距離康拉德登上法國三桅船「白朗峰號」頭一回出海已有四年。那是他首次進入汪洋大海，這場經驗震撼他的每種感官。在船上，一個人就算不動都在動，睡眠中也在動，以一種人體從未體驗過的方式在動：擺動、上湧、起伏、往前栽、晃動、左右搖。你在公海上可能被拋來扔去，直到分不清楚上下，眼珠子在頭殼裡抽動，鹽水灌進嘴巴，你靠在下風處的欄杆上往船外嘔吐。康拉德逐漸習慣艙房裡那潮溼陰冷的異味，對抗的最佳方式就是抽菸斗，或是學著如何緊閉鼻孔[7]。他逐漸適應以換了幾班來算時間的生活節奏，發現水面上映照的光能有無限變化。舉目望去幾乎沒有落眼的地方，但總有些什麼東西可看。總有人在睡覺，總有人醒著；你隨時隨地都不是一個人，但你的處境總是孤絕。

接下來他又從馬賽出航兩次，學會了法國水手的行話。現在他得重學一遍英文的版本。繩索（rope）是「線」（line），帆（sail）是「蓆」（sheet），速度（speed）是「節」（knot），繩結（knot）是「套」（hitch）。像這種好天氣，康拉德就能拿保護網來讓自己熟練技術。畢竟大家說，要看一個人算不算真正的海員，就看他拿到穿索針以後是怎麼做。如果仔細近看一條繩索，會發現很多亂七八糟的地方：磨損處、捻接處、破口處、翹起處、生斑處。他先把針沿著繩索穿刺進去，在磨傷的線股之間繞進紗線。然後進行包紮，用塗焦油的帆布裹起繩索來為它蔽雨。最後一步是補強，把紗線纏在線股周圍，然後用捲繩板拉緊[8]。

敲鐘七次：休班吃晚飯。昨天是豬肉和豌豆，那今天就是牛肉，上面堆著碎碎的脆餅乾，再添上一點加糖的萊姆汁來預防壞血病。船上「禁止烈酒」[9]。康拉德到目前唯一看過的烈酒是杯象徵性的東西，幾天前橫越赤道的時候。他一個船員同僚依照古老風俗打扮成「海王尼普頓」來捉弄船上的「蝌蚪」——也就是像他這樣從未航行越過赤道的人。他給硬生生剃了鬍子，經歷一場粗魯的海水洗禮，然後乾了一杯摻水烈酒，這樣他就從小蝌蚪蛻變成老水手[10]。

敲鐘八次，中午十二點：下午班。他閃身從艙梯爬下去，回到勉強可算有點隱私的那塊小地方。有人滾上通鋪直接呼呼大睡；其他人縫補衣服或拿木頭或骨頭來雕個紀念品。康拉德則拿出一本書[11]。書喚醒了他對海洋的嚮往，但真正出海以後，很少有幾個水手還有興趣閱讀關於海洋的書。康拉德帶的是自己挑選的詩集。

敲鐘八次，下午四點：暮更（又稱狗更）第一班。又是更多收繩索、收機具、清潔打掃的工作活兒。事情幹完的人大字躺平倒在前甲板上。他們其中很多之前就曾一起出海，共同經歷過大風大浪，彼此之間有種同志情誼的自在。值班的時候依照規定不能私下聊天，這對康拉德來說正好。他和船上其他人並不那麼處得來[12]。問題不在於他不是英國人——畢竟船上一半的人都不是。二十五名船員裡有四個斯堪地那維亞人、三個加拿大人、兩個來自黑爾戈蘭島、兩個來自巴貝多，還有一個紐約人和一個波蘭人（就是他）。問題在於，他覺得自己和別人屬於不同階級，而他確實把這點表現出來。當這艘船的船員在倫敦船務代理行簽注冊名簿時，有五個人連自己名字都不會寫，只能畫個文盲用的叉號。但康拉德卻與眾不同地簽下「康拉德・迪・柯爾澤尼奧夫斯基」——在姓氏前加上貴族式的「de」來展現他的什拉赫塔家世。他在橫線上方以雅致筆畫刻下名字裡的 *d*，再行雲流水地往橫線下畫出 z[13]。

高級船員待在船尾各顧各的。大副貝克到了港口就要豪飲——相信出了港到海上自己就會清醒，但這麼愛喝酒也沒讓他變成一個開朗的人。這人體格壯實魁梧，一頭濃密的黑鬈髮，講話總是簡潔精準但帶刺。二副巴斯塔的名字意思是「混帳（Bastard）」，但這人並不混帳，是個出身加拿大新斯科細亞、家裡有妻子的老水手，就等著退休。船長約翰・馬凱整天關在艙房裡，康拉德很少見到他。馬凱過去曾經只用七十二天就從雪梨駛達倫敦，而這次航程速度之慢想必會惹他抱怨[14]。

敲鐘四次，晚上六點：暮更第二班。航海計日法裡新的一「日」由此刻開始。只有暮更分為兩個兩小時的班，而非一整個四小時的班，這樣安排能讓船員每隔一天站不同的班，這樣他們才能感覺到今天與明天的不同。康拉德在暮色裡用晚飯，看著船經過時把水切成頂著泡沫的一條條線逐漸遠去。

敲鐘八次，晚上八點：夜班第一班。輪到他來用舵輪變兩小時戲法。他張開手掌握住手把，感到舵盤傳來的輕微抗力，手把因為被抓握過千萬次所以觸感是軟的。以地平線為憑來保持航線比依靠羅盤要容易，也就是說夜間掌舵比較困難。更何況還得保持清醒。他們稱這種睡眼惺忪的情況為「肉汁眼」[15]。他專注看著羅經盤面，羅經燈的光芒穿透黑暗照出一塊亮區。他的頭開始下垂，他奮力抬起頭。有的人靠著背九九乘法來讓自己別睡著，也有的是從頭開始背每一代國王和教宗[16]。他的視線開始模糊，他猛眨眼來讓自己看清。他在腦子裡朗誦詩句，讓他兒時熟知的詩人密茨凱維奇與斯沃瓦茨基陪伴他度過南方海洋寂靜閃耀的夜晚。

「輕敲一次」鐘提醒午夜將至：夜班第二班[17]。他下去半甲板，爬上自己的通鋪床位。大家在黑暗中找著帽子、鞋子。他聽見爬梯子的噹啷聲、甲板上咯吱咯吱的腳步聲，以及海浪拍上船殼的輕柔潑濺聲。又是一天的結束：這天是一八七八年十二月三日，他的二十一歲生日。

「我曾經這樣對自己說，如果要當個海員，絕對只要當個英國海員，」約瑟夫・康拉德在三十年後這樣宣稱，「這是我有意的抉擇。」[18]離開「薩瑟蘭公爵號」之後，他又到十幾艘別的船上工作，在英國商船隊的階級裡朝船長的位階逐漸高升，直到他在一八九四年離開最後一艘船踏上陸地為止——恰好是他離開克拉科夫二十年之後（商船隊與英國皇家海軍不同，是由載運貨物或旅客的商船組成。船上的高級船員並非軍官，而是由英國貿易部發給執照的平民）。

康拉德曾向他父親的老友史蒂芬・布許金斯基承諾，他永遠都會「航向波蘭」，發揚光大他雙親的民族主義之夢。然而，若要說康拉德這二十年來是要航向什麼地方，目的地都是英國。康拉德・柯爾澤尼奧夫斯基在海上蛻變為約瑟夫・康拉德。他在英國船上學會說英文、找到職業的定位與社會角色，歸化成為英國臣民，然後在一八八〇年代末尾的某個時候，開始動筆寫小說——從此一輩子就是在寫水手、船隻，以及海洋。在康拉德這個作者的筆下，生平的實際經歷變為煉金術的材料。他把英國帆船變為衡量道德行為的尺規。此之於他，正如波蘭之於他父母，是一個浪漫的理想，一生的指引。

在《私記》裡康拉德寫道，他與英國的牽繫有如談一段新戀情，一系列令人珍惜的「第一次」。他在阿爾卑斯山旅館裡遇見一群健壯的蘇格蘭工程師，很欣賞這群人，「我第一次接觸到英國遊客以外的英國人」。他還記得，當他的家庭教師最後一次試著說服他別當水手時，一個穿著燈籠褲套裝、「一張大紅臉」、小腿很白「令人難忘的英國人」從他們旁邊大步走過，就像是「來自我未來的大使，為了在關鍵時刻轉變局勢而被派到此」[19]。他敘述自己在馬賽港如何跑到一艘巨大的黑色英國貨輪旁邊，然後「我這輩子第一次聽到別人用英文招呼我——那是我偷偷選擇的話語，……我夢中的話語」！接下來的事情讓他興奮得有如新婚入洞房：「當我靠在這一生碰觸過的第一艘英國船那平滑的腹側，我感到她在我掌心下跳動著。」他注視著桅杆上的英國旗，「如火般強烈」且「熾熱」。「那面紅艉旗！……那面紅艉旗——那一片象徵性、保護性、溫暖的旗幟，遍布大海，獵獵飄揚，注定會是我頭頂多年唯一的遮蓋。」[20]

當他述說怎樣成為英國水手的故事時，康拉德知道自己隱藏了另一段故事：也就是他在自殺未遂後，「有意的抉擇」，離開法國。一八七八年，他在英國才剛開始謀生，正在一艘從洛斯托夫特運煤往新堡的小型近海船上工作，那時他接到舅舅塔德烏什一封把他訓得體無完膚的信[21]。你這人「好吃懶做又花錢如流水，」他讀道，「你已遊手好閒將近一整年——欠一屁股債，故意開槍打自己，……說真的，你這年紀是會犯蠢，但你已經超過限度了！」塔德烏什發誓再也不多給他一分錢。「給自己找個工作賺點錢，你從我這裡一分錢都拿不到。」「你準備要去當水手，……這是你要的——你也達成目標了——你自願選擇這條路。決定了就要自己承擔後果，……你想想你爸媽、你外祖母，……記得我犧牲了多少，……你要洗心革面——工作——好好打算——追求目標要審慎堅持，多做少說。」[22]

康拉德就是那時去應徵《泰晤士報》上那篇廣告。他在倫敦找到的船務代理行給的僱傭條件很差（預付金二十鎊，但薪水少得可憐，每週只有一先令），但至少提供基本需求。搭上「薩瑟蘭公爵號」，康拉德飄洋過海，遠離塔德烏什的訓斥於千里之外。

有時候，看起來非常個人的決定——比如說做什麼工作、住哪裡、跟誰一起住——都會受到與抉擇者相距極遠，或甚至無法察覺的一些條件所影響。當康拉德解釋自己為什麼就是要成為「英國海員而非別的」，他或許不知道自身事業與歷史條件是多麼息息相關，而這些條件讓當時英國成為一個歐洲水手找工作的最佳去處。這根本就不必是一個「有意的抉擇」。

康拉德在一八六〇年代長大，出海是他的夢想，當時的帆船快速、有魅力，且受歡迎的程度乃史上前所未見——像那些最具代表性的斜桅飛剪船，每年從中國載著當季最新鮮茶葉飛奔西方[23]。然而，一八七〇年代，康拉德真正開始跑船的時候，輪船的快速發展擾亂了整個航海界。一開始輪船極不可靠且價昂，難以與帆船匹敵，但一八五〇年代引擎設計的突破，讓輪船海運開始變成一門有賺頭的生意[24]。因為紅海惡名昭著的盛行逆風之故，在蘇伊士運河於一八六九年開通後，讓輪船在繁忙的歐亞航線上比帆船更占有絕對優勢。到了一八七〇年代，輪船無論是賺錢的程度、舒適的程度，或船隻數量，都是史無前例地高。帆船運茶的競速景象在一八七三年告終；之後不到十年內，輪船運載的國際貨櫃已經比帆船還多[25]。

十九世紀中葉，美國看似個海權發展的明日之星，但輪船的興起賦予英國強大競爭力：英國在製鋼業擁有獨占鰲頭的地位，工程技術頗為先進，且還掌控著龐大帝國的採煤網。不只這樣，英國在一八四〇年至一八八〇年之間實施自由貿易政策，讓英國經濟裡全球貿易的重要性實質翻倍[26]。康拉德在一八七八年登記加入「薩瑟蘭公爵號」的時候，英國商船隊在每一方面都是海上頭號商業力量。英國船隊注冊的可載運總噸位數，是世界第二大商船隊的五倍[27]。英國船東控制世界貿易大約百分之七十[28]。英國船塢的造船事業領先群雄[29]。工業化世界裡，將近一半的船隻

1866–67.													DUC	
No.	Ships.	Masters.	Tons.	DIMENSIONS.			BUILD.		Owners.	Port belonging to.	Port of Survey and Destined Voyage.	Classification.		
				Length.	Breadth.	Depth.	Where.	When.				No. Years first assigned.	Character for Hull&Stores	
301	Duchess of Sutherland Bk F.&Y.M.60	R Scaddan	349	105·0 Drp.59Srprs61 &67	26·5	17·0	Sndrl'd	1851	Redway&	Exm'th	Lon.S Leone Ply. S.S.67-6yrs	9 C. 3	4,62	A 1 1,67
2	Dudbrook Bk F.&d.62F.&Y M.60	W.Deacon	572	137·1 w.ptTSdsF.&d.62	25·7	20·1	D'ndce	1848	W.Deacon	London	Lon. Rest.62–	12 8	A 1 4,63	
✠3	Dudley Scw Sr (Iron) MC.66	T.Robson R. Bell Robson AP.90H.	696 536	198·5 Drp.66	28·0	16·0	NShlds *Smith*	1865 10mo.	T.&W.Smith	Nwcstle Nwc London 3 *Blk Hds*	Shl London (A.&C.P.)	—	A 1 11,66	A 1 4,67
4	Duke Sw I.B.	J. Bayley	150	77·4 ND.pt48pt63Drp.5	22·6	12·8	Lynn 4&55Srp	1841 rs63	Bayley&c	Lynn	Lyn. Coaster	9	Æ 1 11,65	Æ 1 10,66
✠5	—of Argyll S (Iron)	G.M'Lean	960	199·7	33·2	20·9	Dmbtn *Rankin*	1865 10mo	Montgmerie	London 2 *Blk Hds*	Glr. Lon. India (A.&C.P.)	—	A 1 11,65	A 1 12,66
✠6	—of Athole S (Iron)	Dlrymple	963 2D.	199·2	33·2	20·9	Dmbtn *Rankin*	1865 2mo.	Montgmerie	London 2 *Blk Hds*	Lon. India	—	A 1 1,66	A 1 12,66
✠7	—of Newcastle S ptF.&s.65F.&Y	M'Kenzie M.65ptI.B.	993	170·6 w.F.&s.62	34·9	22·2	Quebec *Lee*	1861 8mo.	Baines&C.	Liverp'l	Liv. Austral.	7	A 1 6,65	
8	—of Northumberland Bk F.&Y	J. Brunton M.62	463	125·0 Srprs53&56Drp.60	27·5	19·2	Sndrl'd	1851			Sws. W. Inds	10 C. 3	2,62	
9	— S (Iron)	E. Brown	558	130·3 Srprs58	29·0	18·9	Nwcstl	1852	Brooks&C	London	Lon. India Rest.62–	6 4	A 1 8,62	Wrecked
310 ✠	—of Rothesay Bkpt F.&s.62F.&Y	Pascheal M.65ptI.B.	575	139·6 w.ptF.&s.62	30·1	18·7	St. Jhn *Andersn*	1861 1mo.	W H Owen	Liverp'l	Liv. India	7	A 1 7,65	
✠1	—of Sutherlnd S F.&Y M.65c.f.	T.Louttit	1047	201·6	34·2	21·8	Aberdn *Smith*	1865 6 mo.	Louttit&C	Wick	Abn. Austral (A.&C.P.)	9	A 1 7.65	

《勞氏不列顛》與《外國船舶年鑑》中記載的「薩瑟蘭公爵號」資料，一八六七年。

都進了《倫敦勞氏驗船協會（注冊紀錄簿）》的帳本，這是船運界最具地位的檢驗公司[30]。它每年的帳本可說是航海界的普查報告，有系統地將每艘船轉譯成數字與符號組成的編碼。編號45590，船況「A 1」（適合航海的程度最高），「S F. & Y M.65 c.f.」（船體於一八六五年包覆毛氈與黃色金屬，以銅加固）：「薩瑟蘭公爵號」[31]。

幹水手這行的不必看統計數字就會知道，英國就業機會比其他地方都多，或是這兒能幹活的船隻種類比其他地方更廣。水手也不需要帳本來告訴他們每艘船都是獨一無二。一艘船可能染上了「像海妖一樣邪惡的習性，變成船員的悲慘天地，」可能鼠患叢生，也可能一路上船艙都滴水不停。不過，一艘船也

「薩瑟蘭公爵號」停泊於雪梨環形碼頭，一八七一年。

可能遇上「各種好事」而輕鬆自在航行[32]。如果運氣好，你能給自己找到一艘「幸福船」，船身防水工作做得不錯，船上黃銅不怎麼需要拋光，且食物相對來說還算不錯：「薩瑟蘭公爵號」就是這樣一艘船[33]。

「孟買港裡，每艘船上的人員都察覺到『水仙號』有新人上船。」他們搭乘「一身白衣的亞洲人所划的港艇」，嘩啦航向大船。當這些帶著酒意的水手腳步踉蹌爬上舷門，划艇者「大聲吵嚷要他們付錢」。「艏艛裡，這群新人站在捆好的箱子與寢具堆間，搖晃著身體與老船員交朋友；老鳥則坐在雙層通鋪上頭，有的在上有的在下，看著未來的海上同事，眼光帶著打量但友善。」最後上船的是一個粗壯的西印度群島人，「冷靜、沉著、魁梧，水準一流」。行李放好，「上岸用的衣服」換成「乾淨的船上工作服」，他一屁股坐在私人置物箱上，來好好看看自己這新住屋的模樣。

「這船是哪一種？不錯，嗯？」他問道。

最年長的船員靠在門邊，涼爽的晚風吹著他的背。他胸口「滿是刺青，像個食人族酋長，」再「加上他的眼鏡和一臉年高德劭的白鬍子，這人就像個有學識的野蠻族長。」一陣長長的沉默，之後這老者回應道，「船！……船就這樣。要看船上的人怎樣！」[34]

這是康拉德一八九七年寫的中篇小說《水仙號上的黑鬼》的開頭，從水手的角度傳達出一種認知：一趟航程好與不好，端看船上乘員素質。然而，當英國海權的優勢日益增加，大眾就開始密切關注此議題：究竟能找到哪些人來操作這麼多船，以及這些人是在怎樣的環境下工作。

另一方面，貿易部每年公布的《沉船圖》，標出環繞英倫三島所發生的沉船事件，畫面有如勒住島嶼的絞繩，展現英國航海事業的黑暗面。在一八六〇年代，每年至少有五百名水手在近海遇難，某年的死亡人數更高達一千三百三十三人[35]。某份激進派報紙的編輯認為這數字令人髮指，於是動筆批判航運業糟糕的安全標準。一名讀者激憤之下跟自己丈夫警示這個問題。這位丈夫，德比的自由黨議員山繆．普林索，自此投身於提升水手工作環境的聖戰中[36]。

普林索在一八七三年出版一本小冊子《為海員請命》，斥責船公司開船時超載、人手不足，以及船隻保養情況不佳。普林索有創意地使用圖像來加強訴求效果：冊子裡有粗製濫造的船隻上劣質螺栓與鏽蝕鐵器的照片，也有保險文件的複本，上頭寫了不知多少核保人名字，所以就算出現犯法情事，也沒有人能有效提出告訴。「啊！主啊！上主啊！」普林索呼喊道，「讀這本冊子的人，不論你是誰，看在老天分上幫幫那些可憐的水手吧。如果你不願意，……在另一年又過去之前，至少會有……五百個人！他們現在還活著——但到那時已經葬身海底。」[37]

反對者抗議說，普林索這本傳教般的請命書裡錯誤百出，但這也無法阻止數十萬冊的這本書打動英國人的心。普林索在下議院不停對同僚喋喋不休（有一次還因為指控各個議員都應對害死水手負起責任，而被趕出議場），直到他們通過有意義的改革法案為止[38]。一八七六年的《商船法》規定船隻必須具備一條固定的載重吃水線——一般人都稱這條線為「普林索線」，線塗在船身上作為標記，表示已裝貨完畢的船能安全下水的最大吃水深度[39]。這場請命運動還達到另一個目標，這對水手來說也同樣重要：大家終於明白，水手跟重工業、輕工業，或礦場裡的工人一樣，都是勞工，都需要工作環境的保障。

對普林索來說，水手是「善良、真誠且勇敢的人，卻在我們害死人的忽略之下被犧牲了」[40]。但其他人眼中的水手可不大一樣。一八六九年，貿易部要求駐在世界各地港口都市的英國領事報告「所注意到的英國海員整體狀況」[41]。於是從斯麥納到莫比爾，從蒙特維多到里加，各處紛紛回傳答案。醉醺醺、不識字、孱弱、身染梅毒、醉醺醺、不誠實、醉醺醺、無能、不聽管束、醉醺醺，英國海員普遍被視為是「只會喝酒跟工作的動物」[42]。畢竟誰沒聽過「酒鬼水手」、「醉得漂過半個海」或是「三條帆腳索都隨風飄（譯注：意即酩酊大醉）」這些說法呢？善心人士和政府都試著要「改善商船海員品格」，弄出一條條「老奶奶立法」來讓傑克（Jack，這是人們對英國海員通稱的諢名）變成好孩子，例如規定船上禁酒，以及建立「海員儲蓄銀行」鼓勵他們養成注重理財的好習慣[43]。

海員素質低落造成的危害顯而易見。差勁的水手會降低船運的安全性與可靠性。差勁的水手會讓依靠糧食進口的國家食物供應出問題[44]。差勁的水手還會破壞國家安全，因為商船水手其實就是海軍預備兵員，一旦戰爭爆發就能徵召入伍。差勁的水手有礙英國名聲。有個船東諷刺地說，「我們的船……常浮誇地自稱為和平信使、基督教信使、文明信使」，卻「時常把其他地方從未見過的罪惡載往那裡」[45]。

至於水手**為什麼**能力不佳，以及對此應該如何因應，這兩個問題就比較難找出答案。有的人說是科技演變的錯。以往英國海岸地區一代又一代的年輕人，都在近海船上學會航海的基礎技巧，就像康拉德一八七八年在洛斯托夫特工作過的那艘船一樣。二十年後他記起「海撈者號」，還會充滿溫情地說那是個「訓練海員的好學校」，船員很和善，上頭工作的人親如兄弟，「每個人看來都是能長命百歲的體格，顏色像是花花綠綠的聖誕卡。晒得褐褐紅紅的——金髮碧眼，搭配北方人的坦率模樣」[46]！然而到了此時，這「英國海員的苗床」已經因為區域性輪船興起而遭消滅[47]。為了填補這個缺口，政府設置幾艘特殊的訓練用船：兩艘用來訓練高級船員、十五艘是給貧家子弟或少年犯上船受訓（這樣一來，人們更加把航海工作標籤化為「普遍的、公認的窮人避難所」[48]）。

另一個更明顯的問題在於水手薪資實在不高。一八八〇年，像康拉德這樣的幹練水手（譯注：able seaman，又稱全能水手、一水）上帆船出海，從倫敦到澳大利亞整個航程除了包食宿外，只能賺到每月五十先令。如果他的船走的是橫越大西洋的航路，每月可能多賺五到十先令；

如果是跨洋的輪船，工資可能再高出五到十先令，且這種船搭乘起來更舒適[49]。但是，如果他在格拉斯哥挖煤礦或是在哈德斯菲爾德當紡織廠工人，他花比較少的工時就能賺到水手兩倍的薪水——更何況，不管工廠礦場環境之惡劣有多麼惡名昭彰，平均而言都比船上要好[50]。海軍民政事務大臣很坦白地承認說，「這麼低的薪水實在不可能招到人，除非男孩受到遠航天涯這種想像所吸引」以及對海洋的誘惑有浪漫幻想[51]。

這麼說來，英國的船要上哪去找人來開？答案就是像康拉德．柯爾澤尼奧夫斯基這種外國人。航海工作的薪資以英國標準來說雖低，但以歐陸標準卻是偏高，於是來自斯堪地那維亞等歐洲貧窮地區的優秀水手，非常願意加入英國海運行列。英國船長也樂於僱用這些人。他們一個個都稱讚外國水手不酗酒、辦事得力又能聽管束[52]。康拉德在海上工作的數十年間，英國船上僱用的歐陸水手從大約二萬三千人增加到超過三萬人，也就是說所有英國船隻的船員裡，約百分之二十是外國人。長程帆船的薪水最低且工作環境最差，這類船上外國水手的比例顯著較高，在一八九一年已經超過百分之四十[53]。印度洋航海界也出現相同的發展，當地英國船隻最低階的船員愈來愈多是被稱作「拉斯卡」的亞洲水手，依照特殊的《亞洲船員僱用協定》簽約上船工作[54]。

等到十九世紀末，情況看起來就是「從倫敦或我們任何一個大港開出的船，幾乎每艘上頭都有很高比例的船員是『荷蘭人』——水手把各種國籍的外國人都叫做荷蘭人。他們可能是瑞典人、挪威人、芬蘭人、丹麥人、法國人、西班牙人，但英國水手（Jack）反正都說他們是荷蘭人」[55]。歐洲其他海權國家要求本國船上本國船員數量必須占高比例（一般來說，水手須占三分之二或四分之三，高級船員須占百分之百），但英國沒有這種配額要求。原則上，一艘英國船——也就是由英國人所有、在英國注冊、以英國港口為母港的船——可以「從高級船員到低級船員全部沒有一個是英國人」[56]。自由市場的積極擁護者對此大聲叫好。「如果英國水手想保住自己在英國船上的工作，他們就得努力讓自己不單跟外國人表現一樣，還得在各方面都超越外國人。這只不過是適者生存的問題罷了。」[57]

不過，也有人擔心解決一項人力問題的方法會引發另一個問題。外國船員對英國船是好事，但對英國是好事嗎？工會人士認為外國人正在占據英國工作崗位，造成薪資下滑。他們倡議訂立配額以保護英國水手不被苛扣工資的船東欺負[58]。這些人的說法獲得擔憂國家安全的本土主義者支持。受到美國航海史學家阿爾弗雷德・賽耶・馬漢一八九〇年出版的《海權對歷史的影響》一書所激發，德國、美國、日本等幾個興起工業國家紛紛開始建造艦隊，引起英國人新一輪對於「海軍優勢」的深刻反省。有些人哀嘆著「亞洲海洋勞工如何無聲無息地在歐洲人的遊戲裡把歐洲人排擠掉」，但至少拉斯卡是「英國臣民」，他們戰爭時還會效忠英國（當時人是這樣認為的）[59]。但「荷蘭人」可不一樣，尤其是德國人。「我希望看見商船隊把外國人都清理出去，」受歡迎的航海作家法蘭克・布倫如是說，「不是因為我恨外國人，……而是因為我們這個特別發展海權、依靠海權的國家，在面對幾乎每個歐陸人民對我們表露無遺的恨意時，我們承擔不起要依靠外人的善意來保全本國人民的性命。」[60]

議會在一八九四年設立一個專責委員會，目的是要詳細探討怎樣解決英國船隻人力問題。該委員會花了兩年時間造訪全國各地港口，找來一百七十六名證人作證：包括工會組織者、船東、核保人，以及各級水手。他們在勞方（大都支持配額要求）與資方（大都反對此事）立場中盡可能保持中立，將這些關於「英國本國籍」船員數量的問題，轉換為較廣泛的質詢，詢問船上是否配備有足夠船員這個最基本的事情。

一個有代表性的證人是在英國船上工作十六年的船長，他在一八九四年七月到政府白廳出席委員會。列出一連串他待過的船隻之後，委員會問他在這裡面各艘船上是否「覺得船隻配備足員人力」。他們引導這位船長詳細陳述一艘船上應當有多少船員才算足夠，但過程中完全不問有多少船員是外國人，也不問這位船長覺得外國海員比起英國本地人來說表現如何。或許他們覺得這些問題都無須再問了吧。這位證人大名是「J・康拉德・柯爾澤尼奧夫斯基先生」，他在一八七八年來到英國，至此已經走了很長一段路[61]。

若只看紙面上，普通水手（譯注：ordinary seaman，又稱二水）康拉德・柯爾澤尼奧夫斯基蛻變成「英國海員」J・康拉德・柯爾澤尼奧夫斯基船長的過程，僅僅需要幾份執照。英國商船隊與皇家海軍不同，普通水手只要工作情況滿足一些基本要求，然後通過貿易部主持的資格考試，就能一路升級為船長[62]。康拉德在一八八〇年五月獲得二副執照，一八八四年十二月獲得大副執照，到了一八八六年十一月——也就是他歸化成為英國臣民後幾個月，他拿到船長執照[63]。老實說，為了取得二副考試的應考資格，他還偽造文書說已經在海上工作滿規定的四年，但事實

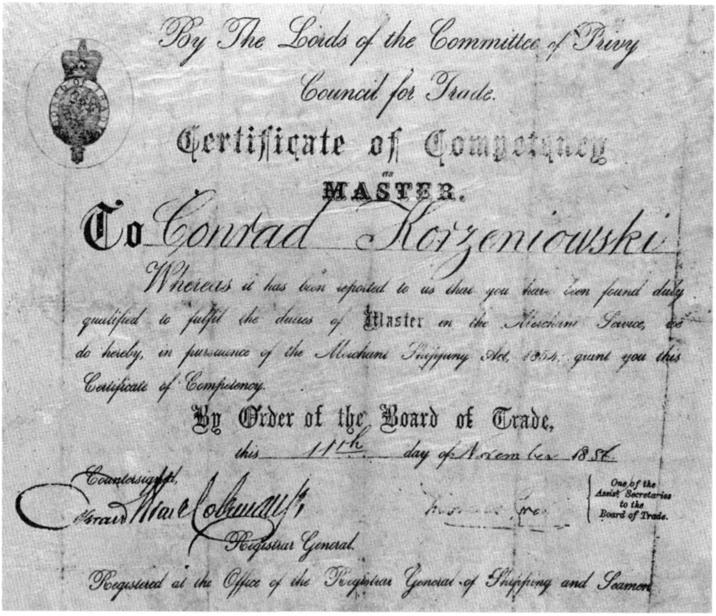

By The Lords of the Committee of Privy Council for Trade.

Certificate of Competency

as

MASTER.

To Conrad Korzeniowski

Whereas it has been reported to us that you have been found duly qualified to fulfil the duties of Master in the Merchant Service, we do hereby, in pursuance of the Merchant Shipping Act, 1854, grant you this Certificate of Competency.

By Order of the Board of Trade,

this 11th day of November

Countersigned,

Registrar General.

One of the Assist. Secretaries to the Board of Trade.

Registered at the Office of the Registrar General of Shipping and Seamen

康拉德的船長資格證書，一八八六年。

上只待了三年不到。再來老實說，他大副考試與船長考試都是第二次才通過。但要知道，他取得第一份執照的時間，距離他一個英文字都不會說的時候才兩年之久，這是很了不得的成就。「『標準的英國商船船長』萬歲！」塔德烏什．波布羅斯基在烏克蘭歡天喜地。「願他長命百歲！願他身體健康，願成功降臨他在海上與陸上所做的每一項事業！」[64]

如康拉德自己所說，他成了「一個裹著英國焦油的波蘭貴族」[65]（所謂「焦油」意思就跟「鹽巴」一樣，都是指稱水手的俗話）。有幀照片留下這位高級船員工作時的身影。那是一八九〇年代早期，他正在「托倫斯號」這艘往返澳大利亞的頭等客輪上

「托倫斯號」大副康拉德．柯爾澤尼奧夫斯基與見習船員在甲板上，約一八九三年。

擔任大副，該船以快速和旅途舒適著名。那時他簽自己的名字是J．康拉德．柯爾澤尼奧夫斯基，而這位柯爾澤尼奧夫斯基站在甲板上，身邊圍繞見習船員：趾高氣揚的那位，坐姿歪斜像個體育明星；笨拙的那位，長著一對大耳朵；還有個小孩子，穿著鈕扣發亮的大外套。太陽將他雙頰晒成熟皮革，鬍鬚已斑白；此時他航海的資歷已經比照片中某些人活的年紀還長。他脖子上掛的哨子代表權威，還有一頂讓他看起來變高的尖帽。他的身體稍稍斜向一側，彷彿他正在往他處去的路途上短暫停留。

等到康拉德以寫作在人生第二個職業占有一席之地後，他回顧自己航海生涯總帶著理所應當的自豪。「我很勤懇，通過所有必要的考試，贏得人的尊敬（儘管我背景平凡），這些人都說我是個『好水手，一個信得過的船上長官』，而他們這麼說絕非完全出於情感態度。」他寫給一個波蘭朋友的信裡這樣說。「這事啊，你得承認，」他補充說道，「就一個沒有背景的外國人來說，是不錯的成就。我得為英國人講句公道話，他們從不讓我感覺到自己是外國人；這不是我刻意追求的待遇。」[66]

然而，水面底下，強勁激流擾亂著柯爾澤尼奧夫斯基成為康拉德之路。首先是爭執。他在一八七八年跟帶他來英國那艘船的船長起衝突，一怒之下辭職。同一年稍後，他在「薩瑟蘭公爵號」工作，抱怨船員因為他英語不好而排擠他。此事之後，他批評這艘船的船長是個「瘋子」；又換了兩艘船以後，他在「巴勒斯坦號」上抱怨自己的工作很爛[67]。「是否因為你待的是艘『三桅帆船』，所以覺得沒面子？」塔德烏什猜測道，「這樣的話，那一個月四英鎊當然是有辱你的錢袋，還有，終究，那個船長在你眼裡好像只是個『動物』而已。」[68]他離開「巴勒斯坦號」後，與一位難相處又酗酒的船長吵架吵得不可開交，導致一八八四年在印度馬德拉斯被解僱，還拿不到介紹信[69]。無論引發爭執的癥結是什麼，他與別人衝突之頻繁說明其性格躁動不安且渾身帶刺，一點都不想安分。

再來就是找工作這件事本身。依照噸位統計數據來看，跟康拉德同時進入英國商船隊的年輕人，所加入的是一個史無前例蒸蒸日上的行業。但從水手的觀點看來，帆船的沒落比輪船的興起重要許多。輪船載貨能力遠遠超出帆船，因此航向外國的船隻**總數**其實比以前少——精確來說，康拉德在海上服務的那段歲月裡，這數字總共下降百分之三十，但貿易部每年都還培訓出一千六百名新科高級船員等待就業[70]。康拉德回憶起當年困境：「應徵高級船員工作時，身上除了一張全新執照以外，什麼都拿不出來。你會瞠目結舌地發現這張神奇驢皮（譯注：指法國作家巴爾札克《驢皮記》讓人實現願望的神奇驢皮）有多派不上用場，而你早先竟然為了取得它而流那麼多血汗。」[71]

就算塔德烏什舅舅給他一筆還算充裕的零用錢，讓他在轉職期間不至於潦倒，康拉德仍然切身體會到就業市場不景氣帶來的壓力[72]。他在一八八一年夏季又把零用錢花得精光。他耳朵裡都能聽到塔德烏什的責備。**給自己找個工作賺點錢，你從我這裡一分錢都拿不到**。這次，他沒拿槍指自己胸膛；他拿起筆，編造一個彌天大謊。康拉德告訴塔德烏什，他在一艘叫做「安妮．芙洛斯特號」的船上找到工作，這艘船卻遇難沉沒，他所有財物都跟著丟了，現在他人在醫院，且船東拒絕付任何賠償費——所以，因為這樣，他需要錢。康拉德初涉虛構故事就有斬獲。塔德烏什給他十英鎊，順帶警告他花錢要明智[73]。有如大宇宙的天道輪迴，康拉德在下一艘船「巴勒斯坦號」還真的遇上沉船了。

最肥美的差事，也就是薪水最高且工作環境最佳的職位，都是在輪船而非帆船，在客輪而非貨輪，以及在橫越大西洋的航班而非花好幾週越過太平洋或走印度洋的長程航班上。這類工作通常提供給予船東、大人物或船長有私人關係者。如果你像康拉德一樣是個外國人，「沒有關係、沒有門路、沒有具影響力的朋友」，就只能靠運氣、靠口碑，以及那些或多或少不怎麼清白的掮客，像是康拉德的仲介商威廉．蘇澤藍，就曾因仲介沒執照的見習船員而好幾次被起訴[74]。你可能得在陸地上等好幾個月，期間坐吃山空，之後才找得到另一份工作。通常你得到的工作比你的職等還低，而康拉德幾乎都得這樣；他只當過一次船長[75]。當你總算得到工作，通常是在遠洋帆船上，船上同事像你一樣的外國人多得不成比例。康拉德在英國船上的同僚足足有三分之一不是英國人[76]。要到一八九四年，康拉德才終於突破障礙，登上船員最垂涎那種等級的船——也就是一艘橫越大西洋的輪船，但這事根本不算什麼成就。他雖有船長執照，卻必須接受較低的二副職位，且「阿多瓦號」更非什麼一流英國定期班輪。這艘船被包租從盧昂載運法國移民到魁北克，卻發現沒人要搭船，於是只好取消航班[77]。康拉德自此再也沒有擔任船員一職。

康拉德屬於最後一代主要在帆船上工作的航海者，當歷經勞動市場的變遷，他與同儕都感受到帆船與輪船所代表的不僅是兩種不同科技差別而已。帆船與輪船標誌著不同的生活形態。輪船需要的是輪機員，而非帆纜工；需要的是在艙底鏟煤入鍋爐的火夫，而非在高處補強索具的靈活水手[78]。那些在帆船上被訓練有素的人擔心自己得（用康拉德筆下一個角色的話）「永遠放棄出海而改上輪船」，這麼說是因為他們認為在輪船工作不算真正跑船[79]。

到了一九〇〇年代初期，海洋作家已經用一種回憶親愛祖母那種悲傷但深情的語調，來描寫逐漸消逝的帆船年代。一九〇四年，阮囊羞澀的康拉德察覺到商機，開始寫一系列關於帆船的兼具沉思與懷舊性質文章，最後於一九〇六年以《如鏡的大海》之名集結出版。他說這本書「記錄一個階段，一個已將消失的階段，某種特定活動的階段，是這座島上居民心中認同的活動」[80]。書中輓歌般的行文讓某些讀者為之落淚[81]。

不過，就算康拉德花這麼大工夫想在海洋故事的市場上獲利，但他始終拒絕被關進「類型小說」的框架裡。對他來說，以大海為背景的故事就是生命的故事。《如鏡的大海》「不是個自稱海洋作家的人會寫的那種書」，他這樣對他的經紀人堅持道，「這本書就連一般大眾都能接受，因為它內容更加關注的是人，而不光是海。」[82]康拉德寫道，帆船是「船中顯貴」，由技巧嫻熟的工匠，也就是勞工中的貴族來操作（以他的例子來說，就是個裹著英國焦油的波蘭貴族）[83]。帆船所培養出的群體是以忠誠、決心、勇氣與奉獻等共同價值觀為基礎。帆船代表一種特殊——且深具英國特質——的道德感。它們消失的那一刻，對於人類、社會與道德都有極大的特殊性。

《如鏡的大海》裡許多篇文章，都用隱喻將航海事務的各方面與人類處境連結起來。「『望陸』與『啟航』」原本指航行的結束與開端，被他用來比喻出生和死亡。船錨讓人想到穩定與歸鄉，在他筆下則是「象徵希望的徽號」。一艘帆船是「蛛網與蛛絲」所造的縹緲之物，而航海本身則是件「藝術」。在康拉德最浮誇濫情的作品裡，他將帆船描寫成自然中人類能接觸到超自然世界的地方。以風為動力的船「似乎是從世界之魂取得力量」，隨風漂蕩「神祕地進入某種非人間的存在，幾乎是某種看不見的力量所施的魔法」[84]。

但帆船行駛倚靠的不僅止於魔法，還倚靠人的技術。對康拉德來說，一艘帆船是一門徹徹底底的「技藝」。開動帆船需要觀察、詮釋以及駕馭自然的能力。這背後需要經驗、訓練、勇氣、感知、創意、應變，以及判斷衡量[85]。「搭乘現代輪船遍遊世界……就沒有同樣親近自然的實質，」康拉德解釋道，「這缺乏那種充滿自信的片刻，或那種充滿懷疑不斷自問的片刻。」這

「缺乏那種單槍匹馬與遠超越自己的某種事物搏鬥的藝術本質；這不是流血流汗、全心投入地去實踐一種藝術，而知道最後結果由天不由人」[86]。

康拉德這個水手改行的作家，將帆船航海定義為某種藝術形式，此事並非偶然。同樣地，他寫過最接近一篇文學宣言的東西，就是《水仙號上的黑鬼》前言，這也是有脈絡可循；此書是他唯一以一般「桅杆前」水手（而非鋪位在船尾的高級船員）為主題的書。康拉德在前言裡寫道，他的藝術目的是想要喚醒讀者之間「一種脫不去的團結感」[87]。這本小說將理想中的帆船呈現為同心同德的熔爐——也就是貨真價實的「同舟共濟」。康拉德常說，人在船帆之下彼此間培養出「這一行的同袍情」[88]。而毫無疑義地，這些同袍都是男性。但康拉德將關於同性戀的暗示破除掉，說水手像是共有一個妻子的一群丈夫，因為對這艘船的愛而結合在一起。船在他筆下永遠是「她」。而且因為「一艘船雖然擁有女性特質且被無條件地愛著，但她與女人還是不同」，所以水手對她的愛能永保貞潔、純淨、可靠[89]。

同舟共濟的成員都是普通人，「知道什麼叫勞苦、貧困、暴力、墮落——但不知道什麼叫恐懼，內心也不存著欲望或怨憤。這些人難以管理但容易激勵；他們不說話——但在心裡有著男子漢大丈夫的氣概，對那些為他們艱苦命運而悲傷痛哭的感性聲音嗤之以鼻」[90]。反對這精神的那種人就像是虛構的「水仙號」上那個整天跟人搧風點火、對什麼都不滿的人，「這人不會掌舵、不會接繩索，黑夜裡的工作都逃掉不幹。……這人大半事情都不會做，剩下的事情都不願做」。這種人「對自己的權利瞭若指掌，但全然不知……將船上乘員織在一起的心有靈犀的忠誠」[91]。

康拉德的嫌恨之情，呼應他長久以來對工人組織與激進政治的不屑。「有誰快來阻止社會民主思想的狂飆？」他在一八八五年高呼道，「面對歐陸貧民窟裡生出的地獄教條，英國曾是唯一能擋住這壓力的壁壘，但現在什麼都沒有了！」[92]

什麼樣的水手最能實際展現康拉德所謂「這一行的同袍情」？那就是英國水手。康拉德在短篇故事〈青春〉裡頭一次援引這個說法，故事開頭是：「此事不可能發生在其他地方，只可能在英國；這麼說吧，在這裡人與海合而為一——海洋進入大部分人的生命，這些人也都知道關於海的某些或一切事情。」[93]〈青春〉根據的是康拉德一八八一至八三年在「巴勒斯坦號」上擔任二副的經驗，但他堅稱此篇幾乎不算是虛構的小說，而是「記憶中的壯舉」，「生命經歷的紀錄」[94]。因此，值得注意的是，康拉德把「巴勒斯坦號」寫成小說中「猶地亞號」時，做出的**改動**之一，就是把「巴勒斯坦號」上典型的多國籍船員——包括康瓦爾人、愛爾蘭人、荷蘭人、挪威人、西印度人和澳大利亞人——變成一船的「鐵膽硬漢」，「全是利物浦當地出身」[95]。「巴勒斯坦號」的二副是波蘭人康拉德．柯爾澤尼奧夫斯基，但扮演「猶地亞號」二副的故事敘事者，則是個徹頭徹尾的英國人查爾斯．馬羅，這人之後還會在康拉德其他小說裡出現多次。

「在外人眼中，他們是一大群目中無人的無賴漢，渾身上下一無可取」，馬羅這樣說他的手下，但「這些利物浦硬漢船員就是夠格」。當這艘滿載煤礦的船在海上自燃起火時，他們遭到嚴酷考驗。馬羅命令這些人爬上熾燙的桅杆收帆。而他們都知道桅杆隨時可能傾倒，那麼「是什麼讓他們這麼做——讓他們服從我」？馬羅思忖著，「不是因為責任感；這些人都是蹺班偷懶躲活兒的好手，……難道是一個月兩鎊十讓他們願意上那兒去嗎？他們都覺得這薪水根本不值自己的一半勞苦。不，那是內在於他們的什麼，是天生的幽微但恆久的什麼。我並非肯定說一個法國或德國商船水手不會這樣做，但我懷疑他們是否會以一樣的態度做這件事」。**這個**「什麼」，這個犧牲小我完成大我的心甘情願，「這除了英國以外不會出現在任何地方」。這就是那「隱藏著的什麼」，馬羅下結論，「造就了種族差異，塑造了國家命運」[96]。雖然康拉德除了膚色以外也常以民族（諸如盎格魯－薩克遜人或斯拉夫人之類）來給「種族差異」下定義，但不消他多說，船帆是「白的」，就算不是象徵也是實質性的。二十年後，康拉德在一次大戰期間為海軍部寫的一份關於商船隊的宣傳文章裡，出現幾乎一模一樣的文字[97]。

康拉德在《水仙號上的黑鬼》結尾，為英國與帆船——及其白種特質——的關聯下定論（書名本身就已粗暴使用了黑白差異，該書在美國初版時改名為《海的孩子》以避免引起反感）。此書描述船員從亞洲歸航，途中全船的向心力因為一名西印度船員患病——而許多船員懷疑他裝病——一事遭到破壞。等到「水仙號」接近故鄉海岸時，西印度船員死了，這真相讓那些以為他在說謊的人受到打擊。「他的死，像是某種古老信仰的死，動搖了我們社會的根基。一種普遍存在的同袍情義消失了；這強大有力而可敬的情義卻是個濫情的謊言。」同袍情感破碎，眾人的耐心被回航的漫長時間磨盡，在最低迷的時刻，水手們看見英國陸地從海浪中升起「像是一艘巨艦，點綴著星辰般的警醒光芒」。「她向天高聳，又大又強，捍衛著無價傳統與不為人知的受難，守護著光榮的回憶與卑鄙的遺忘、不名譽的美德與輝煌的罪行。一艘巨艦！……諸艦隊與諸國的母親之船！本族的偉大旗艦，下錨停泊在汪洋大海，強大勝過風暴！」[98]「向天高聳」且是守護「傳統」的堡壘，這艘母艦——這個母國——不是別的，就是一艘帆船，將她的臣民凝聚成一個能彼此養育的社群。

帆船等於技藝。帆船等於同袍情。帆船等於相對於歐洲的英國特質，等於相對於亞洲人與黑人的白人特質。對康拉德來說，帆船就是個遭到世界反對的世中菁英，是一個就算再也找不回卻也必須繼續追尋的理想。當康拉德要重申他對英國的忠誠來反駁《密探》的批評者時，上述這所有聯想解釋了為什麼他的做法是將自己水手生涯寫進《私記》。帆船的聯想解釋了為什麼他要編造一個自己「有意的抉擇」就是成為「英國海員而非別的」，去加入一個其實比以前都更不「英國」的商船隊。同時，這也解釋了康拉德為什麼在面對輪船的明顯優勢時，卻特別要在《私記》裡強調自己與帆船的情感認同。

這部分出自於他講一八八六年參加貿易部船長執照考試的那一大段往事，此種文學手法讓他能再次展現對這種技藝學有專精，而這次展現的對象是讀者（他沒提到自己沒通過考試的那兩次）。他描寫自己爬坡走上塔丘去應考，提氣壯膽去面對此生所遭遇最嚴苛的質問。建築物裡裝飾著「一整套各種船隻與滑車裝置的模型，牆上有個信號表」，還有一張桌子「邊緣固定著一根沒裝帆的桅杆」[99]。一個鬍子花白的胖船長招呼他。

「開始吧，嗯，」考官開口，「你能不能說說『傭船契約』是什麼，你知道的都說。」[100]康拉德回想讀過的書。傭船契約：「書面合同，載明一艘船租借與僱傭使用於一次或多次航程。」[101]

「現在，你對『應急舵』知道些什麼？」康拉德在海上從未遇過船舵故障，但他有背下來幾個例子。先是「把帆從船上卸下來」以減慢速度。然後拿沒用到的圓材就地取材弄出個臨時舵。「圓材一端必須用鏈條懸掛垂進舵箱桿道，……另一端必須連著葉片，比如說一根槳；圓材上面要有重物幫助下沉，要有滑車來把它往上吊，……還要有拉索引著圓材末端穿過船尾，最後連到舵輪輪鼓處。」[102]

他們談話涉及船隻管理的各個要點，考官還回想當年的歷險記，「那時你都還沒出生呢」。

「你是波蘭出身的。」那位船長說道。

「在那裡出生，長官。」

「你這國籍的在我們這兒船上工作的好像不多，……內陸人，是吧？」

「是——完全就是。」[103]「我不曉得你打算如何，」考官做出結論，「但你應該去輪船工作。一個人拿到船長執照就差不多是時候了。如果我是你，我會去輪船工作。」[104]

康拉德走出房間，他說，那時因自己的成就而心情嚴肅起來。「我對自己說：這是個事實，我現在是船長等級的英國船員了，……這能回應某些人心裡對我暗藏的疑慮，甚至是某些不怎麼善意的中傷。」他已經實現童年夢想，獲得成功。接下來呢？「你得明白，在我所感覺到的天命裡，沒有任何類似『職業發展』的想法。」康拉德向讀者這樣保證[105]。畢竟，那是個太不羅曼蒂克的概念，更別說是有損身分。如果獲得船長執照代表著全心投入水手的職業生涯，而如果所謂職業發展意思是去輪船工作，那就表示是他改換跑道的時候了。

這個，康拉德解釋說，就是為什麼「我從未上輪船工作——或說不算真的上了輪船。如果我活得夠久，就會變成某種古怪的遺物，來自某個已逝的野蠻狀態，某種醜惡的古代。我會是唯一一個未曾上輪船工作的黑暗時代水手——不算真的上了輪船[106]。從帆船到輪船的變化，如他所說，是他從少年到成年的轉捩點。此事讓他從水手變成一個作家。

這套理論看來頭頭是道，但作為歷史卻有誤導之嫌。當他宣稱「我從未上輪船工作，或說我不算真的上了輪船」，康拉德暗指自願選擇排拒輪船。而如果就事實來看，只講當時找工作的困難度，那麼更精確的說法應當是輪船，或至少是最先進的英國定期班輪，將他拒於門外。

接下來說的是康拉德生平發生的事實。康拉德通過船長資格考之後，他的確上了輪船工作，先是在亞洲，然後去非洲，且是自覺地選擇這麼做。然而，若說英國帆船象徵著他最仰慕的人類、社會以及道德形態，那當他航行於輪船尾流之際，將會發現一個渾沌汙濁的天地。

第五章　登上輪船

一八八七年二月，康拉德遇見的阿姆斯特丹被嚴酷寒流籠罩。堅冰封鎖運河。船枯等著阻在半路上的貨物「像是白色世界裡的黑色船屍」。「高地森林號」的船長還沒到，所以暫時由康拉德發號施令。他每晚睡在船上，蓋著像小山一樣的厚毯子。白天他搭電車到市中心，在一間「豪華咖啡館」的紅色厚絨椅子裡安坐下來，店裡有光燦的鍍金天花板與電燈光芒。他向格拉斯哥的船東報告狀況，且幾乎每天都會收到一封回信，「叫我去承租人那兒叫嚷，催他把船的貨送來，……去跟他抗議說，各式各樣的貨物都卡死在內陸某處，在那片全是冰雪與風車的地景裡，它們應該馬上被送上火車，然後每天以固定的量運進船艙」。康拉德盡責地去找那位承租人胡迪格先生，但在有機會開始慷慨陳詞之前，這位荷蘭人就用一根雪茄、一爐熊熊火焰，以及一段關於天氣的流利英語對話把他的嘴堵上[1]。

嚴冰消融。一般駁船與荷式駁船紛紛滑下淤積泥沙的河道，載著棉織品與供應東印度群島的物資。身為大副，一個最重要的責任就是監督船隻裝貨。必須確保每樣東西能熬過炎熱海域的漫長航程，且貨物裝載時必須注意整體平衡，才能讓船在出海後一路平安快速。如果貨物裝載得重心太高，船就會「頭重腳輕」而導致劇烈左右搖晃，更嚴重的怕會在用帆時傾覆。裝載的重心太低那船就會「僵住」，會顛簸震動，且會讓桅杆、索具和圓材承受太多壓力。康拉德知道每艘船都有自己的怪癖，但他並不熟悉「高地森林號」，所以遵照羅伯特·懷特·史帝芬斯《論船隻與貨物裝載原則》這本教科書的指示來裝貨。輪狀乳酪「以箱盛裝，中間以物隔開」且「不應堆疊超過兩層」。瓶裝啤酒放在船前面比較涼快的地方；桶裝啤酒要遠離任何可能加溫的東西，以免更進一步發酵。大包大包的織物「裝載於船體中央部位時應**平鋪**放置，裝載於翼艙時應**垂直**放置」。燕麥「應包裹嚴實，否則運輸過程中會有可觀損失，很容易遭到踐踏」[2]。

他才裝完貨，約翰·麥克惠爾船長剛好抵達來接管指揮。這人是愛爾蘭人，比康拉德大四歲，之前曾兩度擔任「高地森林號」船長，知道她是個「得多花點心思來妥善裝載的千金」。船長在碼頭上來回走動，仔細審視她的吃水情形。「你抓她前後平衡抓得不錯，」麥克惠爾對他的新任大副說，「那你重心怎麼擺的？」康拉德解釋說他把三分之一貨物放在靠近貨艙頂端的地方，「高於船梁」，剩下三分之二擺在低於船梁處——照著教科書的建議做。

「咻！」麥克惠爾吹了聲口哨。「高地森林號」容易「僵住」，因此康拉德往高處擺的貨物太少，應該要比這多得多才對。但現在為時已晚。「好吧，」船長咯咯笑著說，「我打賭，這回開船咱們一路上會很有勁。」

航向爪哇的整趟航程中，船都在前後左右搖晃。這是康拉德破天荒的經歷。「一旦她開始左右晃，「你就覺得她永遠停不下來，……有的日子裡，……你全身上下的肌肉都在不斷使力，想在船上找個地方把自己固定下來都找不到」。他們在搖搖晃晃的情況下工作。有個船員一邊掙扎著保持平衡一邊咒罵著：「讓這艘天殺的帆船把我腦子搖出來吧，隨她便。」他們吃飯時船在晃，「三分之一高於船梁，瞧你幹的好事。」麥克惠爾埋怨著，一邊抓緊桌子來穩住自己。他們睡覺時船也在晃。帆桁開始破裂損壞。有一條從高處索具上飛墜下來，狠狠打在康拉德背上，打得他飛過整個甲板[3]，「真是因果報應。」刺痛感從坐骨往下傳遍兩條腿，他的背部肌肉變得軟弱無力[4]。當他們抵達爪哇海岸的三寶壟，一名歐洲醫師建議他辭職養病。他很快渡過狹窄的麻六甲海峽去新加坡，進了一間歐洲醫院。

臥床的日子裡，情況不好時他覺得炎熱、潮溼、傷心、不滿。這一年本該是個好年。他歸化成為英國臣民。獲得在商船隊擔任船長的資格。還有了個新的愛好。航海十二年以來，他已經存下好多故事，當他看到《珍聞》雜誌以水手為對象舉辦故事徵文比賽，他於是寫下一篇來試試身手[5]。

但這些怎能救得了現在的他？他「病了，累了，不想再為微薄的錢和更微薄的報酬而出海航行」[6]。他待在這行的時間比他任一個家人所預想的都要久，還取得行內所有晉升資格，而正當他看來終於找到「那條對的路」並能「自立自強」——**一聲晴天霹靂**。「真是倒楣。」[7]貿易部考官建議他上輪船工作，但他得不到好職位。他舅舅塔德烏什建議他去從商，但他存不了錢。他有船長執照但找不到船長工作，是個航海老手卻在自己的船上受傷，一個失業的殘廢，被困在距離他所謂的家園數千公里之外的地方。他問自己：接下來呢[8]？

新加坡街道一景。

情況好的時候，康拉德一瘸一拐在醫院花園裡四處走。醫院在山丘上，他往下能直接看到港口，港內散布的船隻「像玩具」鋪在手織地毯上[9]。海上冒著一座座島嶼，這裡是一片群島的起點，終點幾乎延伸到澳大利亞。「我愛海洋，」他在那些時刻會想起來，「我愛海洋，現在只要能賺錢餬口……我就會比較快樂了。」[10]

等到他能再度正常步行，康拉德就辦理出院，閒步下山進城去。他過去曾來過新加坡兩次，但之前他來的時候都待在「水手之家」附近一帶；這間平房建築位於一個「看起來有種奇特郊區感的花園」裡，負責人是一個假道學的禁酒運動者，他的辦公室裡滿滿都是馬毛家具和蕾絲織品，有如「倫敦東區高尚家庭的客廳」[11]。要不是有中國僕人在起居室裡心不在焉搧著布風扇，你根本察覺不到自己身在亞洲[12]。

這一次，他走在一棟棟相連商店的屋簷下，散步通過市中心。店家裝著百葉窗的正面好似熱帶版本的伊斯林頓並排房屋，那被他拋在身後的世界。他走過寫著中文字、掛著紅燈籠的門楣：茶館、銀行家、銲補匠、裁縫師。水手從標示粗糙的酒館裡跌撞著出來，有一間叫「銀錨」，還有一間叫「正宗馬德拉斯鮑勃的店」。他看進一間香煙繚繞的道教廟宇前庭；瞥見一間清真寺的豌豆綠色宣禮塔。人力三輪車的中國車夫小跑步經過他身邊，還有坦米爾挑夫將包裹頂在裹著頭巾的頭上。他看見東一個西一個幽靈般的歐洲人，每個都是一身白，從頭上的白色木髓盔一直到腳下沾滿白黏土（譯注：又稱菸斗泥）的鞋[13]。只要康拉德走在街上，榴槤那洋蔥般的異味總是如影隨形[14]。

到了河邊，他舉目打量著英國勢力所在的粗壯輪廓。港務處、郵局，還有裡面滿是一間間辦公室的弗林特大樓，整排蓋在堤岸邊，看起來結實堅固，但在這熱度裡似乎莊重得不合時宜。一座鐵吊橋橫越這條運河化的河川，像一個雙手貼腿立正站好的警察。

康拉德朝下看到河流內港[15]。有中國帆船帶著皺褶魚鰭般的帆、雙桅漁船、寬船幅的駁船上面搭著斜頂棚、象牙形狀的爪哇敞艙小艇「佩拉胡」從水中往上彎捲，船身上畫著眼睛，在水平面上窺視周圍[16]。康拉德不全知道這些船的名稱，或是它們從哪裡來，但他看得出船隻種類之多，以及這景象所許諾的獨一無二航海世界。

新加坡河上的駁船碼頭。

新加坡位在印度往中國的半途，是馬來半島通往馬來群島的樞紐，從地理上看來就是天命所歸要成為文化的十字路口[17]。它比香港更馬來化，比巴達維亞（雅加達）更印度化，比加爾各答更中國化，比曼谷更歐化，在西方人眼中這就是「東方」最具體的化身。「別的地方都看不到種族這樣混雜的情況，」鋼鐵業鉅子安德魯・卡內基這樣說，他在一八七九年到新加坡待了十天，「一半……中國人，其他是馬來人、馬來半島的印度裔住民吉寧人、爪哇人、印度人，還有我認為太陽底下其他所有東方民族也都在這裡，再加上少數歐洲人。此地『適者生存』的爭鬥在英國旗幟的保護下進行著。」（卡內基認為：「只要假以時日，中國人就會把其他所有種族都逼得過不下去。」[18]）康拉德一直都記得「那些褐色、古銅的、黃色的臉龐，黑色的眼睛，東方人群閃亮的顏色」[19]。

不過，新加坡這種「整個東方」在此交融的情況，很高程度是歐洲科技與歐洲帝國所造成。該城由英國東印度公司代表史丹福．萊佛士建立於一八一九年，目的是要打進當時被荷蘭壟斷的東方市場。為了能比敵人給出更好的條件，萊佛士把新加坡定為自由港，不設關稅或貿易限制。因為這樣，新加坡成為一塊磁鐵般引人前來的地方，吸引那些長久以來離鄉背井、連接印度洋沿岸各地的商人與移民人口，其中包括中國的福建人、南印度的坦米爾人、哈德拉姆（位在今天的葉門）的阿拉伯人，以及馬來群島的武吉士人。

「蘇伊士地峽的貫通，」康拉德後來寫道，「就像一座水壩崩壞，讓新的船、新的人、新的貿易方式如洪水般湧入東方。」[20]一八七〇年至一八九〇年之間，通過新加坡的進出口貿易額幾乎漲了三倍[21]。英國、荷蘭、法國、奧地利和西班牙船運公司都來這裡設置代理處，而其中規模最大的是「英印輪船領航公司」，擁有五十七艘輪船，行駛於十七條不同航路上[22]。就像一名美國訪客在一八八五年所說，他們把新加坡變成「馬來群島與東南亞的偉大中樞，遠東的輪轂。而它的輪輻就是幾乎四通八達的輪船航線，目的地是曼谷、西貢、中國與日本、馬尼拉、沙勞越、坤甸、巴達維亞、蘇門答臘、錫蘭、加爾各答、仰光，以及馬尼拉」[23]。

蘇伊士運河以東，沒有幾個港口能在這麼短的時間內發展得這麼快，但矛盾的是，這原因卻是當時科技所限。只有輪船才能有效利用蘇伊士運河，但因煤價使然，如果航程超過五千六百公里，那輪船就無法與帆船競爭（康拉德在一八七〇年至一八八〇年代很常去澳大利亞，原因之一就是：在他當水手的二十年裡，這條航線始終是開帆船比開輪船划算[24]）。從歐洲北部出發的

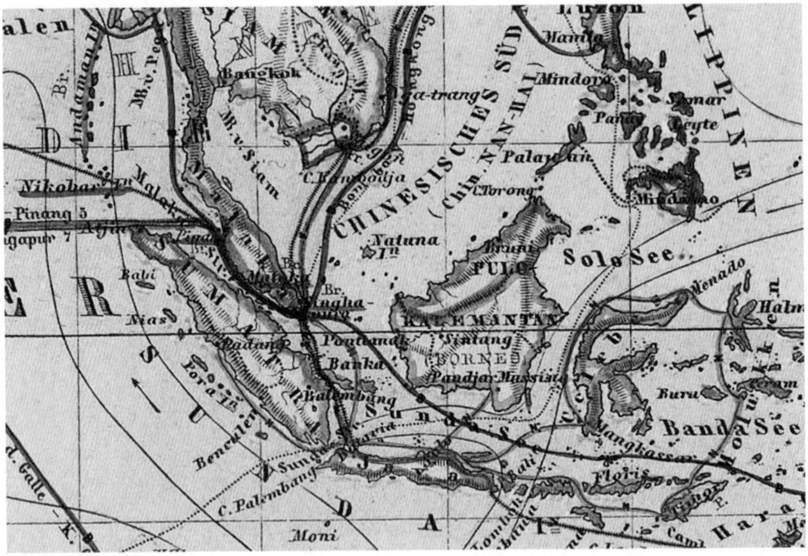

新加坡船運航線，約一八八〇年。

話，輪船可以橫越大西洋或是繞地中海走。從新加坡出發的話，輪船適用的航程涵蓋中國、印度，以及整個東印度地區，包括某些當時世上最賺錢的貿易路線。新加坡以轉口港的身分飛黃騰達。這座城的貨物有一半卸下後，都被裝載上不同船隻，進行地區性的轉運[25]。

長程貿易由歐洲公司主宰，但在這些「輪輻」周圍推動著由新加坡阿拉伯人與中國人經營的小型輪船商隊。它們除了停靠馬來群島較小的港口以外，還活躍在日益茁壯的區域客運市場中。阿薩戈夫家族擁有一八八〇年代當地最大的新加坡輪船公司，他們在一年一度朝聖期中為大量旅行人潮提供客運。還有幾個中國船東，以福建商人黃敏為首，在景氣正好的中國勞工「苦力貿易」中滿足各方需求[26]。

因為輪船數量多，新加坡因此成為大副船員試圖給自己累積經驗的熱門地點，以便為船長資格考做準備——康拉德．柯爾澤尼奧夫斯基則是希望能在這兒找到一艘船工作[27]。雖然此地「地方貿易的職缺數量僅有求職者人數一半」，但高級船員工作的競爭卻不比在英國激烈，康拉德在英國從未拿到過與其資格相應的職位[28]。有個輪機員回憶說，「新加坡整個社群都充滿了『四海之內皆兄弟』的氣氛」，因此在這兒要打聽到工作機會並不難。當你待在「水手之家」，或是在河畔「愛默森便餐館」這個「各色人等都常來之地」喝一杯的時候，都可能會聽說什麼消息。或者你可以直接登門造訪港務處——距餐館才幾扇門之遙，也就是這座港口的船運資訊交換中心，找船務總管亨利．厄理斯談談，這人是個愛爾蘭人，總覺得自己重要得不得了。

一八八七年八月二十二日，康拉德出院後幾週，簽約接下一艘名為「維達號」的二百零六噸輪船大副職位。他發現這艘船停泊在丹戎巴葛碼頭，這個建造成方形的區域裡面都是倉庫、煤棚與工場。舯舡（譯注：體型較大的駁船）與小河船載著人與貨物在港內飛掠而過。苦力成群如水流般進出船艙；牛車上堆滿黃麻袋，緩緩駛向市區[29]。

「維達號」是在英國泰恩賽德建造，且上面掛著英國的紅色商船旗；就這兩點來說，它是一艘英國船，但在康拉德眼中，卻也是「一艘東方船」。船主人是個哈德拉米阿拉伯人，名叫塞義德．莫欣．賓．沙勒．阿爾．朱夫瑞，這人在他人生黃金歲月中曾是新加坡首富之一，亞丁、吉達和蘇伊士都設有辦公處[30]。雖然他如今已屆古稀之年，失去了視力和大部分財產，但這位「傑出（且如畫中人物）的阿拉伯老闆」現身碼頭區時，仍令人肅然起敬，就如康拉德後來所描述的：「身著雪白衣袍與黃拖鞋，……一群馬來朝聖客狂熱地親吻他的手。」英國人會找阿爾・朱夫瑞這種阿拉伯人，來居間協調與馬來穆斯林社群的關係，而康拉德由此認定這位船東是「在蘇伊士運河以東，你所能找得到對這複雜大英帝國最忠誠的臣民」[31]。

康拉德和其他三個歐洲人共享高級船員食堂：詹姆斯・克萊格船長，以及輪機員詹姆斯・艾倫與約翰・尼文，這兩人大概是蘇格蘭人，就跟海峽殖民地將近全部的輪機員一樣[32]。船上十三名船員都是亞洲「拉斯卡」。歐洲長官傾向於用族裔來區分不同拉斯卡的等級，「我找出的最佳組合如下：在甲板上工作的、當廚子跟服務員的都要中國人；當火夫的要印度人，航信士則要馬來或菲律賓人」，一名高級船員如是說，讓整艘船成為一個分而治之的小宇宙[33]。身為白人高級船員，康拉德屬於少數族群，在種族與職業位階上都擁有特權。但身為一個英國船上的外國人，他也知道跟自己長官或同僚語言不通的感受如何。他在「維達號」上學了點馬來話，以便與馬來船員進行基本溝通[34]。

「維達號」每次出航繞一圈大約要花四週，途經婆羅洲與蘇拉維西島的那些小港口——這類航線只有幾乎不受風力與河道水流影響的輪船能夠有效率地定期行駛[35]。「維達號」駛離籠罩新加坡港的溼氣，進入南中國海。

對水手來說，這種水域意味著一件事：海盜。他們從婆羅洲北部沿岸小海灣漂湧而出，從蘇拉維西島的水灣出航，從蘇魯群島往南航行。英國與荷蘭利用海盜來要脅當地蘇丹，迫使他們簽訂條約禁止海盜行為，若他們不配合就出手介入。英國、荷蘭與西班牙的海軍征討已經降低海盜的危險性，但這種事當時仍為太真實的威脅，不像後來變成只是故事書裡無害的通俗題材。

「維達號」停靠的第一個港口是婆羅洲南岸的馬辰。康拉德過去只在書本上與地圖上看過這地名，此刻才終於親眼得見。婆羅洲的面積有英、法兩國加起來那麼大，其上住著數十種被稱為「達雅族」的原住民族群；受馬來穆斯林蘇丹統治（「婆羅洲」是「汶萊」一字的誤傳，汶萊是當地唯一至今仍保有主權國家地位的蘇丹國）；這裡也被英國與荷蘭仲介瓜分出勢力範圍，他們都想在該島經濟分一塊大餅[36]。婆羅洲因此成為叛亂、繼承戰爭與邊界衝突的淵藪，也因此成為劫掠者與走私者尋求成功之道的好地方。

無論康拉德對婆羅洲了解多少，大概都是靠閱讀詹姆斯・布魯克的書來獲取這些知識，布魯克是在這座島上建功立業最出名的英國人[37]。他在一八三〇年代晚期買了艘雙桅帆船，開船到東南亞尋找致富成名的機會，就像他崇拜的英雄史丹福・萊佛士那樣。他在婆羅洲西北邊緣的沙勞越地區找到自己想要的機運，那時汶萊蘇丹差點遭到一場叛亂推翻。布魯克扶助蘇丹重登王位，在一八四二年獲賞賜「沙勞越大君」的稱號。身為沙勞越的「白色大君」，布魯克決意以英國模式來「開化」沙勞越，斬除傳統達雅人的獵頭習俗，並對惡名昭彰的海盜加以制裁。布魯克延攬中國移民來開採金礦，帶進聖公會傳教士來救贖靈魂，還找了幾個他自己的英國外甥來鞏固他的個人威權。他一生的夢想就是將沙勞越轉交給英國作為保護地，雖然最後沒能達成此事，卻建立了一個王朝，並在一八六八年由他的外甥查爾斯・布魯克繼承大君之位。

「維達號」停船加煤，然後繼續通過婆羅洲與蘇拉維西島之間的望加錫海峽，航向棟加拉港。海盜船、走私船和另一種不法勾當在這些狹窄水域裡交織著：奴隸買賣。荷蘭人在一八六三年於殖民地禁止奴隸制，但各種形式的不自由勞力在「維達號」的航線沿途仍普遍存在[38]。蘇魯海盜襲擊從新幾內亞到菲律賓的各處海岸，捕捉俘虜，將他們帶到東印度地區販賣[39]。新加坡的荷蘭總領事報告說，「最活躍的奴隸商人想必都在棟加拉」——「維達號」的下一個停靠港。「大部分」的奴隸都從那裡「被載運過海到婆羅洲東北海岸」。其中有些人會被送去做潛水採珠、挖煤礦，或是採集叢林山珍野味（燕窩、蜂蠟和馬來樹膠）等辛苦的勞力活。剩下的人則被賣給內陸達雅人部落，面對更慘厄的命運。達雅人會把他們綁起來，再用布包裹，然後用長矛把他們活活刺死，當作喪禮儀式中的人牲[40]。

當英國與荷蘭在東印度地區爭搶道德與物質的優越地位，英國人對自己投入對抗海盜與奴隸制的心力感到自豪，並指控荷蘭人並未全力阻止奴隸買賣。但荷蘭人看見的情形卻不一樣。荷蘭領事列舉十艘掛著英國旗幟的不同船隻，都涉入棟加拉對外的非法軍火走私與奴隸買賣——其中尤以一艘為甚。「當下這類運輸工作幾乎都由懸掛英國旗幟的『維達號』來進行。」[41]

身為大副，監督「維達號」的旅客與貨物上下船就是康拉德的責任。他得填寫提單，提單上印著公司的綠色與紅色旗幟戳記，上面載明委託運送的貨物與運費，等到交貨時由收貨方副署。十袋椰棗從新加坡運往勞特島，五十八袋樹脂從棟加拉運往新加坡：十元，四十元；手寫的阿拉伯文與中文[42]。

在帆船上裝載貨物是一項高風險事務，需要仔細處理、精心計算，以及技巧，就像他在「高

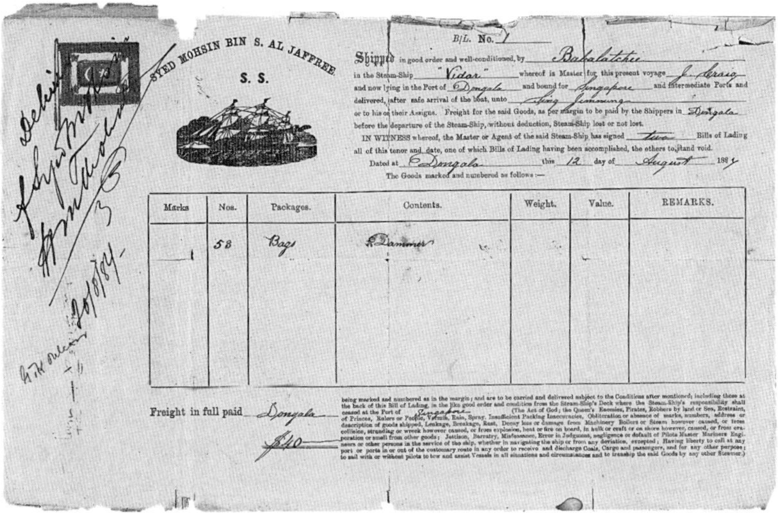
SYED MOHSIN BIN S. AL JAFFREE

S. S.

B/L. No. 1

Shipped in good order and well-conditioned, by Babalatchee in the Steam-Ship "Vidar" whereof is Master for this present voyage J. Craig and now lying in the Port of Dongala and bound for Singapore and intermediate Ports and delivered, after safe arrival of the boat, unto Sing Jimmung or to his or their Assigns. Freight for the said Goods, as per margin to be paid by the Shippers in Dongala before the departure of the Steam-Ship, without deduction, Steam-Ship lost or not lost.

IN WITNESS whereof, the Master or Agent of the said Steam-Ship has signed two Bills of Lading all of this tenor and date, one of which Bills of Lading having been accomplished, the others to stand void.

Dated at Dongala this 12 day of August 1884

The Goods marked and numbered as follows :—

Marks	Nos.	Packages.	Contents.	Weight.	Value.	REMARKS.
	58	Bags	Dammer			

Freight in full paid Dongala

$40

being marked and numbered as in the margin; and are to be carried and delivered subject to the Conditions after mentioned; including those at the back of this Bill of Lading, in the like good order and condition from the Steam-Ship's Deck where the Steam-Ship's responsibility shall ceased at the Port of Singapore (The Act of God; the Queen's Enemies, Pirates, Robbers by land or Sea, Restraint, of Princes, Rulers or People, Vermin, Rain, Spray, Insufficient Packing Inaccuracies, Obliteration or absence of marks, numbers, address or description of goods shipped, Leakage, Breakage, Rust, Decay loss or damage from Machinery Boilers or Steam however caused, or from collision, stranding or wreck however caused, or from explosion, heat or fire on board, in hulk or craft or on shore however, caused, or from evaporation or smell from other goods; Jettison, Barratry, Misfeasance, Error in Judgment, negligence or default of Pilots Master Mariners Engineers or other persons in the service of the ship, whether in navigating the ship or from any deviation, excepted; Having liberty to call at any port or ports in or out of the customary route in any order to receive and discharge Coals, Cargo and passengers, and for any other purpose; to sail with or without pilots to tow and assist Vessels in all situations and circumstances and to tranship the said Goods by any other Steamer.)

「維達號」的海運提單。

地森林號」上差點拿命換來的經驗一樣。「現代輪船」，他後來宣稱，裝貨時卻是「一陣空隆哐啷、匆匆忙忙、吵吵鬧鬧與燥熱不堪，充滿蒸氣雲霧與亂飄的煤灰」[43]。這意思可能是說，輪船上的大副對於實際上放進船艙的東西並不清楚；同時這也可能是說，「維達號」輪船的大副康拉德或許不曉得船上載著槍枝、奴隸等非法貨物。但他對於「維達號」所載的東西顯然知道若干，足以讓他在一八九七年承認說道：「直到一八八八年，那座島（婆羅洲）的海岸都有槍枝被送上陸——這是我親身知悉的事。」[44]至於奴隸——「上船時」在港務長的共謀之下「登記為……乘客或是乘客的僕人」——康拉德對此則沒說過這麼直接的話。但他在小說裡卻有所表示；他寫到一個處處充斥著奴隸制度的馬來社會，裡面的白人角色對此幾乎視而不見[45]。

康拉德時代婆羅洲河流。

槍枝、火藥、奴隸，藏在稻米、藤條，以及旅客之間，「維達號」就這樣往北駛過蘇拉維西島與婆羅洲之間的望加錫海峽。一里又一里，婆羅洲海岸如同一捲磨損的綠色繩索，逐漸繞開展現在他們身旁。一處又一處，河流將野外景色打破變成「好幾個光潔閃亮的裂縫」。河流是流過婆羅洲濃密森林與山嶺的生命線，許多較大的城鎮都退處在河口深處，大約往上游走五六十公里的地方。離開棟加拉航行幾天後，「維達號」駛進柏勞河，在丹絨勒德布的港口停靠。輪船行駛「通過三份水一份黑土的褐色液體，繼續穿越兩旁夾著一份水三份黑土的淺灘地帶」[46]。海洋退去，陸地臨近，泥水變得濃厚，一座小村緣著竹竿浮現河面，一排排房屋撐著竹竿在水上擠作一團。霧靄伸出溼氣的手臂勾著村鎮的肩。潮溼的黑色森林搔動著霧靄的背。「維達號」呼哧呼哧地停在一座搖晃的木棧突堤前[47]。

河口是一個位於河海之間的臨界空間，康拉德溯婆羅洲的河口而上，遇見那些活在不同文化之間、不知如何定位的人：幾個和亞洲人混居的歐洲人、一小群住在馬來人之間的阿拉伯人或中國人、從其他島上逃來的難民，以及混血的「雜種」。「維達號」在柏勞河循著一個名叫威廉・林加的英國船長足跡而行，這人的影響力在當地聚落之間仍然顯著。林加曾在此地帶經商多年，然後像詹姆斯・布魯克一樣，襄助當地蘇丹在海戰中擊敗對手。蘇丹在一八六二年賞給他「勞特大君」——「海洋之王」——的名號，以及柏勞河畔用來建立貿易站的一塊土地，連他的「當地女管家」——這個詞通常指非白人妻子——都獲授榮譽頭銜。

林加常現身「公眾之前，身著當地統治者衣裳」，還有他「對蘇丹的巨大影響力」，這都讓荷蘭在柏勞的副駐紮官感到不安，他「在這人身上看到第二個詹姆斯・布魯克」[48]。不過，進一步查探之後，荷蘭人發現林加這個英國人不會損害荷蘭帝國利益。他只想發展自己的經商事業而已。林加買下兩艘船，用來在新加坡與他在柏勞的老巢之間進行貿易。身為一個老派航海家，林加一點都不想要「天殺的輪船來取代好用的老帆船」。最後他發現自己的剋星不是荷蘭人，而是「維達號」。由於林加拒用輪船，「維達號」船主塞義德・莫欣・阿爾・朱夫瑞感到有機可乘。「維達號」從一八七〇年代開始停靠柏勞，它的速度與規律性讓林加的帆船落於下風。到了一八八五年，林加已經把兩艘帆船都廉價拋售了[49]。

一八八七年，康拉德在柏勞的突堤上遇到一個人，這人後來成為他心中偏遠地區文化意外交會的具體呈現。查爾斯・奧梅耶是在爪哇出生的荷蘭人，擔任林加在柏勞的代理商已將近二十年；他在一八七六年被林加還是青少年的侄兒吉姆帶到那裡。他曾以地方巨頭之姿風光一時，但公司的商業勢力到了一八八七年已經大幅衰減，被「維達號」取而代之。奧梅耶代表一種被輪船壓過而日薄西山的商貿形態，而他對柏勞蘇丹的影響力也因此減弱。他向荷蘭政府尋求開礦與採珠許可，這點因為他身具荷蘭臣民身分而可行，不像他的英國老闆林加那樣。但荷蘭的殖民地政府要當地蘇丹先行同意才願授予他許可，而蘇丹都不想幫奧梅耶，因為奧梅耶在他們那兒已經不再具有經濟上的獨特勢力。如此這般，奧梅耶發現自己被夾在各個政權之間，陷於一個過時的生計裡施展不開[50]。

若不論康拉德講述回憶（更別說回顧人生）時有多誠實，他後來描述奧梅耶是悲喜參半的人物，有如被歐洲人「進步」概念誤導的化身。康拉德說，他在「維達號」沿途停靠的每一站都聽到奧梅耶大名，因此非常期待到了柏勞能見見這位大人物。然而，他所看到的是個拖著腳步蹣跚走向突堤、身穿輕薄睡衣的人，這形象甚至連「逝去的光輝」都變不出來，只剩下妄想。奧梅耶從峇里島訂購一隻小馬，他為此來船邊監督卸貨。康拉德想破頭也想不出他為什麼要買這隻馬，畢竟「這整個聚落裡，這個他過去每天要不起威風的地方，只有一條路」能讓小馬實際通行，且奧梅耶看起來就不像能騎馬的樣子。康拉德所想到最可能的答案，就是奧梅耶這「野心勃勃追求浮誇」的購物行為，是他為了東山再起，而進行的「樂觀的陰謀詭計」其中一部分。船員將小馬綁縛在帆布吊帶上，用運貨吊車把牠吊上岸。小馬腳一踏到地面，立刻拔足飛奔衝進樹林[51]。

回頭沿婆羅洲河流而下，霧氣在船後合攏，「維達號」駛入鹹水水域，往新加坡返航。回到

新加坡強斯頓碼頭。

新加坡城就是回到一個規規矩矩、秩序井然的世界。「維達號」和一長排船一起停靠碼頭邊，每艘船都載著不同的貨物、不同的故事。「南山號」從汕頭載來中國苦力。「印度王妃號」是沙勞越輪船公司唯一一艘船，從古晉開來這裡。「西西號」是在一八八三年「巴勒斯坦號」沉船後，載著康拉德第一次來新加坡的那艘輪船。還有快速帆船「提爾克斯特號」，它的桅杆在輪船煙囪林裡高高突起，一八八五年康拉德第二次來新加坡就是搭乘它[52]。再看看，那兒還有「星座號」，這船也在荷蘭領事的走私船嫌疑名單上，康拉德上個月搭著它從三寶壟到新加坡。這船的大副是威廉．林加的女婿，康拉德跟他在愛默森便餐館交上了朋友[53]。

在「維達號」工作期間，康拉德．柯爾澤尼奧夫斯基步入三十而立之齡，時間從一八八七年進入一八八八年。「維達號」從馬辰開往勞特島，從棟加拉開往柏勞，從布隆岸開往新加坡，然後又去馬辰，去布隆岸，然後回航。月月如常，周而復始，從大開眼界到駕輕就熟，最後是司空見慣。康拉德有朝一日會寫到一名年邁船長，「曾就職於著名公司，駕駛著名船隻，……行走於著名航路」，但如今只指揮這樣一艘小不點舊輪船，走著「小販的單調路線，在海峽殖民地來回跑」。

單調救贖了這位虛構船長，因為人們不知道他已經日漸失明。他對整條航路瞭若指掌，所以能將自己的病況掩飾下來，必要時他會叫他的「西冷」（Serang，副手），「一個年長機警的小個子馬來人」，代替他看，然後描述給他聽[54]。但康拉德無法因單調而寬心。他把這航路繞過四圈以後，在一八八八年一月辭掉「維達號」工作，回去入住「水手之家」。他已經看夠了。

第六章　遭船遺棄

康拉德從「維達號」辭職四十多年以後，第一個替他立傳的作家熱拉爾．尚奧布理費心找到當過船長的詹姆斯．克萊格，那時克萊格已七十好幾，他記得「當他下船艙去找大副講話，通常都會發現他在寫東西」1。康拉德在「維達號」上寫的信和日記（如果他有寫日記的話）都沒留下來，但康拉德．柯爾澤尼奧夫斯基確實以各種方式儲存起風景、人物和情節，讓約瑟夫．康拉德在將來數十年間開倉使用。整體觀之，康拉德在「維達號」上四個半月的時間所賦予其小說創作靈感之豐富，遠超過他人生其他任何時期。

在康拉德出版過的所有作品中，約有一半是以東南亞為背景：六部小說，十幾篇中篇與短篇小說，以及大量回憶錄。他的亞洲小說通常是兩種形態其中一種：一種主要發生在陸上，在他搭乘「維達號」航行過的河口深處，人物是他在那些地方瞥見的歐洲人，以及當地與歐洲人混居的馬來人與「雜種」混血兒──他一八九五年最早一本小說《奧邁耶的癡夢》就屬於這種；一九一五年舊瓶新酒般的晚期小說《勝利》也是。另一種包括〈青春〉、〈共謀者〉和〈颱風〉等名篇，故事主要在航行於亞洲海域的船上進行，主角是面對困境的歐洲海員：這些困境包括怎樣在海難中求生、怎樣處理偷渡者，或是怎樣撐過風暴。

只看表面的話，康拉德之所以這麼常寫亞洲，似乎是因為他抓準了商機。寫南太平洋的羅伯特．路易斯．史蒂文森、寫非洲的亨利．萊特．哈葛德，以及「異域」作家之首、寫印度的魯德亞德．吉卜林，他們都靠著寫遙遠異地而獲得評論家與大眾讚賞。以馬來亞為題，康拉德將英國讀者帶往一個幾乎沒人曾在小說裡讀過的地方（關於東印度最有名的小說是荷蘭人寫的《馬克斯．哈弗拉爾》，內容大力抨擊荷蘭帝國主義，在一八六八年被譯為英文[2]）。「婆羅洲是英國文學的新天地。」《奧邁耶的癡夢》某位書評家如是說[3]。另一個人則說：「康拉德先生的讀者會接著去兼併婆羅洲，像列強瓜分非洲地圖那樣充滿衝勁。」[4]依照《旁觀者》雜誌的說法，只要康拉德繼續寫出佳作，他「很可能成為馬來群島的吉卜林」[5]。

康拉德耗費心思讓筆下的馬來亞不失真，甚至還要出版商給他一本馬來－英語字典，這樣他才能確保用字正確，「因為我發現很多字都已經忘了」[6]。康拉德在書頁中放入大量真實見過的船名、真實遇過的人名，比方說「高地森林號」的船長與承租人、「維達號」的船主與輪機員，以及新加坡船務總管亨利．厄里斯。只有地名是例外，他通常將書中地點改名或匿名（例如新加坡就只是「某個東方港口」）。在以婆羅洲為背景的三部曲裡，威廉．林加變成了在某條鮮為人知的河上做生意的湯姆．林加；查爾斯．奧梅耶變成了林加那事業走下坡的代理商卡斯帕．奧邁耶；曾經委託「維達號」運貨的棟加拉貿易商巴巴拉奇也再度現身，成了當地宮廷一個精明廷臣。在馬來亞長期擔任英國殖民行政官的休．克里福德認為這些作品「只有在康拉德先生的觀點下才算是馬來風情」，這讓康拉德非常生氣。「我可從來沒有自命為馬來西亞權威，」康拉德反駁道，「關於當地人那些微小獨特行為與習俗，……我（為了保險起見）都是從可信的地方找來——出自那些無聊、有智慧的書。」[7]

克里福德這麼說是有依據的。他自己有寫關於馬拉亞「紅棕種人」的作品，試圖呈現他所見到在英國殖民統治影響下，逐漸消失的原住民文化[8]。康拉德看亞洲只看過外緣，也就是歐洲人與亞洲人接觸的地方。比起馬來統治者、伊斯蘭教的性質，或是婆羅洲的達雅社會這些課題，康拉德知道比較多的是英荷競爭、商人、海盜和拉斯卡這類事。他的小說內容甚少超越歐洲角色所思所想。

不過，康拉德也是有依據的。「事實能為我的故事作證，」他說，「但既然我寫的是小說而非祕史——那事實就不是重點。」[9]康拉德所寫的馬來群島，是他從輪船甲板上看到的馬來群島。他看到想致富而失敗的歐洲人，看到垮掉的工業發展計畫，看到到處都是高遠的目標。英國帆船結合了康拉德最仰慕的一切事物，但亞洲卻成為一個故事場景，被康拉德用來批判輪船的粗野無文。康拉德以亞洲為背景的最偉大小說《吉姆爺》（一九〇〇年）正是以水手為題材，而他寫水手的小說中最具挑戰性的這本書，內容卻是在說一個歐洲人到亞洲試圖揚名立萬的故事，原因都在於此。

《吉姆爺》開頭幾行就帶出一個英俊、「體格壯碩」的英國人，有著無比堅毅的神情，他「直接走向你，……眼皮底下的視線彷彿釘在你臉上，讓你想到一頭衝鋒的公牛」。吉姆是鄉間牧師家的孩子，受到「一系列的假日輕鬆讀物」啟發，夢想著登船出海。他想像自己過著「冒險世界裡活躍無比的人生」，打擊海盜、拯救船難者、鎮壓叛變，「永遠是盡忠職守的模範，如書中英雄一般，泰山崩於前而面不改色」[10]。

然而，一旦吉姆真的成了水手，卻發現「在他想像世界裡如此熟悉的地域」，原來「竟是個毫無冒險性的不毛之地」。他「只有那麼一次」切身體會到海上風暴的猖狂威力。那回他很乾脆地「被根掉下來的帆桁打殘了」，只好在「某個東方港口」下船養傷。只待自己一能下床走路，吉姆馬上就去港口找回家的船。但此時他卻突然改變心意。他選了另一條路，簽約成為一艘航行印度洋的輪船「帕拿號」的大副。

「帕拿號」行駛於新加坡與吉達之間，載運前往麥加朝聖的穆斯林乘客。這艘船光用肉眼就能看出大有問題。「『帕拿號』是當地的輪船，看來已然壽比南山，又瘦得像條灰獵犬，鏽蝕的情況比上過刀山下過油鍋的水槽還慘。她的船主是中國人，承租者是阿拉伯人，船上指揮的又是來自新南威爾斯的算是有點兒變節的日耳曼人」，是一艘從船殼到艦橋全都讓人擔心的船。不過，塗了層白料以後，「帕拿號」看來就還勉強出得了海，於是「船上就這麼載著八百名朝聖客（大約這個數字）」踏上西行的漫長旅途。

「航進水與天之間環形靜止地帶」，「帕拿號」所走的是一片平靜無波的炎熱海洋，煙囪冒煙嘶嘶作響，而「那該糟的、複式的、表面冷凝的、朽壞的廢鐵堆」引擎，「在底下」弄出「該死的吵鬧聲」。吉姆在海圖上用一條長長的黑線繪出船行路線。朝聖客一家子又一家子在箱子、蓆子和小毯子上席地棲身，在赤道的太陽下昏昏欲睡[11]。

某晚，一聲巨響打破他們的清夢，「猶如水底深處有天雷在吼」。船底刮到了什麼東西，「像一條蛇從樁尖滑過」。吉姆到甲板下，看見海水灌進來。不知是什麼，不知是在哪裡，某種東西戳穿了船殼。只有一道鏽蝕的船艙隔板擋住海洋的全部力量。他的想法在兩幅恐怖的畫面裡跳來跳去。他看見面前那道凸起來的隔板下一刻可能就要爆開，「狂暴水流」隨時會「把他捲起來，像扔籌碼那樣扔出去」，然後船絕對就會筆直沉往海底。在他上方，他能想像那些乘客像是「大堆的人體，擺在那兒等死」。「八百個人七條船，八百個人七條船。」他反覆自言自語著。根本不可能讓所有人都活著離船[12]。

吉姆衝上甲板去幫乘客逃生，救一個算一個。他看見船長與幾個輪機員手忙腳亂要放下其中一艘救生艇——但並非為了拯救朝聖客，而是為了自己上船。吉姆閉上眼，又想到那些朝聖客正在災難的邊緣無知沉睡。這正是他一直等待的機會。他可以當那個唯一留在船上的歐洲人，穩住船，拯救乘客，或是在奮力救人時殉職。他可以當個英雄。

吉姆張開眼，看到那些高級船員匆忙爬進救生艇。他們解開繩索，朝著一名同僚喊叫，要他快過來，「跳船！快跳啊！」他們大叫。吉姆想起那快要承受不住的船艙隔板與水位急遽上升的海水，「八百個人七條船」[13]。他選擇跳船。

從書本所賦予的航海熱情，到在亞洲住院的經驗，吉姆的生命歷程有那麼幾個與康拉德・柯爾澤尼奧夫斯基相似的地方。同樣地，「帕拿號」的航程與某個真實故事的發展非常相近，而康拉德一定在新加坡聽過這個故事。

這種故事就像紅酒汙漬，在港邊的酒吧裡一直留著。一八八〇年七月，一艘名為「吉達號」的輪船載著九百五十三名朝聖客駛離新加坡前往麥加。出海一週後，引擎室鍋爐在惡劣天氣中被搖得鬆脫，船艙因此開始進水。乘客和船員一起拚命用幫浦抽水，但漂流到了第二天，船長還是下令船員放下救生艇。救生艇空間只夠載運船上約四分之一的人。船長、船長夫人與兩名輪機員急忙忙爬進其中一艘。乘客發現這狀況，於是放棄抽水，衝向救生艇，他們奮力往艇裡丟擲壺、鍋子和盒子，在絕望中想藉此阻止高級船員棄船逃生。船上的大副，牧師之子奧古斯丁．威廉斯，匆忙將救生艇放下海中，從甲板跳進船裡與同僚會合，其他船員將繩索切斷。無論「吉達號」最後沉或不沉，反正船員是走定了[14]。

高級船員棄船的隔天早上，他們所乘的救生艇被英國輪船「辛迪亞號」發現，將這些船難逃生者救上甲板。他們告訴船上的人說「吉達號」已經沉沒，而在最後時刻的混亂中，二副與一名輪機員遭到乘客謀害。「辛迪亞號」載他們到亞丁，「吉達號」的船長克拉克在那裡發電報向船主報告這個壞消息：「『吉達號』進水沉沒。我、內人、薩伊德．奧瑪，其他十八人得救。」頭條新聞以怵目驚心的標題向英國大眾公告這場悲劇：「海上慘禍，近千人遇難。」[15]

又過一天，「吉達號」抵達亞丁，上面載著九百九十二名乘客與船員。

這些被救起來的高級船員都不知道，就在他們棄船之後那段時間，乘客自行集結起來。他們拚命抽水，最後竟然快過船滲水的速度。「吉達號」藉著風帆漂入平靜海域，升起求救信號。最後在離岸只有幾公里的地方，被一艘英國客運班輪發現。班輪的大副注意到「船上所有的東西都一團混亂，每個人全都恐慌不已」，但「朝聖客組成團隊往船外抽水、舀水」，最後將「吉達號」平安駛進亞丁港口[16]。

「吉達號」高級船員棄船逃命，這違反英國海員榮譽信條最基本的原則：船長應與船共存亡。他們為什麼不救出更多乘客？他們為什麼不叫「辛迪亞號」去援救「吉達號」？亞丁港當局立刻召開調查庭。在法庭眼中唯一善超過惡的當事人就是那些朝聖客，他們的表現是大體上「願意積極幫忙船員」，最後他們失序混亂的狀況，也是處在這種考驗人心的環境下「任何人，甚至是歐洲人的人之常情」[17]。

其他所有人都遭激烈抨擊。輪機長全然錯估引擎室情況的「威脅與危險程度」。至於克拉克船長，假使他能試著表現出「普通的堅定態度」以及「一些與當地人打交道的機智，畢竟他與當地人並不陌生，這樣他就能獲得乘客的合作與感激，並為他的船主救回可觀損失」。相反地，他「呈現的是極度缺乏膽量，缺乏最普通的判斷能力，並且……讓他的情緒凌駕責任感，而責任感是每個英國船長都引以為豪的自誇本錢」。當局將克拉克船長的執照吊銷三年。大副威廉斯則因不斷灌輸船長「餿主意」而特別遭到非難。法庭裁定他以「自以為是行為與不符海員身分的舉動」來「助長並教唆」這個可恥的決定，且（港口當局的陪審法官補充道）「不應再度被許可登船工作」[18]。

SECOND EDITION, 2 o'clock.

TERRIBLE DISASTER AT SEA.

LOSS OF OVER NINE HUNDRED LIVES.

(REUTER'S TELEGRAM.)

ADEN, August 10.—The steamer *Jeddah*, of Singapore, bound for Jeddah, with 953 pilgrims on board, foundered off Cape Guardafui, on the 8th inst. All on board perished excepting the captain, his wife, the chief engineer, the assistant-engineer, and sixteen natives. The survivors were picked up by the steamer *Scindia* and landed here.

(LLOYD'S TELEGRAM.)

ADEN, August 11, 3.15 A.M.—The *Jeddah*, steamer, from Singapore to Jeddah, with pilgrims, foundered at sea off Guardafui on the 8th of August. Upwards of 1,000 of the crew and passengers drowned.

[The *Jeddah* was a screw steamship, built of iron at Dumbarton in 1872, and was registered in Singapore in 1876 by her owners, the Singapore Steamship Company, Limited. Her dimensions were as follows :—280 feet in length 33 feet in breath, 23 feet depth of hold, her gross tonnage being 1,541, and net tonnage 992, and her engines of 200 horse power.]

《帕瑪街報》報導「吉達號」沉沒，一八八〇年八月十一日。

「吉達號」醜聞從新加坡一路傳到倫敦，引起軒然大波。《每日新聞報》、《每日紀事報》和《環球報》對於這些高級船員「看似懦夫的棄船行徑，感到恥辱與驚駭」而憤恨不平。「擦拭不去的敗壞名聲汙點」應當懸在這些「令海員傳統蒙羞、沒有原則的膽小鬼」頭上[19]。許多人覺得克拉克船長被輕易放過了。一名議員在下議院發問：為什麼他沒有「遭到更嚴厲的懲罰，而只是暫時吊銷執照……？」貿易大臣約瑟夫·張伯倫也同意說克拉克受到的「處罰全然不足」，但他認為以刑事罪名起訴克拉克並不可行，「因為缺乏證人，且該名船長已前往新加坡，很可能又去了紐西蘭。」張伯倫只能希望「他人格所沾上的汙名」能使得「該名船長再也不會被聘用來領導全船」[20]。

克拉克的職業生涯確實受到打擊；雖然他不可思議地又被短暫任命為「吉達號」船長，但在船離港前就辭去這職位。不過，「吉達號」的大副威廉斯，倒是成功在另一艘駛離新加坡的輪船上獲得大副的工作。這艘船就是「維達號」[21]。

「那就像是跳進一口井，進了一個無底深淵。」吉姆如是說[22]。「帕拿號」就像「吉達號」一樣，被拖往港口獲救，船上名聲掃地的高級船員都被送上官方調查庭。或許因為康拉德登船出海接的是威廉斯的職位，在他之後擔任「維達號」大副職位，所以當康拉德在《吉姆爺》裡改寫「吉達號」故事時，這艘搭載朝聖客的船上所發生的實事，只占了四個短章節構成的序曲。小說絕大部分篇幅都在探究吉姆的恥辱，與他怎樣掙扎著想再出頭。

為了述說吉姆的故事，康拉德用的是在〈青春〉裡就寫過的角色，老資格英國船長查爾斯・馬羅。調查庭開庭時，馬羅也在這個「東方港口」；當他看到吉姆和「帕拿號」其他船員一起站在法庭外，他當下覺得無法想像這個「挺拔魁梧的年輕人」，怎麼會被捲進這般可恥的事件。他不耐煩地聽著檢察官盤問吉姆事實。「事實！他們要求他吐實，以為事實能解釋一切嗎！」馬羅真正想弄清楚的不是「表面上『發生什麼』」，而是那底下「基本的『為什麼』」。馬羅想要為吉姆的作為找出「某種深層的、能挽救他聲譽的原因，某種慈悲的解釋」，於是他邀請吉姆共進晚餐，讓吉姆親自說明[23]。

審判的結尾就是一句話：這是他們的作為。但吉姆卻要翻盤。「換成你會怎麼做？」他問。馬羅直覺認為吉姆就「是個好胚子，他是屬我族類」。馬羅所謂「我族類」就是水手團體，是他所敬重的「這一行的同袍情」（像他在〈青春〉裡所說），是「一群無名之人，共同承受著平凡微賤的苦勞，共同誓守某些行為準則，因而結合在一起」。然而，「帕拿號」那些沒有名字也不會說話的亞洲乘客，或那些講起話來振振有詞卻品德有虧的歐洲高級船員，他們身上完全找不到馬羅所讚佩的這些特質——白種、英國、兄弟情義，以及勤勞。「帕拿號」一點都不像馬羅理想中一艘船該有的樣。沒有人知道這船究竟撞上了什麼，但吉姆聽到船長低聲說著某種解釋：「我聽見的就只有幾個字，聽起來像是『該死的蒸汽！』和『天殺的蒸汽！』——就是跟蒸汽有關的什麼。」[24]

「當你的船遺棄你，彷彿整個世界都遺棄了你。」馬羅如是說，於是這就說出了輪船時代船員這一行的職業道德。倘若吉姆在那種情況下都無法恪守信條，那還有誰做得到？那些以新加坡為母港的歐洲水手絕對做不到：這群懶洋洋卻什麼都不擔心的傢伙，「隨時可以被辭退，隨時可以被僱用，能給中國人、阿拉伯人、雜種人做事——假使惡魔對他們不要求太多，他們也能給惡魔做事」。「他們愛的是短航程，甲板上的好椅子，一堆當地人船員，以及自己身為白人的與眾不同特質。」「帕拿號」的德國船長也做不到，那人是個走路搖晃的丑角，對英國人的價值觀嗤之以鼻：「你們英國人老是……一點點小事就他媽大驚小怪，只因為我不是出生在你們那他媽的國家裡。拿去，我不要執照了，……我呸！……我要當個美國公民去了。」[25]「帕拿號」的亞洲船員更加做不到，這群人在書中除了兩個馬來舵手以外，都是隱形的[26]。唯一一個有可能做到的人，是「帕拿號」調查庭一名陪審法官，但他卻因絕望灰心而走上自殺的路。

馬羅一開始「想看（吉姆）在這一行的榮譽要求下坐立不安」。但當他瞧著吉姆奮力「試圖拯救自己在道德上認知應有的模樣免於毀滅」，馬羅瞥見了一點星火，一點「在他這場可鄙的案件裡救贖他自己的特質」[27]。他給吉姆在爪哇安排了個新工作，讓他從頭開始。

然而，舊醜聞很快傳到新地點，於是吉姆逃離了。接著，過去的故事又再一次追上他；於是他又再度逃遁。「他一步步井然有序地往太陽升起的方向退卻，而往事總會偶然但不可避免地跟到他身邊。」「我告訴他，世界再大也容不下他的脫軌行為。」他的一個雇主這樣說。最後，馬羅再度伸出援手，讓吉姆在「一個當地人統治的國度裡一處偏僻角落」謀得職位，「遠離海上那些船來船往的航線，以及海底電纜所能及之處」，如此他就不會再被過去的醜聞所擾[28]。

那地方叫做帕圖桑，「就像你在書裡讀到的東西一樣」，吉姆驚嘆著。不過，幸好他身上帶了莎士比亞全集，因為他正好踏進一場政治鬥爭的亂局裡。才一抵達，吉姆就被當地馬來蘇丹囚禁。他想知道「荷蘭人要來奪取這個國家嗎？」「這個白人想沿河而下回去嗎？他來這樣一個破敗國度目的是什麼？」吉姆躍過一處柵欄成功逃亡——「他人生第二次的困獸一躍」，在一群武吉士人那裡尋得庇護，這群人是來自蘇拉維西島的內戰難民。吉姆與武吉士人的統治者多拉明父子交上了朋友，後來換這對父子捲入衝突時，吉姆幫助他們打敗敵人。出於敬意與感激，他們以

「圖安」（Tuan，譯注：先生，老爺，相當於 sir 和 master）這個榮銜稱呼吉姆——也就是「吉姆爺」的意思[29]。

帕圖桑的每個人都預期吉姆最終會回去白人世界。多拉明過去對此很有經驗：「上帝把土地擺在哪兒，土地就留在哪兒；但白人來我們這兒，過不久他們就會走。」只是，沒有人知道，吉姆永遠擺脫不了「帕拿號」汙點，已經再也「回不了家」。他在那裡面對的是一輩子恥辱；但在這裡，「他的機會覆著面紗坐在他身旁，像一個東方新娘，等著被主人的手揭開廬山真面目」。吉姆圖安徹底投身於新生活。「他有心要試著弄個咖啡種植園，……他要來試試好多事情。」[30]他愛上一個真正的「東方新娘」，一名歐亞混血的女子，為她取了「珠兒」這個小名。

後來，有一天，另一名英國人現身河上。這人名字叫布朗——他邪裡邪氣地說自己是「紳士布朗」，在整個西太平洋打家劫舍、擄掠爭鬥。為了替他那一船上的惡棍尋找補給，這個可怕的布朗「航進吉姆的歷史裡，像是黑暗力量的盲目幫兇」[31]。多拉明想在這海盜大鬧帕圖桑之前就先除掉他，但布朗聲稱他來此並無惡意，而吉姆想要相信他。最後吉姆說服多拉明，讓布朗平安離去。

然而，就在布朗沿河而下回航的路上，他打破承諾，在經過武吉士人聚落時向他們開火，而這正是多拉明原本害怕的事。多拉明的親生兒子被殺了。吉姆在這裡的信用也破產了。「為了衝動之下的一跳，這麼一件小事，他必須從一個世界離開；現在另一個世界，他自己雙手打造的世界，又因他而遭到毀滅。」吉姆已經無路可退，他去見弔唁兒子的多拉明，心裡很清楚接下來會發生什麼事。多拉明朝他胸口開槍，當場殺了他。

當他倒下的時候，「他們說，那個白人看著四周……眼神自豪而堅毅」。他以身殉道——為了「一個虛幻的理想行為準則」，為了成為書本裡的英雄[32]。

汪洋中的危難、叢林裡的征戰、卑鄙的海盜、誘人的少女，以及一個追尋榮耀的少年——《吉姆爺》似乎收羅了所有帝國探險暢銷小說的成分[33]。《吉姆爺》在一八九九年至一九〇〇年之間以連載方式出版，又在一九〇〇年發行精裝本，是康拉德到現在最受文學界讚譽的小說，且連續很長時間都是他最受歡迎的作品，一直到出版二十年後他都還在抱怨書評家會以《吉姆爺》當標準來評判他的新作。「我就是搞不懂，為什麼我每轉個彎就會有人拿吉姆爺扔在我頭上，」康拉德這樣對他的出版經紀人埋怨著，「我又不能一輩子都在寫吉姆爺，何況你應該也不樂意我這麼做吧。」[34]

《吉姆爺》問世的時候，歐洲與美國已實質上將亞、非兩洲能殖民的地方全都占據。這本小說所用的隱喻是帝國主義者會喜歡的隱喻。「白」或說「淺色」就代表「正確」。從吉姆給人的第一印象「一身衣服是純淨無瑕的白」，白色就一直賦予吉姆某種光輝，直到最後一刻，透過亞洲人眼睛看到的仍是「那個白人」。「帕拿號」事件降臨在他身上，「像是光芒中的一道陰影」。馬羅去帕圖桑找他時，看到他猶如「從黑暗中現身的種族」一種「象徵性」化身；當他開船離航時，他看著岸上的吉姆逐漸模糊成為「一個小小的白斑，像是保有了一個陷入黑暗的世界所有遺留下來的光芒」。吉姆那「極其黝黑」的僕人坦伯伊坦跟在他「『白老爺』的身後……像一個陰鬱的暗影」。吉姆的朋友丹因．瓦里斯「能像個白人一樣作戰」且「有一顆歐洲人的心靈」——但他「缺乏吉姆的種族優越性，……他仍然屬**他們**族類，吉姆才屬**我族**類」。以一種狄更斯式的筆調，吉姆所愛的對象有著「輕靈的……潔白體態」，擁有「珠兒」寶石般閃閃發光的稱號；但那個「臉被太陽晒得黝黑」的白人海盜，事實上卻是「褐」色的布朗（Brown）[35]。

然而《吉姆爺》從未暢銷過。這書說的是歐洲人在亞洲的故事，但說故事的人並非來自英國殖民建築的陽臺走廊，更非坐在倫敦俱樂部的扶手軟椅裡——而是身在一艘輪船的甲板上，正如康拉德的視角一樣。吉姆絕非那種完美的英雄人物，像是亨利．萊特．哈葛德《神祕女王》（一八八七）中的帝國主義冒險者：「我見過最英俊的年輕人，他很高，身材壯碩，有威儀，舉止翩翩有禮，看起來好像天生如此，就像一頭雄鹿天生如彼。」一定要說的話，吉姆像的是康拉德深深讚賞的一本書的主角——亦即史蒂芬．克萊恩的《紅色英勇勳章》（一八九五）——此書主角「一輩子夢想著上陣殺敵」，卻在第一次上戰場時臨陣脫逃。《吉姆爺》展現的並非歐洲人領導世界秩序處在黃金時期的自信心，而是危機時期中的價值觀之反思：也就是航海這一行在輪船時代的凋亡。此外，如果是像吉姆一樣喜歡「輕鬆假日讀物」而想找這類書來看的讀者，他們對《吉姆爺》也不會有興趣。有個書評家將此書結構比喻為蜘蛛網，「有的支線走到最後就不知所蹤，有些交織的線則會回到原點重新開始，然後又結束了。」另一個書評家則評判說：「《吉姆爺》冗長乏味、過度鋪敘，且閱讀起來頗為困難。」[36]

這本小說迂迴曲折的敘事也與康拉德航海者的觀點非常有關。置身汪洋裡的船上，一個人與陸地生活中日常發生的事幾乎隔絕。現代人類社會裡，很少人能這麼規律地於這麼長的時間處於如此孤絕的狀態。工作與居住都在同個地方。見到的、交談的都是同樣的人，沒有偶遇，沒有路人。這裡沒有報紙，沒有信件。沒有任何新鮮事——當然天氣總是新的情況，但就連這都符合季節與氣候之下某種可預測的規律。一艘船的航海日誌記下的，是「移動中的靜止」，別地方找不到的特質，用一連串二位數字記錄每一天：日期、氣溫、方位、深度。就連一群飛鳥或一點島嶼的影子都是特別的，足以讓人動筆把它們記下來。

海上的水手因此與時間有種特別的關係。每日的時間都以兩小時或四小時為一單位的模式流過，無關日夜，周而復始。經歷一整天沉默，大部分對話都發生在暮更之間的空檔。船上同僚在數週的破碎時間裡漸漸熟悉彼此。既然此時此刻沒什麼新東西好說，過去與未來就成為異常豐富的想像領域。水手常談論自己未來的打算：上了岸以後要做什麼、家裡有什麼在等他們、不當水手那以後要怎麼過。同時，水手是出了名的會拿過往歷險與遭遇編造故事——而這些故事就像他們日常纏繞修補的繩索一樣，既長且迂迴曲折。

若把康拉德花在海上的年月加總起來，他人生中有好幾年都是在帆船會規律航行的最長航線上度過，身邊只有一小組船員，沒有乘客，一路上停靠的港口也很少。他和吉姆一樣，「知道活在天空與水之間魔法般的單調性」[37]。他學會在海與天多變的顏色與輪廓裡看出萬物的層次——這讓他對「氣氛」多了種敏感，他小說的書評家經常讚美這點。他也學會水手怎樣用過去的故事讓千篇一律的當下變得充實，以及他們怎樣展望不同的未來，以填滿日復一日不變的生活。他在每一艘船上聽到不同一群人的冒險經歷與人生希望——也聽過同一個人說完一輩子的冒險故事——還從許多不同人的口中聽過同樣的著名故事。

《吉姆爺》就是結果，是用水手生涯寫成的敘事。故事往前繞圈又往後繞圈，敘事者從一個人變成另一個人，文中處處嵌滿了傳說故事與文獻。馬羅又紡又織，又一刀把它剪斷：他有時是吉姆故事裡的演員，有時是將別人口中說的故事串聯起來的管理者，有時又是從中梳理出意義的詮釋者[38]。故事裡的所有事件沒有一個發生在當前。全都出現在經過校勘的一層層過往裡，像是檔案裡的文件，而馬羅翻閱著這檔案，拉出不同的一頁放到最上面。這些或遠或近的往事在整部小說裡延續著一種氛圍，讓讀者覺得吉姆永遠都會有未來，充滿希望與夢想的未來。

康拉德相信「一部小說的整體效果應當是生活加諸於人類的整體效果」[39]。一個人經歷事情不是像「一套敘事、一份報告」那樣，將觀察與詮釋一個個堆砌起來，像拉鍊兩側逐漸合上的模樣。相反地，你吸收的是印象、感受與知覺。你可能找得出某種規律，可能找不出；也可能只在很久以後才辨認出來是怎麼回事。既然這樣，在事情表面看到的可能透露很多內涵，也可能什麼都沒說——這就像是你可能被池水的光影變幻所迷，卻完全不知這水會有多冷或多鹹。

《吉姆爺》將康拉德對知覺的認知闡述成為「東」與「西」的概念。在康拉德筆下，亞洲，或用歐洲長久以來的刻板印象說「東方」，是個沒有時間、不可理解、充滿信仰與迷信的領域。但在這裡最遙遠的角落，「在電報線末端與郵船航路之外五百公里」，還能找到某種真而誠的東西，西方早已捨棄的東西[40]。康拉德呼應著日耳曼哲學家阿圖爾・叔本華的說法，此人引用印度文獻辯稱真理、意義與真相都被「瑪雅之紗」——「瑪雅」是梵文中「幻象」之意——蒙蔽而看不清[41]。「西方的眼睛總是只看浮面表象」，馬羅如此說，說這忽略了「種族與土地那隱藏著的可能性，無史時代的謎團都寄託於其上」。馬羅在帕圖桑看見「我們文明裡憔悴枯槁的功利主義謊言凋萎死去」，而正因此，吉姆可以在此地重拾他的榮譽感，並做著蘊含「深藏在藝術作品中的真理」的夢，無論那夢有多麼不切實際[42]。「在（帕圖桑）不起眼的表象下」，就連馬羅也發現了他所找尋的東西：「一瞬幻象之中顯露出的真實。」對馬羅來說，吉姆的自我犧牲證明他從頭到尾都沒錯看這人。吉姆**就是**「屬我族類」。他甚至可以說「帕圖桑」（Patusan）就是「帕拿號」（Patna）加上「我族類」（us）的易位構詞[43]。

就連討厭《吉姆爺》的人也都承認，這部小說擁有「驚人的原創性」。有個美國書評家預測道，「假使（康拉德）繼續寫這類」小說，「他可能達到以下獨一無二的成就：在他自己這代擁有少數讀者，到下一代則有機會多增加幾個」[44]。康拉德創新的說故事方法啟發了年輕作家，如福特・馬多克斯・福特（在康拉德寫作《吉姆爺》之前不久與他認識）就在自己一九一五年出版的小說《好士兵》裡使用「文學印象主義」的手法（這是福特自己的用詞）。

當然，不買帳的人也是有的。佛斯特說得好，他抱怨說康拉德「老是承諾要做出一些關於宇宙的哲學性整體說明，然後又不耐煩地用個免責聲明拒絕這樣做」。佛斯特懷疑說，康拉德「盛裝天分的祕密匣子裡，可能只有一縷煙而非一樣寶」[45]。然而，對康拉德來說，那一縷煙**就是**一樣寶。從他兒時所吸收的波蘭浪漫民族主義，到英國帆船，再到一個想像中的亞洲角落處女地，他一直珍視著那份朦朧的理想，關於個人榮譽、承擔責任，以及願意犧牲自己完成大我的那群人。

《吉姆爺》的悲劇始於那充當「文明」的東西也要前來入侵帕圖桑。輪船取代了帆船。虛偽、自私，與貪婪壓倒了誠實與勤奮。群體分裂。人們毀諾。這裡的悲劇就是：「我們本性裡惡劣的那些特質……並未如我們想的那樣，埋藏在表象下的深處。」[46]

第三部

文明

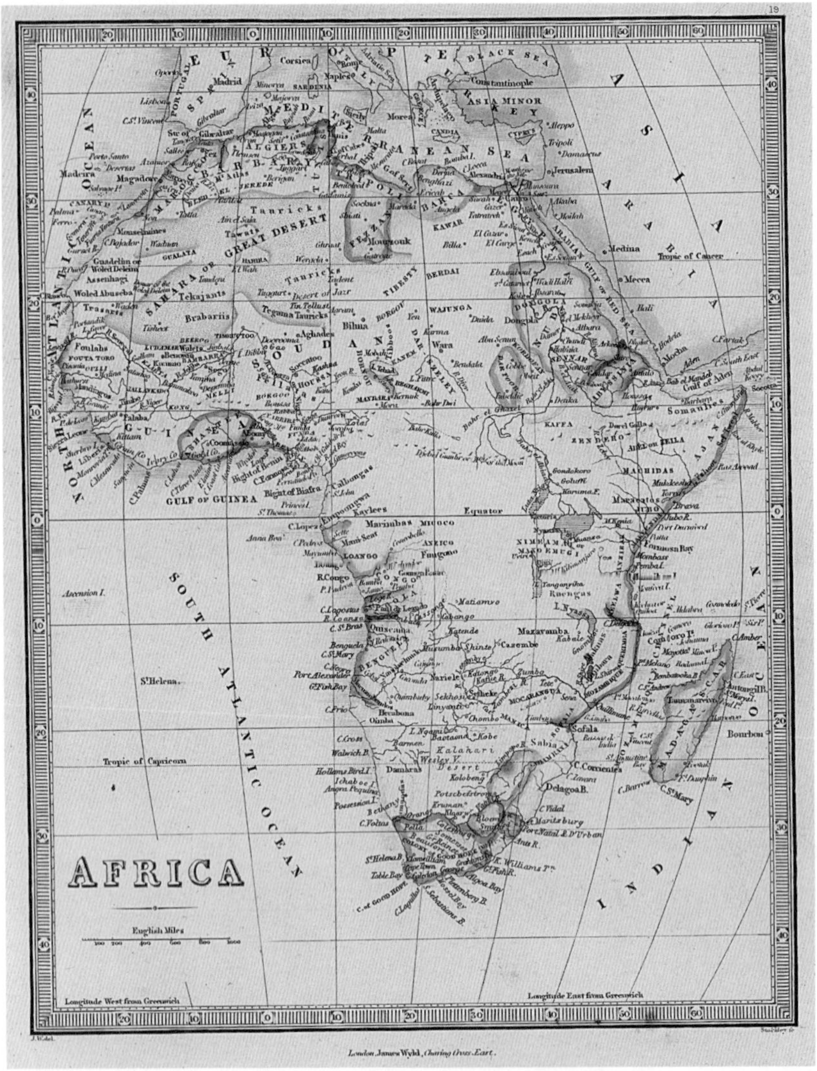

康拉德年輕時代的非洲地圖，中間內陸地區為空白。

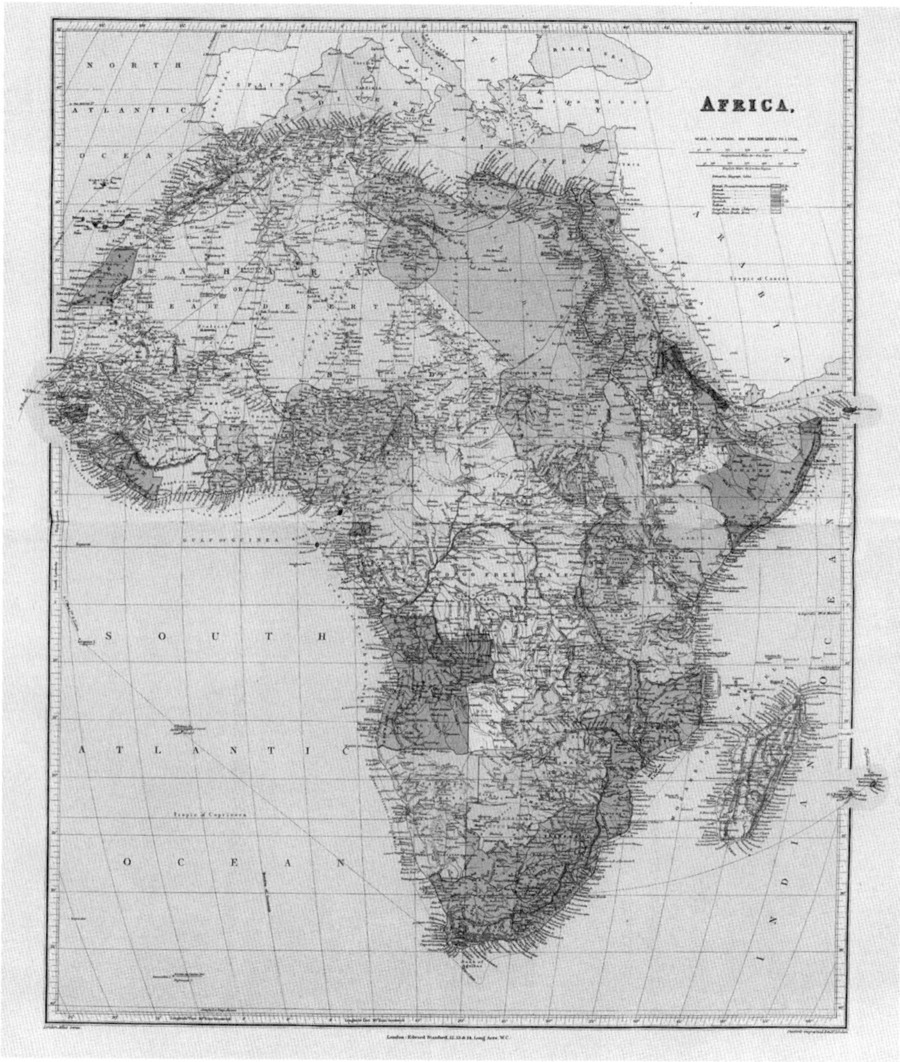

康拉德成年後的非洲地圖，已經劃分出一塊塊歐洲殖民地。

第七章 心對心

從墨爾本出航，通過托列斯海峽，經過五十四天，「奧塔哥號」在一八八八年十一月抵達模里西斯，卸下澳洲的肥皂、牛脂與肥料等貨物，然後放九名疲憊不堪的船員上岸去度個小假。康拉德．柯爾澤尼奧夫斯基船長開船來此島是要買糖，模里西斯最主要的出口物。

這是他第一份船長工作，全是機緣巧合；就在他從「維達號」辭職後兩週，新加坡船務總管亨利．厄里斯從英國駐曼谷領事館收到電報，徵求一名船長，說那艘船原本的船長死於海上。康拉德當機立斷接下這個職務。後來他在小說《陰影線》（一九一七）裡寫到此事，說其他船長沒人想要這份工作。「怕帆船。怕白人船員。太多麻煩。太多工作。出海時間太久。簡單生活與甲板椅才是他們要的。」他自己在小說中的化身見到「奧塔哥號」時，像見到戀人般歡喜。「我滿眼都是她的船體、她的索具，讓我無比心滿意足。過去幾個月讓我心慌不安的生命空虛感……在一陣歡悅的情緒裡消融無蹤。」[1]為了炫耀自己高超的航海技藝，康拉德刻意操控「奧塔哥號」走一條不好走的航路去模里西斯。

許多人說模里西斯是「大洋珍珠」。有些人還說天堂是照這島嶼的模樣打造的[2]。它雖是英

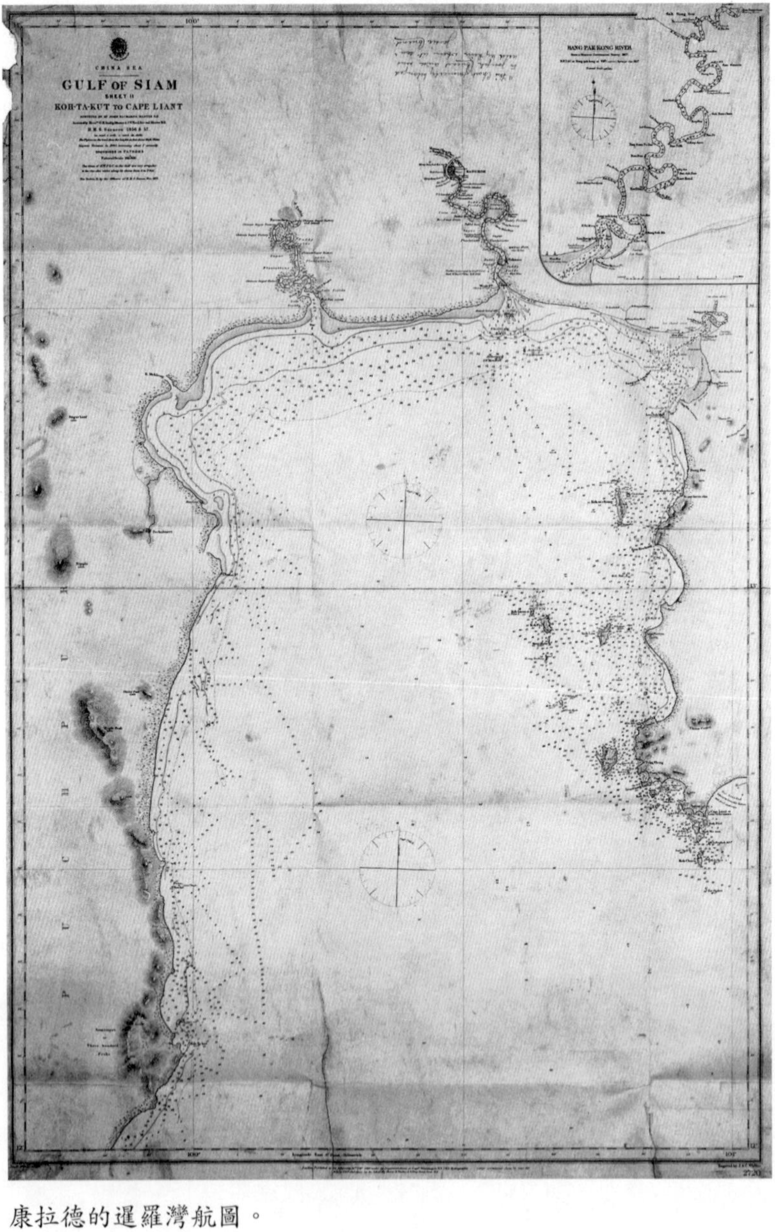
CHINA SEA
GULF OF SIAM
SHEET II
KOH-TA-KUT TO CAPE LIANT
BANG PAK KONG RIVER
100°

康拉德的暹羅灣航圖。

國殖民地，但島上白人居民主要是十八世紀定居此地的法國人後裔。也就是說，自從康拉德離開馬賽以後，這是他頭一次踏進一個法語社會。他能找到門路前來此地，是靠在法國商船隊的舊識加布列·雷諾夫船長引介的，他將康拉德介紹給自己在當地的兄弟姊妹。當康拉德發現預定用來鋪貨艙的黃麻袋被一場火燒了，因此必須比原本預期多待好幾週，反而高興自己可以在這耽擱一會。

康拉德每天進城去問貨運代理商貨物狀況，他向後傾斜地戴著圓頂禮帽，拿一枝金圓頭手杖來搭配自己的步伐。其他在代辦處等候的船長都是便帽帆布褲的打扮，汙穢的雙手沒戴手套；這些人不理會康拉德，說他是「俄國伯爵」，而他們的認知也沒錯，康拉德確實出身於另一個不同的社會階層[3]。雷諾夫船長的家族比較近乎他的同類人：是從事高尚職業的男性與讀過書、有教養的女性。他帶著雷諾夫家的姊妹乘馬車通過棕櫚林立的大道，前往龐波慕斯花園，還在「奧塔哥號」上請他們喝茶。二十六歲的尤金妮特別令他著迷。她給他的感覺是輕鬆、有魅力、單純，就像他想要成為的那種人。

有一天，女士們提議玩一種客廳小遊戲，有點類似「二十個問題」。他們把印著法文問題的紙張傳給康拉德。他在另一張紙上寫下答案——而且是用英文寫，以便增加遊戲效果[4]。

「你怎麼娛樂自己？」雷諾夫姊妹問他。

「自己溜走。」

「哪個名字讓你心跳加速？」

「任一個名字都可能。」他反制。

「你夢想的幸福是什麼？」這問題難。「從來不夢想，只要現實。」他回答。

「你思思念念的那個人，住在哪裡？」

陷阱題，容易中計。他寫道：「西班牙的城堡。」

你最喜歡的髮色？最喜歡的眼睛顏色？深褐髮與金髮他都一樣喜歡，最愛的是灰色眼睛。

「你想成為什麼？」

「想要不存在。」他妙答。

「你想住在哪個國家？」

「不知道。可能芬蘭的拉普蘭。」

「你最愛用什麼打發時間？」

「做些徒勞無功的事。」

「你希望自己擁有什麼天賦？」

這問題刺到他另一個地方。鬥嘴暫時變得真誠。「自信。」

「你覺得自己被愛著嗎？」

他在心裡紅了臉。「拒絕回答。」

過了大約六週，黃麻袋抵達港口，康拉德把貨艙鋪好，然後裝載進五百噸糖。是時候該上工了。他將雷諾夫兄弟其中一人帶到一旁，希求許可讓他能向尤金妮求婚。但那人卻驚愕且尷尬地回望他。難道你不曉得她已經訂婚了嗎？

日後，「大洋珍珠」在康拉德記憶中會是「地上一塊麵包屑」，住在這兒的都是鄉下人，卻要在一種「無聊而有尊嚴的衰敗」狀態中，維持上流人的模樣。「女孩子幾乎都很漂亮，對世事一無所知，親切、友善，一般都會說兩種語言；她們天真無邪地閒聊，既用英文又用法文。他們的存在之空虛，令人難以置信。」他後來這樣寫道[5]。

雷諾夫一家會記住這位短暫光臨他們世界、文雅得不尋常的船長。當他願意時，他可以讓周圍的人如沐春風；但他有時會變得極其沉默，讓人不安，好似他突然從他們之間離開了一樣[6]。

「幸運的是，」查爾斯．馬羅船長若有所思地說，「人啊，不論成不成熟（誰又真的很成熟呢？），多半時候都不大了解發生在自己身上的事。」[7]當馬羅在一九一三年的小說《機緣》裡說出這段話，他——同其創造者一樣——已經老了不少。他已經見識得夠多，知道無論如何覺得人生之路的決定權操之在己，事實上自己只是撞球遊戲裡的一顆球，球桿則握在命運手中。只有在事情發生之後，才能弄明白到底發生什麼；但這樣也好，因為如果你在當下就感受到全面的苦痛打擊，根本就活不下去。

離開倫敦將近兩年半之後，康拉德在一八八九年五月歸來。他在皮姆利科租了間非常靠近泰晤士河的房間，每當溫暖早晨，房間窗外景色就會被河霧所掩。他從來不說自己為什麼從亞洲回來，對下一步要做什麼也沒有打算。

康拉德的舅舅塔德烏什很高興他能回歐洲，還催著康拉德來看他。「我這副用了六十年的老軀殼不時就會出點問題。不是牙齒就是眼睛，它們一直盡心盡力服務我直到現在。……我給你的忠告就是，如果能晚一點到我這年紀，就晚一點。」他寫道，「總之，不論健康與否，我求主保佑至少讓我再見心愛的船長一面——不管是在家或在外國都好。」[8]身為英國公民，康拉德終於可以前往烏克蘭而不怕會被徵兵（或因逃役而被起訴），但他還是得先正式脫離俄國臣民身分，然後還要取得簽證才行。從他住處到切舍姆廣場的俄國大使館走路並不遠，但要辦完這些事卻花了好長時間。

等待文件發下來的日子裡，康拉德與倫敦兩名認識最久的老友重拾聯繫。他與阿道夫．「菲爾」．克里格八年前就相識，那時他們一同在戴尼夫路租屋，這人是巴爾與摩令公司的合夥人，從德國進口銀器與其他消費品[9]。康拉德幾年前在這公司投資三百五十鎊（在塔德烏什的幫忙下），此時已回收不少利潤，足以填補他在轉職期間空窗期所需。他人在海外時都依靠巴爾與摩令公司替他理財，甚至寫信時還會自行使用該公司的信紙頭[10]。

還有一個人是喬治．方譚．維爾．侯波，康拉德第一個英國朋友，一八七九年在船務代理商辦公室裡認識的。侯波也隨「薩瑟蘭公爵號」出航過一回，他雖然早在婚後就放棄航海，改尋坐辦公桌的工作，但還是常回代理商那裡串門子「看看有沒有認識的人在」。「這兒有位年輕人在你老船上工作過。」代理商這樣對他說，把他介紹給康拉德認識。侯波打量著這個戴扁帽穿嗶嘰西服的年輕外國人，「馬上看出他是個紳士」，因而邀他共進午餐。「在他終於找到船之前，我們還碰面好幾次，與他接觸愈多我就愈喜歡他。」[11]

侯波這時已是倫敦金融圈一家公司的董事長，擁有一艘當作遊艇用的巡航小帆船，名叫「奈莉號」。某個夏天週末，他帶著康拉德一起在肯特郡的麥德威河來一趟短程旅行。他們帶了一條羊腿、一瓶薄荷醬，以及一箱啤酒，然後乘著背後吹來的西南風揚帆啟航。那是個適合行船的日子，康拉德覺得「奈莉號」是艘「棒極了」的好船。頭一晚他們加入一群海員的行列，在霍爾哈芬的「好味龍蝦客棧」一同喝酒分享奇談，康拉德以一個在西班牙海岸走私軍火的（吹牛）故事壓倒群雄。次日，他們駛往查塔姆。侯波興奮地指出此地諸多特質：宏偉的戰艦、巨大的海軍船塢、崖上堡壘守衛著入口，這些都讓此處成為英國海權堡壘。但對康拉德來說，這地區最重要的意義卻是查爾斯．狄更斯（狄更斯兒時住在查塔姆），而他看見他在最喜歡的小說中讀到的那些景點，這讓他很高興。下一個停靠港是馬蓋特，他們在那裡遇見更多侯波的朋友，還和大批來自倫敦東區的一日遊旅客一塊兒散步，分享「薩瑟蘭公爵號」的故事。「奈莉號」回倫敦時一路上都遇到壞天氣，然而這卻更增加他們的冒險感與同舟共濟的情誼。「事實就是，一個人得非常熱愛海洋才可能享受這樣一趟旅程。」侯波如是說——而康拉德可是徹底享受著此趟航程。

不過，這樣的消遣也只能消磨幾天，而康拉德的俄國簽證拖過一個月又一個月遲遲不發，於是他有太多打發不掉的時間。他發覺自己開始回憶「維達號」上的日子。不久後他發覺自己開始寫這些日子。柏勞的查爾斯．奧梅耶，站在突堤上等候「維達號」靠岸，他將這人神奇地變成「男子奧邁耶」，「只穿著被風吹得翻飛的印花布睡衣，……短袖薄棉單襯衣」和一雙「草編拖鞋」[12]。他想起在婆羅洲聽說過的其他歐洲人名字，比如「勞特大君」威廉．林加，然後開始揣想是什麼讓他們去到那裡，他們怎麼生活、與誰一起生活。故事情節逐漸增加到兩章、三章，說一個住在河上游當代理商的歐洲人、這人的馬來妻子，以及兩人的女兒。他將那個聚落取名為桑博爾，用的是加利西亞那個地名，他在那裡與父親阿波羅最後一次共享差強人意的健康且心情愉快的人生，之後阿波羅就過世了[13]。

數年後康拉德會說，他是被皮姆利科早晨那些「乳白迷霧」喚起了關於婆羅洲的記憶。所有的寫作都是一種翻譯行為。將你所看或所感知到的東西，轉換為你所說的話。對康拉德而言，寫小說常常就是把過去的經驗加以翻譯轉化，試圖尋求人生所發生的所有事情意義何在，當下所無法理解的人生意義。就像這樣，他在一八八九年夏天開始寫的那篇故事，最後擴增為他出版的第一本小說《奧邁耶的癡夢》。

康拉德一邊寫作，一邊等著那份始終不來的烏克蘭簽證。他手頭愈來愈緊，得去找份工作。康拉德到處去問仲介與朋友，但出缺的船長職位很少，且擁有船長資格在找工作的人比以前都多。因為在倫敦處處碰壁，康拉德聽從老友菲爾．克萊格的建議，去安特衛普找一間和巴爾與摩令公司有合作關係的船運商。

英國與比利時是兩個不同國家，但從海員或商人的觀點看來，倫敦與安特衛普是雙生都市，兩者僅窄窄一海之隔。康拉德在一八八九年十一月抵達安特衛普，當時該城已經是歐洲規模最大、成長最快的港口。一艘艘華麗的跨大西洋定期班輪停靠在接近市中心的碼頭邊，好奇的觀光客可以到船上閒逛，對著光彩奪目、奢侈豪華的內部裝潢讚歎不已。城北延伸出去有八座大碼

安特衛普的西爾維歐斯·布拉博噴泉，揭幕於一八八七年。

頭，中間隔著的碼頭區超過十公里。新的液壓起重機悄然無聲將貨物從船艙運出，直接將它們裝載到火車上。新啟用的「非洲碼頭」鋪石道下有輸送帶嗡嗡作響，運送一袋袋穀物；鄰近的「美洲碼頭」周圍圍繞著儲存槽，裡面放的是愈來愈搶手的貨物：石油。

某些比利時人可能會這樣理解，說這樣的海權力量是安特衛普天命之所成。當地民俗傳說，古代有個巨人擋住流經該城的須耳德河河口，對想進入河口的船長收過路費。假使有人拒絕付費，巨人會將那人的手砍掉，扔進河裡。一名虛構的羅馬士兵西爾維歐斯·布拉博殺死巨人，砍下巨人的手，把斷手擲入大海，讓須耳德河再度暢行無阻，並在此地建城。「安特衛普」之名據說就是來自 *hand werpen*（荷語 werpen 的意思就是「丟擲」）。康拉德穿越大廣場，看見一座全新的青銅噴泉，上面的雕像是布拉博站在巨人屍體上，高舉砍下的巨人之手；巨人屍身倒在鋪石上，水從斷手與身上其他傷口湧出[14]。

康拉德在安特衛普找到一間船運公司，他們有艘要開往西印度群島與墨西哥的船上可能會有空缺[15]。接下來他去了布魯塞爾，他還有門路把他引介給另一家公司，「剛果工商業公司」（ＣＣＣＩ）[16]。這是間新成立的企業，要來開發比利時最大的新興市場：「剛果自由邦」的資源，這片位於中非的廣大地區屬於比利時國王利奧波德二世私人治理。康拉德前往ＣＣＣＩ總部，總部就在王宮鐵柵後頭的白灰泥粉刷的辦公建築裡[17]。他可能在辦公室牆上看見一張地圖，顯示該公司在非洲的營運區域，模樣像一顆尾端固定在大西洋海岸的氣球，朝非洲大陸中心逐漸膨脹。剛果河割過這塊土地，一端連著大西洋，另一端在內陸彎彎曲曲超過一千六百公里，朝向東非的大湖地區。

康拉德接受該公司主管阿伯特·提斯面試，此人是名軍官，理著短如剛毛的小平頭，眼神冷峻。提斯負責ＣＣＣＩ的兩個子公司[18]。一個公司計畫要蓋一條鐵路，從靠近剛果河大西洋出海口的馬塔迪連到上游四百公里外的第一個可航點利奧波德市（現在的金夏沙）。另一個公司是在利奧波德市與上游一千七百公里處的史坦利瀑布（現在的基桑加尼）之間通航輪船，船一路上停靠ＣＣＣＩ各個營業站裝載貿易品，其中最主要的是象牙。主持這項事務的子公司名為「比利時上剛果貿易股份有限公司」（ＳＡＢ），該公司正在擴張輪船船隊，徵求船長來指揮這些船。康拉德告訴提斯，如果他們有船長職位空缺，他非常樂意就職[19]。

離開時，康拉德從提斯那兒獲得口頭的意向確認，但全然不知什麼時候才會出現一個真的工作給他。後來他寫信詢問，都沒有回音。不過，在此同時，讓他去俄羅斯帝國探望舅舅的文書作業總算完成。一八九〇年二月四日，柯爾澤尼奧夫斯基把小說的文稿打包進行李，從皮姆利科出發，踏上好幾個轉折的旅途，前往烏克蘭。

他先到比利時，又去了一次CCCI辦公處，問他們能否給一個到職日期；他們要他四月再回來詢問。他舅舅塔德烏什正好告訴他這兒有個遠房表親，於是他也去拜訪這人。亞力山德．波拉竇斯基在一八六三起事之後到西歐定居。康拉德拜訪得正是時候，因為波拉竇斯基已經病體沉重，眼看時日無多。

在這臨終之家的沉重氣氛裡，康拉德遇見一名女性，和他過去認識的女性都大不相同，這人就是波拉竇斯基四十二歲的妻子瑪格麗特。她出身於法國學者家庭（她的堂哥保羅－費迪南．嘉舍該年春末將會替文森．梵谷治病），且她本身就是個小有名氣的小說家[20]。她的中篇小說《雅嘎：魯西尼亞風俗速寫》是以她和波拉竇斯基一起住在烏克蘭的十年生活為本，最近得到巴黎大名鼎鼎的《兩世界雜誌》出版。她風華萬千，學有專精，見多識廣，能讀能寫，在康拉德所欽羨的那種社會環境裡優游自在。但同時，她對康拉德的故鄉又有切身的了解：深處內陸的烏克蘭村鎮，波蘭兄弟姊妹四散歐洲各地，無法實現的愛國主義那家傳世襲的痛。這時康拉德自己剛開始寫小說，而她是他除了父親以外唯一認識的正經作家。康拉德離開布魯塞爾時，得知一個可在華沙聯繫的編輯名字，身上帶著一本波拉竇斯卡的小說《雅嘎》，心裡懷著他與這位新「舅母」之間強烈的私人關係。亞力山德．波拉竇斯基兩天後去世。

康拉德繼續東行。在華沙親戚處待了三天，在盧布林與表親相處兩天，然後搭火車去卡利尼夫卡車站，再乘雪橇踏雪而行一整天，前往塔德烏什的卡齊米羅夫卡莊園[21]。多年以後，康拉德在《私記》裡描述此刻是他人生裡的一幅三聯畫。「《奧邁耶的癡夢》手稿在我們腳邊袋子裡靜靜躺著，」他回憶道，「我再度看見平原日落，正如我兒時旅行途中所見。它下沉，清晰紅豔，彷彿將要沉落海面一樣。」[22]他把自己的這三種外在面貌凍結在單獨一幅畫面裡：水手、作家、土生土長的波蘭人。

然而，一八九〇年二月，當他真的在冰封道路上顛簸前進之時——對於自己下一份工作與文學創作皆毫無把握，他卻是透過瑪格麗特．波拉竇斯卡用文字描繪的圖像來看這片風景。他幾天內就把《雅嘎》讀了兩遍。他每停一站就要寫信給「*ma chère Tante*（我親愛的舅母）」。「我用法文寫信給你，因為我用法文在想你；這些情感表達得如此拙劣，卻是由心而生，它們才不管矯揉造作同情之下的文法與拼字。」[23]他誠摯關懷的慰問信開啟了兩人之間情感洋溢、情真意切的通信。這位新寡之婦比康拉德大八歲，又與他有某種親戚關係，是康拉德能傾訴心底話的可信對象，而接下來幾年，他將這些話傾吐無遺，有時一年內可以寫到數十封信。康拉德成年後，第一個與他建立起長期情感關係的女性就是瑪格麗特[24]。

康拉德在烏克蘭待了兩個月，不知不覺就融入這裡的常規習慣，那因經歷歲月而柔弱的社會、語言和文化。他再一次獲得家族歡欣接納，又安於熟悉的環境中，這會讓他意識到自己過去離開時失去了什麼。可是，塔德烏什的那些什拉赫塔朋友個個眼界如井底之蛙——心懷無法實現的政治理想，好像什麼都不曾改變——看見這一切，又讓他想起自己過去離開之後有多麼歡欣。與他見面的人都覺得他的波蘭語帶著外國口音，覺得這人已經成了個倫敦勢利眼[25]。

在烏克蘭的時候，康拉德終於得到布魯塞爾那邊的消息：公司在剛果有艘輪船的船長身亡，需要有人立刻替補。康拉德承諾四月會去報到，並寫信給瑪格麗特謝謝她幫忙去向公司探問。「我迫不及待等著能夠吻你的手、親自向你道謝的那一刻。」他匆忙趕回布魯塞爾，簽下為SAB工作三年的契約，然後公司就叫他在一週之內上船前往非洲。

康拉德晚年常聲稱說，他去非洲是為了一個兒時的奇想。「那是在一八六八年，」他宣稱道，「大概九歲或差不多那年紀，我在看那時候的非洲地圖，把手指放在代表未解之謎的地圖空白處，然後我就對自己信心滿滿地說……『等我長大，我要去**那裡**！』」[26]馬羅在《黑暗之心》裡也發出類似豪語。事實上，康拉德從來不曾用心刻意找一個在非洲的工作。這工作會落到他頭上，只是機緣與個人狀況所造成。他透過倫敦其他移民而與比利時船運商有所聯繫。他說的語言——法語——能與那些船商溝通。瑪格麗特．波拉竇斯卡這位人脈豐富的「舅母」扮演的角色，則類似他在布魯塞爾新獲得的經紀人。身為一個生於波蘭、說法文、在英國取得執照的船長，他能拿到這份工作其實靠的是以上三種因素。

康拉德在倫敦與布魯塞爾之間「急如星火」來回，為這趟旅程做準備，備置必需品，並向親友告別。一八九〇年五月初，他再度將《奧邁耶的癡夢》手稿收進行李，到布魯塞爾向瑪格麗特．波拉竇斯卡做最後的道別，然後就往波爾多去，在那裡搭上法國螺旋槳蒸汽船「馬瑟歐號」，開始向南方的長途航行。

航向非洲的路上，康拉德的頭腦與心卻在別處：在逐漸成形的小說裡人物所在的婆羅洲，在瑪格麗特所在的布魯塞爾。「轉動的螺旋槳載運我往未知之地，」他在船停靠的第一站特內里費島寫信給她，「但有另一個我在歐洲歡喜徘徊，那個我此刻就在你身邊，……另一個我，想去哪就去哪自由自在，甚至可以同時身在兩處。別笑！我相信這種事情發生過，所以別笑！」[27]「你為我的生命賦予新的興趣、新的喜愛，」數週後他又這樣寫道，「現在我低頭看見兩條大道，穿過毒海草那濃密而混亂的叢林，……長久以來，我已對自己這條路通往的目標不再感興趣。我只是垂著頭沿著路走，咒罵著路上石塊。但如今我卻對另一名旅者燃起興趣，這使我忘記自己這路上那些微不足道的苦難。」[28]

康拉德所知道的只是，在剛果「我預定要指揮一艘輪船，屬於德孔繆的探險隊，……我對這樣的前景感到非常開心，但這裡頭我什麼都不確知，因為每件事情都應當要保密」。他聽說「我們公司百分之六十的員工，連六個月服勤都服不滿就回歐洲，因為發燒跟痢疾」！——而他也預料自己會很想家[29]。然而，康拉德造訪比利時的時候並未察覺，自己已經遇到某些徵兆——那雕著斷手的噴泉、位在王宮門後的公司總部、死掉的船長，全都指向一個他想像不到的暴力動亂之地。

康拉德．柯爾澤尼奧夫斯基在一八九〇年代得到剛果河輪船上的工作，此事靠的是一連串歷史事件；這些事件只用了不到一個世代的時間，將大片原本鮮有外人進入的赤道非洲土地，變成地表上被剝削壓榨最慘烈的殖民地。從剛果河上游小村村民的眼中看去，輪船簡直像是某種超自然的東西，甚至可能象徵著世界末日。

馬庫羅，圖倫布部族的亞哈羅與波赫赫里之子，出生在靠近剛果河與阿魯維米河分支處的雨林裡。該傳言最早出現時，那時他才五六歲。住在河邊的村人跟馬庫羅的父母說，他們看見某種鬼影漂在水上。看起來像是自己會動的船，船裡有個跟白子一樣白的人，全身除了頭和手都遮蓋起來。五六年以後，馬庫羅聽到另一些傳言。有一整隊軍隊來到河上，他們要的是象牙與奴隸[30]。那些人從東邊來，身穿白布，不帶任何護身符或偶像，說的是另一種語言。鄰居說，那些人帶的是「一種中空的杖，當他們敲那個杖，你就聽到響聲，砰砰，然後那裡頭會射出東西，會打傷或打死人」。這些劫掠者因他們的武器而得名：「巴譚巴譚巴」；如果他們要來，唯一應對之道就是夾著尾巴溜掉[31]。

馬庫羅與父母逃往另一個村子。然而，有一天他們游泳時卻被巴譚巴譚巴包圍。這些人把馬庫羅還是小嬰兒的表弟從母親懷裡奪走，扔進紅蟻群中，然後把其他所有人押回酋長提普．提伯（這名字同樣也是在形容槍聲）的營地。人質的親屬帶著象牙來贖回家人自由。馬庫羅的叔伯阿姨都被放走，但像馬庫羅這樣一個年輕健康的男孩，奴隸商人說他的贖金比別人要多兩根象牙。馬庫羅的爸爸還來不及湊足贖金，巴譚巴譚巴已經用船把俘虜移到另一處距離遙遠的基地，於是他的家人再也找不到他。這些奴隸在「吶喊、眼淚與悲嘆」中離開故鄉土地。但當馬庫羅抵達新營地之後，他發現自己其實相對之下還算幸運。他和其他小孩被帶到一旁接受慕阿林姆（伊斯蘭教教師）教授古蘭經，而他們身邊擠滿了被鍊住脖子的成年奴隸，每二十人被鍊成一群，身上散發汗臭與排泄物的氣味，巴譚巴譚巴隨便就能毆打或殘害他們[32]。提普．提伯偶爾會來視察年輕奴隸，確認他們狀況良好，然後給每個人起新名字。馬庫羅被取名為「迪薩西」，意思是「彈匣」[33]。

後來，某天馬庫羅在上課時，卻看到當初預告他不幸命運的那個鬼怪。一艘大船溯河而上，看來似乎是自己在動；船裡站著一個白人。當地克勒族的人叫那人「波松哥」，也就是「白子」[34]。那人下船來，與提普．提伯長談。過了一會兒，馬庫羅看見有人從船上搬下兩大捆布和幾袋鹽，波松哥開始將布割成一段一段，每一段用來買一個小孩，四公尺長的買小男孩，八公尺長的買大男孩。白人買了馬庫羅和另外二十二個孩子，把他們帶上船[35]。

上船之後，馬庫羅感覺到氣氛開朗了起來。每個人都覺得輕鬆自由；他們開懷大笑，互訴彼此自己的故事；放眼所及，沒有鐵鍊的影子。更好的是，這艘船正朝河流分支處航行，而那就是他出生的地方。熟悉的景象映入眼簾，熟悉的語言從岸邊人口中傳來。孩子們開始大喊：他們要回家了！但船卻一直開。為什麼他們不靠岸？船沒有停。孩子們總算醒悟，心情像石頭般往下沉。原來他們仍舊是俘虜。

波松哥把小孩召集起來，透過一名翻譯對他們說話。「我買你們不是為了傷害你們，」他堅定保證道，「而是為了讓你們有真正的幸福與富裕。你們都看到阿拉伯人怎樣對待你們的親人，甚至是你們這些小孩子，我不能讓你們回家人那裡去，因為我不想讓你們變成他們那樣，變成那種不認識至善上主的殘暴野蠻人。」這番承諾至少安撫了馬庫羅。等到幾週後，他們在金夏沙下船時，馬庫羅已經將這個白人視為「解放者」。而他可能也在那時候知道了波松哥的本名：亨利・莫頓・史坦利[36]。帶走馬庫羅的人，正是在中非拓展歐洲殖民的最大功臣。

遠在馬庫羅出生之前，歐洲人從一八〇八年開始就不再來非洲買奴隸。現在他們又來這裡，卻是以終結奴隸制度之名。馬庫羅記憶中的「巴譚巴譚巴」是住在桑吉巴的阿拉伯人後裔，他們在東非經營的奴隸販賣網從印度洋一直延伸深入剛果盆地。這些桑吉巴人將槍枝與伊斯蘭帶進非洲，建立起新的城鎮與貿易路線，並沿路蹂躪當地居民。他們後面跟著一波新的歐洲探險者，前來探查推廣「文明、商業與基督教」的途徑，正如著名的傳教士兼探險家大衛・李文斯頓所說[37]。歐洲人的目的是要消滅奴隸貿易，引進自由市場經濟。但他們也像桑吉巴人一樣帶著槍，而且是更好的槍，最後他們對這地區的破壞也只有更甚。

馬庫羅眼中的「解放者」史坦利是開路先鋒。當李文斯頓在探勘尼羅河源頭的探險途中與歐洲失聯，《紐約先驅報》派遣史坦利為特派記者，前去尋找李文斯頓。史坦利追蹤李文斯頓的足跡，來到坦干伊喀湖湖濱一處奴隸販子大型商站，後來他將這場探險經歷寫成一本暢銷書。這對史坦利來說是一次始料未及的大成功。雖然讀者都不知情——史坦利其實是個在威爾斯濟貧院長大的私生子，成年後一輩子都在試圖抹消這個羞於見人的出身。這本書為他鑄下了新身分。在讚

亨利．莫頓．史坦利「找到」大衛．李文斯頓後回到倫敦拍的照片。

譽聲浪支持下，史坦利於一八七四年以個人探險家之姿回到非洲。想著：以坦干伊喀湖為源頭的水系究竟會延展到哪裡？難道那裡真像李文斯頓所想，是尼羅河的上游嗎？還是其實流入了尼日河，或剛果河？

為了找尋答案，史坦利發起探險行動。他花了一年半繪製東非大湖區地圖，然後朝西往盧亞拉巴河去。這是當時繪製非洲地圖所達到最內陸的地方，也是提普．提伯勢力的大本營。史坦利受到這位「不平凡的人」接待，覺得他有「教養良好的阿拉伯人那種氣質，行為舉止幾乎有朝臣氣度」。史坦利主張廢除奴隸制，卻面對著這位可能是天底下頭號奴隸販子。問題在於，他知道自己如果缺少當地人幫忙，就不可能更往內陸深入。於是他與提普．提伯達成協議，出錢聘請他一起走接下來六十天的行程，還帶著一支大型武裝護衛隊[38]。史坦利率領這支由大約二百二十名男性、女性與孩童組成的部隊，踏進那「黑暗的未知」，誓願要沿著盧亞拉巴河「走到海洋——或走到死」[39]。

和史坦利同行的人裡面，有一百多人真的在這趟路上「走到死」：死於天花、痢疾、壞血病、潰瘍、瘧疾、肺炎或傷寒。活下來的人都是經過一場奮鬥，對手是蛇、河馬、鱷魚、紅蟻、令人窒息的溼氣、阻礙人的各種植物、長期飢餓，以及其他人類不時的襲擊。史坦利記述道，沿盧亞拉巴河一路上遭到當地原住民攻擊至少三十二次。「前面是野蠻人，背後是野蠻人，左右兩邊也都是野蠻人。」為了對抗一波波帶著箭頭與長矛的「兇惡食人族」，史坦利舉槍瞄準來施行「恐怖死刑」。「這是個兇殘的世界，」他在一場戰役後如是說——對手是阿魯維米河一帶馬庫羅的鄰居——「那是我們第一次感到痛恨住在這片土地上那些卑賤、貪婪的食屍鬼。」[40]話說回來，剛果的居民其實更有理由痛恨這些白人入侵者。

一八七七年八月，史坦利蹣跚步入大西洋岸波馬的歐洲人居住地，身後跟著一隊「形容憔悴、愁苦不堪的殘疾人」。他在兩年半之間走過一萬一千多公里，隊裡數百人病死、被殺，或是精神受創；但他確實履行誓約沿河走到底，走到「進入大洋的開闊門戶，湛藍的文明領域」！他從東非大湖地區一路不停走到大西洋，證明盧亞拉巴河注入剛果河。波馬的商人「洋溢溫暖之情」地歡迎他、祝賀他。「感動不已」的史坦利鄭重與他們握手，用英語和「很糟的法語」感謝他們[41]。

史坦利成功橫越中部非洲的新聞，在西方世界讀報民眾之間掀起軒然大波，他的兩大部頭遊

提普·提伯（圖右）在剛果。

記《穿越黑暗大陸》又是一部暢銷書——全書一千零九十二頁，在八十天內寫成。此書在西方人心中建立起中部非洲「黑暗」的形象，說那裡住的都是野蠻人與食人族，「人形的肉食動物」，西方人應當用武力去鎮服他們[42]。

史坦利希望英國政府能把握這機會，推動剛果盆地商業發展。但他那份報告直截了當主張剪除非洲反對勢力，且更有甚者是他與奴隸販子提普·提伯的協商行為，這些都讓自由派人士深覺是可忍孰不可忍。英國駐桑吉巴副領事在正式調查中譴責史坦利的「暴行」，英國官方的一切支持自此終止。因此，當比利時國王利奧波德二世邀請史坦利到王宮赴宴，討論怎樣開發剛果，史坦利也就歡欣應命[43]。

利奧波德國王尋求史坦利這樣的人已

有好幾年。這位國王有特大號體格，身高總是鶴立雞群，鼻子像險峻高山，鬍子像墜落胸前的瀑布，而現在他決心要在世局中扮演一個特大號的角色[44]。只不過此人卻是在歐洲面積最小、最受限的國家為王。比利時建國於一八三〇年，是法國與荷蘭利益協調之下的產品，是一個在委員會批准之下建立的國家。這份建國條約的條款設立一個國王權威受到限制的立憲君主國，且還保證比利時為永久中立國，以此維護歐洲權力平衡。

利奧波德繼承比利時這不起眼的王位，一心一意只希望打破這國家的局限。他往北看，看到荷蘭人管理著遠在天邊的東印度地區；往南看，看到法蘭西帝國將勢力深入非洲；往西看，又看到表姊維多利亞女王（王夫則是他堂哥，薩克森科堡的亞伯特親王）君臨一個橫跨全球的大帝國。而利奧波德要比利時在世界上也擁有自己一份。他去過埃及、印度與中國探路物色殖民地。他在一八六〇年代覺得自己在東南亞特別有機會。他調查過越南東京能提供什麼選項，極力勸說西班牙女王把菲律賓轉讓給他；還去接觸英國探險家詹姆斯・布魯克，看能不能把婆羅洲的沙勞越變成比利時殖民地[45]。假使這其中有幾筆交易結果不同，康拉德・柯爾澤尼奧夫斯基可能就會發現自己跟比利時人一起在東南亞四處航行，可能一輩子都不會造訪非洲。

到了一八七〇年代，利奧波德二世將注意力轉向非洲。歐洲人的探險故事被廣為宣傳，讓殖民投資者覺得非洲奇貨可居。國王在一八七六年在布魯塞爾召集一批學者、外交人員、商人與探險家，進行一場關於非洲的「地理研討會」。利奧波德告訴與會代表，這場研討會的目的，是要找出如何「開啟地球上唯一一個文明未曾進入的地方，穿破那籠罩該地全部人口的黑暗」[46]。利

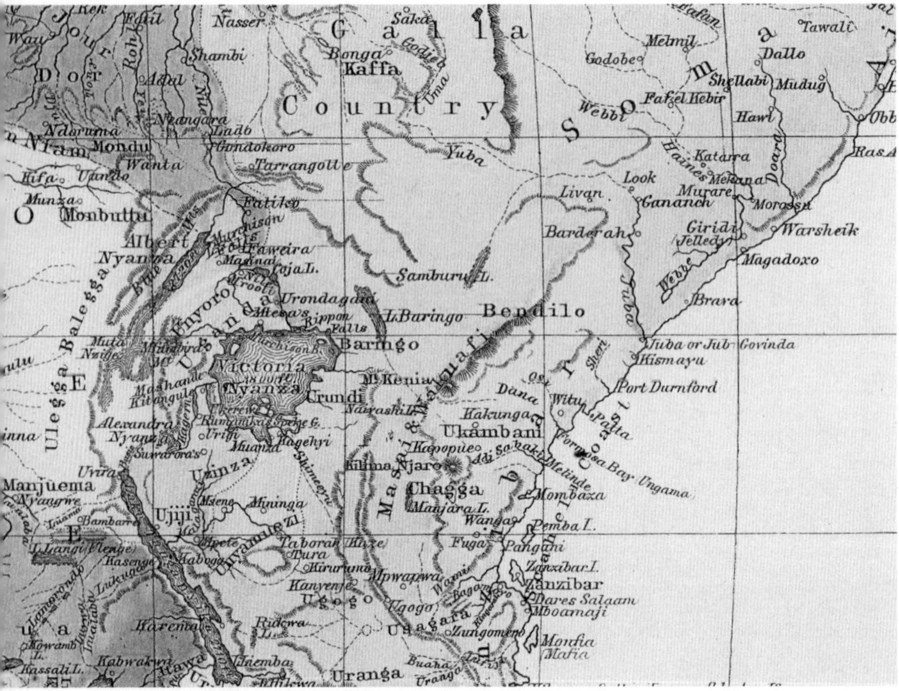

剛果自由邦地圖。

奧波德與其同儕口中所謂「文明」就是一個工業化、基督教、白人為主的社會的代名詞。而當他們說要把「文明」帶進非洲，指的通常有三件事：引進市場經濟、終止奴隸制與奴隸買賣、推廣基督教。和史坦利一樣，利奧波德也用「黑暗」來概括非洲社會中所有被他視為不文明的部分：食人、奴隸制、一夫多妻、泛靈論、赤身露體——也當然包括非洲人的黑皮膚。當他與追隨者愈來愈把「文明」當作「黑暗」的反義詞，這個詞的種族主義性質也就愈益強烈。

從這場研討會誕生出一個

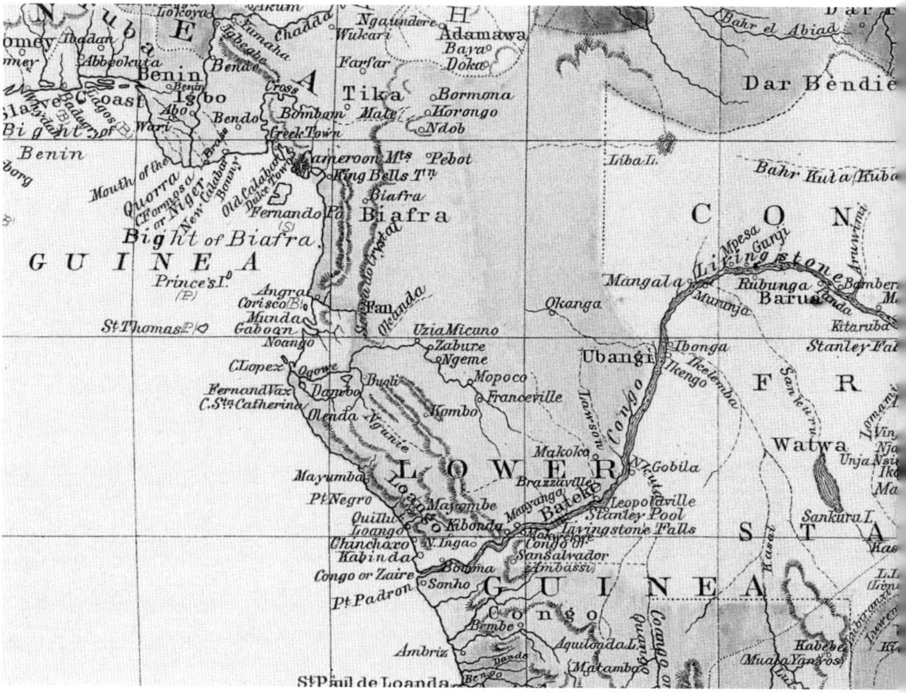

名為「國際非洲協會」的組織，任務是要在熱帶非洲設立工作站，以學術研究、貿易與「在當地人間散播文明之光」為目標[47]。該協會的主席是利奧波德，在歐美各地都有分會，分會主席都是親王、公爵、將軍之流。它下一步需要的是一個展開事業的起始地點，而當利奧波德聽說史坦利成功沿著剛果河走到大西洋，他就想到要從剛果盆地踏出第一步。這的確是個「特大號」的開場。

一八七八年六月某晚，史坦利抵達布魯塞爾王宮，在那兒見到「來自英國、德國、法國、比利時與荷蘭，各種在商業與金融界有頭有臉的大小人物」，共聚一堂「商議一個最佳方法……來善用剛果河與其盆地」[48]。為了這目的，這些人組建另一個組織「上剛果研究協會」，而史坦利同意回到非洲為該協會工作，從利奧波德那裡領薪水。

他在一八七九年回到剛果河口，所得到的指令以他的話來說就是「沿著河岸播下文明聚落的種子，和平地征服壓制該區，以符合現代思想的方式將該區重新塑造為民族國家，歐洲商人在這些國家境內能與做買賣的黑色非洲人攜手合作，正義、法律與秩序將得到實現，謀殺、缺乏法紀與殘忍的奴隸貿易等現象將永遠消失。」[49]這一句話涵蓋這項計畫所有關鍵詞：「文明」、「現代」，與「和平」相對於「黑色」、「殘忍」，與「缺乏法紀」。

但其實這句話又排除其他一些重要字詞。他們在剛果河岸想像建立的政體不是「帝國」，而是許多民族國家；不是用來剝削的**殖民地**，而是用來開發的市場；這也不是個「比利時」專屬的計畫，而是國際合作的大型「文明推廣」活動。利奧波德二世的神來之筆，是利用比利時在歐洲的中立身分，成為一種新的殖民主義願景的基石。他在剛果自由邦推廣的「文明」概念，是一種國際性的理想，能夠超越地方性、具有保護主義色彩的民族主義[50]。

史坦利開始著手建立工作站。剛果交通最困難的地區，顯然是大西洋岸的馬塔迪與利奧波德市之間這一帶，史坦利耗費三年監督在兩地之間開路的工作，為他贏得「布拉・馬塔里」——意即「碎石者」——的諢名，這稱號後來成為人們對殖民政府的稱謂。接著，他在國王命令之下往上游走一千六百多公里，重新踏進奴隸商人的勢力範圍，在史坦利瀑布設立工作站（他大概就是在這趟旅程中，從提普．提伯那裡買來馬庫羅和其他小孩）。無論史坦利和協會代理人去到哪裡，他們都與當地酋長進行「帕拉佛」（意即「談判協商」），然後給這些酋長一紙條約，讓對方畫個叉當作簽名。這類文件裡，有許多都說當地酋長「出於自主決定，為了自己與繼承人與直到永遠的所有繼承者」，都同意「放棄……他們全部領土的主權以及對這些領土實行君主與政府統治權的權利」。且他們還「承諾協助上述協會的工作，治理與教化該國，……以勞動力或其他方式協助任何」該協會發起的「工作、改善或探險行動」。這些協會代理人在四年間總共蒐集到約四百份這類條約。

此時，利奧波德二世與其代理人在歐洲與列強代表商談，為非洲這個逐漸開花結果的新邦國尋求外交認同。為了安撫法國，他承諾說如果協會最後破產，則法國擁有對這片領土的「優先購買權」；這樣同時也就讓英國人願意致力於保護協會不破產。他僱用一名美國前外交官來對美國議會進行遊說，於是美國在一八八四年四月成為第一個承認該協會為主權實體的國家。利奧波德二世的外交手腕於該年十一月達到極致，德國宰相奧圖．馮．俾斯麥邀請列強代表到柏林討論各國在非洲所聲稱的領土所有權。史坦利從剛果回來帶著一大疊條約，剛好趕上柏林會議，以美國代表團的「技術顧問」身分出席。柏林會議承認利奧波德對剛果的權力，同時也將他主張的「教化使命」認可為國際共識。一八八五年五月，利奧波德將這片領土——比比利時大七十五倍的土地——命名為「剛果自由邦」，宣告自己為其「君王元首」。他總算在地圖上擁有了自己的一份[51]。

和比利時一樣，剛果自由邦也是在委員會批准之下建立的政治體。這塊土地是由和平簽約的手段取得，開放自由貿易與自由投資，並致力達到後世所稱的「人權」之最高標準，背後還有當時逐漸成形的國際社群與國際會議訂立的國際法支持，這東西在書面上看來簡直正確到不能再正確，非常吸引人。

問題就是，那些批准利奧波德這計畫的委員們，其實並不清楚自己通過的到底確切是什麼。在旁觀的歐美人士面前，這位國王將他在剛果發起的行動宣傳為慈善活動，超越只考慮國族利益的帝國主義，要追求更廣大的人道主義目標。他說，這協會總部之所以位在布魯塞爾，正是因為比利時是個中立國[52]。但事實上，他是用幾個組織來玩藏球遊戲，以此掩蓋他藉機奪取的龐大個人權力。「國際非洲協會」變成了「上剛果研究協會」，又變成「國際剛果協會」，最後變成「剛果自由邦」。這一路下來，原本一個由歐洲顯貴背書的鬆散慈善計畫，竟變形成為一個由個人掌管的邦國，不受比利時憲法監督，甚至不用對董事會或股東負責[53]。當時有個批評者指出說，這結果「從國際觀點看來就是個破格的存在、一個怪物」[54]。剛果自由邦裡唯一「自由」的東西，就是賦予利奧波德隨心所欲支配的權力。

來到非洲，這種表裡不一的狀況可想而知，且是可想而知的更糟。那些在協會契約底下畫叉的酋長，沒有一個認得契約上的字。就算他們認得，他們也不可能搞清楚什麼叫「主權」或「統治權」[55]。此外，他們對於各種東西的相對經濟價值絕對沒有概念，因此歐洲人能拿幾瓶杜松子酒、幾匹布、幾個「米塔可」（黃銅或自然銅製的金屬線，小段繞著當作貨幣），就能從他們手

愛德華．曼杜奧，〈文明在剛果〉，一八八四至八五年。

上換走土地與資源，歐洲人知道這些東西在國際市場上的價值遠遠不止如此。

至於說那些酋長「出於自主的決定」，要知道這協會有的是手段來讓對方配合。身在赤道非洲的歐洲人族群本身很脆弱，不但人數少且疾病盛行，食物完全得靠當地人供應。面對當地酋長試圖給貿易施加限制，波馬附近一名比利時商人就說：「你看那個瓶子，我會讓你的頭變得跟它一樣。」然後舉槍把瓶子打成碎片[56]。協會代理人會在手掌裡藏電池，這樣他跟非洲人握手時對方就會受到電擊，讓對方知道「白人能把樹連根拔起，能用最驚人的大力氣做各種事」。他也會用放大鏡來點雪茄，然後告訴觀眾「他跟太陽很要好」，所以只要他想這樣做，太陽就會幫他把整座村莊燒掉。他還會假裝給來福槍裝彈，叫一個非洲人拿著對他開槍——然後從袖中掏出藏著的子彈，告訴大家他有超人的能力[57]。

早在一八八五年，該協會一名雇員已經看清「文明」在剛果的真實模樣。這人名叫愛德華·曼杜奧，是個業餘藝術家。他畫下利奧波德市水濱一景，畫面上一名白人滿不在乎地往帳本上記東西，而他的黑人副手拿著「奇科提」（一種河馬皮製成的銳利皮鞭）鞭打另一名非洲人。曼杜奧給這幅畫取名為〈文明在剛果〉[58]。

一八八七年五月底，康拉德·柯爾澤尼奧夫斯基還乘著「維達號」行駛在婆羅洲，那時另一艘船開進波馬港，此事帶來的後果將決定康拉德的未來。「佛蘭德號」上載著一名三十一歲的比利時法語區人，他名叫亞歷山大·德孔繆，身負在剛果河上游流域建立CCCI商站的任務。德孔繆第一次出國前往非洲是在一八七四年，那時他還只是個青少年，據他說，是被小說內容誘引而去尋求冒險——這點跟他的同期人物康拉德一樣，但德孔繆看的是美國冒險作家詹姆斯·菲尼莫爾·庫珀，與蘇格蘭歷史小說家華爾特·史考特的作品。德孔繆年僅二十一就成為波馬法國商站的負責人，從此一輩子都待在那裡。

為了執行任務，德孔繆需要一艘能對抗剛果河強勁水流的船。CCCI訂做一艘二十一公尺長的艉外明輪船，就是航行密西西比河上的那種；這艘船名叫「比利時國王號」，此時正以組件的模樣躺在「佛蘭德號」貨艙裡。船身鋼板、艙木組件、艙頂板子、螺帽、螺栓、墊片、鉚釘、軟管——這些多半被分裝成一袋袋，每袋是一名強壯男性能獨自扛起的重量。重達四千公斤的鍋爐被分成六份；冷凝器與明輪則被綁在特別設計的運貨車上。造船公司派出一隊技術人員跟「比利時國王號」同行，等到了史坦利湖就把船組裝起來。不過，在此之前，他們得先溯剛果河的急流而上，把這堆貨物一個不漏運到利奧波德市[59]。

德孔繆愛吹噓自己有多強多精明，他興致勃勃一頭鑽進這難題裡，想找出運送這艘船的方法。首先他派出二百五十名非洲挑夫組成護送隊，通過史坦利在馬塔迪與利奧波德市之間修建的貨車道，運走「比利時國王號」那些包裝好重量較輕的部分。他每早先派出一名副手，帶著一批僕人往前找地點紮營過夜。隊伍後面則跟著長長一列挑夫，在「烈日炎炎」之酷熱下緩慢前進，像無數揹著鋼殼的蝸牛。德孔繆騎一匹西班牙大驢在最後面壓陣，將掉隊的人往前趕。他們就這樣走了二十三天，摸索著爬上山，步步滑著下陡坡，在沼澤與河床上蹣跚而行。

這還是比較簡單的部分。要搬運引擎、明輪和其他沉重機械裝置則是更大一個難關。五部貨車上載著鋼製零件，每一份都重達四千五百公斤，用鋼索與鐵鍊固定著，這些也得運到利奧波德市。德孔繆給每部車指派三百人。車子兩旁連接粗鋼索，這些人就沿著鋼索排排站，待一聲令下就抓起鋼索開始拉。如此，車子看起來緩緩地往前動了一點。這些人繼續拉，於是車子又往前動個幾吋。音樂家在工人隊伍旁一邊唱歌一邊跳舞，重複又唱又跳。工人一致應和，合作無間往前拉，於是車子就又往前緩慢地移了一點點。德孔繆讚歎說，這真是難得一見的奇觀——行走的人力蒸汽機。

隊伍花了十七天才走了平時一天的路。每天他們都面臨新的考驗：把手斷裂、輪子卡住，且三天兩頭就有工人，因為受不了這工作給人背部施加的勞損而逃跑。第十八天，貨車必須通過一個險降坡。德孔繆重新組織挑夫，命他們站到貨車後面往後拉，以減緩貨車下滑的速度；結果其中一輛煞車失靈，失去控制衝下河床。有一人被活活撞死，還有兩人身受重傷。接下來幾小時內，幾乎所有的工人都拋下工作離去，一個個消失在密林間。

德孔繆花了一週，一個村一個村去徵求工人，一邊進行這「又慢又囉嗦」的工作，一邊等待利奧波德市的增援到來。徵集到一批新勞力之後，他折價賣掉大貨車，把東西分成用竹竿挑著的小份，讓眾人接力搬運。四週後，車隊抵達「被我們挑夫快樂歌聲點亮」的利奧波德市，工程師開始進行組裝。「比利時國王號」在一八八八年三月駛進剛果河，付出的代價是數不清的死傷、勞苦與汗水。德孔繆招待工作站的歐洲工作人員登船，在史坦利湖進行處女航。之後這艘船就登程遠航，探查剛果河流域不同支流，繪製地圖，將新的商站標示在地圖上。

比利時國王號。

剛果自由邦或許始於利奧波德二世的浮誇想像，但德孔繆的功業呈現一件事，那就是如果要把國王的大計畫實現成為一個有形、可運作的國家，像他這樣身在第一線的工作者絕對不可或缺。一八九〇年至一八九八年之間，自由邦境內歐洲人數量增為原來三倍，達到約一千七百人，其中比利時人所占的比例愈來愈高（大約三分之二）[60]。在慈善理想的掩飾之下，這些人（全為男性）推動著維持秩序與尋求利益的日常暴虐工作。說到尋求、組織與訓練勞動力，說到供應、運作與保護他們的設施，以及說到最後要讓剛果自由邦能回本，這些事情靠理想全都辦不到。他們需要的是如簧之舌、貿易貨品，以及武力。

建造這國家所需耗費的極大苦勞，全都落到被強迫勞動的非洲人頭上。歐洲人最初是引進一批批桑吉巴與西非勞工，但當建設計畫的種類與範圍日益擴大，人力需求也愈來愈高。那些與史坦利簽條約，同意「以勞動力或其他方式」來「協助」協會的酋長，後來發現這些文字的意涵實行起來，其實與奴隸制大同小異。代理人到一個又一個村莊去拉工人。德孔繆坦白承認他是怎樣讓對方服從的：用「大拍板」打勞工的手，用河馬皮編製的「奇科特」鞭笞他們，或是用鐵鍊把他們鎖成一群一群[61]。剛果自由邦政府在一八八八年建立自己的軍隊「公共部隊」，成為主要負責執行政府法令的力量，而徵兵很快成為這支部隊主要的人力來源[62]。公共部隊在執勤時採用一種可怖的清算方法：要求士兵必須將屍體的手砍下帶回，以證明彈不虛發，這做法詭異地呼應安特衛普的建城傳說。

一八七〇年代，馬庫羅童年那時，一艘在水上自行移動的船看來像是超自然的存在，但後來世事已有很大的變遷。到了一八九〇年，剛果河上有二十九艘輪船在航行，其中十九艘屬於CCCI或剛果自由邦[63]。它們會到利奧波德市與史坦利瀑布之間一連串工作站去收集象牙，也常停泊其他地方來補充食物與柴火。馬庫羅自己逐漸變成「文明教化」的一個楷模，正如提倡此事的歐洲人所預想的那樣。史坦利從提普．提伯那裡買下馬庫羅之後，將他交給利奧波德市一個最親信的代理人。該名代理人死後，馬庫羅成為浸信會傳教士喬治．格蘭菲的學生。他改信基督教，在一個由基督教教義問答與資本主義構築起來的生活裡如魚得水。馬庫羅和別人比起來是個幸運兒。在他受到「文明教化」的時候，剛果自由邦開始設立「兒童殖民地」，訓練像他這樣「被解放」的孩童來加入公共部隊[64]。或許可以說，剛果盆地的住民比以前更有理由害怕輪船與船上的白色船員——也更有理由要去抵抗他們。

一八九〇年一月，SAB的「佛羅里達號」在瓊比里靠岸，剛果河到了這座大村河面就變窄，下游一百六十公里長的河道流向金夏沙。船員有的正在採買物資討價還價，有的正在砍柴，卻有人和村民起衝突打架，一名船員因此受傷。船長約翰尼斯．佛萊厄里本是個丹麥人，他上岸去弄清楚情況，並要求村民賠償。「我不要任何陌生人進我村子，」當地酋長宣告，「你們來這裡八成是要搶劫，現在就回你們船上，否則把你們全都殺了。」[65]佛萊厄里本把酋長抓起來當人質，一個村民拿火槍往他肚子開了一槍。船上輪機員把鍋爐火燒旺，開著「佛羅里達號」加速逃離。但當場死亡的佛萊厄里本卻被留在原地。一個目擊者告訴傳教士格蘭菲說，佛萊厄里本的屍體就擱在那好幾週不埋，手腳都被斬斷。還有人看到村民穿戴死者的外套、拖鞋與手表。「為了維護白人安全，我們必須全力打擊這類惡行，」剛果自由邦的《官方公報》大聲疾呼[66]。七週後，兩艘輪船載著三百七十名士兵前來瓊比里。他們開槍擊潰抵抗，找回佛萊厄里本的屍體，然後放火將這座得罪政府的村鎮燒成焦土。

不久之後，接替佛萊厄里本的康拉德·柯爾澤尼奧夫斯基收到指示，搭船前往非洲。

第八章　黑暗之地

從金夏沙急奔而下注入大西洋，剛果河挾帶雷霆萬鈞之勢沖出非洲，離岸幾百公里的地方都能看到河水帶來的沉積物捲在海水裡，讓藍色海洋染上褐色。一八九〇年六月，當康拉德搭乘「馬瑟歐號」離剛果自由邦愈來愈近的時候，這幅景象會是他第一個目睹的「暴力」。船上一名同行乘客是比利時一間公司的代理人，名叫波斯佩・哈羅，前一年因痢疾大病一場，病情痊癒後要返回剛果。早在登岸前，哈羅可能會告訴他，歐洲人在那裡需要擔心諸多危險：疾病、氣候、野蠻人、蛇[1]。

「馬瑟歐號」駛進波馬港，位在河口往內一點的地方。此地過去是歐洲奴隸買賣基地，現在卻擁有一國首都的身分，處處飄揚著剛果自由邦藍底黃星旗幟。公司與政府的辦公處面水而立，底下用鐵樁撐起來，保護建築物不受侵蝕，同時也讓螞蟻進不去。城裡有郵局讓康拉德可以寄信回歐洲，還有個小型天主堂，模樣富麗堂皇有如大教堂，用預製的鐵皮構件組裝而成。行政長官與公司主管住在碼頭上方一片比較涼快的高地上，有蒸汽動力窄軌臺車連接兩處[2]。若想到剛果自由邦全境歐洲人數量不超過八百名，就會發現這片聚居地之大非常驚人[3]。

「這裡氣溫很宜人，我健康情況良好。」康拉德從馬塔迪開心地寫信給瑪格麗特．波拉竇斯卡，他與哈羅抵達剛果的第二天就來到這裡。馬塔迪是船隻從河口沿河而上所能抵達的最後一站，再往前就是無法通行的激流，因此他們接下來的旅途是要步行前往利奧波德市。康拉德開始將所見所聞記在日誌中，這是他唯一一本持續寫的日誌[4]。他在剛果雖然是用法文與同事溝通，但寫日誌用的卻是英文，而他身上帶著的另一份手稿，也就是《奧邁耶的癡夢》這部小說，也是用英文寫的。或許康拉德已經預料到，這趟旅程將來會以某種方式進入他的小說。但他沒有料到的是，這將是他人生最艱難的一趟旅程——且他所記下的每一項細節都會以某種方式進入《黑暗之心》，成為他對整個自由邦事業的文學控訴。

康拉德與哈羅啟程通過激流區之前獲得SAB商站主管接待。出於「一些私人原因」，那位代理商拖著他們在馬塔迪待了一週，隨後又變成兩週，康拉德因此有充裕時間好好看看這個小鎮與當地居民。他發現這裡實在稱不上是個「鎮」，只有「四五間房子以及蓋鐵路的工坊」，而鐵路工程也才剛開始[5]。此外，這裡的居民也讓他感覺像是種半成品。除了幾個充滿理想的傳教士，以及一些像亞歷山大．德孔繆這類膽大的探險家在此為喀坦加探險之行做準備（康拉德原本以為他會被派去支援這場探險），其他大部分都是象牙商人、政府職員、鐵路工程師，以及公共部隊軍官：這些人都是幹硬活的硬漢，野心勃勃、積極好鬥、挑三揀四。「我在想，跟這裡人（白人）相處的日子可能不會太好過，」康拉德這樣記下，「打算盡可能避免跟他們相熟，……這裡社交生活最明顯的特點：大家都在說別人壞話。」

馬塔迪附近鐵路建築工程。

有個年輕瘦高的愛爾蘭人算是例外，他名叫羅傑・凱斯門，擔任馬塔迪到利奧波德市鐵路工程的監工。康拉德說，能夠認識他「在任何情況下這都會讓我非常欣喜，而現在這情況下簡直是走好運。這人有思想，會說話，極其聰明且非常有同情心」。凱斯門帶康拉德去看剛由一千名勞工蓋好的棚屋與營房，這些勞工是從西非與桑吉巴引進。康拉德聽見他們在離馬塔迪不遠的山丘上使用炸藥。這項工程預計要花費四年[6]。

康拉德也是在馬塔迪頭一次摸到象牙。輪船從內陸地區運來象牙，在這裡秤重標價，然後裝桶送到下游的波馬，再運往歐洲。康拉德覺得這是門「白癡生意」[7]，但若非因為有這門生意，則康拉德也不會來此。象牙是剛果一枝獨秀的最有價值外銷品，市場對此似乎有無限需求。一八九〇年，安特衛普的象牙交易額超越利物浦，達到七萬五千餘公斤。五年後，這數字增加將近四倍，讓安特衛普象牙交易額成為世界第一[8]。這是成千上萬大象的象牙，而象牙商人能獵到的大象愈來愈少。

一八九〇年六月二十八日，康拉德與哈羅開始步行前往利奧波德市。這是一趟為時三週的艱苦行軍，沿著剛果河激流與附近路段上行。「所謂的『車道』不過是條寬度幾十公分的馬徑」；這條小路繞著山坡走，先上坡再下坡，然後又上坡，穿過可能有兩人高的長草[9]。史坦利誇張地宣稱，這段河谷景色之美天下無雙，說這是「某種狂野的大地之舞」充滿熱情的表現[10]。不過，公司主管阿伯特·提斯說的就不一樣，大概描繪出多數歐洲人蹣跚行過山坡的窘境：「人們覺得眼前這片土地想必受了詛咒，大自然好像刻意要製造出這道名副其實的障礙來阻撓進步。」[11]康拉德受的苦至少不如他同行的三十一名非洲挑夫。歐洲人在缺乏馱獸的情況下徵用少壯男性剛果人充當「人類役畜」，其中有的男孩只有八九歲大。他們身揹的貨物可重達四十五公斤，一天要走多達三十二公里的路，而這些挑夫一年要在馬塔迪與利奧波德市之間，來回運送超過五萬袋東西[12]。

康拉德過去只曾搭火車進行長途陸路旅行，從不曾在地面上如此穩定或如此緩慢地移動，簡直像在海上的時候一樣。他的日誌內容顯示，他以一雙海員的眼睛來觀察這片熱帶風景。他注意到大氣與天氣的情況：「山坡大約一半高的地方有白霧。水造成的效果非常美麗。霧通常在放晴之前升起。」[13]他記下山脈走向以及風向，像是出於習慣。他會記錄是在爬坡還是下坡，是通過

馬塔迪往利奧波德市路上挑夫。

密林還是開闊谷地，彷彿是在循著海流或是繞過淺灘航行。

才走了兩天，眾人就已疲態漸生：「哈羅放棄了。唉。營地很糟。水源很遠。很髒。」康拉德的脾氣開始暴躁。對那些替他們取食、煮食、紮營、馱行李——有時還直接馱著他們走——的非洲人，他說話的態度就是生氣、不給好臉色。「跌進一攤泥水裡，」某天他抱怨道，「可惡。都是扛著我那個人的錯，……受夠了這些妙事。」

他和哈羅都染病，病勢不輕，得在半路上一處叫做馬尼安嘎的村鎮暫停，結果兩人在那裡一待就待了兩週。之後哈羅身體依舊虛弱，得把他放在吊床上抬著走完旅程最後一段路，結果搞得「一路上都在跟抬他的人吵架」。「想著明天大概又要跟那些挑夫起衝突」，康拉德乾脆「把他們都叫來訓一頓，雖然他們也聽不懂。他們保證會乖乖不鬧事」[14]。這趟旅途中唯一得到康拉德說好話的是浸信會的傳教團，「多麼文明的一個地方。自由邦跟公司派來的人能對東歪西倒的棚屋安之若素。但看過這麼多棚屋以後，這兒真是讓人有耳目一新之感」。他們受到「康柏夫人周到的招待」，這是他在非洲唯一遇到的白人女性。除了這些挑夫以外，他對看到的非洲人生活只留下模糊印象。「幾乎看不見村莊，只有從掛在棕櫚樹上裝著『馬拉夫』（棕櫚酒）的葫蘆才能知道有村莊存在。」某一晚他被「遠方村子傳來的吶喊聲與鼓聲」吵得睡不著覺[15]。

除了這麼多身體上的負擔以外，康拉德的日記裡還記下某種更不祥的東西，完全超出他先前的經驗。第六天：「在營地看見一具剛果人屍體。槍殺？可怕的氣味。」隔天：「看見另一具屍體倒在路邊，樣子像是安詳地沉思。」稍後：「經過一具綁在樁上的骷髏。還有一座白人的墳墓——沒有名字。一堆石頭堆成十字架的形狀。」[16]他言止於此，但光是把兩者並列對比就令人心驚。每一筆紀錄都將暴力的跡象（屍臭、屍體、骷髏）與文明的標誌（營地、思考、十字架）組合成一對。

徒步跋涉最後一天，在金夏沙附近政府設的休息站，康拉德的日誌裡除了暴力與厭惡感以外，已經沒剩下什麼。他碰見「挑夫與一個自稱政府雇員的人起紛爭，為了一床蓆子。拿著棍棒亂打人」，於是挺身介入阻止。同一天，一個「酋長帶來個約十三歲的年輕人，頭上有槍傷」。他看了傷口，給那男孩「一點甘油抹在子彈射出身體造成的傷口上」。這場旅途與這本日誌的結尾非常精簡。「蚊子。青蛙。可厭。真高興這趟見鬼的長途跋涉終於到頭。」[17]

因為在馬尼安嘎待得額外久，所以康拉德報到的時間比預定要晚很多。SAB的副主任卡密爾·德孔繆（亞歷山大·德孔繆的弟弟）因為遲到一事而訓他一頓。康拉德當下就不喜歡德孔繆。他從利奧波德市寫了封措詞激烈的抱怨信給塔德烏什。而以他當時的心理狀況來看，幸好還要等幾個月才會收到舅舅那「誰叫你不聽老人言」的回信：「我知道……你深深厭惡那些比利時人，覺得他們壓榨你太甚，……你可以告訴自己：『這都是你自討苦吃……倘若你在跟我討論此事時稍加注意我的看法，你絕對會發現，我對整樁事可不怎麼熱心。』」[18]

康拉德是被僱來接任「佛羅里達號」船長，卻發現這艘船被停放著等待修理。而他則被派上公司的另一艘輪船「比利時國王號」，以熟悉通往史坦利瀑布的航路。儘管花了大量人力物力來運輸、建造這艘船，「比利時國王號」和康拉德曾操作過的任何船隻比起來，都只是個小不楞登的鐵盒。噸位只有十五噸，船殼是四邊形，船頂只有輕薄的天篷且四面大開，看起來航行能力跟個裝橘子的箱子差不多。康拉德要跟另外三名公司職員和德孔繆副主任——這點讓康拉德大呼倒楣——共享逼仄不堪的船艙空間，船上另外還有大約二十五名非洲船員、一名比利時輪機員，與一名丹麥籍的年輕船長路德維格·科赫[19]。

他們在一八九〇年八月三日啟航離開利奧波德市。船往上游開，逆著兩岸峭壁所夾的強勁水流而行。往上游走大約一百六十公里，剛果河河面到了瓊比里就變寬，浮現許多島嶼，島邊鑲著綠草岸。船前河水流淌如水銀；近看會發現流水挾帶大量細沙，洗衣籃底都會留下一層沙泥。有時黝黑的雨牆會朝船逼來，有如上萬雙長統靴踩過船身，然後俐落地行軍離開。人們幾乎可用赤

獨木舟停靠「比利時國王號」船邊。

道地帶的日落調校手表，因為太陽就在下午六點整準時落幕。在青蛙與蟲子的啁啾唧喳聲中，康拉德沉入夢鄉。

在起初的八百公里航程裡，康拉德只看見六座村莊：聚在一起的茅草屋頂與木樁，可能還有幾艘獨木舟。我們不知是否有獨木舟靠近他們——就像十八個月前亞歷山大．德孔繆搭乘「比利時國王號」那時一樣，又或者是這些小船看到輪船接近就跑掉，康拉德對此什麼紀錄都沒留下。我們也不知他是否與岸上的人，或甚至船上的非洲船員有所互動，康拉德對此沒說過一個字。後來他在小說中呈現出歐洲人身在此地的恐慌感，他們覺得任何一片叢林都可能暗藏伏擊，就連船員都可能都是食人族出身。

回到真實情況，河上生活的節奏需要船與岸、白人與黑人進行日常互動。船很常停靠岸邊，讓船員上岸砍柴，送進那餵不飽的鍋爐口中。此外，他們不能全部只靠罐頭食物，所以偶爾還是得靠岸補給；他們可能會買香蕉或魚，不過康拉德看見非洲船員吃的木薯主食「西光格」，覺得無法理解，因為這東西看來像是「半生不熟的麵團，髒薰衣草色……包在葉子裡」[20]。

人們可能以為水手在河流航行易如反掌——不過是這裡到那裡的一條線罷了——但每條河其實都危機四伏。比起康拉德在婆羅洲習見的那些河流，剛果河的水量、寬度與變化性都是完全不同等級（事實上「比利時國王號」曾加速前進，為了營救另一艘被沉木困住的輪船）。康拉德整天都跟科赫一起站在舵手室，讓自己熟悉這條水路。他開始用一本新日誌，第一頁用大寫字母寫著「上河記」，一路上記下自己的航行速記。日誌內容對看不懂的人來說像是密碼，但對懂門道的人來說，這就是在這條河航行所需的關鍵。

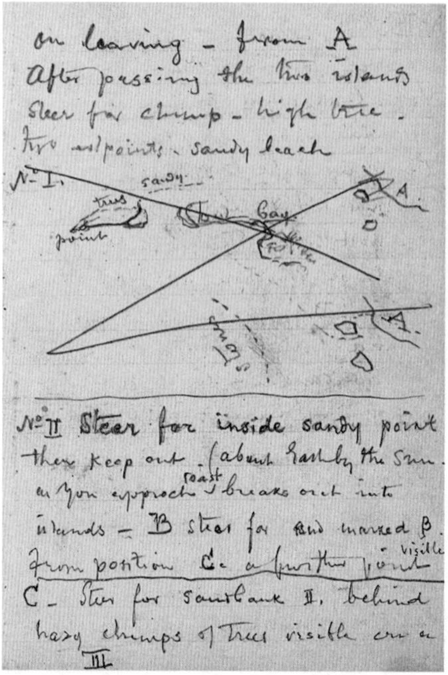

康拉德《上河記》一頁。

康拉德識別出地標，記錄下方向、距離與水深，注意何處可以砍柴供給鍋爐，並畫下幾條水道來呈現河道形狀與深度。「朝著一片小白方塊航行。對準不要偏。經過靠近沙灘的地方——注意！」「好大一個樹叢，如圖所示，岸邊低處許多棕櫚樹。」「左岸岩壁呈現一種紅色。右岸岸邊長滿樹。」「沿河有沉木但離岸不遠。通過兩座小型島會看見一棵樹殘幹，接著就是村落。」他描寫景物都是為了輔助導航。「河灣兩個小島。一個有株高瘦枯樹，樹上有一根枝幹是綠的。看起來像一根旗竿上面綁著樹枝，與旗竿成直角。」[21]

時光流逝數年以後，康拉德會將當時所見化作壯麗的記敘文：「逆河而上有如旅行回到世界太初伊始的時候，那時植物在地上狂歡，巨樹是他們的國王。」[22]他的日誌裡完全看不到當時他對眼前景色的想法。這些觀點反而潛進他身上帶的另一份手稿裡，也就是《奧邁耶的癡夢》。書裡也有一條河流流過。康拉德抵達非洲時，這部小說已有四章長。第五章充滿「上河記」的回音。「水棕櫚樹到盡頭，細枝條從斜靠的樹垂下，」康拉德這樣描寫虛構的婆羅洲河流，「對準那根粗大綠色枝幹航行。」停泊處位在「一大根擱淺的原木……與岸成直角，形成一個像碼頭的地方」。繼續往前直抵一根低垂的大枝幹那裡，然後從下方推開「一道茂密纏結的蔓藤形成的矮拱門，就會進入一座迷你小港灣」。他注意到日出陽光穿過「白霧的天篷……展露出河流皺褶的水面閃耀光芒」，還觀察到「黑雲與大雨」從遠方滾滾而來，「憤怒的河流承受暴雨鞭笞，向大海急沖而去」[23]。

槳輪拍著水、滴著水，煙囪向天空吐出一縷黑煙，河水從船的兩側剝分而去。這條河上游處河道比利奧波德市一帶要寬；某些地方看起來簡直像湖泊。不過，愈往上游走，樹木就愈濃密也愈高大：輕柔的竹子與有鬍子的棕櫚，黑檀木與桃花心木壯觀的樹冠足以撐起大教堂的穹頂。他

史坦利瀑布的漁民。

永遠不曾忘記那些「樹，樹，幾百萬棵樹，粗大，無邊無際，高聳直上，」堂皇的高度與優雅，讓氣喘吁吁的小船「比利時國王號」看來如此微不足道[24]。

輪船走得很順，四週就走完一千六百公里航路抵達史坦利瀑布[25]。這是船能走的最遠距離，再往前就要遇到另一片激流，這也是歐洲「文明」所能進入「黑暗大陸」的最深處。康拉德在這個村子待了一週，大部分時間都在臥病，但就算如此也無甚妨礙，因為他很快就對這地方的情況與經營方式有所掌握。這處工作站在一八八六年才被桑吉巴阿拉伯人劫掠過[26]。史坦利為了保持和平，任命提普．提伯為該區域的新總督，條件是要他不能在這裡以及鄰近區域實施奴隸制或進行相關活動。提普．提伯住在一間宏偉的泥造別墅裡，「布置成貨真價實的東方風格，……周圍環繞高柵欄，還連著一片令人讚歎的花園。」[27]在這東方式豪華建築（我們幾乎可以確定府邸裡有一座清真寺，這會是康拉德在亞洲之外看到的第一座清真寺）映襯之下，一隊新的比利時行政官員正忙著建立西方霸權的骨架：公司辦公處、給歐洲人以及服侍歐洲人的非洲「男孩」住的房舍、一座監獄、火藥庫，以及兵營[28]。

史坦利瀑布是象牙貿易的中心點，雖然這種貿易就某方面來說是「自由」的——開放給任何想參與的人，但近來剛果自由邦政府開始對此抽重稅[29]。歐洲人因此更積極設法用最低的成本搜尋象牙。面對深入森林的困難程度，採購象牙的歐洲商人發現向中間人購買還更好做生意：而這個中間人就是提普．提伯。這種做法雙方都受惠良多，只要大家都不去細問象牙到底是怎麼取得的[30]。

歐洲人與桑吉巴人達成協議進行交易，犧牲剛果人利益，無論康拉德對此知道多少，他對史坦利瀑布會永遠留下一個印象。無論在村子何處，都能聽到激流在背景裡奔騰衝撞的聲音，就像遠方軍隊的擊鼓聲，提醒著你這條河流才是主宰[31]。

等到「比利時國王號」再次啟航時，康拉德大概還沒完全復原，當地ＳＡＢ代理人原本預定與他們一起回利奧波德市，此時卻比康拉德病得更重，就連科赫船長也是這樣。事實上，由於船長病情嚴重，卡密爾．德孔繆指派康拉德暫時代理指揮「比利時國王號」，並寫了一封正式任命信：「船長：本人有此榮幸請您接手指揮輪船『比利時國王號』，由此日始，直到科赫船長病癒為止。」[32]

康拉德站上駕駛臺，將「比利時國王號」掉轉往下游開。他們以比上行時快雙倍的速度趕回利奧波德市，乘著高大樹欄夾著的褐色水流而行。科赫船長在半途時復原得差不多，能夠重掌指揮，但那位SAB代理人就沒這麼幸運。離開史坦利瀑布十天左右，他就病逝在船上，享年僅二十七歲。他們將他葬在瓊比里，也就是該年稍早佛萊厄里本被殺的地方[33]。

一八九〇年九月二十四日，康拉德回到利奧波德市，滿心歡喜地看見有一小包信件在等他，其中三封來自瑪格麗特・波拉竇斯卡。「可憐的康拉德，」她寫道，「希望你別覺得你得回覆我所有信件——尤其不要詳細地回。我知道你是個水手——那兒很熱，寫東西很無聊。至於我自己，……首先這是我的職業，且除了想讓你開心以外，想到的時候就在這小筆記本裡添個字會讓我非常開心。如果你那顆良善的心想說話，並且你也有意與你舅母聊天，只要在那時回信就行。」[34]康拉德當然想立刻回信，而且是詳盡地回。「讀你可愛的信時，我已經忘記非洲，忘記剛果，忘記那些住在此地的黑色蠻人與白色奴隸（我就是其中之一），」他這樣告訴她，「除了你以外，我還能對誰舒心傾吐？」他在剛果自由邦三個月所累積的憤怒與痛苦，全部傾瀉而出。

「我確確實實後悔來這裡，」他開始寫道，「甚至到了痛悔的程度，……這裡的一切都引我反感，人與物，特別是人，」他發怒說道，「而我也讓他們反感，……經理（德孔繆）是個只有動物本能的普通象牙商人，他以為自己是貿易商，但其實只不過是個非洲店鋪老闆。」更糟的是，康拉德發現他得不到公司原本承諾的船長職位——實情就是沒那麼多空缺，於是他又得像往年一樣，做低於自己階級的工作，但這回被迫受限於三年合約。他責怪德孔繆，說他「厭惡英國人，而在這種地方我自然被視為英國人。只要他在這裡，我就別想升職或加薪。」最後，他在非洲的日子還一直受痢疾與憂鬱所擾，這真是雪上加霜。「我的健康真不大好，……我覺得身體有點虛弱，且心情頗為低落；還有，我真的覺得自己像想家一樣想念大海」，為了那「無垠平展的鹹水，過去常撫慰我心」，以及那「十二月幽暗天空下，海風捲起白沫」。「我們何時能再見？」他憂愁思量著，「哎，見面之後就是分離——見面愈常，分離時就愈傷心。」[35]

當康拉德愈是虛弱，病得愈重，心情愈憂鬱，愈是下定決心尋找出路。他在利奧波德市僅待了幾週後就決定毀約，雖然三年工作合同他只做了五個月。這是件大事，頭一個提出告誡的就是塔德烏什舅舅：「你會讓自己遭受可觀的財務損失，且一定也會落人口實說你不負責任，而這可能有礙你未來工作發展。」[36]然而，此事對康拉德已是攸關生死的問題。

一八九〇年十月初，他寫信給塔德烏什說他要離職。手因病痛與壓力而顫抖。他又踏上同樣那條車道徒步走回馬塔迪，過程中「一直因為痢疾與發燒而病弱不堪」，可能還有段路是在吊床上被抬著走——這其實遠比步行更不舒服[37]。一八九〇年十二月，或者一八九一年一月，他在波馬找到一艘開往歐洲的船，於是搭船北去。

康拉德可能是在波馬收到塔德烏什的一封信，寫信日期是在他搭船前往剛果的途中，那時他對剛果大致上抱著天真的期望渴盼。「你八成正在東張西望看著各種人事物，以及那些（去他的）『文明教化』的事務，而在這整部文明教化的機制裡，你也是其中一個齒輪——在你覺得自己能擁有意見並表達意見之前。別等到……一切都成形後才以清楚的文句再說，」塔德烏什敦促他，「不過，直接跟我說點你的健康和第一印象這些事。」[38]

最後，這些非洲經驗得再花上八年時間，才會在康拉德心中組合成通順的故事。到那時，他與剛果自由邦都已經歷歲月，並變了模樣。到這時候，他給這篇故事起的名稱卻清楚呈現他在剛果最後幾週的情緒狀態。

河流是大自然的敘事主線，它載著你從這兒到那兒。當康拉德開始將他的剛果之行化為故事，《黑暗之心》就如河流傾瀉而下。他在一八九八年十二月開始動筆，只用不到七週就寫完這本書——這是康拉德史無前例的寫作速度，跟在這條河逆流而上再順流而下花了一樣長的時間。《黑暗之心》的基本綱要與康拉德的個人經驗可說步步吻合。但這部中篇小說一點都不「基本」。康拉德藉查爾斯·馬羅之口述說這場非洲河流之旅的故事，這個馬羅剛於六個月前出版的〈青春〉中現身，對著倫敦一群無名友人口述此事，而其中一位無名友人又把故事轉述給讀者。康拉德本身的溯河之旅只是為了協助擱淺在史坦利瀑布的輪船脫困，但他在《黑暗之心》裡卻給馬羅的旅途一個戲劇性目標：去帶回一名失控的公司代理人「庫茲」。這麼做之後，他讓這部文本傳達出一種強烈的使命感，但同時又將真正的意涵隱藏起來，於是要讀懂整篇故事就如同在剛果河上尋路航行一樣困難。

故事從泰晤士河口「巡航帆艇『奈莉號』」的甲板開始，船名與康拉德友人侯波的那艘船同名。小說裡，「奈莉號」上的成員每個人都曾當過海員，但只有馬羅「仍在『逐海』」。當暮色籠罩泰晤士河，其中一人開始沉思，想著這條河是何等壯闊，曾有多少船隻與探險家由此出發航向大世界，這傳統何等輝煌。馬羅打破沉默。「『這裡也曾是，』馬羅突然開口道，『世上一處黑暗之地。』」他敘說羅馬入侵者曾由此河而上，深入古代不列顛的「蠻荒，那全然的蠻荒」。而這讓他憶起幾年前唯一一次擔任「淡水水手」的經驗。

「在印度洋、太平洋、中國海闖蕩多年之後」，馬羅回到倫敦四處打探，卻一直找不到好職位，於是乾脆決定實現兒時想去非洲的欲望。地圖上所畫的河流像是「一隻舒展開的巨蛇，頭伸進海裡，身體靜止不動，蜿蜒通過一大片地區，尾巴消失在內陸深處」。歐陸一間公司近來開始在這條河經營貿易，馬羅就去拜託住在歐陸的「舅母，一個可愛的古道熱腸的人」——就像瑪格麗特．波拉竇斯卡——幫他去爭取在該公司輪船當船長的機會。「該公司得到消息，他們有一名船長，」一個叫佛瑞斯列文的丹麥人（也就是佛萊厄里本），「跟當地人起爭執的時候遇害」。馬羅快馬加鞭「瘋了似地做準備」，與公司負責人見面，「記得是個穿著禮服大衣的蒼白胖子」，然後簽下合約同意「絕不洩漏任何商業機密與其他訊息」[39]。

他下船的地方是位在「那條大河河口」一處簡陋的公司商站，到處散布著「朽爛的機器組件」。聽得見遠方有工人在炸山壁開鐵路。近處可見一群工人簡直像是做到死般地工作：「他們正在慢慢死掉——很明顯……只剩下疾病與飢餓的黑色影子，在那泛著綠的昏暗之中。」在一間倉庫中，馬羅就像康拉德一樣，看見了這間公司的「存在理由」：「源源不絕的工業產品，破爛的棉布、珠子，以及黃銅線被送進黑暗的深處，換回來涓滴細流的珍貴象牙。」他開始厭惡身邊的白人，因為這些人來此是為了「從這片大地肚腸裡掏出寶藏，……背後的道德動機不比破壞保險箱的竊賊高尚多少」[40]。

如同康拉德，馬羅也是與一名肥胖且病懨懨的白人同事一起出發，徒步爬過激流區，跋涉「走過高草地，走過燒焦的草地，走過雜木林，在寒冷深谷裡爬上爬下，在熾熱如火的岩山爬上爬下」。「我跟挑夫整天起爭執」，他回憶道，還說自己沿路看到一些可怕的紀念碑，內容幾乎是逐字從康拉德的日誌裡照抄出來：「一名在工作中死掉的挑夫，躺在路邊長草裡。」「一具中年黑人的身體，前額有個彈孔。」他抵達總工作站之後，卻發現他那艘輪船在淺灘上出事了，必須等鉚釘運來才能修船，於是他得和居住當地「爾虞我詐工於心計」的那些白人一起待上好幾個月[41]。

等待期間，馬羅聽到愈來愈多關於那位「了不起的」庫茲先生的事。此人是內地商站的代理人，也是馬羅要去帶回的對象。有一半英國、一半法國血統，「庫茲是整個歐洲合力製造的產物」。庫茲做買賣是一把好手，「送回來的象牙跟其他所有人加總起來的一樣多，而且不僅如此：他更是『代表憐憫、科學與進步的使者』，『一個『普世天才』』，是歐洲教化使命的化身。但馬羅也聽說一些別的事。某些人說，庫茲「對公司造成的傷害比利益還多」；說他用的是「不良手段」。不論他是自立山頭了、發瘋了、病了，抑或三者皆是，總之身在下游的主管覺得這人必須走。馬羅就這麼往上游去，滿心期待見到此人。

航行於河上考驗著馬羅身為海員的十八般武藝，正如康拉德的經驗一般。康拉德的日誌內容是在尋找航行路線，但《黑暗之心》重述此事時，卻變成在尋找某種意義。「在河上迷路就像在沙漠裡失途，整天都在找那條水道卻不停撞上淺灘，直到你覺得自己是被下咒了，……我必須不斷猜測水道在哪兒；幾乎是靠靈感去分辨哪些徵象顯示水底沙洲的位置；我得注意河底有沒有沉著石塊。」[42]雪上加霜的是，馬羅在海上的同僚都有「同舟共濟」的精神，但到這兒他身邊只有粗鄙的白人乘客，而他覺得那些非洲船員跟他不同種，幾乎不算是人類。

雖然康拉德親眼見到剛果河在通往史坦利瀑布途中大幅變寬，馬羅卻說走在這段路上好像被叢林一直往內趕，像是要讓旅客通過狹縫回到過去。船與船員「愈來愈深入黑暗之心」，有如「史前地球上的漫遊者」[43]。距離內地商站還有八十公里處，他們來到河岸一間「蘆葦小屋」，屋前有根搖晃不定的旗竿。馬羅看了屋內，「知道不久前曾有個白人住過」，因為他發現一本書。「這東西是個頗離奇的發現。書名是《關於航海技術的幾點探究》，作者叫陶爾或陶森——反正是這類名字，英國皇家海軍船長」，而且這本書「已經有六十年了」，所以是帆船時代留下來的遺物[44]。馬羅在這本書裡找到「一段老而彌堅的友情呵護」，這「讓我忘卻叢林，……沉浸在遇見某種真實得無可質疑之物的美好感受裡」[45]。在一個瘋狂野蠻的輪船世界裡，這本書說的是帆船的話語。

到了內地商站下游幾公里的地方，船被濃霧籠罩。像被關入一顆珍珠裡面。看不到的岸上傳來人聲，「抱怨般的叫囂」。然後他們就遭到攻擊。箭矢往船飛來，舵手被一根長矛穿胸而過。馬羅看見岸上那「枝葉纏繞的暗影」裡「滿滿的」是「赤裸的胸膛、手臂、雙腿、兇狠瞪視的眼睛」[46]。他拉響輪船汽笛，加速逃離。庫茲的據點就在眼前。

馬羅從雙筒望遠鏡裡看到那棟房子。屋舍坐落在山坡上一處空地，空地邊上是一排木樁，「上面裝飾著雕刻圓球」。馬羅期望與庫茲這個「不可思議的傢伙」會面，以證明他這場旅程善超過惡，甚至能證明歐洲人在非洲所作所為整體來說也是善超過惡。庫茲曾為歐洲一個慈善協會「廢除野蠻風俗學會」寫過一篇報告，陳述他的文明教化理想。該篇文章是字字珠璣的滔滔雄辯，是對於「恩威並濟」的頌歌，是「打動每一個人捨己為人情操的動人呼籲」。但隨著馬羅愈行愈近，他認出來的東西也愈多。

岸上一名白人向馬羅揮手招呼，那人穿著一套「藍、紅、黃亮色布塊」做成的西裝，簡直像是把殖民時代的非洲地圖穿在身上[47]。他是庫茲所收的年輕俄國徒弟；馬羅找到的海員手冊就是他的所有物，書頁邊緣馬羅以為是「密碼」的那些文字，原來只是斯拉夫文西里爾字母。當馬羅靠近細看庫茲房屋旁那些球狀「裝飾」，發現那些東西原來竟是乾縮頭顱，「發黑，乾燥，皺縮，眼瞼閉合」[48]。

至於庫茲，馬羅發現這位文明先知已成了個蠻族大王。他身邊圍繞著塗油彩戴面具、「頭上長角」的「腥紅身軀」，一群惡魔一樣的人；與他相伴的還有個「野性美豔的如妖女人」，顯然是他的情婦，身上戴著「值好幾根象牙」的銅線手環與腳環，掛著「怪東西，護身符，巫師給的贈禮」。就連庫茲的白皮膚都與當地同化：看起來像是「從老象牙雕出的人」。在那本充滿理想的小冊子底下，庫茲潦草寫下一行瘋狂的命令：「殺光那些畜生！」[49]

獨霸一方的庫茲懷有某種幻想，覺得自己「就快要成什麼大功大業」，但他其實身體日益衰弱，明顯時日無多。馬羅利用庫茲的虛榮心，說服他搭上輪船離開：「你回歐洲絕對是功成名就。」他們得水流之助急速沿河下行，庫茲的生命在路上一點一滴流失。恍惚中，庫茲回想起自己的成就，想像著衣錦還鄉的大場面。但到了彌留之際，他的臉卻因恐懼與絕望而猙獰。庫茲用最後一口氣拚命吐出「一聲像呼氣般的微弱喊叫」——

「『可怕啊！可怕！』」50

這幾個字如墓誌銘般懸在庫茲矛盾的存在上：一個既倡導教化同時又掠奪象牙的頂尖貿易員；一個從事「野蠻風俗」——並追求「野蠻」女性——同時又呼喊著要「殺光那些畜生！」的白人。

馬羅離開非洲時就跟康拉德一樣，病痛纏身、心力耗竭。回到歐洲「墓穴般的城市」後，他著手處理庫茲留下的手稿：官方文件交給一名公司代理人，家族信件交給庫茲一個表親，庫茲那份「著名的報告書」交給一個有興趣的記者；最後，他將一包信件和一張照片交給庫茲的未婚妻。

在一間有如「肅穆優美的大理石棺」的公寓裡，庫茲的未婚妻身著喪服接待馬羅，請求馬羅告訴她庫茲最後的遺言。馬羅回憶起庫茲從黑暗傳來的聲音，虛弱訴說著「可怕啊！可怕！」，他實在沒有辦法透露真相。

「他死前說的最後一個字是——你的名字。」51

在「奈莉號」的甲板上，馬羅沉默了。此時潮水已經退去。上游是那座巨大如怪物般的城市，潛伏在那「陰森的暗影中」。下游是河水滔滔「流入一片無邊無際黑暗的心臟」。沒有風，沒有潮水，「奈莉號」往哪個方向都無法移動[52]。

《黑暗之心》在一八九九年發表於文學期刊《布萊克伍德雜誌》，之後於一九〇二年以單行本方式出版。表面上它看來就是典型的大河故事，從一處通往另一處：從歐洲到非洲，重疊著其他象徵性的旅程，從現在到過去、從光明到黑暗、從文明到野蠻、從理智到瘋狂。此外，從某些方面看來，《黑暗之心》也像是一條暢通到底從真實進入小說的路。以傳記上的事實論之，康拉德的小說沒有一部能如此密切對應他當時的經驗紀錄。對此書早期的讀者而言，書中描寫剛果是個將白人逼瘋的「黑暗之心」，這說的似乎也是真實故事。從康拉德前往剛果到《黑暗之心》出版之間，剛果自由邦已經成為一個「可怕」的帝國剝削案例，成為世界上最赤裸裸濫權高壓的殖民政權，原本理想性的原則凋零委棄。

利奧波德二世國王從一開始就拚命把錢送進剛果自由邦——他建造工作站，成立「公共部隊」，為馬塔迪到利奧波德市的鐵路簽支票，但回收的利潤微不足道。就說一八九〇年，康拉德到剛果的那年，收入只夠填補開銷的百分之十五[53]。到了一八九一年末，國王靈機一動想出新奇法子解決債務問題：他宣布剛果境內大片土地是「私人領地」，範圍內只有政府能採收並出口產品。大筆一揮，他就用一個接近封建制度的王室特權，取代本來實踐於剛果的自由貿易思想。面對這與自由邦建國精神「反其道而行」的政策，康拉德的雇主阿伯特・提斯與其他一些人士大為不滿[54]。但國王僱請律師替自己的主張打造司法上的辯護理論（以「無主地」的概念為基礎），並以專賣權為誘餌找來一批新的投資金主[55]。

國王與他的代理人開始著手用幾種方法從這些權利讓渡中獲益。第一步就是占據更多領土。亞歷山大・德孔繆在一八九〇年出發前往喀坦加勘查，那時康拉德也在剛果。公共部隊發兵襲擊南蘇丹，同時為了推翻桑吉巴阿拉伯人的勢力而出征東剛果。軍隊在一八九三年開進阿拉伯人大本營尼揚圭，比利時將此事宣傳成歐洲完美實踐承諾，「以文明之益取代可怕的奴隸制與食人風俗」[56]。但對於那些處在軍隊進路上的人，戰爭帶來的是「史上罕見的恐怖，只有西班牙人在中美洲或英國人、荷蘭人在東南亞最惡劣的那些歷史可以相比」[57]。像迪薩西・馬庫羅這樣的剛果人還更加能近取譬：公共部隊趕走了「巴譚巴譚巴」，行為卻跟這些人如出一轍[58]。

國王人馬從剛果獲得更多利益的第二種方法，就是向人民收更重的稅。剛果人沒辦法用錢交稅，因為剛果自由邦政府刻意讓境內不存在貨幣經濟：歐洲貿易商進口布匹、「米塔可」、槍枝和酒來交換食物、象牙與橡膠。只是，因為「私人領地」裡所有「土地物產」本來就屬於國家，剛果擁有土地的當地人也因此被剝奪商品財富。這樣他們要怎麼交稅？政府提出一個答案。剛果人可藉服勞務來抵稅[59]。

一個龐大的強迫勞動系統就此成形。政府官方代理人從一個村到另一個村徵召人民加入工作，身上帶著體格強健男性的人口調查名單、「奇科提」與槍械。從馬塔迪到利奧波德市，沿路上的居民怕被徵調去當挑夫，因此紛紛躲進灌木林藏身；官方為此採取一種新手段逼人民服從，他們把婦孺抓起來當人質，直到男人乖乖回來為止[60]。官方代理人在某些地區還鼓勵村民去鄰村劫掠人口，然後把俘虜交給政府[61]。公共部隊原本是從西非募兵，現在也用脅迫手段來取得足夠兵員。軍中許多「志願兵」其實都是迪薩西．馬庫羅這種從阿拉伯人手中「解放」出來的人，而他們現在實質上又被以另一種形式拘囚役使[62]。

就馬庫羅這人而言，白人殖民者讓他受教育、給他衣服穿，又領他改信基督教，他與白人的相處經驗是少有的正向。他在一八九四年受洗，而後終於回到出生的村莊，離他當初被綁架已隔十年。他的親生父親無法相信這個穿褲子的奇怪男人竟是他兒子；馬庫羅背誦祖先世系，又展露身上疤痕，才成功證明自己身分。全村歡騰，為了慶祝他歸來而殺羊殺狗擺宴，還打算殺兩個奴隸烤來助興。馬庫羅嚇壞了。別這樣做！他堅持道，對這「奴役與食人的野蠻風俗」感到驚恐不已。他試著向村人傳福音——但同胞完全不感興趣。「我們不要白人來這裡待下，」他們說，「那些人很邪惡。不要告訴他們怎麼進來，不然他們會把我們抓起來奴役並殺掉。你看巴譚巴就知道了，那些人到處做殘暴的事，殺死男人、女人和小孩，還把其他人抓起來，就像你這種！」[63]遇上阿拉伯匪幫已經很不幸。接著又來了白人，長得跟阿拉伯人很像，且比阿拉伯人還壞。現在這兒有個黑人，講起話來跟白人一模一樣。暴力之環像蟒蛇般纏緊剛果，蓄勢待發要將其勒斃。

利奧波德與其代理人還找到第三種方法從剛果榨取收益。他們發現有種新的自然資源可供採集。如果你是十九世紀末閒散的歐洲淑女或紳士，當手撫過鋼琴琴鍵，或在撞球桌上擊球，可能就會碰觸到一件剛果象牙製品。如果你是一八九〇年代世界「自行車熱」期間開始騎腳踏車的千百萬人之一，你可能就是利用剛果橡膠製成的氣墊在往前滑行。約翰・波伊德・登祿普在一八八八年注冊自行車充氣輪胎專利，此物的出現讓全球橡膠需求量大增。最能供應市場的地方深藏在亞馬遜河流域與非洲熱帶雨林，那裡有野生橡膠樹與橡膠藤。橡膠幾乎是在一夕之間成為剛果最炙手可熱的出口品。康拉德前往剛果的那一年，也就是一八九〇年，自由邦出口十三萬三千六百六十六公斤橡膠，不多不少；到了一八九六年，出口量已經增加為十倍（一百三十一萬七千三百四十六公斤），足以讓剛果登上非洲第一大橡膠產地寶座。在安特衛普交易所，橡膠銷售利潤超過了象牙，淨值達到六百九十萬法郎[64]。

橡膠大漲的時機對利奧波德國王來說再好不過。一八九五年他還處在破產邊緣，那時曾短暫地試圖推動比利時直接兼併自由邦，最後他成功讓比利時政府再次借款給剛果自由邦，整件事背後黑幕重重，但至少他因此脫困[65]。象牙供應量不斷縮減。但僅再過一年，橡膠的收入就能讓剛果逐漸成為一門發財生意[66]。要國王放棄自由邦，簡直就像要他退位那樣困難。他與他的合夥人反而想盡快大賺一筆，能從剛果掏多少就掏多少。

橡膠樹長在叢林裡任人取用，但採集膠汁實在不是人能做的事。你得深入雨林，兩腳深陷在泥巴與滯水裡，生怕何時會踩到蛇，還得張大耳朵注意有沒有豹子逼近到能把人一擊斃命的距離。你得從茂密植物裡挑選一條橡膠藤，沿著藤蔓搖晃找出一個比較軟的點來割破表皮讓汁液流出。其實直接把藤蔓砍斷要快得多，但自由邦禁止這樣做，因為這會讓整根藤枯死。你得等乳白色液體一滴滴流進壺裡，再等壺中液體變稠發黏成為乳膠。最便利的法子是把膠汁塗在身上，乾了以後再剝下來（可能會連你的汗毛與皮膚一起撕掉）揉成球狀。你可能得工作好幾天才能在籃子裡裝滿足夠的灰色硬丸，讓政府或公司的代理人能滿意[67]。

這種危險的工作既慢又痛苦，沒人願意去做。歐洲代理人因此發展出各種脅迫手段。自此之後，自由邦政府要求非洲人採集橡膠來交稅。地方官員給每個地區定下配額，派公共部隊進村把人整批抓去工作。至於那些讓渡特權的地區，歐洲代理人每隔約一百公里設下崗哨，把負責區內各個村莊所有男性列名冊，再叫武裝警衛隊拿槍逼著這些人進叢林。這些士兵兼收稅員（通常是非洲人）要把橡膠上交白人老闆才能拿到薪餉，因此他們有足夠動機無所不用其極地逼人採集橡膠。如果不去工作，就會受罰。如果採集量沒達到配額（就算不停採汁可能都採不足配額），也會受罰[68]。如果被逮到砍斷藤蔓，也得受罰。如果試圖逃跑，還得受罰。「我到處都聽到關於剛果自由邦行徑的同樣消息，」一個曾與史坦利共事的人這樣說，「橡膠與謀殺，奴隸制最惡劣的形態。」[69]

剛果中部赤道行政區傳來報導，揭露一種殘忍至極的計數方式。一位瑞典傳教士正要開始周日的布道，一名警衛突然闖入，抓住一個沒去叢林採橡膠的人。警衛當場開槍射殺那人。隨後他命令「一個小男孩……過去把中槍那人的右手砍下來。那人還沒斷氣，當他感覺到刀刃加身時還試圖把手抽開。小男孩花了一番工夫才把手砍斷」。該區境內處處都有警衛砍了被害者的手帶走，把斷手「當成戰利品交給（歐洲人）代表……這些斷手——男人、女人與小孩的斷手——一排排陳列在代表面前，讓他清點數量，以便確認士兵沒有浪費彈藥。」為了防止斷手腐爛，代理人「把這些手放在小爐裡，燻過後不久就擺到橡膠籃子上」。砍下來的手變成警衛解釋採收量未達配額的理由，如果採到的橡膠不夠，士兵就會殺死當地人，只為砍下他們的手。有時候，為了節約子彈，他們甚至會直接砍活人的手[70]。

在當時歐洲人耳中聽來，這種傷天害理的做法大概就是食人族士兵會做的事。問題在於這不是非洲人想出的主意。這種習慣與比利時民族主義者當時所復興的安特衛普建城神話竟可和鳴，思之令人不安。只是，剛果河上可怕的收稅巨人不是別人，而是比利時人為首的自由邦政府。

《黑暗之心》最早是在一八九九年連載於《布萊克伍德雜誌》，當時歐洲知道中部非洲那些「可怕」事情的人少之又少。人們只看到利奧波德國王擺出來給大家看的，而這位國王正忙著將賺來的錢化做金石：蓋出一座超越凡爾賽宮的大宮殿、一座壓倒布蘭登堡門的凱旋門，以及一條把比利時奧斯坦德變成北方坎城的海濱步道。一八九七年的布魯塞爾博覽會裡，他為了在特爾菲倫區蓋一間非洲展覽館而花了三十萬英鎊。比利時最好的設計師在展覽館內用木材造出一片新藝術風格叢林，讓人想到扭曲纏繞的橡膠藤、象牙與象鼻。設計師將這種新造型命名為「鞭繩風格」，竟天真地對於「奇科特」撕肉割膚的恐怖一無所知[71]。

不過，等到一九〇二年，也就是《黑暗之心》被納入《〈青春〉與其他兩篇故事》這部合集裡成書出版時，一個名叫埃德蒙．迪尼．莫瑞爾的英、法混血船運辦事員，幾乎是憑一己之力讓大眾注意到發生在剛果自由邦的事。莫瑞爾發現公司帳本裡記錄著大量從剛果進口的物資，卻找不到任何出口紀錄，因而起疑；他由這契機偶然發現當地強迫勞動情況之嚴重，而突然明白這原來是一個「剛果奴隸邦」。為了終止剛果這染滿非洲人鮮血的「紅色橡膠」政權，他全心全意投身運動。一九〇三年五月，也就是包括《黑暗之心》的那本小說合集在書店上架後六個月，英國下議院通過提案，同意在剛果出力「消除邪惡」。外交部於是派遣駐剛果領事前去蒐集證據。

這位領事正是羅傑·凱斯門，康拉德一八九〇年在馬塔迪遇到的鐵路監工[72]。凱斯門任務結束後回到英國，隨身筆記本裡滿載著血淚控訴的證詞，準備寫出自己這一份要求消滅（歐洲人）野蠻風俗的報告。他第一個聯絡來尋求支持的對象，就是老友約瑟夫·康拉德。

為什麼？《黑暗之心》難道不是已經見證並道出一切了嗎？就像某位書評家不久之前所指出：「文明人『蠻化』的現象常有小說討論，……但這件事的『為什麼』從未得到任何作者重視，至少不像康拉德先生在他這本書裡那般重視；而且，至今從未……有任何作家成功將此……徹底呈現在被蒙蔽的大眾面前。」[73]康拉德在此高喊出「征服世界」的真相：「向那些面貌與我們不同，或是鼻子比我們稍微扁平一點的人巧取豪奪。」[74]他看透那些自稱要開化非洲的人的偽善表現，只有英國屬地得到他的肯定，「因為我們知道那裡真的在做某些建設」。他甚至用書中殘酷的細節去呈現歐洲人那些「不良手段」——就連庫茲房屋周圍木樁上的人頭都是例子，康拉德可能是以史坦利瀑布比利時商站主任的相關報導為本，此人將非洲人受害者「二十一顆人頭」擺在「屋子前面花圃周圍當作裝飾」[75]！

凱斯門給康拉德一本莫瑞爾的小冊子，裡面歷數最近發生的暴行。「簡直就像道德之鐘被往

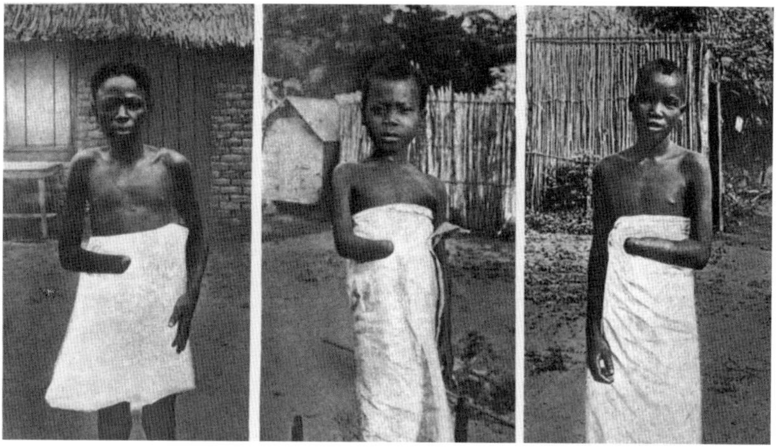

發生在剛果的暴行，出自莫瑞爾《利奧波德國王統治下的非洲》，一九〇四年。

回調了好幾個小時，」康拉德驚駭地說，「而事實就是……距離我們廢除奴隸買賣（因為此事的殘忍）差不多七十五年之後，非洲還存在一個由歐洲列強所打造的剛果邦，那裡的行政基礎就是對黑人進行有系統而不擇手段的殘忍行為。」[76]

然而，雖然康拉德看過也寫下這麼多剛果的「可怕」，卻從未加入凱斯門與莫瑞爾創辦的「剛果改革協會」。「我不是那種人，」他承認，「我只是個可憐的小說家，編造出可悲的故事，玩不起那種令人痛苦的遊戲。」[77]康拉德畢竟從小在對抗野蠻的理想化運動陰影下長大，這運動什麼也達不成，只是早早進了墳墓：他的雙親對抗沙俄政權的奮鬥[78]。凱斯門錯看了他。

凱斯門也錯看了康拉德的作品。如果就《黑暗之心》精確描寫剛果實情這部分來說，裡面呈現的是康拉德在一八九〇年去的那個剛果，而非一八九八年的剛果。一八九〇年的剛果還沒有政府專賣。沒有收稅。沒有公共部隊。沒有橡膠。沒有砍手的事情。（「我在內陸地區逗留那陣子，看了很多也聽了很多，但我從沒聽說當地人之間有人家說的這種砍手風俗，」他告訴凱斯門，「就我的經驗所及，我確信整條主河流域周邊都不曾存在過這類風俗。」[79]）凱斯門和其他人相信，有辦法整頓剛果，以正確手段進行文明教化；但就算是一八九〇年的剛果自由邦，康拉德也在其中察覺到「可怕」的部分，因為，某種程度來說，他認為問題並非在於偽善者的背叛文明之舉——而是歐洲人認為文明等同於行善的觀念。

康拉德拒絕支持凱斯門的呼籲，此舉代表他重申其作品的想像界限。《黑暗之心》絕非僅是一本抗議現狀的宣傳小冊。「奈莉號」上聽馬羅說故事的人指出：對馬羅而言，「一件事的意義不是像果核那樣位於核心，而是像薄霧那樣存於其外」，以此警告讀者不要盡信字面意義[80]。康拉德用他自己旅途中的細節當作踏腳石，進入他所說的「D之H（譯注：應該是指《黑暗之心》）的朦朧性」。他在書中盡可能避免寫出完整地名（包括哪條河、哪個邦國，甚至是非洲本身），而是使用不精確的形容詞來掩飾所要表達的意義——「難以捉摸的」、「不可思議的」、「難以理解的」、「無法感知的」，並將一趟河上旅程的敘事動線扭曲成無法以單一聲音說清楚的螺旋[81]。馬羅不斷看見各種事情，但要到後來才會明白這些事情的意義[82]。他刻意讓「可怕」的意涵成謎，這可被合理詮釋為對「文明」的責難，也可被認為是對「野蠻」那原始而普世的潛力之估算。《黑暗之心》的意義除了可從剛果與康拉德旅程中特定真實的見聞裡求得，更可從此書創作過程中的相關經驗與思想裡一窺究竟。

第九章　白色蠻人

一八九一年初，康拉德．科爾澤尼奧夫斯基帶著肉體與心靈的創傷從剛果回到倫敦。他的腿部嚴重腫脹——可能是痛風，自此糾纏他終生——他的老友菲爾．克里格為此將他送進倫敦達爾斯頓區的德意志醫院接受治療。更糟的是，他的心靈陷溺於絕望之中。「我已臥床一月，」他在醫院寫信給瑪格麗特．波拉竇斯卡，「我覺得這是我生命中最漫長的一個月。」「我帶著無比絕望看待一切事物——看見的一切都是黑色。」兩週後：「其實是我的神經已經紊亂，導致心悸以及呼吸困難發作。」十天後：「我依然陷在最濃的黑夜裡，我的夢都只是夢魘。」[1]憂鬱症在康拉德的心靈世界裡就是黑暗的同義詞。自從一八七八年在馬賽那次發病以來，這是他所描述過最嚴重的一次發作。

塔德烏什．波布羅斯基對康拉德過去試圖自殺的經驗記憶猶新，看到外甥這些信就更皺眉頭。「你想讓敘述的情況讀起來有滑稽感，但我從裡面看得出你仍然非常虛弱、非常疲累。……我有理由猜測（你間接暗示過）你待在非洲的時候透支了自己的氣力。」[2]塔德烏什因為康拉德一封「充滿悲傷與沮喪」的信而「怎樣都無法放心」，於是提議出錢讓他去瑞士的「一間私人醫院待一個月」，讓康拉德在那裡接受水療法[3]。「你知道我不是過分慷慨的人，但如果有需要，我就會出必要的錢來挽回你的健康。」[4]

瑞士療養院的三週生活對康拉德有些助益，但他一回倫敦立刻又患上瘧疾，於是再次被憂鬱症的魔掌所攫。由於身體太不健康而難以求職，他只好到朋友經營的巴爾與摩令公司擔任倉庫管理員。這份工作之沉悶乏味讓他深感自己有如「在坐牢」，且還無法「藉由回憶犯罪當時的快感來獲得安慰」。「晚上回家後，我懶到連看見筆都會感到恐懼」，所以他盡力從「這倉庫那廣大（且積灰）的孤獨裡」湊出時間來寫作[5]。

「對他來說，好幾年以來都一直在往無底懸崖墜落，」康拉德寫道，「日復一日，月復一月，年復一年他都在墜落，墜落，墜落；過程順暢、圓滾滾而黑暗，那堵黑牆以使人感到無力的高速向上衝去。」[6]他散文的節奏與文句重複精確傳達憂鬱症患者如何被不斷循環的無助感吞噬。康拉德不是明確地在寫自己，他寫的是奧邁耶，是他帶去非洲又帶回來那本小說的標題人物。他在倉管生涯的空洞時間裡將寫好的部分加以編輯，又添上另外兩到三章。

康拉德溯剛果河而上時心中想的是婆羅洲，如今他懷著對剛果的渴望記憶重拾《奧邁耶的癡夢》手稿。他述說奧邁耶渴想著在內陸開發出珍貴的祕密資源，一座「金山」[7]。內陸地區會有人不曾知的財富，這種想法呼應剛果自由邦的經濟，那裡最取之不盡的象牙就源自河流最上游處。歐洲人在剛果願意放棄原則以取得利潤，與惡名昭彰的奴隸主提普・提伯交易；同樣地，康拉德也讓奧邁耶與婆羅洲當地馬來土酋達成協議，此人是奧邁耶的老對頭。

此外，他還加深了小說中對奴隸制度的描述；奴隸制受官方禁止，但在剛果和婆羅洲都暢行無阻。《奧邁耶的癡夢》裡，每個有錢角色都養奴隸。從非洲回來後不久，康拉德寫作某一章時試圖進入一名女奴的心靈，一個「半成形的蠻荒心靈，受她肉體的奴役——而她肉體又是另一人意志的奴隸」。通過她的眼睛，他畫出一幅聽天由命的生命觀，應和他自身的憂鬱觀點。「這奴隸沒有希望，不曉得有變化。——她只知道這一片天空，這一處水，這一座林，這一個世界，這一種生命。」[8]

康拉德從剛果歸來，對「文明」與「野蠻」之間的緊張關係感到前所未有的怨憤。《黑暗之心》裡面有寫到此事，但早在之前他已把自己對兩者歧異性的思索納入《奧邁耶的癡夢》中。「某些情況下，野蠻人與所謂的文明人會在同一個基礎上相遇。」康拉德寫道。儘管奧邁耶生於爪哇，從未到過歐洲，但一生的夢想就是與他「混血」的女兒妮娜回歐洲過退休生活，讓她與白人成親。天不從人願，她與一名英俊的馬來王子相戀——並在她母親的祝福之下，打算與王子在峇里島定居。奧邁耶詛咒在婆羅洲「於野蠻人群中勞作、失望、屈辱」的長久歲月[9]。他的文明之夢消逝了。

至於康拉德自己，他繼續從一處汲取力量，也就是與瑪格麗特・波拉竇斯卡的關係中。他寫信給她的次數頻繁且內容親暱：「如果這世間有人能慰藉破碎的心靈，那人必定是你，……我仰慕你且愈發愛你。」[10]他也定期寫信給舅舅塔德烏什。塔德烏什覺得外甥看來心情有所改善，感到安心的同時又重新開始對康拉德人生缺乏方向一事發牢騷，指出外甥人格中有「某些缺陷」。

康拉德對這話影射的內容感到憤怒，堅持要塔德烏什說清楚。

「好吧，」塔德烏什先聲奪人，「我認為你一直以來所做決定都不能持久且缺少努力不懈的態度，因此你的目標與期望都無法確定。你缺乏毅力，兄弟閣下（什拉赫塔階級中互相尊稱的一種方式），面對事實時你是這樣，我猜想面對人的時候也是這樣？」塔德烏什身為舅父，認為康拉德的性情是他父親這個「滿腦子理想的做夢者」的錯。科氏家族的男人「老是陷溺在各種天南地北的計畫裡頭」，塔德烏什抱怨道，「他們在想像裡孵育這些計畫，若被批評甚至還要生氣——覺得反對他們的人都是『白癡』，但事實真相通常證明他們的夢是虛假的」。

塔德烏什特別勸告外甥放棄其中一個夢想：那就是康拉德摯愛的「瑪格阿姨」。她也會寫信給塔德烏什，信件內容令他不由得細思。「在我看來，你們兩人都沒有認清你們之間只是調情……身為一隻與你們兩人都親善的老鳥，我勸你放棄這場遊戲，這事不會有什麼明智的結果。」他將這名寡婦貶作「一個歷盡滄桑的女人」，認為她最好接受布魯塞爾市長查爾斯．布勒斯這位年長者的追求，「他能給她地位與愛」。至於康拉德，若真與瑪格麗特成婚，這場婚姻「會變成一塊石頭掛在你的脖子上——對她也是。如果你有智慧，會把這段娛樂擱下，僅以朋友身分與她分別：如若不然，總之我已經警告過你！——以後你也別再說我不曾警告過你！」11

康拉德立即回信給塔德烏什，希望轉移他的擔憂。結果一敗塗地。如果說「『我們獲賜言語（或說書寫文字）來掩藏心中所想』，那麼，我的兄弟閣下，你執行這任務還真有效率」，塔德烏什回信說，「花了整整五張信紙告訴我你認識那麼多老的少的、醜的美的英國女性，說她們纏著你調情，你有的回應有的不回應，……卻對於唯一一個我猜疑與你有關係的那位隻字不提，而且，那位還不是什麼笨拙的英國女人，是我很熟的瑪格麗特」！塔德烏什這個「老鳥」可沒被騙過去。「我有眼睛看（此刻有眼睛讀），有耳朵聽，曉得讀了什麼，知道事情就是這樣。」[12]

不過，或許在數年後，我們能藉由《黑暗之心》的馬羅之口聽到康拉德比較深思過的回應。馬羅發覺要向不曾經歷過的人解釋某種經驗簡直不可能，於是只好認命接受「我們活著，就像做夢，都是孤獨的」這想法[13]。康拉德繼續對瑪格麗特調情——「今晚我像是進了死巷，背也給壓垮了，臉都跌在土裡。你可願意把這小可憐收拾起來，將他輕輕放進你的圍裙，把他介紹給你的娃娃，讓他和其他人一起參加晚宴？」——但舅舅的話確實起了影響[14]。康拉德向瑪格麗特承認自己缺乏「毅力、忠誠與恆定」，避開不再見她[15]。他開始找下一個航海的工作。

一八九一年十一月，康拉德登上「托倫斯號」擔任大副，這是一艘漂亮的快速帆船，載運頭等客人前往澳大利亞。雖然只拿到低於他執照資格的職位，但這艘船很有名氣，且船長是康拉德舊識侯波的朋友。康拉德馬上寫信給瑪格麗特，逐日數著距離下次能寫信給她還有多少日子。「在這段時間內，請以你善良之心記得我；在你心裡留個小小角落，等我歸來（九到十個月以內），倘若你願意我們可以試著見面。但計畫又有什麼用呢？命運才是我們主人！」[16]他注冊上船，簽名用的是「J．康拉德」這日後常用的名字。

康拉德乘「托倫斯號」去了兩趟澳大利亞。這是他任職過最好的船，且身為大副能與船上有教養的富有乘客往來。其中一名乘客剛從劍橋大學畢業，他成為第一個讀過康拉德小說（當時尚是手稿）的人，並鼓勵康拉德繼續創作。另外兩人與康拉德變成終身好友：一個是預科學校教師愛德華（「泰德」）．桑德森，另一個是年輕律師約翰．加斯沃西。「大副是波蘭人，名叫康拉德，是個一等一的傢伙，雖然長相看起來有點奇怪，」加斯沃西寫信給父母，「他這人旅行過、體驗過世界許多地方，心中存著許多親身經歷的故事，任我愛聽多少就有多少。他曾去過剛果內陸，踏遍麻六甲與婆羅洲，還有其他偏遠地區，更別提他年輕時還幹過一點走私生意。」[17]這位乘客與這位大副當時完全沒料到，後者將來會成為鼎鼎大名的小說家。

可是，只要船長沒有退休的意思，「托倫斯號」的大副就是個再也上不去的工作。一八九三年七月，康拉德辭職下船，花了四週去烏克蘭探望舅舅塔德烏什，回到他所知的第一個文明野蠻交界的前線。回倫敦之後，他能找到最好的職位是在一艘載運朝聖團的老舊輪船上當二副；這艘船受僱從盧昂載運移民去魁北克，但租船人與船東起爭執，最後沒有半個乘客出現[18]。康拉德在盧昂港無事可做，度過一八九三年聖誕節與新年，一邊修改《奧邁耶的癡夢》，一邊等船開回英國讓他辭職下船。他日後回顧時會知道，天命有常，這艘哪兒都去不了的船為他的航海生涯畫上句點。此後他再也不會從事水手的工作。

回到倫敦不過幾週，康拉德就收到烏克蘭來的電報。他打開電報，內容是：很遺憾必須通知您……「您舅舅過世的悲痛消息，……故塔德烏什．波布羅斯基」[19]。

康拉德的錨鍊應聲而斷。人生中最親密的人走了。再沒有人能幫助他、勸告他、斥責他、叨唸他，像愛自己的孩子般愛他。再沒有人會喚他是小康拉德、「兄弟閣下」、「我親愛的孩子」。「一切彷彿都在我體內死去，我的靈魂好像也被他一起帶走。」[20]

塔德烏什·波布羅斯基留給康拉德一筆約一千六百鎊的遺產，足以支撐他許多年的生活，但康拉德只感覺到空虛。他發覺最能讓自己獲得慰藉的方式，就是再度全心投注於《奧邁耶的癡夢》手稿，下定決心要寫完它。這是「一場至死方休的奮鬥……」！他這樣告訴瑪格麗特·波拉竇斯卡。「如果放棄，就輸了！」[21]死亡在此書最後幾章無所不在。妮娜·奧邁耶準備越過那迷人而致命的大海，追隨她的愛人而去，海的「表面恆常變化……但深處恆常不變，冰冷而嚴酷，多少被摧毀的生命留下智慧充塞其中，……它魅惑世人終生為它做牛做馬，然後將他們吞噬，不顧這些人如何對它奉獻」。奧邁耶目送女兒離去，然後用沙掩埋她的足跡，形成「許多小型墳墓排成一條線，直入海水」[22]。全書最後幾頁寫他如何不顧一切想忘記她。他燒掉自己的房子，沉溺於鴉片，最後死去。

「我很遺憾地通知您，卡斯帕·奧邁耶死了，死於今天早上三點。」一八九四年四月，康拉德用一種故作嚴肅的態度寫信給瑪格麗特。「寫完了！……這一整群人，多少年來在我耳邊說話、在我眼前比手勢、與我一同生活的這些人，突然間全都成了一群幻影……。在我看來，我好像將一部分的自己埋進眼前這疊紙張裡。然而我卻覺得——那麼一點點——快樂。」[23]他將手稿送去打字，很得意地帶著打字稿踏進他朋友侯波的辦公室，將稿紙包裹好，然後寄給出版商費雪·烏溫，連個說明紙條都沒附。他選擇烏溫，因為他喜歡烏溫當時以作者筆名出版的某個系列；而康拉德為自己挑的筆名是「卡穆迪」（馬來文『舵』的意思）[24]。

但此時的康拉德卻處於生平少見失舵迷惘的狀況。書寫完了，放眼看不見下一份工作，還遭遇喪舅之痛，「神經紊亂的病情凌虐著我，使我陷入慘境，行動、思想、一切都癱瘓了！我問自己為什麼要存在。情況非常可怕」[25]。他想找工作卻找不到。他前往瑞士再度嘗試治療，狀況稍有好轉後，還有力氣開玩笑：「既然我顯然是死不了，就得專心致力活著——這可真麻煩啊。」他開始寫一部新小說來自我治療，用《奧邁耶的癡夢》裡一些人物來寫前傳，故事主線在說「被逐出社會的兩個人，就像在世界偏遠角落發現的那種人。一個白人與一個馬來人的故事。你看我有多放不下馬來人！我的心都在婆羅洲身上」[26]。

憂鬱症在他的生活裡陰魂不散。「這本書進度非常慢。我很氣餒。靈感就是不來，」他寫信給瑪格麗特說，「我想把寫出來的都燒掉。寫得太糟了！」不過他幾天後又補充說：「人會說那種話，但沒那種勇氣。有的人就是這樣把自殺掛在嘴上。」「天哪！黑暗，黑暗，一切都如此黑暗！」[27]

他依靠向她，尋求親密感與慰藉。他會在信裡稱她是「我親愛的舅母」、「我最親愛最迷人的舅母」、「親愛慈愛的舅母」。「你不可能知道你的溫情對我來說有多珍貴！」「你的信……讓我好希望自己在你身邊，……能被人這麼徹底地了解是天賜的幸運，而你從頭到尾都了解我。」「你是世界上唯一一個我可以無所不言的人——因此你的同情就更加珍貴。」「我多麼常想到你！每一天。」「我親吻你的雙頰，……每天都在等你的信。」「全心屬於你，」他會這樣在信末簽名：「永遠屬於你，」「你的J・康拉德。」[28]

康拉德的沮喪終於被一個消息打破。一八九四年十月，烏溫通知說願意以二十鎊的稿費出版《奧邁耶的癡夢》——這對改善康拉德的生活實在微不足道（二十鎊還不到他在「托倫斯號」上工作三週的薪水），但「光是能出版這件事就已經很重要了」。「現在只要再給我一艘船，我就離快樂不遠了。」[29]康拉德與他的新出版商見面，受到審稿人非常熱情的接待，害他以為這些人是在開他玩笑；事實正好相反，其中一名審稿人愛德華・賈內特當下就跟他成為好友。這些人領著他去見「大人物」烏溫本人，而烏溫則展現春風般的大人風範迎接他。我們會密切關注你，並「幫你出一本六先令精美的書」，烏溫承諾他。要他「寫個短一點的——同樣這類的東西——在我們『筆名書系』出版」，他接著說，「如果我們覺得適合，會非常樂意開給你一張大得多的支票」[30]。不過，老實說，「約瑟夫・康拉德」已經可算是某種筆名，把「康拉德・柯爾澤尼奧夫斯基船長」轉化成一個英國小說家。

《奧邁耶的癡夢：一條東方河流的故事》於一八九五年四月上市。該書獻詞題為「以此紀念T・B」——用縮寫來隱藏波布羅斯基的波蘭名字，正如「約瑟夫・康拉德」將「康拉德・柯爾澤尼奧夫斯基」隱藏起來。小說名稱也可能是有意掩蓋什麼。雖然康拉德將故事背景設在一條「東方河流」上，卻花了很大工夫來將內容與真實世界特定人名、地名分開。他對他的出版商說：沒錯，小說故事發生在婆羅洲，但「從最通俗的層面來說——河與人除了名稱之外沒有任何真實性」。說到底，小說不就是想像力的產物嗎？「任何評論若想從書裡找出真實地點或事件，對這宇宙微不足道的一個小分子來說，會是慘事一樁，那個小分子不是別的，就是我自己。」[31]他還指出，除此之外，他寫的東西涵蓋得更多更廣。「你就不能說這是個『發生在野蠻環境裡的文明故事』嗎？就算不直接這樣說，也可朝這個方向講。」[32]

康拉德在此書〈作者自序〉闡述他對文明與野蠻的認知[33]。不久之前有篇文章抨擊說所有以「異域」為背景的書都是「不文明的」，說這些書裡描述的「遙遠異國的怪異人民」也都是「不文明的」，而康拉德這篇自序就是在回應該文[34]。「這位評論者……似乎以為這些天涯島嶼上人們表達喜悅都只是一陣歡叫然後跳戰舞，」康拉德反駁道，「所有悲愴都是一聲痛嘯，然後露出嚇人的齜牙咧嘴表情與銼尖的牙，而所有問題的解決之道都存在於左輪槍管或阿色蓋的尖端。」由於康拉德這本書背景在亞洲，因此這段話所呈現的意象就更醒目：「阿色蓋」是一種南非土著用的長矛，而「露出嚇人的齜牙咧嘴表情與銼尖的牙」這話，立刻讓人想起那種充滿種族偏見的非洲人漫畫，特別是那些實際上會把牙齒銼尖的剛果人[35]。康拉德在自序結尾為全人類本質上的同胞之情辯護。「我們與遙遠的人類之間都存在牽繫」，他如此主張，且說「我願與芸芸眾生共情，不管他們生活在何地；住的是房屋或帳篷，是在霧氣籠罩的街道，抑或在陰鬱紅樹林黑影後方的叢林，圍繞在海洋那廣袤的荒涼裡。」

後來，康拉德寫了一本關於剛果的書，將先前那本部分在剛果寫成的書之觀點放進新書裡檢驗。馬羅用粗暴的種族歧視刻板印象來描述一群非洲人，說他們是「一大片揮動的黑色四肢，一大堆拍擊的手掌、踩踏的腳、搖晃的身軀、翻白的眼珠」。馬羅根本無法設想這裡面可能有個迪薩西．馬庫羅——無法設想非洲人可能也會思想，也有意念，更別說可能也有歷史、社會，或信仰（馬羅認為這些東西亞洲人都有，雖然他用以描述的詞彙也一樣充滿刻板印象）。縱然如此，馬羅仍受到某種認同感的衝擊。「不，他們不是非人類，」他明白了，「你的戰慄感只是因為想到他們的人性——和你一樣的人性，因為你想到你與這蠻荒的激情吶喊之間，距離雖遠卻血濃於水。」[36]之後他又有一次事後恍然大悟的經驗，那次他發現手下船員裡有些竟是食人族；讓他震驚的不是這些人會吃人的事實，而是這些人竟然不會吃他[37]。馬羅「看他們的態度就像看任何人的態度一樣，會去好奇他們的本能、動機、能力、弱點」。他發覺這些人也有一種自律精神、一種道德觀念。那些「文明」應當灌輸的東西都已經在他們身上——同時也暗示庫茲並不具備這些東西。

康拉德混淆婆羅洲與剛果，混淆實際去過與想像的地方，跨越在俄羅斯首度遭遇的野蠻界線以認知人性，這些做法導致他的種族偏見用詞影射出一種潛在的激進暗示。康拉德在說的是：野蠻與文明之別超越膚色；這個分野甚至超越地域。對康拉德而言，問題不在於「野蠻人」不算是人。問題在於，任何人都可能是野蠻人。

馬羅對於「蠻荒激情」感到「血濃於水」而引發的戰慄感，裡面還藏著一股暗流，這股暗流雖較少人知，但它對於「野蠻與文明各自存在於不同領域，判然二分」這個想法所造成的衝擊絕不會更輕。這股暗流就是性欲的影響力。在康拉德的「異域」小說裡，性吸引力出現在那些所謂

「文明」的事物失去吸引力的時候。它存在於女性化的帆船所展現的魅力，相對於輪船那種枯燥乏味的機械性。它存在於帕圖桑，電報線與輪船都到不了的地方，吉姆在那裡愛上他的「珠兒」。它存在於《奧邁耶的癡夢》故事主線裡，在奧邁耶與他亞洲妻子的爭執中，而他們爭執的是女兒婚事——也就是兩人後代未來如何繁衍的問題。它還生氣勃勃地存在於《黑暗之心》裡頭，在庫茲那位「野蠻又超凡」且性感無比的情婦身上，這個穿戴著象牙利潤的黑人女性與庫茲那位呆板的未婚妻形成對比，後者穿的是喪服，住在「墓穴般的城市」裡。康拉德巧妙地將「可怕」代換成「你的名字」，以小說隱藏的欲望渠道將這兩名女性連結起來。為了解釋這個謊言，馬羅告訴他的聽眾說：「那個女人……不應被牽扯進來。我們必須幫她們留在自己的美麗世界裡，以免我們這個世界愈來愈壞。」[38]這話本身聽來像是不假思索的性別歧視言論，但就像馬羅對非洲人的種族歧視描述一樣，康拉德是把這番話放在一個既強化偏見又推翻偏見的故事裡。

這股暗流充滿渴盼——渴盼著非文明、他者、禁忌，而這與康拉德的愛情生活息息相關。不論在歐洲或歐洲之外，我們不知道他是否曾與任何女性有過性關係，當時的紀錄裡沒有留下任何蛛絲馬跡。與其將這沉默視作他生命經歷的真相，人們更想把這解讀為保密、羞恥感，或就是一種為己諱的態度。但有大量證據顯示，康拉德對寡居布魯塞爾的那位「舅母」，心懷強烈的柏拉圖式依戀。這情感始於他出發去剛果的前夕，卻在他成為一名出版作家之後，隨即意外地展開新章[39]。

《奧邁耶的癡夢》正式發行隔天，康拉德決定回去瑞士的溫泉療地「用冷水與潔淨空氣修補我千瘡百孔的神經」[40]。山間生活讓他恢復精神，成效顯著，很快就發現自己開始與別的遊客調情，對象是一位名叫艾蜜莉．白凱勒的年輕法國女生。康拉德跟白凱勒一家人說自己是英國人，並用法文跟他們交談，以此掩飾自己的波蘭身世。艾蜜莉對這位船長深深著迷，覺得這人既彬彬有禮，又煥發著熱帶冒險經歷打磨出來的光輝。同樣地，他也覺得她很迷人——他與瑪格麗特．波拉竇斯卡說好回程會去巴黎拜訪她，卻完全沒提到艾蜜莉，由此可見這位法國女士迷人的程度。

然而，康拉德完全沒有對艾蜜莉更進一步表達情感就離開瑞士。他在一八九五年六月回到倫敦，很不尋常的是他當時正坦然思索著愛情。他寫信給新認識的朋友愛德華．賈內特，說道：愛情能給他一個活下去的理由，他很需要這樣的理由。「不過，一個人還是得有個對象來投注愛意——但我沒有。」[41]

那麼瑪格麗特．波拉竇斯卡呢？幾天後他寫了封短信給她，「我帶著關於你的回憶離開，多麼美好、多麼醉人的回憶，記得你在你巢中與鳥群共處既歡欣又安寧的模樣，」這番話顯然是指最近一次見面的情況，信尾簽名時和往常一樣，給了她一個溫暖的「擁抱」[42]。這封信之所以重要，不在於它說了什麼，而是在於它沒有說什麼。從一八九〇年以來，瑪格麗特收到數十封康拉德寫的信——信中情感洋溢，句句出自肺腑，柏拉圖式的愛意躍然紙上——但瑪格麗特存留的信件裡，從這封信到下一封信之間足足隔了五年。怎麼回事？康拉德去巴黎見她了嗎？他是否在躲著她？是否兩人之一表示得太過？是否兩人之一表示得太少？這謎團會因為接下來發生的事而更

左：潔西·喬治與康拉德結婚當天的肖像。
右：約瑟夫·康拉德與潔西結婚當天的肖像。

顯詭譎。

一八九六年三月，康拉德聽說艾蜜莉·白凱勒訂婚的消息，於是寫了一封信給她母親道賀。「我願她擁有沐浴陽光的風景，願她人生路途籠罩清涼無擾的樹蔭，願她擁有永恆春天的微風。」接下來他拋出炸彈。「我也要結婚了，」他在信末說，「但這事說來話長，若您允許，我將在下封信裡細說。」[43]

所有認識他的人都被這個消息嚇到。他對波蘭一名表親解釋得比較詳細。「我鄭重宣布……我要結婚了。這事沒有人比我更驚訝，但我並不覺得害怕，因為你知道我習慣了充滿冒險的生活，習慣了面對駭人險境。」更讓人不敢置信的是他選擇的結婚對象，「她名叫潔西，姓喬治。她這人個頭小，看起來貌不驚人（說實話，哎，長得很平庸！），雖然如此，卻是我非常珍惜的人。我一年半前認識她，那時她在倫敦金融圈內美國卡利格拉夫公司（打字機廠商）一間辦公室裡當打字員」。他們的婚期定在兩週後，婚後預定搬往不列塔尼並「著手寫第三本作品，因為我得靠寫作過活。幾天前有人想聘我去當一艘帆船的船長——這件事讓我的潔西很高興（她喜歡海），但對方開的條件實在不好，最後我拒絕了。寫作這個職業現在是我唯一養家活口的方式」[44]。

一八九六年三月二十四日，約瑟夫．康拉德與潔西．喬治前往聖喬治漢諾威廣場戶政事務所，「將我倆卑微的命運合而為一，攜手面對未來路上的炎熱與沙塵」[45]。他是天主教徒，她則是新教徒，因此用公證結婚的方式來解決信仰不同的問題。康拉德沒有親戚，伴郎只有他的老友菲爾．克萊格與侯波。潔西親友眾多——有八個兄弟姊妹，這一大家子全部到場觀禮。這位新的康拉德太太整天都對她先生的怪異行為大惑不解。他對她家人態度冷淡，到了晚上兩人獨處時，他又坐在桌前寫信寫到好晚，還堅持在半夜兩點出門去寄信。第二天，新婚夫婦離開（用他的話來說）「文明的景象與聲音，進入不列塔尼的荒野」[46]。火車搖搖晃晃駛過一條隧道，此時潔西被一陣閃光嚇了一跳。她當下怕得要死，以為是她這個古怪的新婚丈夫在扔炸彈——像歐陸那些恐怖的無政府主義者一樣[47]。

突然與潔西．喬治結縭的這名男子究竟是誰？康拉德（這是她對他的稱呼）與她以前遇過的任何人都大為不同，他不僅是她第一個熟識的外國人，還是「第一個對她特別有興趣的成年男性」。他這人「複雜」，「極度敏感且憂鬱內向」，而她甚至不期望自己有朝一日能真正了解他。他的怪異有時令人不知如何是好。舉例來說，他求婚的方式。那天他們兩人逛了一早上國家藝廊。就在他們踏出大門後，他轉身面向她，說：聽著。我不會活很久，也不打算生小孩。然後他又聳聳肩，說：但有比沒有好，我想我們可以一起快活過幾年，如何？她同意了。兩人就這麼訂婚。大功告成。他們一起去吃午餐慶祝。因為尷尬，整頓飯差不多在沉默中度過。康拉德離開時，帶著「切身受苦的表情」拔足而逃，之後連續幾天都沒消息，留下不知所措的未婚妻擔心是否「他已經後悔求婚了」[48]。

奇特可以是種魅力。他臉上一雙杏眼間距很寬，說的故事讓人聽得入迷，每說一次都有那麼一點不同，充滿活力的不同。吸引她的是「他心裡靜不下來的部分，……某種內在的火焰，讓我幾乎喪失所有的言語能力」。她不必透過語言就能解讀他的內心需求。她馬上「對那孤單的人懷著一種母性」，「那人幾乎未曾體驗過母親的照顧，也完全沒有家庭生活的經驗」[49]。同時，她很早就準確地感覺到，康拉德也會照顧她。他們蜜月第一週她就生病，他滿懷憂慮前前後後照應她。這疾病與照顧的循環——她生病，他看顧，他生病，她看顧——將塑造他們共同生活的模式。

突然開始與康拉德共同生活的這名女性又是誰呢？他在一八九四年遇見她，很可能是把《奧邁耶的癡夢》送去打字以便出版的時候，而在一八九六年求婚前，可能還跟她見過五次面。他人生中其他女性都是說法語的上流社會閒散貴婦。潔西是出身於佩卡姆區的工人階級婦女。她才十八歲。父親是倉庫管理員，但英年早逝，所以她去當打字小姐來養活一堆弟妹[50]。她從未出國。她不會說法語。那些帶著調情意味的室內遊戲、撞球桌邊的互相示意，或優閒乘馬車在植物園裡兜風，這些東西都不曾出現在兩人交往過程裡。不知他從瑞士寄出的信裡可曾寫到任何表白或告解，但總之他要把這些都銷毀。他在結婚前叫她把他寫的信全燒了，並看著她聽命執行[51]。

康拉德的朋友無法相信他竟然娶一個教育程度這麼低又粗鄙無文的人；他的舅舅塔德烏什倘若還活著，想必也會驚駭不已。然而，康拉德明顯感覺到，潔西身上有他需求、渴望的特質：她性格平和，脾氣好，有耐心，且自發地願意照顧人。如果能以照顧他為一生職志，她也能感到滿足。他在蜜月期間興高采烈寫信給愛德華．賈內特，說她是「極好的同志，完全不會打擾我。事實上，我喜歡讓她在我身邊」[52]。她尊重他的沉默與心情變化，打理他每日生活所需。如果塔德烏什還活著，他應當也會慶幸外甥總算放棄浪漫夢想，踏入一段實際可行的婚姻。「我們活著，就像做夢，都是孤獨的。」馬羅在《黑暗之心》裡如是說。經歷年復一年的孤獨做夢，康拉德最終選擇與另一個人一起生活。

新婚夫婦在不列塔尼的大島半島租下一棟石屋，「整棟房子都是我們的！」——康拉德自童年以來第一次有屬於自己的住家。他從屋子一側能看見海岸線沿著水面伸展，「有石，有沙，這荒野充滿憂傷而豐富的表情」。屋子另一側看到的是地平線，「蔥綠，帶笑，陽光普照」。樓下有一間地板鋪石的大廚房，裡面「光是爐灶就大得夠（讓潔西）住進去」。樓上有兩間臥房。康拉德對這些都沒說話，但潔西對於四柱天篷床上蓋的粗麻床單很不滿意，那床單中央還有一道粗糙縫線[53]。

婚姻生活的節奏逐漸成形。康拉德夫婦租了一艘四噸小艇「長春花號」。康拉德教妻子學會掌舵，然後他們就開船在尖塔般的岩石間巡航，兩人輪流擔任舵手與守望工作。有些日子他們會散步到很遠。潔西在一處開黃色花的野地裡彎腰摘出一束花，康拉德拿出他的新菸盒（泰德・桑德森送的結婚賀禮），抽一根氣味衝鼻的法國香菸。他們回到小屋，將帽子、手杖放在廚房，然後潔西下廚做晚餐。康拉德得以動筆寫第三部小說，《救援者》寫的是林加船長馬來亞冒險記的又一章；寫完的部分就交給潔西打字。

「那段時間很快樂，」潔西在回憶錄裡寫道，「無論怎麼想，我心中都覺得那段時間很快樂。」[54]但康拉德的心魔逐漸滋長。他們在大島半島待了兩個月以後，他寫信給愛德華・賈內特承認說：「我會有很長一段時間陷入憂鬱，如果在精神病院裡他們會說這是發瘋。……這東西來得全無緣由，非常恐怖，延續時間可能是一小時或一整天。症狀會消失，但留下恐懼。」[55]他的手因風溼而腫脹僵硬，寫字變得很痛苦。他正在寫的小說胎死腹中。「好像我腦海裡某種東西垮掉，讓冰冷的灰霧滲透進來。我在霧中盲目漂泊，直到我確信連身體都出了問題。……我問自己是不是精神正在崩潰。我很怕。」[56]

他發現一個緊急出口可以逃離這部小說，他開始寫另一個故事[57]。「剛果的故事，」他說，「那些日子的一切苦難，我對自己一切所見感到的困惑不解——我對人們頂著人道主義招牌掛羊頭賣狗肉的憤怒——這些在寫作時又回到我身上」。他將這篇故事取名為〈進步的前哨站〉，內容有些細節顯示他讀過亨利・莫頓・史坦利那本頌讚教化使命的《剛果與自由邦之建立》[58]。故事描述非洲一處偏遠商站，主持者是兩名歐洲人，一個叫卡利爾，一個叫凱葉茲（名字源自他剛果之行的同伴），帶著一個名叫馬寇拉的「獅子山黑鬼」簿記員。他們從當地酋長那裡購買食物與象牙，酋長是個「頭髮灰白的蠻人」，他們問候酋長的用詞很可愛：「您老像可好？」[59]

商站營運幾個月後，來了一批帶著「擊發式毛瑟槍」的陌生人。馬寇拉向他的雇主解釋說，這些人是「壞蛋」。「他們跟人作戰，抓走女人小孩。他們是壞人，他們有槍。」但他們也帶著象牙。在凱葉茲授命下，馬寇拉用十個在商站工作的非洲人向他們換取「六根上等象牙」。但這些奴隸主同時也抓走一些村民，酋長於是切斷商站的食物供應作為報復。卡利爾與凱葉茲進退維谷，被懸在「純粹百分之百的野蠻」裡，兩人陷入飢餓與瘋狂。他們「討論必須先消滅所有黑鬼，這片土地才能住人」；他們「咒罵公司，咒罵非洲，咒罵他們被生出來的那一天」。後來他們開始互鬥。有一天凱葉茲為了爭搶幾顆方糖開槍射殺卡利爾，然後自殺。當這間「偉大教化公司的總經理」終於現身此地視察，看見凱葉茲的屍體吊在一座白人墳塚的十字架上。他紫漲的臉朝著老闆「不敬地」吐出「發腫的舌頭」[60]。

這是康拉德寫過最憤世嫉俗、最絕望的作品。潔西還記得，早上如果「他剛好心情不錯」，康拉德會用故事裡的一句話來跟她打招呼：「您老像可好？」但她知道，他寫〈進步的前哨站〉時是處在「某種帶著蠻性的心情裡」。在康拉德婚後所有作品裡，只有這篇故事是全部寫完才拿給潔西看。他拿定稿給她打字。命令她快點做。「我要這東西滾出門去！」[61]

為什麼康拉德在蜜月期間卻要想像自己回到剛果？有一個答案可能藏在他帶來法國的金屬旅行箱裡。潔西在箱子裡找東西時，發現「兩本小小的六便士筆記本，黑色光澤封面」，裡面寫的是他在剛果的日誌。她說康拉德本來想立刻把它們燒了，卻因別的事情分心而沒來得及動手[62]。

另一個答案可能在他自己那種充滿抑鬱的觀點裡，這種無助感與虛無主義推著他去寫一個讓他產生相同感覺的地方。〈進步的前哨站〉是從一個情感宇宙裡傳來的話語，而痛苦是那裡唯一的真相。「我們談論著壓迫、殘忍、罪行、奉獻、自我犧牲、美德，但除了這些字詞之外，我們並沒有真實的認知。沒有人曉得受苦或犧牲的意義是什麼——或許只有那些受害者知道。」[63]

一八九八年七月一日，馬塔迪到利奧波德市之間的鐵路正式宣布通車，「促進文明世界的人道與商業發展」，康拉德在一八九〇年親眼看過這條鐵路第一階段修築過程[64]。特地前往非洲參觀這條鐵路的VIP代表團裡有布魯塞爾市長查爾斯·布勒斯，他也是瑪格麗特·波拉竇斯卡的長期追求者[65]。當初計畫工時四年，最後用了八年，當初預算是二千五百萬法郎，最後花掉八千二百萬法郎，而這條鐵路的建築工程成了冥府之下的十八層地獄。工程頭兩年內，每五名工人就有一名死於勞累與疾病，「逃跑者與日俱增，叛亂四起，從上到下道德精神蕩然無存」。鐵路公司引進巴貝多與中國苦力填補勞動力空缺，但這些人到後來死的、逃的卻更多。人們竟在叢林深處一千公里的地方發現中國勞工死屍，他們是孤注一擲「朝著太陽升起的地方」逃亡，東方，家的方向，最後死在路上[66]。

典禮結束後，布勒斯搭輪船前往史坦利瀑布，沿著「這條延伸四千公里曲流蜿蜒的液體巨蛇」前進，然後再回來，跟一八九〇年的康拉德一樣[67]。他在一本小書《剛果略記》裡寫下自己的印象。這本書很可以拿來與康拉德的遊記比對，因為它不僅呈現剛果自由邦從一八九〇年以來在物質上的改變，還有其他更多東西。有一長串的局外人，透過康拉德而得以窺見剛果的部分相貌，布勒斯則是頭一人。在兩人共同的朋友瑪格麗特．波拉竇斯卡鼓勵之下，康拉德寄給布勒斯一本《奧邁耶的癡夢》。這位市長「一口氣」讀完此書，然後回信向作者道賀，說「我現在能完美想像出」婆羅洲的叢林，以及「**黃色種族**的內在生活，……你帶著讀者慢慢揣摩出他們的性格，了解到他們與我們思考人生理想的方式有巨大落差」[68]。布勒斯對剛果森林的描述很像是他在《奧邁耶的癡夢》裡最喜歡的一段，而這段文字又恰好是康拉德從剛果回來之後不久所寫[69]。

在史坦利瀑布邊緣地區一排「悽慘的」工人小屋之間，布勒斯訝異地發現幾間看起來比較好的建築。他仔細瞧，看見陽臺上有女人戴著項鍊、穿著整齊罩衫在哄嬰兒。然後他看見嬰兒的皮膚是「黃色」，這跡象洩漏出「種族之間有通好」的事實——在布勒斯的道德宇宙裡，這就是文明出差錯的現象。

然而，布勒斯驚恐地發現，這些嬰兒的白人父親居然為了這種孩子而自豪！布勒斯因此認定：很明顯地，人需要很強的內在力量才能在這種地方抵抗「精神與物質的雙重沉淪」。當那些較軟弱的人，「不幸地這種人在剛果很多，當他們發現自己與純粹的野蠻、原始的本性、沒有文明的人接觸」，他們就「屈服於那不再受到文明社會影響所制限的粗鄙本能」。若想更了解這種社會的、精神的，甚至是生物學上的汙染現象，布勒斯指引他的讀者去讀一位輪船船長約瑟夫．康拉德在他小說〈進步的前哨站〉裡所做的「絕佳心理分析」，分析這些身處叢林的白人心理情況[70]。

一八九八年一月，康拉德的長子誕生，他帶著幽默感說這是來了個混血兒。男孩的教名是阿爾弗雷德．波里斯，「替他取名的原則」是「兩國（英國與波蘭）權利皆應尊重。這樣，我妻子代表盎格魯－薩克遜，選擇的是薩克遜名字阿爾弗雷德」，而康拉德「想要一個標準的斯拉夫名字」，但也要是個用英語能發音的名字，於是選了波里斯[71]。小嬰兒波里斯從此現身於他父親的信件裡，成為康拉德必須背負的又一個重擔，走過這特別黑暗艱難的一年。

康拉德在一八九八年一直為經濟壓力與截稿壓力所苦，某些作家會因此獲得動力，但康拉德只感到虛弱。他繼承的大部分遺產都在一場錯誤投資（某個南非採礦公司）中賠掉，所以他完全只能靠寫作的微薄收入維持生計：一次二十英鎊、二十五英鎊這樣賺——付房租是足夠（一年二十八英鎊），但也就剩下不多[72]。康拉德在一八九八年夏天好不容易寫完〈青春〉，但此時理當要完成《拯救》（他給《救援者》改的新名字）這本小說，而寫作卻變得比以往都困難[73]。在亟欲尋求逃脫的心態下，他甚至還去格拉斯哥問有沒有船能讓他工作，而此時他已經五年沒當過水手。「如果能出海就得救了，我的狀況非常糟糕，我是指精神狀況。我整個人糟到不能再糟。沒有勇氣寫作。」[74]

這時出現了一紙合同，用二百五十英鎊買下《拯救》的連載版權；這份合約能在財務上救他脫險，但截稿期限把他嚇壞了。「一去不回頭，唉！奧邁耶癡夢的那些好日子，那時候我還用一個淺薄愚人無憂無慮的大無畏態度在寫作。」[75]由於這部小說一直無法進展，康拉德在一八九八年十二月開始寫一部新故事來向鼎鼎大名的《布萊克伍德雜誌》交差[76]。他又回到自己婚後蜜月期間腦中縈繞的同一個主題。「這故事跟我的〈進步的前哨站〉很類似，」康拉德對出版商這般解釋，「但，這麼說吧，這故事更『深刻』——更廣一點——比較不是專注在個別人物身上。」「我預想的標題是《黑暗之心》，但故事本身並不陰暗。在非洲著手推行教化時，依理可說『無能』與『全然自私』是有罪的，這個想法無可厚非。」[77]

只要把「凱葉茲」拿掉兩個母音，結果差不多就是「庫茲」。布勒斯閱讀〈進步的前哨站〉的感受其實就是很多人對《黑暗之心》的詮釋。康拉德在著作裡將愛德華．賈內特讚為「解開地毯神祕圖案意涵的先知」，而賈內特則說《黑暗之心》「最精準地分析了白人脫離歐洲拘束，作為一個全副武裝的『光明大使』被放到熱帶，去從『臣屬種族』那裡取得貿易利潤時，他的士氣是如何土崩瓦解」[78]。兩篇故事都以非洲，或身處非洲的代理商，為導致白人心理崩潰的背景。

但從文學創作活動的角度來看，這兩篇非洲故事確實拯救了康拉德免於心理崩潰；諷刺的是，導致他心理崩潰的另一篇小說標題卻是《拯救》。康拉德的航海生涯幾乎全在長途帆船上度過，一八九〇年這場剛果之旅是其中一段短暫的反常；同樣地，康拉德數年來都在寫關於海洋和東南亞的故事，《黑暗之心》也是其中一段短暫的反常。在寫作《拯救》的過程中，康拉德緊接著〈青春〉開始寫《黑暗之心》；不僅如此，當《黑暗之心》完成後，康拉德依然無法提筆寫《拯救》（「它好像沒完沒了沒結尾，而我告訴你它的開頭我已經忘光了，……相較之下，我試圖放進《黑暗之心》的那種非洲夢魘感根本不值一提」），於是他回頭去寫該年早先開頭的另一篇故事，並將故事命名為〈吉姆略述〉；這篇故事當初是寫在祖母留下的舊詩集空白頁上[79]。現在康拉德把他在《黑暗之心》剛寫過的馬羅這個角色也放進來，於是〈吉姆略述〉就此化作小說《吉姆爺》。

在康拉德的想像裡，婆羅洲結束、剛果開始的那個點在哪裡呢？或許，康拉德之所以寫出庫茲房屋圍繞人頭樁的景象，是因為他讀過關於史坦利瀑布商站主任將砍下來的頭置於花園的報導。或許剛果當地能取得的英文書其中一本被他讀過，這本書說上游有個村莊「有木柵環繞」，木柵「每棵樹的頂端」都「頂著一顆骷髏頭」[80]。又或許康拉德當時想的是當地歐洲人最想抹除「野蠻」獵人頭風俗的地方——也就是婆羅洲[81]。或許他想起來一八八一年初次東航時，克拉科夫一位著名人類學家託他舅舅塔德烏什拜託他「在航程中收集當地人的頭骨，在每顆頭骨上寫下這是誰的頭骨、出自什麼地方」[82]。庫茲的木寨令人想到獵人頭這個婆羅洲的典型「野蠻」習俗，而康拉德後來在另一篇故事（〈佛克〉）裡寫到剛果的典型「野蠻」習俗——「食人」，卻將地點放在亞洲。兩篇故事裡，實行這習俗的蠻人都是白人。

身在中游的人看不見河流源頭，但可以摸清它的水流。康拉德的想像就像他的經驗，在各大陸之間自由流淌。或許正是因為他那世界性的人生經歷，各種影響交互作用，讓康拉德在書中做了關鍵性的轉折：從非洲回到歐洲。正如婆羅洲的河流融入剛果，剛果河也流進又流出泰晤士河。康拉德將馬羅的大河旅程敘事彎成一個環。

當馬羅說泰晤士河讓他想起剛果河，要表達的並非「看啊，非洲比英國原始」這麼簡單。他是在說歷史像一條河，你可以往上游或下游走，可以乘流逞速，但同樣的力量也會讓你欲進不得。馬羅在英國說故事，故事裡巢居著他的非洲經驗，康拉德以此提醒讀者：切莫以自滿態度認為文明和野蠻的距離就如歐、非兩地一樣遙遠。發生在此與發生在彼的事情其實本質相連。任何人都可能是野蠻人。任何地方都可能變得黑暗。

第四部

帝國

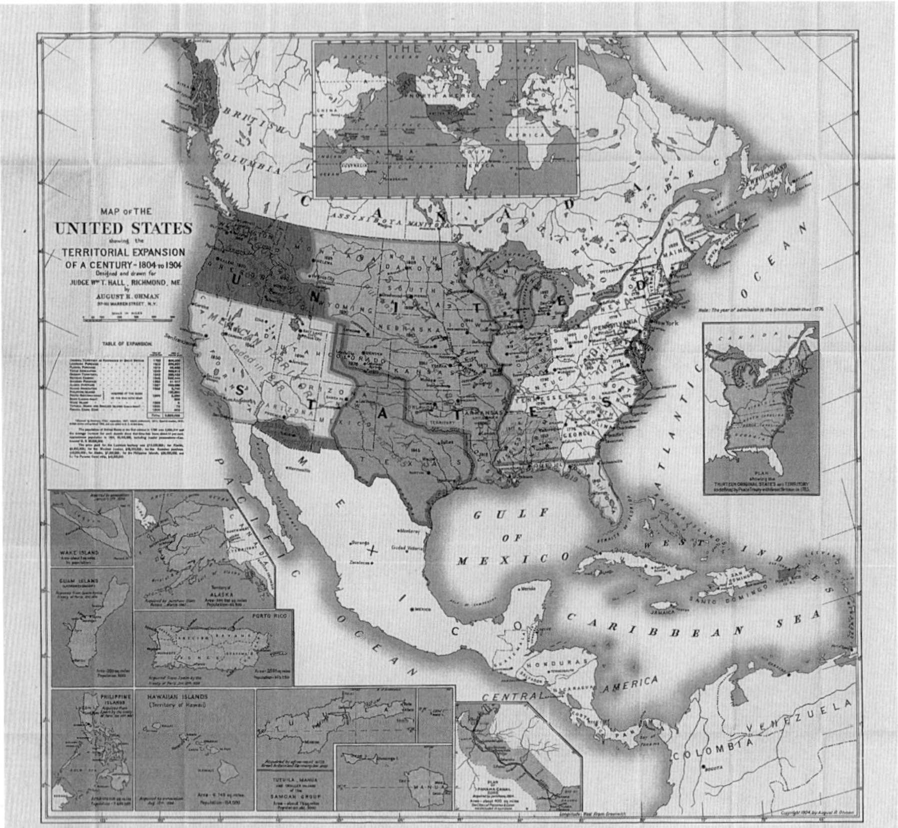

美國帝國地圖，一九〇四年。

第十章 新世界

一九〇三年節禮日，彭特農場。禮物拆了，禽肉下肚了，女僕涅莉．里昂斯忙著把他們這「位於偏鄉的住屋」打理得窗明几淨有模有樣[1]。潔西承受不住這年冬天的寒氣，在樓上休養。五歲大的波里斯擺弄他的機械玩具。家犬艾斯卡密羅在地板上趴成一堆毛茸茸的白色。康拉德在寫聖誕信。謝謝你送波里斯鉛筆盒。謝謝你送波里斯書。波里斯說「那把手槍太棒了」[2]。

彭特是肯特古老方言裡「斜坡」的意思，地如其名，房子上的斜屋頂像是老人戴著一頂油布帽，往下拉遮住臉[3]。康拉德在屋後可以看到丘陵草原起伏向海延伸而去。他寫作的地方在屋前，面對農場。附屬建築物——棲滿烏鴉的什一稅倉、穀倉、馬車棚——的窗櫺在冬天都顯得格外黝黑，這些外屋長年來都是由芬恩兄弟在照顧。波里斯用他們臉上長的老鬍子來分辨兩人，一個是褐色芬恩，另一個是灰色芬恩[4]。

康拉德在一八九八年從另一名作家福特．馬多克斯．福特手中分租下彭特。福特祖輩是卓爾不凡的文化人士——他是畫家福特．馬多克斯．布朗的孫子，也是拉斐爾前派畫家但丁．加百列．羅塞提與詩人克莉絲亭娜．羅塞提的外甥——而彭特也因此在文化上有著不同地位。「整間

肯特郡的彭特農場，康拉德一家人在一八九八年至一九〇七年之間的住所。

老屋子裡都是布朗與羅塞提姊弟雜七雜八的遺物。」康拉德這樣說。他把「克莉絲亭娜．羅塞提的寫字桌」布置成自己的書桌，開始工作[5]。

在彭特安家，就像是在作家這個職業裡安了身一樣。康拉德不過幾年前還是個單身漢，也是個四處謀求船長職位的無業水手。當他在一八九八年抵達彭特，已經是個有聲譽的作家，身邊還帶著潔西與小嬰兒波里斯，從此融入作家同僚的圈子，這些人都住得不遠，可以隨時互相走訪。亨利．詹姆斯是這圈子的支點，年輕作家都尊稱他為「大師」。詹姆斯懷著謝意收下一本作者簽名的《海隅逐客》，並以一本自己的作品回贈，表示康拉德獲得大師的認可。當時英國最受歡迎的作家威爾斯也住在附近，自從威爾斯在評論裡讚譽《海隅逐客》之後，康拉德就主動去和他熟識[6]。少年有成的美國作家史蒂芬・克萊恩住得更近，他是《紅色英勇勳章》的作者，曾說《水仙號上的黑鬼》是「傑出之作」，兩人在出版商安排的午餐會上結為知交。與康拉德住得最近、精神上也最接近的則是福特。他比康拉德小十幾歲，是弟子也是謄寫員，還在康拉德提議之下進行共同創作。兩人在一九〇三年出版第二本合寫的小說《羅曼史》，但如果從第一本合作作品《繼承者》看來——過度咬文嚼字的大眾科幻小說，兩個天才一加一結果接近零而非二[7]。

另一方面，康拉德也是在彭特實質上走進作家這一行。在他圈子裡的每一位都由同一個人代理出版：詹姆斯・布蘭德・平克，向來都把作品送往最適當的出版社並取得最佳稿費。一九〇一年，寫完《吉姆爺》之後，康拉德也與平克簽約。之後平克很快就不僅是康拉德的經紀人，他還成為康拉德的銀行財務顧問、導師、監工、朋友。康拉德自此再也不曾回頭去找航海工作。

康拉德在彭特寫的第一部作品就是《黑暗之心》，完成於一八九八年十二月。在那之後又過了五個十二月，羅傑・凱斯門來到彭特與他討論這本書。康拉德花了一天一夜聽凱斯門講述發生在剛果自由邦的恐怖新聞。人的肌膚上黏滿橡膠，籃子裡裝滿斷手。雖然康拉德不願參加一個組織化的改革運動，但他確實知道能給凱斯門幫點小忙的方法。他拿出一張空白便箋，寫信給作家與社會運動家羅伯特・邦丁・康寧安・格雷厄姆。

「我附上兩封信，是一個叫凱斯門的人寄給我的，」康拉德在給格雷厄姆的信中寫道。讀讀它們，康拉德催促他，看有多少可怕的事在非洲傾巢而出。一批「現代西班牙征服者」正在掠奪那片大陸。「利奧波德是他們的皮薩羅，提斯是他們的科提斯。」康拉德猜測凱斯門這人身上也有「那麼一點西班牙征服者的性格」，「因為我看過他揮著一柄彎把手杖充當武器，就這樣往讓人望之卻步的野地裡去，帶的只有兩隻牛頭犬……跟在後面，還有個揹著包裹的洛安達男孩，沒別的了」。但凱斯門同時又擁有聖人般的良知與勇氣，「我一直都覺得拉斯．卡薩斯的靈魂有些許部分想必是在他那不知倦怠的身體中棲息著。」康拉德做出結論，將凱斯門與歷史上最激烈批判西班牙征服者的那個人連在一起[8]。（編按：本段中提到幾個歷史人物：皮薩羅〔Pizarro〕是西班牙早期殖民者，開啟了西班牙征服南美洲〔特別是祕魯〕的時代，也是現代祕魯首都利馬的建立者。科提斯〔Cortez〕是殖民時代活躍在中南美洲的西班牙殖民者，以摧毀阿茲特克古文明並在墨西哥建立西班牙殖民地而聞名。拉斯．卡薩斯〔Las Casas〕是十六世紀西班牙多明我會教士。曾致力保護西班牙帝國治下的南北美洲印第安人，對虐害他們的西班牙殖民者竭力控訴。）

康拉德知道格雷厄姆能馬上掌握拉丁美洲與非洲之間的類似性。這兩人在一八九七年成為朋友，當時格拉厄姆讀了〈進步的前哨站〉，對於康拉德不假詞色批評「文明教化」的態度印象深刻，於是寫信給康拉德告訴他自己的感受。康拉德坐在壁爐邊的扶手椅裡，剛讀完格雷厄姆的最新著作：埃爾南多．德索托的傳記。在看這類書之前，英國人都先已熟知那種把入侵新世界的西班牙人說成妖魔的「黑色傳說」。但格拉厄姆一開始就給讀者當頭棒喝。他說：在把西班牙征服者打入地獄前，先看看周圍吧。要說西班牙征服者在南美洲逞欲施暴嗎？「德屬非洲發生的大屠殺，可與科提斯最殘暴的行為並駕齊驅，比屬剛果收集一籃一籃斷手的非人行徑，更是超越西班牙人征服美洲整個過程中的所有暴行。」[9]

還有另一個原因讓康拉德聽到非洲時想到拉丁美洲。他自己這一整年都透過案邊一疊逐漸增厚的小說手稿，在探索那裡。

坐在書桌前，康拉德就能看見蘇拉科。這座港市深居於南美海岸的內凹處，船隻必須先從兩座岩島中間穿過，然後橫越一片平靜且對外被遮擋著的海灣。在帆船的年代，沒幾艘船能越過靜灣，但如今蘇拉科已是西方輪船公司班輪的固定停靠站，旅客會看見哥斯大瓜納共和國的風景盡呈眼前，一片飽受日晒的平原往東延展，雲霧繚繞的科蒂蕾拉山脈在西邊巍然聳立。山後有銀礦，支撐哥斯大瓜納的經濟。銀礦的背後則是一張政治利益與商業利益織出的網，左右哥斯大瓜納的命運。

現實世界裡沒有人看過哥斯大瓜納，因為整個國家都是康拉德虛構的。而如果要說哥斯大瓜納是個「新世界的發明」，意涵還不僅止於此。在此之前，康拉德都是從自身經驗取出絲縷來編造他的故事，用的是走過的航程、見過的地區、遇過的人。至於南美洲，康拉德對格雷厄姆說，「我只在二十五年前瞥見過那裡——驚鴻一瞥」，那是在一八七五或一八七六年，他的船在委內瑞拉外海停泊了一兩天[10]。這是康拉德破天荒頭一次用世界上某個從未親身去過的地方為背景寫小說。

康拉德虛構出哥斯大瓜納，這是他身為作家的獨立宣言。他有個經紀人替他管理收入，有文壇一片好評來增加他的信心，有一整個圈子的作家朋友來讓他知道自己果真已經躋身上流，成為職業小說家。他屬於文學家族類。這讓他得以放手發揮想像力。「我以前從不曾這麼用心寫作——從不曾寫得這麼有壓力，」康拉德對平克說到正在寫的書，「但這樣下來很有成果。」「這是最真實的康拉德。同時這也是我從《奧邁耶的癡夢》以來，最單純是一本小說的作品。」[11]康拉德第一個定好的是該書「標題，我認為應該叫做：『**諾斯楚摩**』。」[12]

書就像嬰兒，可以在人格還未成形之前就命名。康拉德一開始想像《諾斯楚摩》是關於義大利移民在南美洲的故事，但當時他沒預料到這本小說會在一堆資料裡上天下地，然後又進入另一堆資料裡，轉折繞彎成為他平生所寫最長的一部作品。他也還不知道，自己這本描寫新世界的小說所記述的將會是世界新秩序的降臨。

他只知道，為了寫《諾斯楚摩》，他倚賴其他資料與其他人的程度會更甚於以往。首先他就得倚賴康寧安·格雷厄姆，此人不僅是康拉德的摯友，也是提供他一切關於拉丁美洲資訊的人[13]。

每當格雷厄姆造訪彭特，都像一根點著的火柴般一路燒進來，金紅色的頭髮怒髮衝冠，印花方巾在頸邊飄揚。所有人見格雷厄姆來都眉開眼笑。他的教子波里斯很愛他，因為格雷厄姆非常有趣；波里斯會拉著他去花園，把蘋果跟李子往空中拋，讓他用手槍一顆顆射擊[14]。潔西也高興格雷厄姆來，因為他（和福特相反）總能讓康拉德心情變好。這兩個男人會坐一整晚談天說笑，一邊抽巴西雪茄，直到康拉德覺得喉嚨像是被「刮過……（用的是）生鏽的刀」[15]。

體格健壯、富有魅力、優雅從容，與女士相處融洽，在馬背上穩若泰山，格雷厄姆就像是康拉德從未擁有過的親哥哥一般（他比康拉德大五歲）——或者說，格雷厄姆就是康拉德想要給自己打造的形象。格雷厄姆號稱自己雙親一邊是蘇格蘭國王羅伯特・布魯斯（譯注：史稱「羅伯特一世」）的後裔，另一邊有個西班牙祖母，這樣他既有名門望族出身的高人一等，又有旁觀者清的敏感。他二十幾歲的時候大部分時間都待在拉丁美洲，三十幾歲的時候大部分時間待在英國下議院，四十幾歲的時候在議院外為各種激進訴求而戰。格雷厄姆滿天下的朋友喊他「唐羅貝托」，說的是他恣意展現的親西班牙態度。其他人說他是唐吉訶德，嘲笑他滿腦子都是大而無當的主意。畫家威廉・斯特蘭用格雷厄姆當模特兒來畫唐吉訶德像，叫他擺出各種不同的角度與姿勢[16]。

康寧安・格雷厄姆騎著愛馬「馬拉卡瑞塔」。

然而，格雷厄姆真正吸引康拉德的，卻是藏在這意氣風發背後的東西。格雷厄姆身上有一種國破家亡的惆悵，康拉德對此非常了解。波蘭之於他就如蘇格蘭之於格雷厄姆，而格雷厄姆在積極推動蘇格蘭恢復獨立地位。此外，格雷厄姆也是從小失去父親，但他父親是因心理疾病而無法與人正常溝通。老格雷厄姆被逼著離開家，在醫療看護下過著隔離生活；僅剩的家族產業——償還完鉅額負債後——被交到一名託管人手中。格雷厄姆與康拉德一樣，都在失親飄零的空虛中長大。格雷厄姆讓康拉德感到親近，因此能像過去的瑪格麗特．波拉竇斯卡一樣，成為康拉德的筆談知交，讓康拉德傾吐最黑暗的想法。

青春期的康拉德渴望大海，而愛馬又說一口流利西班牙文的格雷厄姆，則夢想著南美洲[17]。一八七〇年，只差幾個月就十八歲的格雷厄姆搭船前往阿根廷去當牛仔。他在那裡的經驗強烈影響他對政治與社會事務的觀點——有朝一日這也會強烈影響康拉德在《諾斯楚摩》所呈現的南美風貌。

說到 Rio de la Plata 這條泥濘水流，英語使用者只知道「普拉塔河」（the River Plate，又譯拉布拉多河）這個呆板的名字。他們應該要用意譯的方式來稱呼這條河為「白銀之河」。上述是一名英國外交官的主張，認為阿根廷這片「白銀之地」（出自拉丁文的 *argentum*）有條件成為「全球最具發展潛力的國家之一」[18]。阿根廷的財富藏於內陸大片適宜放牧的草原。安地斯山原住民用的克丘亞語稱這些地方為「彭巴」，意思就只是「空間」。「全都是草與天空，天空與草，以及更多的天空與草，」康寧安．格雷厄姆寫道，說這彭巴草原往大陸內部綿延，像一片內陸汪洋，褐頂的浪在風中翻騰[19]。

行走彭巴草原要乘馬，如同渡海要乘船；十八歲的格雷厄姆很快愛上彭巴馬，這種馬像英國小型馬一樣個頭不高，但脾氣暴烈、活力充沛[20]。拿張羊皮來墊馬鞍，腳輕鬆懸在金屬馬鐙裡，他一天能騎一百六十公里以上的路，眺望地平線上鹿群如海豚般飛躍而起，以及鴕鳥在新世界的親戚鶆鷞好奇地將一顆禿頭探出草線上，像潛望鏡一樣[21]。在烏拉圭邊境恩特雷里約斯省一處南美農場，格雷厄姆學習怎樣聚集、驅趕、繁殖、標記牲畜，讓自己能成為一個「高卓人」——彭巴牛仔。他學會投擲「波拉斯」，這是將三顆重球繫在一根皮帶上的設計，牛仔拿它在頭頂上揮動，向亂跑的動物擲出，纏住牠的腳使其跌倒[22]。在當地身兼社交中心的「普佩利亞」（雜貨店）裡頭，他與兩手老繭打赤腳的高卓人一起暢飲巴西甘蔗酒「卡納」，內心半是敬仰半是防備。切記要坐在高卓人右手邊，這樣他拔刀向你的時候就少一點優勢[23]。如果要跟高卓人玩賭徒牌，當心他用的牌上面有暗記。「中國」女孩會從垂著馬皮的妓院門廊招呼格雷厄姆：「嘿，要什麼？這兒有好價錢。」[24]格雷厄姆自然也去過這種地方。

時光回到一八四〇年代，偉大的義大利民族主義者朱塞佩・加里波底在內戰中協助烏拉圭的「紅軍」對抗阿根廷人支持的「白軍」，於此地贏得自由鬥士的響亮名聲。加里波底帶著一絲高卓習氣回到歐洲，他領導義大利統一運動時肩上就披著件南美印第安大斗篷。追隨加里波底的義大利人有許多留在南美洲，在那裡繼續發揚他的浪漫理想[25]。

然而，格雷厄姆發現，普拉塔河流域的政治現狀早已遠遠偏離加里波底的理念。格雷厄姆抵達恩特雷里約斯省的數個月前，一名高卓人軍政領袖奪取大權，阿根廷總統多明哥・薩米恩托於是派遣軍隊去收服這人。「南美洲各共和國發生革命的情況實在太頻繁。」格雷厄姆的夥伴，一名來自蘇格蘭的牧人如此感嘆著，很明白接下來的內戰會是怎麼回事[26]。不論紅軍、白軍，只要他們經過你的農場，後果都一樣。敵對的武裝集團在鄉間燒殺擄掠，大草原被戰禍荼毒已極，馬匹餓得只剩皮包骨，腫脹的牛屍漂浮河中、混在雜草之間。

從這片牛仔王國的廢墟裡，格雷厄姆決定啟程前往巴拉圭，看看買賣巴拉圭冬青也就是「瑪黛茶」的生意能不能做。但他在巴拉圭又看到一片因施政不當而發展遲滯的土地。為了彌補數十年對外隔絕所造成的傷害，巴拉圭總統弗朗西斯科・索拉諾・羅培斯從國外聘來工程師、技術專家、顧問與醫師，來打造全國之基礎建設[27]。然而格雷厄姆愈往巴拉圭內陸走，事情看起來就愈詭異。不只是因為樹上到處有金剛鸚鵡噴吐咯咯叫聲，也不只是因為瓜拉尼語的抑揚頓挫與西班牙語不同，甚至也不只是因為每個人都拿著綠色粗雪茄在抽，連孩童都一樣，而是因為他見到的所有成年人幾乎都是女性。那是世上前所未見最慘烈的戰禍，索拉諾・羅培斯發動戰爭對抗巴西、阿根廷、烏拉圭三國同盟，巴拉圭的男性人口在戰火中被抹滅殆盡。有些歐洲人將索拉諾・羅培斯治下的巴拉圭描述為位於西方一個地小膽大的波蘭，挺身對抗帝國巨魔（巴西）[28]。但格雷厄姆在索拉諾・羅培斯身上只看到「虐待狂、顛倒的愛國心、對外界的大得可怖的無知、與瘋狂只有一線之隔的自大、對人命或人格尊嚴的徹底無視，（以及）可鄙的懦弱」，在史上蠻人蠻行中前所未見。終其一生，格雷厄姆永難忘懷那片飽經蹂躪的國度[29]。

格雷厄姆回到阿根廷，他追求自由的理想卻在這裡遇上第三場全面衝擊。這次他遭遇的是多明哥・薩米恩托雄心勃勃的阿根廷現代化計畫。薩米恩托一八四五年的書《法孔多：文明與野蠻》廣受歐美自由派人士讚譽，他在書中說阿根廷人民分裂成兩派，一派是「西班牙人，也就是有教養的歐洲人」，另一派是「野蠻的美洲人，幾乎完全是……土生土長」[30]。薩米恩托認為野蠻是乘馬而來，既是狩獵入侵者的印第安「蠻族」，也是「對抗社會、於法不容」的「白皮膚蠻人」高卓人[31]。野蠻是飛揚的紅旗，是大方展示的紅絲帶，「因為紅色是暴力、血腥與未開化的象徵」[32]。相反地，文明是搭輪船旅行，在城市居住，上學受教育，在辦公室與店鋪裡工作。文明身上穿的是大禮服。只要薩米恩托與他的繼承者認為有必要，文明就會揮舞著最先進的武器，將擋路的印第安人與高卓人全部消滅[33]。

倘若康拉德·柯爾澤尼奧夫斯基在他水手生涯中曾登上某艘跨大西洋快輪任職，將移民送往普拉塔河，他就會親眼看見薩米恩托夢想中的阿根廷逐漸成真。歐洲移民大批前往阿根廷，尤其以義大利為最。阿根廷第一次人口普查是在一八六九年，到了一八九五年第二次普查，該國人口已經增加超過一倍，達到四百萬之數。往這裡挹注最多資金的就是英國，政府借款、鐵路建設、工廠、公用事業都靠這些錢[34]。電報線將城市與城市連接起來。鐵軌包圍彭巴草原。布宜諾斯艾利斯愈來愈有個新世界巴黎的樣子，有宏偉的公共建築，有設計良好的電車網絡，還有人來人往的咖啡館，其中「各色族群完美混成一份『馬其頓』（什錦水果沙拉）」[35]。

現實是，康拉德透過格雷厄姆才得以看見南美西班牙語區——而格雷厄姆在看待拉丁美洲時，則透過自己的有色眼鏡，那就是他日益增長對一切假「進步」之名所行所為的反感。康拉德與格雷厄姆從世界彼端歸來之後，他們的目光都更為綜觀，頭腦更為實際，變得更浪漫，但也更憤世嫉俗。從一八八〇年代早期開始，格雷厄姆以英國為基地，將自身信念投注在方興未艾的社會主義運動。他當了六年議員——是英國下議院第一個社會主義者，但讓他在議會裡聲名大噪的不只是激進的演說，更是因為常騎一匹黑色阿根廷馬「彭巴」進入國會。一八八七年，格雷厄姆成了舉國皆知的惡人，密謀策畫特拉法加廣場親勞工、親愛爾蘭的抗議活動，這場抗議因為示威者與警察爆發激烈衝突而被稱為「血腥星期天」。認識康拉德的時候，格雷厄姆已經參與成立蘇格蘭工黨、建立蘇格蘭國家黨的前身（他後來當上蘇格蘭國家黨第一任黨魁），矢志對抗資本主義與帝國主義[36]。

一八九五年以降，格雷厄姆出版一系列專書與隨筆，描繪被貪婪所毀滅的南美洲。他的《消逝的阿卡迪亞》是一首悲歌，寫到殖民時代巴拉圭的耶穌會傳教組織，教士保護瓜拉尼印第安人免於落入西班牙移民者手中、免於可知的奴役命運，而與他們建立起「一個半共產式的聚落」，分享經營農牧的成果[37]。他為高卓人這個「消逝的族群」寫悼詞，說這些吃苦耐勞的人被「蠢笨的巴斯克人、平庸的加那利群島人、以及穿著天鵝絨西裝油裡油氣的義大利人」驅逐排擠。自由開闊的彭巴草原是格雷厄姆年少回憶，原來的「鴕鳥飛奔」之地已經可以見到火車「噴煙鳴叫」；現在的「搶匪」是資本主義者，「在會計室裡用紙筆進行交易，而非在通衢大道上」拿刀劫掠。他看見「文明……把自己的空沙丁魚罐頭埋在地表當作標記，……還有那常伴隨著的醜陋柩衣，用黑暗與偽善織成」，使得彭巴草原日漸枯毀[38]。

鬥志最高昂時，格雷厄姆會期望有朝一日「常識」的光芒能「普照大地」，人們能「認知到最好讓其他人各順天命而行，這樣就能皆大歡喜」。反過來說，把「進步——對這些人來說就是電車軌道以及電燈照明」硬塞給其他人——「這種事」被格雷厄姆認定為「一種反人類的罪行」。每一個文明的鼓吹者最後都可能變成帝國主義者，每一個帝國主義者最後都可能變成西班牙征服者。資本主義就是要獲利，要獲利就要掠奪。總有一天「後代子孫……將會……詛咒我們，就像我們今天以虛偽的虔誠態度咒罵皮薩羅與科提斯所作所為」[39]。

「我想跟你說說我現在全心投入的這部作品。我不敢自誇膽大——但我把故事的背景放在南美洲，一個我取名叫『哥斯大瓜納』的共和國，」康拉德在一九〇三年春天向格雷厄姆和盤托出，「但這故事主要是在講義大利人。」[40]一開始，康拉德用這個多彩多姿的新舞臺作為布景，來呈現他作品裡一個不斷重複的主題：民族主義理想的徒勞無功。

康拉德介紹讀者認識一名白髮蒼蒼的老旅館主，名叫喬吉歐・威奧拉，「大家常常直接喊他是『加里波底黨人』」。威奧拉曾與加里波底並肩作戰，對加里波底「一心一意奉獻於偉大的人道理想，這種捨身的精神」敬佩有加。受夠了君主制當道的舊世界，威奧拉決定帶著妻女前往美洲定居，因為他想成為共和國的國民。他選擇哥斯大瓜納，因為英國在該國有很強大的經濟勢力。威奧拉「對英國人評價甚高，……因為他們愛加里波底」，就像他一樣[41]。

接下來，康拉德向大家介紹另一名熱那亞人，此人在輪船公司工作，是碼頭裝卸工的工頭，手下管理一群「被社會排擠的雜七雜八種族人等，最多的是黑人」。他的教名是吉安・巴提斯塔・費丹札（費丹札的意思是「信任」，但幾乎所有人都喊他「諾斯楚摩」，這是他的英國老闆給他取的綽號）。「什麼名字啊？這什麼啊？諾斯楚摩？」威奧拉的妻子嘲笑道。她覺得這裡頭有種裝模作樣。「這人唯一在乎的」就是「當第一，不管在哪裡——不管用什麼手段」，她抱怨著，「為了成為那些英國人眼中第一人，……他可以給自己取個他們看來根本不成字的名字」。或許她身為義大利人的耳朵聽出了「諾斯楚摩」與 *nemo*（「沒有人」）的類似性。事實上，讓英國人用發音不清的嘴來唸義大利文的 *nostro uomo*（「我們的人」），唸出來的結果就是「諾斯楚摩」[42]。

康拉德一筆筆寫下這些場面，以為「這最後會是本好笑又好賣的書」。他原本預想的是一篇約三萬五千字的短篇故事，內容圍繞著浪漫派的威奧拉與現實派的諾斯楚摩之間的矛盾[43]。康拉德創作威奧拉這角色的部分靈感，來自格雷厄姆筆下軼事記載過的一個人物，在巴拉圭邊境開客棧的加里波底黨人，這人愛把空酒瓶扔進打鬥人群裡，阻止客人在酒吧鬧事。為了讓義大利人人物背景更加充實，康拉德請福特．馬多克斯．福特給他一本加里波底傳以及「一些書，能讓我知道義大利文裡辛辣的方言慣用語、罵人的話——暗示性的說法」[44]。

然而，當康拉德愈寫愈多，故事發展也愈來愈長。想必是受了格雷厄姆指引，康拉德去讀薩米恩托或他同類人的著作，讀到這些人正忙著建造一個蒸汽動力的新歐洲。他重讀格雷厄姆的《消逝的阿卡迪亞》，讀到格雷厄姆哀悼一個不復存在的世界，歐洲人與印第安人集體生活的和平世界。康拉德另一個朋友是出生在阿根廷的英國作家哈德森，此人歌頌的是烏拉圭大平原，說那兒的自由更加真誠、有德，且自然，遠超過「英國文明」與拉丁美洲表親搞出來的替代品[45]。康拉德不但詳加閱讀哈德森的作品，還一頭鑽進普拉塔河相關書籍裡，於是能更深入描寫哥斯大瓜納最關鍵資產的歷史與其重要性，也就是那座銀礦。讀其中一本書時，康拉德注意到有篇故事講述一名水手駕著裝滿白銀的小船逃跑——他利用這情節，將其寫入《諾斯楚摩》[46]。

他讀愈多就寫愈多；寫得愈多，他這故事就愈從浪漫民族主義轉為討論「進步」與其代價。康拉德將這概念塞進引號裡，在第五章呈現給讀者；此章描述英國人在蘇拉科與首都之間建造一條新鐵路，為此舉行動土典禮。哥斯大瓜納自封的總統兼獨裁者稱頌這項工程為「進步與愛國的事業」，並表揚「這群偉大的、身強力壯的外國人，他們掘開泥土、炸碎岩石，〔並〕推動火車前進」。鐵路公司董事長誇下海口要將這「鳥不生蛋之地」變作全球轉運中心。「你們會有更多輪船，有一條鐵路，還有一條電報線——會在這偉大的世界裡展望未來。」[47]

寫到第五章，康拉德筆下的人物與主題數量已經翻倍。他預想的短篇故事一步步拉長；此時，他預期寫成八萬字短篇小說[48]。隨著《諾斯楚摩》愈寫愈長，寫作時就需付出更多苦心來想像。「天殺的諾斯楚摩，我快要被搞死，」他在一九〇三年七月向格雷厄姆訴苦，「我對中美洲的所有記憶好像都消失了。」[49]格雷厄姆引導康拉德去讀更多可能會有幫助的書[50]。於是康拉德開始閱讀巴拉圭戰爭的相關書籍。有一本英國藥劑師寫的回憶錄《巴拉圭的多事七年》，康拉德讀到獨裁者索拉諾．羅培斯的一些傳說，記錄他如何謀害政敵、刑求嫌疑者，還在遊行時用鎖鍊鎖著囚犯拖在後面，繪聲繪影，令康拉德背脊發涼。康拉德從書中抄下名字，這些名字全都出現在《諾斯楚摩》裡：費丹札船長，變節的義大利水手；迪庫，陷入愛戀飽受折磨的年輕人；查爾斯・顧爾德，為人正派的英國使節。

康拉德之所以一開始會轉而去寫南美洲，部分原因是為了地方風情。然而，在格雷厄姆指點下，他在各家紀錄裡所發現的東西遠超出預想。他獲得一種印象，感到南美各個共和國是某種獨一無二政治路線的受害者。在他眼中，這些國家像是橫衝直撞通過歷史的手推車，底下安著獨裁與革命的輪子。而只有少數有善意的人試圖為它裝上煞車，這些人以英國投資者居多。其他人，包括那些渴望權力的強人或是支持強人的貪婪外國人，都只會把這臺車更往懸崖底下推。

《諾斯楚摩》的第六章長度等於前五章總和，這章被康拉德寫成一篇拉丁美洲的歷史教訓。他利用讀過的巴拉圭相關資料，虛構出一部哥斯大瓜納的政治史。大約在小說故事開始的上一代，康拉德寫道，哥斯大瓜納曾被暴虐的專制政權摧殘。那個兇惡的時代留下印記，可見於一名愛爾蘭醫師每天蹣跚行走於蘇拉科大街的悽慘身影，身體因酷刑而殘，心靈因他被屈打成招的罪名而受苦[51]。另一個舊時代留下的人物是白髮蒼蒼的貴人唐荷西・阿維拉諾，「一個政治人物，一個詩人」，一個外交官，也在暴君當政時「因政治理由入獄，遭受無可言喻的恥辱」。在那之後，唐荷西見證哥斯大瓜納數不清的改朝換代。大部分政權壽命都撐不過十八個月，然後就被某個一路燒殺而來、「打赤腳窮人軍團的亂七八糟上校」取而代之。他將自己的悲慘境遇記錄在一本哥斯大瓜納史裡面，書名為《惡政五十年》[52]。

也是在這一章，康拉德讓小說的中心人物登場。英國裔的哥斯大瓜納人查爾斯・顧爾德（名字借用自《巴拉圭的多事七年》）根本就是康寧安・格雷厄姆的翻版，連名字縮寫都一樣。「有著火焰般的小鬍子，線條俐落的下巴，清澈的藍眼，赤褐頭髮，以及一張瘦削、清新、紅潤的臉。他看來像遠渡重洋初來乍到的一個人」，康拉德寫道，「他的模樣比剛抵達的那一批年輕鐵路工程師都還有英國風範」，且他「就連騎馬時都從骨子裡透著英國氣質」。但是，「如果連唐卡羅斯．顧爾德都不算哥斯大瓜納人，那就沒人算得上了」。顧爾德的祖父曾追隨西蒙．玻利瓦爾對抗西班牙統治，叔伯輩中有一人曾當過總統，而他自己出生於哥斯大瓜納，「騎馬的身影猶如希臘神話半人馬」，頭戴墨西哥帽搭配身上的諾福克獵裝外套，口中能說西班牙語和「鄉下人的印第安話」，聽不出一點點英國口音。顧爾德將「連續不斷的政治變局，整天都有人在『救國』」視為稀鬆平常，但他生在英國的妻子艾蜜莉亞卻對這「邪惡幼童……所玩的幼稚又嗜血的殺人掠奪遊戲」感到駭異不已。「親愛的，」他溫和地提醒她，「你好像忘了我是在這裡出生的。」[53]

顧爾德（像格雷厄姆一樣）苦於祖先遺產帶來的麻煩。政府給他父親聖多美銀礦的經營權，但代價大得不可思議，顧爾德必須上繳高額礦區使用費——遠超出銀礦本身可能的利潤。顧爾德的父親被這座礦戴上了銀枷鎖。「他身邊所有人都被搶劫，被那些玩著統治與革命遊戲的奇形怪狀、殺人不眨眼的匪徒搶劫。……但是，在法律和商業的形態下進行搶劫，他想到就無法忍受。」「上帝想必對這些國家怒目而視，」他低語，「不然祂就會讓這陰謀、血腥與犯罪的恐怖黑暗產生裂隙，從中降下一點希望之光。」[54]這段感嘆呼應著康寧安．格雷厄姆對帝國主義的尖刻諷刺文章〈王八黑鬼〉，文中有個白人充滿譏諷地奚落說：上帝「一定是在……脾氣最壞的時候創造（非洲）」，否則「誰想得到全知上帝竟然……會造出一片陸地，讓上頭充滿人，然後注定這些人要被飄洋過海來的其他種族取代」[55]。

書寫到這裡，康拉德知道自己原本在說的義大利民族主義者故事（第一章到第四章）已經多出了對所謂「進步」的反省（第五章）——而這個關於所謂「進步」的故事同時又是在講「從土地上剝削值錢的粗原料」（第六章）[56]。康拉德寫進《諾斯楚摩》的主要人物與故事發展比他其餘任何作品都多。只是，撇開此書在結構上與康拉德過去任何作品的一切差異，若只看討論的主題，《諾斯楚摩》可說是康拉德過去**所有**作品順理成章的續作。他年輕時在民族主義者身上看到理想的不堪一擊、在海上看到現代化的淪亡、在非洲看到貪婪之惡——這些全都被放進哥斯大瓜納。波蘭人換成義大利人；輪船換成火車、電報、以及更多輪船；象牙換成白銀。

康拉德將他在歐洲、亞洲與非洲的經驗傾入拉丁美洲，將往事改寫為序曲。《諾斯楚摩》的主線故事此時才剛開始。內容在說兩種互相競爭的世界觀——英國觀點與美洲觀點，而在康拉德寫作的同時，世界也循著這條動線正在改變。

登峰造極之後，唯一能去的方向就是往下。十九、二十世紀之交，非洲已被瓜分淨盡，大英帝國覆蓋四分之一個世界。英國帝國規模是排名第二的法蘭西帝國三倍，是古代羅馬帝國的五倍[57]。人們不須太多想像力就能感覺到物極必反。大英帝國最受歡迎的詩人魯德亞德·吉卜林為一八九七年維多利亞女王登基鑽禧慶典寫了一首詩〈禮成〉，警示盛極而衰恐已不遠。有朝一日，他吟詠道，大英帝國也將是明日黃花，如同古文明的「尼尼微與推羅（又譯泰爾）」。「萬國的審判者，請寬容我們，／只恐我們怠慢，只恐我們善忘！」[58]

康拉德動筆寫《諾斯楚摩》時，英國在南非與波爾人的戰爭正進入尾聲，這是一場所費不貲、曠日持久，且在政治上引發分裂的戰爭。康寧安・格雷厄姆是批判波爾戰爭的眾人之一，認為這就是資本家與國家共謀推動的搶地行動，不過是稍加粉飾而已（他把羅德西亞（得名自富可敵國的擴張主義者西索・羅德斯叫做「悖德西亞」）[59]）。經濟學家霍布森在一九〇二年的《帝國主義》一書，認為這場戰爭就是「帝國主義」的最佳例子——「帝國主義」一詞也因該書而大為流行。在霍布森看來，帝國主義是種族主義，是「侵略的」、「殘酷的」、「精打細算的、貪婪的」、「人性本惡的」，是工業家與金融家所共同慫恿的，放言高論「文明教化」來掩飾[60]。除了社會主義者對這場戰爭的批判以外，許多人認為英軍採取的冷酷鎮暴手法罪無可赦，這些做法包括將一般人民關進所謂的集中營裡。綜觀南非這些情況，康拉德語帶譏諷地對格雷厄姆說到上帝對英國的看法。「他親自選的選民（包含各種教派）在這兒被丟來扔去，天上卻沒展現一點異狀，只有下雪外加一場嚴霜，」他寫道，「該不會是吉卜林那首〈禮成〉（如果祂看得懂的話——雖然我對此存疑）冒犯祂了吧？」[61]

於此同時，英國帝國主義的支持者在戰後對英國軍備實力深感憂慮。舉例來說，波爾戰爭的英雄羅伯特・貝登堡察覺到軍力不足的問題，於是著手創立童子軍。此時德國這個新敵手浮上檯面，人們對英國國力的憂心就更顯切中要害。阿爾弗雷德・賽耶・馬漢在一八九〇年出版影響深遠的《海權對歷史的影響》一書，德皇威廉二世受此書內容激使，著手為德國打造龐大的海軍艦隊，挑戰英國海上霸權。康拉德寫作《諾斯楚摩》時，一名熱血澎湃的帆船運動員厄斯金・柴德斯出版間諜小說《沙岸之謎》（一九〇三年），書中兩名朋友乘帆船出海，巧遇正在蒐集情報準備入侵不列顛的德國艦隊。一種新類型的小說開始問世。暢銷作家瘋狂發表懸疑小說，講述德國輕易攻下毫無防備的英國。也有人覺得「德國入侵」這個設想很可笑，幽默作家伍德豪斯就在《突襲！克拉倫斯拯救英國》（一九〇九年）開玩笑說，德軍被英國童子軍拿彈弓與曲棍球球棍趕下海去[62]。但英國政府可沒把這當笑話看，英國國防政策被全面檢討修改，外交結盟也要重新調整[63]。

當他的同僚一窩蜂以德國作為寫作題材，康拉德卻轉往另一個方向，看見另一個對手在西方崛起：美國。一八九八年，美國與西班牙開戰，結果幾乎將西班牙所有海外殖民地都收為己有。一個新的海外帝國就此誕生。吉卜林為此事又寫了一首詩，敦促美國人加入英國的行列，從事那必要卻不討好的「文明教化」事業：「扛起白種人的負擔——／推出你們種族的菁英——／要求子孫踏上放逐之路／去滿足受俘者所需。」[64]

許多英國人樂意美國躋身帝國強權之林。像西索・羅德斯這類英國帝國主義支持者，都覺得美國是最佳夥伴，能與英國共築一個以說英語、白人為主的所謂「不列顛帝國聯邦」[65]。羅德斯還為此設立獎學金資助美國白人前去牛津念書。反對英國帝國主義的人，例如史蒂德這位富有影響力的記者，也樂於見到美國變得更為強大，雖然背後的原因不同。史蒂德希望美國能取代英國霸權，成為一個更好、更民主的國際超級強權。他的《世界美國化：二十世紀趨勢》標題簡直具有預言性。史蒂德給英國人兩個選項：一個是放著不管，等待美國超越英國，讓英國衰落到「像個說英語的比利時那般境況」；另一個是主動促使英國直接與美國合併（而英國在這合作關係裡會是較弱勢的一方），「永續成為世界最偉大強權不可缺的一部分」[66]。

然而，也有不少人駁斥這種美化過的美國霸權圖像。「給窮人堆上負擔，」美國一名勞工運動者反諷道，「你的獨占販賣權／會壓垮農民與清潔工／如同君王統治的鐵腕。」[67]「給黑人堆上負擔，」一名非裔美國教士不平則鳴，「你們的《種族隔離法案》（又譯《吉姆－克勞法》）與習俗……／總有一天會釀成禍患。」[68]康寧安．格雷厄姆寫到，有次自己坐在巴黎一間旅館裡，身邊一群衣著華而俗的粗鄙洋基佬（Yankees）歡慶美國打贏西班牙。「下一個就輪到英國，」那些人輕蔑地說，「咱們把維多利亞裝進籠裡，五分錢一張票參觀，然後教教那些英國佬他們英國國旗能拿來做什麼用。」[69]

《諾斯楚摩》創作的時代背景是人們焦慮著英國日薄西山，作品內容的背景是拉丁美洲，再加上參考資料最主要是來自格雷厄姆，於是康拉德這本小說變成在討論一個全新而冷酷無情的事實，那就是美國帝國主義。一切圍繞著聖多美銀礦的故事，查爾斯．顧爾德厄運罩頂的祖產。

顧爾德為了繼承產業，在學校念的是採礦與工程；他父親為了這座銀礦傾家蕩產心力交瘁，而他認定阻止事態惡化的最佳方法，就是大舉投資來讓採礦設備現代化。他發現，要找人來投資，最適合的地方就是美國。「我全心相信物質利益。」顧爾德宣告。他前往舊金山，與礦業鉅子侯羅伊德會面。

這位侯羅伊德先生是整個歐洲的產物：身上混了德國、蘇格蘭、英國、法國與丹麥的血，讓他成為一個典型的美國人，「性格像清教徒，對於開疆拓土有著無法饜足的幻想」。侯羅伊德認為，在哥斯大瓜納進行投資頗有風險——隨便一場革命就能讓人血本無歸，但顧爾德使他印象深刻，因此願意賭一把。只要顧爾德能繼續產銀、維持該國和平，侯羅伊德就會出資支持他。但侯羅伊德也警告說，只要事情不對，「我們絕對扔下你不管」。「任何情況下我們絕不送錢給賠錢生意。」[70]

對侯羅伊德來說，聖多美銀礦只是無足輕重的「消遣」，「大人物的小任性」。但對哥斯大瓜納而言，美國資金卻是一條救命索。在顧爾德經營下，銀礦成了哥斯大瓜納的 *imperium in imperio*，國中之國。他從外面運來機器與人力：足以填滿三座村莊的印度勞工，還把一整本名冊的政府官員列入聖多美發薪名單裡，以此換取他們合作。人們開始說顧爾德是無冕的「蘇拉科國王」（這很像是康寧安．格雷厄姆也被取笑是無冕的「蘇格蘭國王」）。他們說，哥斯大瓜納現任總統這個「品行高潔、被託付改革使命」的人，也是顧爾德出錢推他上臺。每過三個月，「愈來愈大筆的雪花銀」就從聖多美被護送到蘇拉科，運上一艘輪船（在諾斯楚摩監視下），再載往北方。顧爾德之妻艾蜜莉亞摸著剛從礦裡出來還暖呼呼的銀錠，知道自己手裡摸的遠不只是錢財。她所摸的是「某種無形而影響深遠的東西，就像真實的情感表達，或是信條原則的逐漸浮現」。她所觸摸的東西是和平[71]。

康拉德將《諾斯楚摩》第一部分作結，回到鐵路動土典禮。蘇拉科上流人士麇集於西方輪船公司一艘船上，享用慶祝午宴，顧爾德家族自然也在其間。總統舉杯祝賀。英國鐵路公司的董事長概覽他的投資項目——鐵路、「給政府的借款，以及一個對西部省系統化殖民的計畫」，然後想像著哥斯大瓜納將擁有一個「善良、守序、誠實、和平」的未來。艾蜜莉亞．顧爾德想到「未來代表變化」，傳統的生活方式將會消逝，於是忍不住感到惋惜。但就連她也承認：「這些變化都讓國家更接近我們所期望的未來。」喬吉歐．威奧拉的旅館正好位在鐵路預定鋪設的路線上，但艾蜜莉亞說服鐵路公司不會拆除旅館。這是英國霸權最高貴的表現，對那些善良的自由主義者與他們所持的價值觀施以保護。

我們至少可以用這個角度解讀此景。若從另一個角度來檢視，英國人出力支持哥斯大瓜納的這種理想未來，其實就跟那位老加里波底黨人的夢想一樣陳舊過時。顧爾德期望中的哥斯大瓜納，是以安定與維護正義為目標的國家，但侯羅伊德這個美國投資者卻說出一套不同的「世界未來理論」。其中哥斯大瓜納是「百分之十利率貸款與其他白癡投資的無底洞。歐洲資金好幾年來都被人雙手捧著扔進去」，他對顧爾德說道。美國人打算「袖手旁觀」，等著看其他人一個個破產。「不急。在上帝創造的宇宙最偉大國家面前，連時間都得乖乖聽話。」不過，「當然啦，有朝一日我們會出手。我們注定要……我們將會號令天下」，他總結道，「工業、貿易、法律、媒體、藝術、政治、宗教……這世界甘願也好，不甘也罷，總之是要歸我們管的」。而哥斯大瓜納將自食其果[72]。

第十一章　物質利益

一九〇三年八月，康拉德將《諾斯楚摩》第一部分交給經紀人。這部小說長度日益增加，探討民族主義、帝國主義與資本主義等課題，深入的程度超越他過去任何著作。此書內容遠超出康拉德個人旅行與觀察經驗，這是他一開始選擇南美洲為寫作題材時就已知道的事。此書引入美國作為一個重要因素，這也超出他過去研讀有關阿根廷、烏拉圭、巴拉圭、委內瑞拉的資料。此書對於所謂「進步」大加撻伐，就這點而言更是超出了康寧安・格雷厄姆向康拉德說的南美印象。

康拉德一開始當然沒料到事情變得這麼複雜。但寫完第六章，而聖多美銀礦以及投入銀礦那些「物質利益」的故事才剛展開。康拉德被自己構思的故事之網纏住，不知如何才能全身而退。不過，不曉得是幸或不幸，拉丁美洲那年發生的事提供了康拉德一個活生生的例子，完全符合他正試圖講述的故事。那一年，美國出手干預他國內政，目的是要保護一項奇貨可居的資產：多年來盼望實現在巴拿馬建造運河的計畫[1]。

推進整個計畫的動力是黃金，而非白銀。五十年前，加州一八四九年淘金熱，數百萬名採金者從大西洋岸被吸引到太平洋岸。他們要去加州有幾種方法，一種是花數週徒步橫越美國內陸；

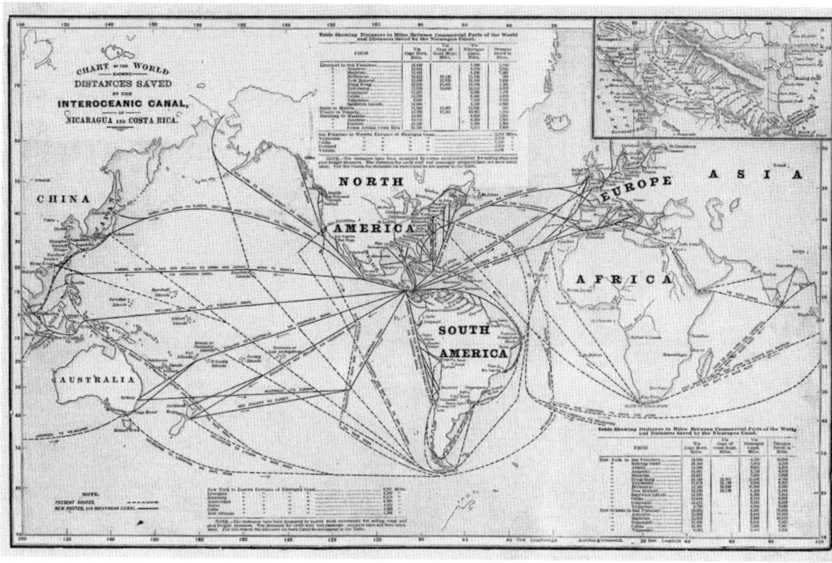

這張一九〇一年的地圖顯示開鑿中美運河能節省多少航行里程。

一種是花數週乘帆船繞過整個南美大陸；或者可藉運輸界大王康內留斯．范德堡推出的套裝行程，搭輪船花很短時間到尼加拉瓜，迅速越過地峽，搭上另一艘輪船，這樣幾天內就能抵達舊金山。很快地，范德堡和其他商業家就著手計畫蓋一條橫跨中美洲的船運運河，將大西洋與太平洋永遠連接在一起。

該計畫牽動某些國家的切身利益，如果把這些國家的野心算進去，那這條運河就有重塑國際局勢的潛力。美國在一八二三年《門羅宣言》中聲稱，美洲「自此不得被任何歐洲強權視為可進行殖民的地方」[2]。但英國在美洲仍然勢力龐大，擁有加拿大、加勒比海、中美洲與南美洲的土地（貝里斯、蓋亞那、福克蘭群島）。當運河建設計畫逐漸起步，英、美兩國先簽訂協約，同意雙方都不得擁有中美洲水道的「單獨控制權」，也不得使用不正當的影響力來獲得此種權力[3]。

英、美這紙協約造成的結果原因之一，就是一八八一年實際上開始建造運河的並非英國人也不是美國人，反而是一間法國公司。這個法國財團使用蘇伊士運河（一八六九年通航）設計者的建築計畫，選擇在地峽最窄處開運河，也就是哥倫比亞的巴拿馬省。但法國工程師卻沒通盤考量，怎樣把適用於埃及沙漠的建築設計調整用於熱帶中美洲。結果在投資數十億法郎、掘開數百萬立方公尺泥土、數萬勞工死於疾病之後——依舊連個運河的樣子都沒有，法國巴拿馬運河公司在一八八八年宣告破產，數百萬法國人民的錢財也隨之化為泡影。

於此同時，該地區的權力平衡出現重組。哥倫比亞陷入慘烈內戰。一九〇一年，新人帶著雄心勃勃的計畫登上美國總統寶座，西奧多．羅斯福將「中美洲運河」列為美國外交政策首要待辦事項。英國在南非的消耗已經超出預料，又擔心德國興起，因此同意撤銷先前協議，容許美國在中美洲取得優勢。

當時只要讀讀英國報紙，就能知道接下來會發生什麼事。一九〇三年一月，就在康拉德開始寫《諾斯楚摩》的時候，美國與哥倫比亞兩國國務卿簽訂條約，哥倫比亞將運河沿線兩側十公里寬的土地以一百年為期租給美國，租約可續；美國則要一次付清一千萬美元給哥倫比亞，外加每年二十五萬美元租金。「美國否認任何損害哥倫比亞主權的企圖，」條約內容堅稱，「以及任何以哥倫比亞為代價擴張自身領土的企圖。」[4]倫敦《泰晤士報》祝賀道：「我們在那偉大英語共和國的同胞，……恭喜他們跨出決定性的一步，實踐他們長久以來真心期盼的計畫。」[5]

一九〇三年春，康拉德正在構思哥斯大瓜納的背景，羅斯福總統周遊全國發表演說，提倡一個二十世紀新版本的《門羅宣言》。「我們無權選擇自己是否應在世界上扮演重要角色。」羅斯福對聽眾說[6]。「有句普通格言這樣說：『說話要輕，但拿的棍子要大，就能成事。』」他繼續說，「如果美國這個國家說話能輕，但又擁有一支最有效率、高度訓練的海軍，門羅宣言也能成大事。」[7]這段充滿干涉主義色彩的談話後來被稱為門羅主義的「羅斯福推論」。本質上它與《諾斯楚摩》中侯羅伊德的主張差不多：「這世界甘願也好，不甘也罷，總之是要歸我們管的。」

歐洲帝國列強面對美國干涉主義有的叫好，有的不安，但身處羅斯福推論另一端的那些對象，可不覺得這是什麼好事。一九〇三年夏，當康拉德正在擴大發展銀礦與美國投資者的那段故事，哥倫比亞參議院投票否決運河條約，認為該條約是哥倫比亞在內戰期間被迫協商簽訂，彼時簽約的政府此時已非執政者。參議院認為此條約明顯違憲——沒有任何政府有權像這樣讓出土地，更別說是以如此低廉的價格[8]。「巴拿馬是哥倫比亞骨中之骨，血中之血，……是哥倫比亞未來世世代代應當繼承的祖產。」條約的反對者如此宣告。「看起來大家認為最愛國的想法就是：只有殺了下金蛋的鵝才是最佳補償。」[9]交易取消。巴拿馬不蓋運河，至少哥倫比亞首都波哥大是決定不要。

一九〇三年九月，《泰晤士報》刊登傳聞，說：「巴拿馬地峽的人民厭惡哥倫比亞議會對待運河條約的態度，很可能舉兵叛變，希望建立一個獨立的巴拿馬國。」如果巴拿馬能脫離哥倫比亞成為一個獨立國家，就能與美國重新簽訂協議，把運河區域的權利交與美國，然後巴拿馬人也能將如此得來的收入裝進自己口袋——雙贏的局面。華盛頓權威人士表示，巴拿馬「脫離哥倫比亞獨立」是「遲早的事」[10]。

當各家報紙皆揣測哥倫比亞會發生革命，康拉德此時開始寫《諾斯楚摩》新一章，暗示哥斯大瓜納內部將出現異議。情況乍看是這樣，美國投資者侯羅伊德支持查爾斯．顧爾德對礦區的經營；而查爾斯．顧爾德這個「可見的標誌，象徵革命動盪之下所能獲得的安定」，支持哥斯大瓜納現任總統；現任總統則支持進步與和平。然而，這其中沒有一個人能阻止獨裁與革命的天數之輪繼續轉動。有位名叫佩德羅．蒙特洛的將軍，心懷反意，有如默片中的反派，長著下垂的黝黑八字鬍，厚厚的肩膀上壓著金肩章，用粗嘎邪惡的嗓音嚷著「國家榮耀」被「賣給外國人」。蒙特洛與他的弟弟在哥斯大瓜納首都發動政變，旗開得勝，「並與『我們北方的姊妹共和國』暗通聲息，對方承諾支持他們對抗萬惡歐洲列強的奪地邪謀」[11]。他們下一個目標就是蘇拉科與聖多美這個財源。

就在此時，一場密謀正在巴拿馬蓄勢待發。在美國總領事的支持下，巴拿馬市一群生意人與民間領袖在某次夏季週日午餐會上使之醞釀成形。該名領事描述說：「在場眾人公開討論革命計畫。」這群分離派差遣使者前往紐約尋求金援、武器與美國聯邦政府的支持。預期的事情成真了。羅斯福總統早已對國務卿說：「（不）該讓波哥大那些野兔子永遠擋住這一條未來的文明大道。」但他們卻沒料到，其中一名密謀者回心轉意，把計畫透露給哥倫比亞大使[12]。這下子，美國與哥倫比亞政府都知道巴拿馬人正在暗中搞革命。

回到哥斯大瓜納，康拉德在虛構的蘇拉科寫出一場革命，呼應真實世界裡巴拿馬山雨欲來風滿樓的分離派活動。蘇拉科革命的主導者是一名剛從巴黎回來的年輕哥斯大瓜納人，名叫馬丁・迪庫。從他那長著金鬍子的圓潤臉龐，到鞋子的漆皮光澤，全身散發出法國氣息。迪庫本行是記者，在精神上「淺薄得乏善可陳」，融入沙龍就像英裔哥斯大瓜納人查爾斯・顧爾德跨上馬鞍那般自然。帶著一股時尚的頹廢氣息，迪庫過去都對法國友人說，哥斯大瓜納是齣喜歌劇，演著「荒謬的盜竊、明爭暗鬥與背叛」，卻「演得認真的要命」。「我們撼動一座大陸爭取獨立，卻淪為一場民主模仿遊戲的消極受害者，……我們的制度是個笑話，我們的法律是個鬧劇。」說到這裡他嘆口氣，無奈重複著一句據說是偉大解放者西蒙・玻利瓦爾所發的慨嘆：「『美洲無法統治，那些為了讓它獨立而奮鬥的人都是在耕海。』」迪庫認為，只有一條路能對抗蒙特洛將軍，為國家爭取未來。「分離，當然只能這樣，……沒錯，要讓整片西部省從這一整個動盪不安的政體中分離出來。」「西部省這整塊土地夠大，怎樣都能建國。看看那些山脈！連大自然都向我們呼喊：『分離吧！』」[13]

保衛蘇拉科之戰就此開打。鐵路工程師與船運公司的碼頭工人搭起路障街壘，阻擋進逼的蒙特洛軍隊。諾斯楚摩協助救援老總統，讓他安全逃到國外。迪庫寫下一份「分離派宣言書」，放入口袋，前往路障前線，預備等到成功恢復秩序時拿出來宣讀[14]。

這個國家最重要的資產命運如何？無論誰掌握聖多美銀礦，誰就能實際掌握哥斯大瓜納。分離派決定派遣查爾斯．顧爾德前往舊金山，「把事情跟侯羅伊德（鋼鐵與白銀大王）說，設法獲得他的財政援助」，並為蘇拉科保住銀礦。但不久之後，他們就聽聞蒙特洛在附近打了場決定性勝仗。如果蒙特洛奪下蘇拉科，分離派麻煩就大了。如果他拿到銀礦，整場革命絕對玩完。迪庫與諾斯楚摩共謀將銀錠從倉庫偷偷運走，藏在海灣裡的小島「大伊莎貝爾島」[15]。

康拉德將第二部分作結，最末場景的靈感來自所讀的拉丁美洲相關資料。迪庫與諾斯楚摩乘著裝滿白銀的小船從岸上溜走。銀錠安全置放在大伊莎貝爾島後，迪庫留下來看守財寶，諾斯楚摩則把船鑿沉，游回陸上。蘇拉科沒有一個人知道發生什麼事。他們只會以為白銀沉到海灣底下，船上兩人都隨之葬身其中。

康拉德尚未草擬完《諾斯楚摩》這些情節之前，真實世界的巴拿馬密謀就已爆發[16]。一九〇三年十一月三日下午，巴拿馬市從午覺中醒來，國家衛隊裡支持分離派的一幫人馬，將步槍轉而對準哥倫比亞將軍黨人，把他們押進牢裡。群眾聚集在廣場上吶喊：「*Viva el Istmo Libre!*（地峽自由萬歲！）」一艘哥倫比亞戰艦朝市區開了幾砲試圖恢復秩序，卻遭到密集火力回擊，於是落荒而逃。此時一艘美國戰艦抵達加勒比海岸邊的箇朗，很快地，一隊貨真價實的美國艦隊已在外海集結，奉命阻止任何哥倫比亞軍隊登陸[17]。剩下的事情都由賄賂（通過美國金融家進行）解決。哥倫比亞駐軍撤出箇朗，美國海軍四百人登岸，替代他們成為占領軍。

一九〇三年十一月六日，新國家巴拿馬的新政府致電華盛頓宣布獨立。美國回電，承認巴拿馬為獨立國家。「今天我們自由了，」巴拿馬總統在該國第一面（手縫的）國旗下宣告，「羅斯福總統信守承諾，……羅斯福總統萬歲！」[18]

那麼，這個國家最重要的資產命運又如何？十二天後，巴拿馬特使與美國國務卿簽訂關於運河的同意書。內容比原本哥倫比亞所簽那份更優惠美國，新國家巴拿馬賦予美國「永久使用、占領、控制」運河兩側十六公里寬土地（原本只有十公里寬）的權利，以及相應的諸多特權[19]。該年，羅斯福總統年終對國會演說時，大力讚美這筆交易。他說，巴拿馬在五十七年內發生五十三次「動亂」，「哥倫比亞沒有能力維持秩序」。「巴拿馬人萬眾一心奮起」對抗他們的遠方統治者，而「美國在該處的責任非常清楚」。藉由出手襄助分離派，美國使得「我們國人……巴拿馬地峽人民，以及世界上文明國家的人民」的「榮譽」、「商業與交通」都更上一層樓[20]。

倫敦《泰晤士報》盛讚羅斯福施政立場「堅定、光明、有理據」。「無論狂熱支持巴拿馬運河的美國人個別做出什麼煽動叛變的行為，」該報編輯斷言，「我們沒有任何理由質疑羅斯福總統的政府與推翻哥倫比亞在巴拿馬地峽統治權的活動有任何關係。」[21]不過，《曼徹斯特衛報》覺得事有蹊蹺，指控美國政府以武力奪取合法外交手段拿不成的東西[22]。

局外人只能臆測美國在這場革命中不乾不淨，但局內人卻可以證明。其中一個局內人是哥倫比亞知識分子與外交官，名叫桑地牙哥・裴瑞茲・特里安納。他的父親是哥倫比亞自由派領袖人物。革命爆發後，他在一八九三年逃往歐洲，在倫敦定居[23]。波哥大的聯絡人告訴他美國在巴拿馬玩的詭計，裴瑞茲・特里安納將此事通知他認識的英國自由黨人，包括他的朋友康寧安・格雷厄姆。康寧安・格雷厄姆又把裴瑞茲・特里安納介紹給康拉德等人認識。如此這般，正好在康拉德逐步寫出《諾斯楚摩》終章的時候，他也看到巴拿馬故事冷酷而現實的真相。

裴瑞茲・特里安納把他從波哥大逃脫的經過寫成《奧里諾科河獨木舟逃亡記》（一九〇二年以英語出版，格雷厄姆作序），引領讀者認識哥倫比亞的方式，彷彿追尋著西班牙征服者的足跡而行。康拉德讀這本書時可能也注意到這手法——他自己在《黑暗之心》裡就讓馬羅以同樣方式想像羅馬人征服英格蘭。「波哥大這地方其實就是個『黃金城』。」康拉德讀到這樣的字句。該地誘引西方探勘者愈陷愈深，踏上「徒勞無功的征途」尋求傳說中的財富[24]。施用一點文字煉金術，康拉德就能把黃金變成白銀，把哥倫比亞變成哥斯大瓜納。

康拉德從裴瑞茲・特里安納得知兩件事，一個是引導到巴拿馬脫離哥倫比亞的歷史事件，另一個是對這些史事令人信服的詮釋。裴瑞茲・特里安納對祖國政局的不穩定難以忍受——但另一個選項，也就是引進美國人「這些以門羅宣言來偽裝的披著羊皮的狼」，可能還會更糟[25]。「這是定律，」裴瑞茲・特里安納認為，「美國人民面對……拉丁美洲人民時，態度不是紆尊降貴就是傲慢專橫。」當美國人說「美洲是美洲人的，他們的意思是『美洲是美國人民的』」[26]。

哥倫比亞所有人都知道誰是造成巴拿馬分離的罪魁禍首。海濱城市巴蘭幾亞的暴民拿石頭砸美國副領事官的房子，大喊：「美國人去死！」波哥大的美國公使館必須加強守衛抵擋抗議者。哥倫比亞總統呼籲拉丁美洲其他共和國支持他鎮壓叛變，誓以波爾人抵抗英國的奮戰精神對抗這個美國撐腰的政權[27]。駐卡地夫（威爾斯最大城市）的哥倫比亞領事發言，抨擊這種「手段極其可恥，甚至超過所有征服者最駭人聽聞的掠奪行徑，會在歷史上遺臭萬年」[28]。

至於裴瑞茲・特里安納，他隔著絕望之幕回顧過去。哥倫比亞人因美國而受苦受難，這已經夠悲哀。更糟糕的是，美國干涉所預告的國際政治未來。裴瑞茲・特里安納不勝懷念地憶起，當年那個偉大的美洲共和國「在她子宮裡孕育全人類的希望」，那時每個人都曉得美國代表著「祖國、家園與正義」的承諾。他想著，一個拉丁美洲自由黨人當初或許覺得美國比英國更支持自由，因為美國揚棄舊世界的帝國主義。但美國在巴拿馬的行徑卻告訴全世界，它本身也「感染帝國主義的病毒，被黷武主義的痲瘋病汙染」，且因一種浮誇不實的優越感而變得畸形。「說到一個國家真正的偉大程度，美利堅共和國的第二個百年將永遠比不上它第一個百年。」裴瑞茲・特里安納悲嘆道，而這世界將因此受害[29]。

聽著他這位哥倫比亞熟人娓娓道來，康拉德很清楚一件事：未來是美國的。康拉德對此一點喜悅之情也沒有。

一九〇三年節禮日，彭特農場，康拉德正在桌前寫信。在他面前是《諾斯楚摩》的手稿，他因整年勞苦而駝背。他連寫節日感謝信的時候，都克制不住表露內心的疲憊。「就工作來說，我這一年很不好。」「我的心在一種奇怪的死氣沉沉中掙扎，絕望地掙扎，而時間一直流逝。」「經歷這十二個月，就算我是用自己的血來寫每一頁，我都不會覺得比現在更疲累。」[30]他迫切需要休息。「裴瑞茲・特里安納聽說……我很想離開這裡去南邊，他寫了一封人間最慈善的信給我，」康拉德告訴康寧安．格雷厄姆，「順帶一提，你對巴拿馬那些洋基征服者怎麼想？夠嗆的，是吧？」[31]

從一九〇四年一月開始，《諾斯楚摩》會在左派雜誌《TP週刊》上連載，因此康拉德得在很短時間內把剩下的章節寫出來。他以為這本書該寫的部分已剩不多，但故事卻不斷增生；此書最後一部〈燈塔〉會變成書中篇幅最長的一個部分。

諾斯楚摩藏起白銀，游泳回岸上，「睡了十四個小時才醒來」，像個「剛被誕生到這世界上的人」。他走進蘇拉科，發現整座城市天翻地覆。一名上校軍官叛變奪權，在港內搜尋失蹤的銀塊。上校與西方輪船公司的英國船長對上。「你們這些傲慢的英國人！」他痛罵道，「你們外國人來這裡，搶走我們國家的財富。你們永遠貪得無厭！」[32]舊政權的擁護者麇集廣場，在武力保護下遁離市區，免得叛軍徹底占領蘇拉科之後逃生無門。

查爾斯．顧爾德眼看難民潮漸漸消失，一張「細密的罪惡與腐敗之網」籠罩蘇拉科。「我們如此熟知的幾個字，在這國家卻有噩夢般的涵義，」他憤慨地說，「自由、民主、愛國、政府——在這裡全都有愚昧與謀殺的意味。」蒙特洛將軍夢想著統治哥斯大瓜納成為「皇帝——說真的何不就當個皇帝？」並「要求在每項事業裡分一杯羹——鐵路、採礦、製糖、棉織、土地開發，各種各樣產業，當作交給他的保護費」。或許，我們其實也沒那麼不同，反派與我，顧爾德發覺，「在這片土地的無法無天之前眾生平等」，都只想掌握銀礦來保住自己地位。顧爾德打算寫信給舊金山的侯羅伊德，請他「開始公開推動地方革命的計畫，這是唯一的方法，能讓蘇拉科這麼大一筆物質利益……永保安全」。如果此事失敗，或是敵人先奪得銀礦，顧爾德會使出最後手段。他已經要他的副手在整個礦區埋設炸藥，然後「炸掉……這著名的顧爾德特許區，炸成碎片，飛上天空離開這個嚇壞了的世界」[33]。

手稿寫到這地步，康拉德也已經逼近自己的極限。他度過寫作生涯裡最困厄的幾個月，期間依然努力不懈寫這本小說。接下來，新年的倫敦之行又搞得全家大亂，因為潔西在街上滑倒，雙膝受傷嚴重，看來很有可能再也無法正常步行。禍不單行，醫師發現她有心臟病，必須進行昂貴又危險的手術。雪上加霜的是，康拉德存錢的銀行倒閉。「二百五十（鎊）一夕化為烏有。我因擔憂與過勞，已經快發瘋了。」[34]

需錢孔急的康拉德，在《諾斯楚摩》尚未完成之際，開始進行另一個寫作計畫來換取現金，這些散文最後會被集結成《如鏡的大海》。他整個白天都在寫《諾斯楚摩》，直到手痛到無法拿筆為止。每晚從十一點到一點之間，他會熬夜將《如鏡的大海》口述給福特．馬多克斯．福特，像一個長鬍子的雪哈拉莎德（譯注：《天方夜譚》裡的蘇丹王后），以說故事的方式延緩末日來臨[35]。「我有一半時間都覺得自己在精神錯亂的邊緣。」他說道。另一半時間他只能因肉體痛苦而感到自己還活著。

接下來，寫完一個章節之後，革命結束。康拉德僱了個打字員來幫忙，「一個脾氣最好、最管用的女孩子」，名叫莉莉安．哈妻斯。他把剩下的章節內容全都口述給她[36]。

故事裡，日月如梭飛逝。輪船船長約瑟夫．米契帶著觀光客飽覽戰後的蘇拉科，像個老來得孫的祖父那樣自豪，在法式板玻璃的商店櫥窗前喋喋不休，炫耀城裡的社交俱樂部，對著港口新建的碼頭手舞足蹈。在景點與景點之間，米契憶起革命往事：蒙特洛一派是怎樣擄走顧爾德並準備把他處決；唐荷西．阿維拉諾怎樣在城中居民逃難時死在叢林裡；諾斯楚摩怎樣在千鈞一髮之際，策馬到政府軍營說服他們收復蘇拉科。政府軍開進城裡，顧爾德獲救，蒙特洛將軍遭到暗殺，「一場國際海軍展示行動」的諸多戰艦現身港內，支持蘇拉科脫離哥斯大瓜納獨立建國。「美國巡洋艦『波納坦號』頭一個向西部旗致敬」，旗子上是朵顏色如太陽的花，長在綠色月桂花圈上——而綠色正是美鈔的顏色。「蘇拉科，這個《泰晤士報》人士在書裡所稱的『世界藏寶庫』，被完整搶救下來貢獻文明。」米契眉開眼笑。他很愛「世界藏寶庫」這個詞。他自己在聖多美聯合銀礦公司擁有十七張一千元的股票[37]。

「完成了！」康拉德在一九〇四年九月一日寫道[38]。他最後讓蘇拉科變成與巴拿馬一模一樣的情況。巴拿馬獨立隨即獲得美國承認，且其經濟因美國對運河的投資而起飛；蘇拉科的獨立同樣也立刻獲得美國承認，其經濟基礎就是美國對聖多美銀礦的投資。若非如此，蘇拉科的結局可能會更慘。哥斯大瓜納的暴君若鞏固實權、榨乾全國財富的話，獨裁與革命的命運之輪又將再轉一遍。

然而康拉德卻在《諾斯楚摩》結尾播下不安的種子。畢竟他對巴拿馬所知所聞都來自於一名反對獨立運動的哥倫比亞人，而非來自一名因獨立而喜的巴拿馬人。在蘇拉科光鮮亮麗的和平繁榮表象之下，《諾斯楚摩》最終章響起的卻是憂鬱不祥的現實。

那位「宣揚分離運動的年輕使徒」迪庫，與諾斯楚摩一起出海藏銀免被革命者發現，自此之後蘇拉科再也沒有人見過他。很多人覺得他大概是在保護白銀的過程中葬身海灣底——是「為理想而殉身」，「事實卻是他死於孤獨……以及對自己和對他人都缺乏信念」。孤單一人待在大伊莎貝爾島上，迪庫逐漸被一種強烈的空虛感淹沒。行動所「賴以支撐的幻覺」破滅了。希望、愛、目的，全都沉沒。他把船划進靜灣，對自己胸口開槍，然後跌入海中，「被這片無盡的無感所吞噬」[39]。他在口袋裡塞了四顆銀錠，為了讓自己能順利下沉。

銀礦這個「纏人噬人」的惡魔折磨查爾斯．顧爾德，如同他的父親也被銀礦折磨。他絕大部分時間都待在礦場，餵食「物質利益」的血盆大口，因為「他把自己對秩序與正義終將實現的信念都寄託在這上面」。「發展物質利益的路上沒有平靜、不得休息，」那位殘廢的愛爾蘭醫師如此警告顧爾德之妻艾蜜莉亞，「時候就要到了，『顧爾德特許區』所代表的一切都要壓在人民身上，和幾年前的暴虐、殘忍與惡政一樣沉重。」銀礦過去曾是這國家光明的希望，如今卻扼殺「這整片土地，它被懼怕、被憎恨，富可敵國，比任何暴君都缺乏靈魂，比最惡劣的政府還專制無情」。艾蜜莉亞看見自己一生在眼前閃現，「年輕時對生活、對愛、對工作的理想之墮落」，彷彿是在夢魘纏身中說夢話，「她結結巴巴吐出『物質利益』幾個字，自己都不知道在說什麼」[40]。

此時的諾斯楚摩已經要人以本名稱呼自己「費丹札船長」，也就是「信任船長」。他慎重地、「慢慢地有錢起來」，一次只從大伊莎貝爾島上存銀中拿走一錠，帶到遠離蘇拉科的地方賣掉[41]。這些白銀讓他覺得像個賊。為了不讓人發現他暗中造訪藏寶處，他追求喬吉歐．威奧拉的女兒作為掩護；這位年邁的旅館主人已經喪妻，在大伊莎貝爾島看守新蓋好的燈塔。諾斯楚摩瞞天過海的手段將會讓他引火自焚。某一晚，威奧拉把他誤認為女兒另一個名聲不佳的追求者，對他開了致命的一槍。

「白銀害死我，」諾斯楚摩臨死前對艾蜜莉亞．顧爾德說道。他還說要對她透露藏白銀的地方。「這兒原本的財寶還不夠害慘世上所有人嗎？」她喊道，「不要了，船長先生，……現在沒人想要那東西。就讓它永遠找不到吧。」任何人、任何事物，只要曾經靠近它都被玷汙。康拉德在小說結尾寫下對蘇拉科的臨別一瞥，恍如搭船遠去時回頭望見的景象。蘇拉科沿著海灣起伏的樣子，像是被壓在「一片如巨大銀塊般閃亮的龐然白雲」之下[42]。

雜誌連載完畢，康拉德做了些小修訂，在一九〇四年十月將《諾斯楚摩》出版成書。小說的副標題是「海濱故事」，一個發生在海岸邊的故事，象徵康拉德的新階段。他在此之前從未寫過海岸。海岸是陸地與海洋的界線，既可以是障礙又可以是交會處——航海者由此出發遠行，入侵者由此登陸。在《諾斯楚摩》裡，康拉德將發生在陸上有關外人、密謀，與家庭的故事，表達出與他的海上故事相同的主題：榮譽、社群，與孤獨。

康寧安．格雷厄姆認為這本小說「絕佳」，但標題完全不對[43]。「這本書應該要叫做《哥斯大瓜納》」，應該結束在米契船長帶大家參觀新獨立的蘇拉科那一幕。格雷厄姆覺得，諾斯楚摩這角色只會讓人從「發生在哥斯大瓜納的事」離題，且「最後兩章如果沒有會更好」。愛德華．賈內特和書評家也都同意這個說法。這本小說內容似乎「混亂顛倒」，結構「鬆散」，措詞「拐彎抹腳」，支線複雜得令人惱火。「『西部共和國』重生、革命，與建國的故事才是此書最引人入勝之處，」他們如此判斷，「諾斯楚摩只是作為天外救星被派上用場。」[44]

書評家乃切中其弊，康拉德也知道。《諾斯楚摩》艱苦的寫作過程與資料的愈堆愈高——包括格雷厄姆對普拉塔河的回憶、偶然看到的關於小船裝滿白銀的軼聞、美國撐腰的巴拿馬革命，整件事就是一場嚴酷的攀坡跋涉。康拉德不進反退。「我大致上不想幫諾斯楚摩辯護，事實就是連**我**都對他提不起興趣，」他告訴格雷厄姆，「真的，N（諾）什麼都不是——就一個虛構人物——水手這種人的虛榮心化身——浪漫化的『人民』喉舌，他們（我是指『人民』）日常體驗的感受都由他口中說出來。」[45]

瑕不掩瑜，所有人都看出《諾斯楚摩》是天才之作。「這本書值得細讀，而細讀它的人一定會得到收穫，」此書最具洞見的書評家如此作結。這位書評家是年輕的外交官約翰．布肯，當時因寫作政治驚悚小說而頗有名氣。《諾斯楚摩》讓布肯相信康拉德「知識之廣泛……比任何當代作家都更知道世上各種奇形怪狀」[46]。另一名書評家則說，康拉德造出了「一個微縮大世界」[47]。「讀完《諾斯楚摩》，讀者留下的印象既強烈又明晰，簡直像身歷其境一樣。」[48]

康拉德無中生有編造的地點卻讓讀者感到無比真實，此事若不令人驚訝，至少也有種諷刺。康拉德對拉丁美洲的認知源自報章與書籍，他的讀者可能會涉獵的就是一模一樣的東西。所以

羅傑斯〈大美利堅杜爾巴〉，約一九〇五年。這幅漫畫把西奧多·羅斯福畫成印度總督那種浮誇模樣，兩旁是「物質利益」的代表團，還有一個高舉鍬鏟的巴拿馬人領導遊行隊伍前進。

《諾斯楚摩》正好符合他們原有的刻板印象。康拉德的美國書評家尤其如此，他們覺得《諾斯楚摩》能替他們對拉丁美洲的所有偏見加以辯護。「康拉德很了解這片文明半成品的大陸，那裡的生命都像叢生的雜草」書評家詹姆斯·亨內克寫道[49]。孟肯很佩服此書「以不可思議的才華與敏銳探究拉丁美洲的性情，……探究那些邪魔外道的熱情與令人無法理解的理想，那些東西把平時看似正常的人激怒成互咬的惡狼」[50]。

話說回來，康拉德的英國讀者在《諾斯楚摩》看到的是一幅更令人憂心的世界景象。這本小說預言美國稱霸天下——「這世界甘願也好，不甘也罷，總之是要歸我們管的」——呼應人們心中始終存在並日益增強的「英國衰亡」的焦慮。

《諾斯楚摩》問世時，知名地理學家哈爾福德・麥金德才剛發表他的國際局勢預測不久。麥金德宣告說，政治地理的新時代即將來臨。數百年來，歐洲列強在世界各地區推展他們的野心。如今，轉眼間世界已沒有多餘的空間。非洲瓜分了，中亞各歸各的，北美洲有了橫跨東西兩岸的鐵路，世上「幾乎沒有留下餘地讓人能去插旗打樁宣示所有權」。幾乎是在一夕之間，國際關係變成一場零和遊戲：一個國家的得，就是另一個國家的失。麥金德預見未來將有更慘烈、範圍更廣的戰爭，強權地位會重新洗牌[51]。「史上每個帝國都曾昌盛一時，英國大概也是如此。……歷史的歐洲階段正在結束……新的權力平衡正在發展中。」[52]

麥金德的預言此時已有應驗跡象。為了對抗崛起的德國，英國縮減在西半球投注的人力物力，支持美國利益。遠東地區，日本在太平洋一場戰爭中痛擊俄國，導致沙皇讓權給新建立的議會（康拉德看見兒時夢魘的怪物化成屍體而感到沾沾自喜，那怪物「一部分食屍鬼，一部分東方神怪，一部分希臘神話的海洋老人，有喙有爪還有兩顆頭」[53]）。埃利奧特・伊凡斯・米爾在一九〇五年出版小冊子《英帝國衰亡記》，號稱是寫給二〇〇五年日本東京的學校使用，內容假設日本下一個攻擊的對象就是英國。「他們滿腦子只有商貿與貨物，只有職業運動員與賽馬，根本無心研究過去、研究上天無可改變的旨意。」[54]

《諾斯楚摩》提供一般讀者另一種闡釋權力平衡改變的方式。但康拉德拉開政治地理的簾幕，露出底下更深層的邏輯。他咆哮著：「*Il n'y a plus d'Europe*」——從前凱斯門告訴他剛果慘劇時，他就曾經這樣低語[55]：歐洲已經不存在了。「只有一個全副武裝的貿易大陸，經濟的生死之爭在那裡緩慢成熟，世界性的野心在那裡大聲疾呼。」那些自由貿易的支持者都是傻子，以為一起做生意的人能和平共處。「工業主義與商業主義……蓄勢待發，幾乎渴望著能動刀兵。」[56]他以此預測，「沒有人會為思想發動戰爭。」因為金錢萬能[57]。

哥斯大瓜納的憂患不在於美國勢力壓過英國。問題在於美英攜手成為「物質利益」的僕從。藉由米契船長這樣的角色，康拉德所傳達的是資本主義者的自信想法，相信西方金融與工業的擴張是全人類的福音。他們看著世界地圖上面標著輪船、火車與電報線的記號，如煙火般四散浮現，沐浴在「進步」的光輝裡。《諾斯楚摩》裡能夠善終的人物只有輪船船長、鐵路生意人，以及金融家——代表全球化的命運三女神，紡織出哥斯大瓜納的命運紗線，然後又加以截斷。「白銀，」康拉德解釋道，「是精神與物質事件的樞軸，影響著故事裡所有人的人生。」[58]

康拉德引導讀者去認同艾蜜莉亞．顧爾德，她張眼望進黑暗，看清這場災難。她知道那些為了讓哥斯大瓜納更繁榮、更安定、更「文明」而設計出來的東西，都會造成道德與社會的損害。那些東西抹殺當地人原有生活方式，讓自由主義原則變得空洞，讓是非對錯屈從於貪婪。《諾斯楚摩》對待「物質利益」的憤世嫉俗態度，延續《黑暗之心》與《吉姆爺》未能說下去的話。吉姆逃到「電報線與郵船航路之外」的亞洲偏遠角落，那裡「我們文明裡憔悴枯槁的功利主義謊言凋萎死去」。《諾斯楚摩》卻告訴我們，當電報線——與其傳播的謊言——逐步擴展，這世界會發生什麼事[59]。

就批判「物質利益」一事而言，康拉德絕非孤掌難鳴。《諾斯楚摩》要說的其實與霍布森提出的帝國主義概念並駕齊驅。事實上，就算康拉德可能會對這種類比感到不寒而慄，但此書所呈現的帝國主義就是霍布森的信徒列寧在一九一七年小冊子《帝國主義：資本主義的最高階段》所用定義，意即：「少數最富裕或最強大國家對愈來愈多小國或弱國的剝削。」[60]

康寧安・格雷厄姆想要重建那個已逝的阿卡迪亞，一個人們支持公平公益而非物質主義巧取豪奪的地方，在這點上康拉德與他志同道合。然而，康寧安・格雷厄姆想用政治來要求權力捐客負責，康拉德卻對組織性的活動缺乏信心，對任何運動敬而遠之。

或許這可解釋康拉德為何堅持要以《諾斯楚摩》為書名，而不願改成格雷厄姆建議的《哥斯大瓜納》。諾斯楚摩有著淡漠神情的模樣，讓人覺得他能使命必達。他像吉姆爺一樣，用「蹙眉凝望虛空的眼神」面對世界。諾斯楚摩是「我們的人」——或就像查爾斯・馬羅會說的「屬我族類」——但從他藏起白銀並為此撒謊的那一刻，就打破了英國雇主對他的信任。諾斯楚摩從下沉的小船上躍入靜灣，和吉姆一樣，從船上一躍而下的舉動注定了他的命運。但當諾斯楚摩重登舞臺，他披的不是吉姆那樣的英雄白袍，而是「一隻無思想的龐然野獸」的皮相[61]。以最廣泛的定義來說，諾斯楚摩確實是「屬我族類」，一個被自私自利吞噬的平凡人。

《諾斯楚摩》是康拉德唯一以自己沒去過的地方為背景的小說，但不只如此，這本小說其實是在寫他**每一個**去過的地方。書中散發著對政治的不以為然，這是一個見過雙親被達不到的國族理想壓垮的波蘭人。書中展現著帆船水手的懷舊之情，這是一個眼睜睜看著自己所愛的技藝被工業科技取代的人。書中充滿驚駭與憎惡之情，這是一個歐洲白人看見「文明」與「進步」的價值觀，在非洲與其他地方被轉化為大規模毀滅性武器。

《諾斯楚摩》之所以具有驚人的預言性，其祕密在於康拉德將自己的「世界未來理論」寫進書頁之間。在不久的將來，康拉德所認定那些與英國霸權相關的高尚價值觀，都將被時間淘汰，如同加里波底的浪漫夢想一樣。康拉德所預期的，是在美國領導下舉世眾志成城，追求「物質利益」。「物質利益」將主宰新國家的命運。物質利益會讓帝國主義繼續高張，無論表面上是否使用「帝國」一詞都一樣。依據康拉德的理論，關於世界未來的真正問題不是「會發生什麼」，而是何時發生、如何發生。

第十二章　這世界甘願也好，不甘也罷

「這是人類進步史上的關鍵時刻，」一九一〇年，在美國全國有色人種協進會出版的《危機》雜誌創刊號裡，美國知識分子杜博伊斯提醒讀者，「全人類即將成為一家。」如果人類往正確方向前進，「寬容、理性與自制能在今天讓舊世界『四海之內皆兄弟』的夢想更接近真實。」但假使人們不願為了世界大同而努力，他們就會發現「偏執與歧視……讓國與國、人群與人群接觸的悲慘歷史重演。」[1]

距離約瑟夫．康拉德頭一回步出利物浦街車站已過三十餘年，他在十九世紀末以移民和水手身分走過的曲徑如今已成大道。數千萬移民搭上廉價輪船與火車，前往北美、南美、北亞、東南亞。「物質利益」在東印度地區鑽出石油供德國設計的柴油引擎使用，在剛果種植油棕來讓英國生產洗衣粉，又從南美洲取得橡膠來給美國人製作輪胎。海面上船隻航行，海底下是一片電報線織成的網，而船隻又用無線電向岸上傳訊息。地球上愈來愈多倫敦，愈來愈多新加坡，愈來愈多國際性多種族的城市，人們穿著類似風格的衣服，做著類似的工作，空閒時用類似的東西消遣娛樂。

這一切都史無前例，無論是世界各地緊密互聯的程度，或是展現差異的程度[2]。隨著邊境檢查與排外移民法出現，大量移民的時代也成為移動管制的時代。這時代自由貿易的興盛前所未見，但保護主義的呼聲也日益響亮。有人覺得全球經濟融合能保障世界和平，有人卻（在摩洛哥與巴爾幹的危機中）看見軍國主義的大浪滔滔而來。世界變得更民主，自由主義革命推翻了中國、俄國、波斯與鄂圖曼帝國的專制政權；女性參政權運動也在世界各地取得進展。但帝國主義卻有強化之勢，少數西方強權對世上大部分人口的統治更加徹底。人們愈來愈有錢，也愈來愈不平等；不同文化之間的對話愈來愈多，主張種族差異的各種理論也愈來愈詳密。杜博伊斯發行《危機》雜誌的同一年，美國學界也創立世上第一份國際關係期刊，他們為期刊命名時以為能以標題呈現問題癥結：《種族發展期刊》。這本期刊後來的名稱會更廣為人知：《外交事務》[3]。

康拉德的後輩現在能遠渡重洋，在一個交纏不可分的世界裡對各種不公平提出挑戰。一艘越南船上的膳務員胡志明在馬賽與舊金山四處打工，學習到社會主義的革命潛力。一名印度律師莫罕達斯．甘地縮在從倫敦到南非的航船船艙裡，寫文章告訴印度人怎樣能脫離英國統治獲得自由。一位在夏威夷成長的中國醫師孫逸仙前往歐洲、日本與新加坡，策畫推翻中國的滿族皇帝。一個曾為非洲與亞馬遜地區虐待勞工情形發動抗爭的愛爾蘭人從英國外交部辭職，加入愛爾蘭獨立運動。這人就是羅傑．凱斯門。

但康拉德見過太多世面，懷疑是否真能改造體制，或改變命運。他關注的依舊是那些身陷體制的個人，並寄望一種休戚相關的感受能激勵個人以正與誠立身處世，以造成好的結果。他拖著中老年的疲憊厭倦，步入一九一〇年代。「幻想變暗了一點點，用來進行想像的機器出現磨損徵兆。機器還能動，但會咯吱咯吱響——很討厭。」[4]

康拉德家族新增一人，兒子約翰在一九〇六年出生。康拉德的債務也有增無減。雖然康拉德為了省錢而舉家搬離彭特，遷入肯特郡一棟四個房間的狹小屋舍，但到了一九一〇年他已經拖欠經紀人平克二千七百英鎊，這是一筆不可思議（且不可能還清）的大數目——是他寫一篇故事平均稿費的一百倍[5]。平克一直催他交付；康拉德則以委屈語氣回信自辯，幾乎跟他數十年前寫給塔德烏什舅舅的信一樣。小屋後面緊鄰屠宰場，康拉德就在豬隻斷氣前的嚎叫聲中寫小說《西方眼底》。這本小說以日內瓦一名「語言教師」為敘事者，述說一個俄國學生密告同學是革命分子。故事內容講的是背叛、罪惡感，與流離失所，背景是東歐詭譎密謀，靈感源自康拉德人生經歷最黑暗的深處。他覺得自己像是「從黑漆漆的夜裡開採我的英文，像個在煤礦坑裡勞動的工人」[6]。

一九一〇年一月，康拉德終於寫完《西方眼底》，前往倫敦親自將最後一份書稿交給平克。他回到小屋，爬進狹小的房間裡，在床上縮成一團，動也不動[7]。潔西發現他一邊發抖一邊囈語，脖子與舌頭腫得可怕。沒有人聽得懂康拉德在說什麼——因為他說的都是波蘭語。這種神智不清的狀態持續數週，他與小說中的「角色在對話」，只在咒罵平克或朗誦海上葬禮禱詞時才用英文[8]。約翰這時四歲大，過去常看見爸爸生病，看到自己都會學著拿毯子包裹全身呻吟；這次爸爸的病況卻把他嚇壞了，他從此再也不敢玩這個「我病了」的遊戲[9]。潔西最後終於找出丈夫崩潰的原因：康拉德與平克為了錢的問題大吵一架，這位氣壞了的經紀人向作者說了一句讓他永遠揮之不去的話。康拉德未來會寫信給平克：「你對我說，你覺得我『說的不是英文』。」[10]

康拉德再也無法懷著過去的熱情與洞察力進行創作。他慢慢重拾工作，「心理殘缺的情形更甚於肉體」，重新提筆寫一九〇七年動筆的小說《機緣》[11]。寫作過程中，他知道這不是最佳作品。這本書雖然又以馬羅為主角，但康拉德刻意讓內容不如《吉姆爺》那般複雜，「人物是英國人，地點在英國，好讀又好懂」[12]。年邁的馬羅變得厭倦一切、個性乖戾，且他嫌惡女性的程度幾乎讓人覺得好笑。相對於馬羅壞脾氣的嘮叨，康拉德創造出他作品裡唯一一個有血有肉的女主角芙蘿拉．德巴勞，一個破產銀行家的活潑女兒。小說完成後於一九一四年一月出版，書衣上放的是德巴勞的圖像。

就這樣，五十六歲的作家有了人生第一本暢銷書。《機緣》在五個月內再版五次。愛德華．賈內特說封面設計對於此書之成功功不可沒，其他人則說是因為女主角有魅力且敘事相對簡明。幸運之星居然在想像力的垂暮夜空中閃耀，康拉德面對這荒謬也只能苦笑。「如果這是在十年或八年前，我不敢說會覺得怎麼樣。但現在我連假裝自己高興都辦不到，」他對約翰．加斯沃西坦承道，「如果現在我的案頭或腦子裡有『諾斯楚摩』、『黑鬼』，或『吉姆爺』，我的感受絕對都會不同。」[13]緊接著《機緣》的成功，康拉德將下一本書的連載版權用六千美金（大約一千二百二十五英鎊）賣給美國的《芒西雜誌》——這數字遠高於他過去所賺的任何一筆錢[14]。他在倫敦與新的美國出版商法蘭克．道伯戴伊歡喜會面，道伯戴伊打算推出《康拉德全集》，一舉拿下

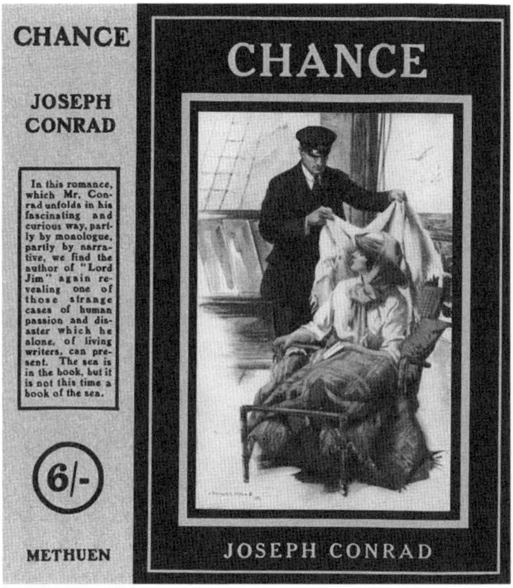

《機緣》頭版書衣。

美國前景看好的市場。

在這新降臨的物質與情感慰藉的溫暖裡，約瑟夫．雷亭格與奧托莉亞．雷亭格這幾位年輕的波蘭友人，邀請康拉德來他們家族位在克拉科夫附近的鄉下宅邸作客。潔西雖因一九〇三年的舊傷不良於行，連走路都會痛，但她仍然因為要「頭一次去看看丈夫的祖國」而歡天喜地。這時機對康拉德正好，他剛完成另一本小說，且兩個兒子也樂意與他同行。七歲的約翰熱愛他的麥卡諾組合玩具（能用來組裝各式機械的工具零件組），愛拿著自己組裝的模型車、模型帆船到處跑，還靠爸爸幫忙在庭園水池裡蓋出一座迷你馬來群島和「帕圖桑『當地村落』」[15]。波里斯已將近十六歲，剛在海軍訓練船「沃斯特號」上完成軍校生訓練，只要通過入學考試，就很快會進雪菲爾大學讀工程[16]。

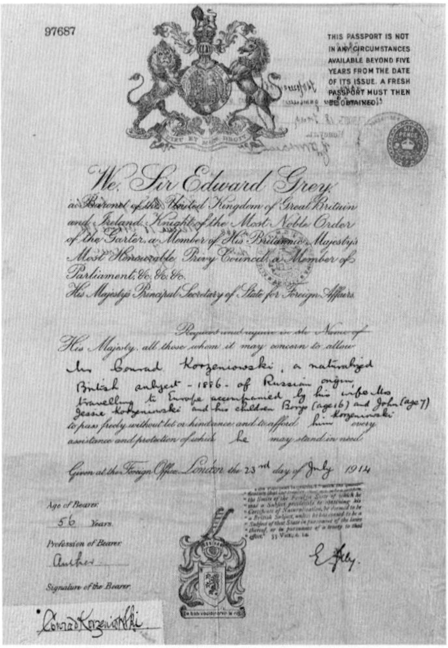
97687

THIS PASSPORT IS NOT IN ANY CIRCUMSTANCES AVAILABLE BEYOND FIVE YEARS FROM THE DATE OF ITS ISSUE. A FRESH PASSPORT MUST THEN BE OBTAINED.

We, Sir Edward Grey
a Baronet of the United Kingdom of Great Britain and Ireland, Knight of the Most Noble Order of the Garter, a Member of His Britannic Majesty's Most Honourable Privy Council, a Member of Parliament, &c. &c. &c.
His Majesty's Principal Secretary of State for Foreign Affairs

Request and require in the Name of His Majesty, all those whom it may concern to allow
Mr Conrad Korzeniowski, a naturalized British subject - 1886 - of Russian origin travelling to Europe accompanied by his wife Mrs Jessie Korzeniowski and his children Borys (age 16) and John (age 7) Korzeniowski
to pass freely without let or hindrance, and to afford him every assistance and protection of which he may stand in need.

Given at the Foreign Office, London the 23rd day of July 1914

Age of Bearer
56 Years.
Profession of Bearer
Author
Signature of the Bearer
Conrad Korzeniowski

E Grey.

康拉德一家人一九一四年去波蘭時使用的護照。

波蘭之旅的計畫「搞得全家興奮不已，如果我沒馬上點頭答應，就會被老婆小孩聯手撕成碎片」。康拉德在出發當天一早寫信給加斯沃西。約翰「從早到晚大喊大叫」，波里斯「開車到處跑忙這忙那，都他自己發明出來的事」，潔西一如往常地打點好一切，而康拉德也一如本色地幫倒忙：他忘了「把全名『柯爾澤尼奧夫斯基』」寫在護照申請書上，改正後的護照直到啟程前一天才交到這家人手上[17]。

「至於這場波蘭之行，我是帶著五味雜陳的心情踏上旅途。」康拉德承認道。他很高興能帶家人去看看、對他們說說他年輕時的回憶，但他也擔心那些曾如此熟悉的地方現在都已變得陌生。「一八七四年我從克拉考（即克拉科夫）搭上火車（維也納快車）前往海邊，就像一個人前往夢境的方式。如今這夢還在延續。但現在夢裡大都是幽魂，而醒來的時刻愈來愈近。」[18]

信上的日期是一九一四年七月二十五日。他當時還不知道自己將會以怎樣的方式覺醒。

過了三晚，經歷一趟辛苦的北海航程，又在柏林待了一夜，他們終於抵達克拉科夫。潔西得休養腿傷，約翰在發燒，但康拉德卻太興奮而睡不著。

「我要出去到處看看，」他問波里斯，「來嗎？」父與子出了旅館踏上窄街，走進月光下的開闊「市集廣場」。聖馬利亞教堂不對稱的尖塔高高矗立，沒鋪完的街道以及那些他一直覺得沒必要存在的美化用行道樹，看起來都與他當年離開時一模一樣。月光裡鬼影幢幢。康拉德瞥見一個小男孩的影子飛奔過廣場上學去，還有一個小男孩穿著黑衣跟在父親靈柩後面。

那個世界已經不存在了。現在的他只是個「兩鬢斑白的外國人」，對著身旁的兒子「用奇怪口音喋喋不休」。

「回去吧，」他對波里斯說，「很晚了。」

數個月後，康拉德就是這樣描述回波蘭的頭一晚——但在那時他的經歷已經覆上了另一層鄉愁[19]。

七月三十一日，在克拉科夫觀光幾天之後，一家人去拜訪康拉德老同學康斯坦丁・布許金斯基的鄉間住宅。大家正喝下午茶時突然聽到敲門聲，「一隊奧地利騎兵」現身門前，「動手徵收這處房產上所有馬匹與車輛」。康拉德他們僱來的車差點也被士兵開走，全因潔西撐著兩根拐杖跛著走出屋子的悲情畫面才讓對方罷手[20]。康拉德一家驅車回克拉科夫，途中經過的田野景象像是被龍牙犁過：每個地方都有士兵冒出來，在路上攔住車輛並把馬匹收走。克拉科夫的格蘭德飯店在當天早上還是間平靜的殿宇，此時已經滿滿都是「全副武裝的軍官士兵，被巨大的背包壓得步履沉重」[21]。就在康拉德一家人出門時，戰爭開打了。

七月稍早，有個朋友問康拉德對哈布斯堡皇儲弗蘭茲．斐迪南大公在塞拉耶佛遭行刺一事看法如何，當時康拉德對此不甚在意。他覺得這跟歷年來所聽說的那些政治暗殺事件差不多——美國總統、法國總統、兩個西班牙首相、奧匈帝國皇后、義大利國王、希臘國王，這些大都是無政府主義者所為。但這回確實不同：兇手是塞爾維亞民族主義者，刺殺事件在極力壓制這類反帝國異議人士的奧匈帝國引發強烈反彈。奧匈帝國決定反擊，並獲得德國開出無條件支持的空白支票。問題是，塞爾維亞也有俄國做後盾——而俄國又與英、法構成三國協約。這也就是說，倘若奧地利向塞爾維亞宣戰，俄國就會向奧地利宣戰；一旦俄、奧開戰，德國就會與俄國開戰；等到德、俄交兵，法國就會開始打德國；最後，德國如果通過比利時對法國進兵，英國就會對德國出兵。

短短一週內，上述每個假設都遲早會成為問題。康拉德一家橫渡北海那天，塞爾維亞對最後通牒的回應遭到奧匈帝國拒絕[22]。這家人經過柏林那天，奧地利對塞爾維亞宣戰（他們後來才明白為何柏林市當時充滿緊張氣氛[23]）。在克拉科夫遊覽那幾天，俄國開始進行戰爭動員。一家人去拜訪布許金斯基家那天，奧地利與德、法都下令動員。德國在八月三日向法國宣戰；英國在八月四日向德國宣戰。此時康拉德一家人——皆為英國公民——卻身在奧地利領土，深陷敵後。一下子，康拉德與家人彷彿都成了他書中人物，被命運逼到絕境。康拉德說，克拉科夫陷入「圍城狀態」，電報與電話線都停擺，報紙須經審查，遍地都是軍人，幸好這些人「是我看過的軍人中表現最溫和的」[24]。他曉得自己的波蘭名字或許能保護自己不被視為敵軍僑民而突遭拘留，但現在要離開奧匈帝國須特別通行證，交通方面的問題更是難上加難。康拉德聽從一位表親的建議，暫時避開軍隊鋒頭，搭四個小時火車往南走，去她在塔特拉山脈度假勝地札科帕內的民宿待著。

約翰在火車上過八歲生日。當火車在山間蜿蜒前進，他從一個窗戶跑到另一個窗戶去看火車頭。札科帕內像是一座從森林裡冒出來的小鎮，小木屋的瓦屋頂聳立其中，浸浴在松樹那馥郁清新的香氣裡。縱然康拉德一家身邊是一大群「各國來的難民，……完全不知道外界消息，等著不久之後就得忍飢挨餓」，但當地環境卻讓這避難所有些微夏季假期的氣氛。法語流利的波里斯能跟許多來札科帕內度假的波蘭人交談，他參加登山活動，還跟旅館裡一個女孩眉來眼去。潔西跟康拉德的表親阿妮拉一起去鎮上購物，還開車載著約翰在如詩如畫的鄉間兜風。康拉德從阿妮拉那裡借讀波蘭近一代新出版的小說，又從札科帕內咖啡桌旁新結交的朋友那裡，聽來波蘭近一代的政治變化[25]。

用康拉德的話來說，這場戰爭將波蘭困在「俄國的野蠻」與「德國那表面化且令人難以忍受

康拉德與表親阿妮拉·札戈斯基。

的文明」之間[26]。波蘭民族主義者經歷過國家被瓜分，如今又看著三個瓜分祖國的強權把這裡當成戰場。某些民族主義者冀望波蘭能選對邊站，戰爭勝利之後盟友才願意讓波蘭獨立；其他人則將這場戰爭視為強權傾軋過程一個致命新階段，他們的家園將繼續受到蹂躪。「有些人覺得未來只剩一片廢墟，波蘭人終將絕滅；他們表現徹底絕望的態度，」康拉德告訴康寧安·格雷厄姆，「讓人很難承受。」[27]每週都有更多難民抵達，從馬車跌撞下來，除了身上衣物以外，幾乎一無所有。潔西在一間商店櫥窗裡看見「數百只婚戒求售」，都是缺現金的難民從手上脫下來的[28]。

康拉德投入全副心力計畫怎樣把家人撤離這裡。他寫信給加斯沃西與平克，安排資金轉移事宜。找他的美國出版商去拜託美國駐維也納大使，發給他通行證。他還規劃全家往西走的幾種可能路線：維也納到瑞士到波爾多，或是維也納到義大利再到馬賽。

松樹飄香的夏天遞嬗為潮溼微霜的秋天。俄國在九月占領東加利西亞，往西繼續朝札科帕內的方向推進。康拉德的手跟膝蓋都因痛風僵直。最後，這家人終於在十月初收到官方的離境許可。他們逃離戰爭卻又逃不過戰爭。一家子在大雪中離開札科帕內，乘一輛雙輪輕便馬車前往附近的火車站，車裡鋪的羊皮長滿臭蟲，他們身上帶著熱水瓶與借來的皮草，仍然冷得發抖。從那裡到克拉科夫原本用不到四小時，這一趟卻花了十八小時，「火車裡，車廂充滿消毒劑味道」，傷兵的「呻吟聲不斷迴盪」。他們在克拉科夫中央車站又等了十二小時，才等到一班繼續開往維也納的車。潔西帶著約翰去廁所，通過兩旁躺滿傷兵的走道，路經裹傷處時她趕忙用手遮住孩子雙眼，不讓他看到「裝滿斷肢殘臂的桶子」。從克拉科夫到維也納應該用不了七小時，但這一趟花掉二十六小時，因為火車不斷中途停車好讓生病和受傷的士兵上下車[29]。

潔西記得，為了找回一件丟失的行李，全家在維也納跑了好幾個車站進行一場英雄尋寶般的任務。一家人從維也納坐火車去義大利（約翰記得他們是搭一輛鮮紅色的大車去車站），越過德軍防守的前線（波里斯記得他爸爸似乎突然能把德語說得「無比流利」來讓全家人通關），再繼續往熱那亞走[30]。平克及時匯來一筆現金，讓他們買到一艘荷蘭郵輪的船票——郵輪從爪哇開來，正在返國路上。他們在十一月初回到英國，距離當初出發的日子已經超過四個月。這趟波蘭之旅，康拉德幾乎全程都在想辦法要如何返家。

人們就算看得見斷層線，也無法預見地震會在何時何地發生。康拉德在一九一四年夏天的經驗戲劇化地展現第一次世界大戰的重要特質：幾乎沒有人預料到這場戰爭會發生，至少沒有料到戰爭會是這等規模。困在戰火的故事成了歐洲大陸流行的題材。康拉德挖苦地回憶起有些人曾向他保證，戰爭「在物質上不可能，……因為戰爭會毀滅所有物質利益」——這是英國和平運動者諾曼・安吉爾的說法[31]。戰爭爆發後，大多數歐洲人以為它在當年聖誕節之前就會結束。但到了一九一五年冬天，也就是康拉德動筆寫文章記錄那場家族旅行的時候，整場衝突已經變成噬人的消耗戰，和平遙遙無期。

當時人們普遍感覺一次大戰是一切的分水嶺，康拉德的散文〈重訪波蘭〉就利用了這種感覺。康拉德將這場旅程描述為有如夢中之夢，把少年時期的遙遠往事和戰前朦朧天真的想法套疊在一起。「我所踏上的是一場時光之旅，回到過去之旅，」每一步都喚起回憶。當他們在利物浦街車站搭上渡船接駁火車，康拉德回想起他在一八七八年「光榮和平」的一年抵達這車站，走過狄更斯小說般的街道找尋船運仲介[32]。「這就像是三十六年週期循環的終結。」當他們橫渡北海的時候，康拉德又記起他最早在這片海域航行的日子，認得這地方「還是老樣子」，一如過往：「一片灰綠汙濁的無垠水面」，籠罩著「潮溼吸墨紙做成」的天幕[33]。他帶著兒子在克拉科夫到處走，同時回憶起已逝的父親。

戰爭為記憶的臉蒙上面紗。他記得「戰前的倫敦」，處處閃耀電燈光芒，相較於戰時倫敦，陷入燈火管制的黑暗。他記得和平時期的北海，「老樣子」，相較於戰時的北海，「一片廣大雷區，密密麻麻植下憎恨的種子」。他記得以前的歐洲大戰（拿破崙戰爭），就算仇人相見也都有一種榮譽感與互敬，相較於當前戰爭這種「偷偷摸摸的殘忍手段」，在扭曲的「進步」科技之下進行。文章最後一幕，康拉德描述他在歸國航船上，肯特郡外海的當斯錨地出現在眼前，「喚起我航海生涯多少回憶」，卻被砲彈轟炸歐陸的震動聲從白日夢裡嚇醒。他與潔西四目對望，知道「她也深刻感覺到……佛蘭德斯海岸重砲轟隆的模糊聲響——正在塑造未來」[34]。

和康拉德那一整本的回憶錄《私記》一樣，〈重訪波蘭〉內容有不少是他對自己經歷的編造與掩飾。康拉德走過克拉科夫市集廣場時，形單影隻像個「兩鬢斑白的外國人」，但他身邊不是只有波里斯；那時他的波蘭朋友雷亭格夫婦也跟他同行，他們說在聖馬利亞教堂外與康拉德一起傾聽喇叭手吹奏〈黎明歌〉。愛國之情使他們心連心。康拉德寫說想要逃離父母那一輩的「陰影」，「從他們墓地縈繞的空氣裡，能嘗到塵土味與老舊希望的苦澀虛華」——然而他卻沒寫到去探訪阿波羅．柯爾澤尼奧夫斯基的墓，波里斯記得那是他第一次，也是最後一次，看見康拉德跪在地上禱告[35]。康拉德也沒提到，在亞捷隆圖書館看見阿波羅的文稿，他自己在《私記》卻說親眼看著父親把這些文稿燒了。

以上文學手法的一個顯著作用，就是讓〈重訪波蘭〉變成肯定康拉德「英國性」的證明書——尤其當時有些波蘭人還正在與英國盟友俄國作戰。文中一段文字裡簡直有英國國旗獵獵飄揚，康拉德描述出發時回頭看自己的家，「安穩巢居在或許是肯特最祥和的小角落裡」，而他心目中銘記下「大不列顛的這一小部分；幾片田、一座長滿樹木的丘陵，……到處可見紅牆與瓦頂……籠罩於柔霧與寧靜中。我感覺到這一切都讓我魂牽夢縈，……我對這裡有情，不是出自天生血脈，而是後天培養所得」——就像陷入愛情一樣[36]。康拉德做出這樣的表白，同時他參與波蘭事務的程度卻更甚以往，此事絕非巧合。在約瑟夫．雷亭格鼓動之下，康拉德打破以往不介入政治的做法，在一九一七年寫了篇〈波蘭問題摘要〉給外交部，主張西歐有「道德義務」保衛波蘭對抗德、俄，提議成立「英法保護地」，認為這是「精神與物質施援的最佳方式」[37]。

〈重返波蘭〉另一個較不明顯的作用，則是將戰爭的來臨化成一疊話舊的書頁，於是戰爭就只是書中新的一頁，而非一個全新的故事。從波蘭回家這一趟漫漫長路，每一階段都與戰火造成的危險與傷害密不可分，但康拉德在文章裡對這過程幾乎沒提幾個字（而這在他親戚的紀錄裡都是重要部分）。相反地，戰爭在〈重返波蘭〉裡現身的方式，就像康拉德小說中關鍵大事習以為常的發生方式一樣——格林威治的爆炸事件、從船上一躍而下：都是發生在幕後。康拉德並不在乎實際上發生了什麼，他比較在乎人們有什麼反應。康拉德在文章裡描述自己做出的抉擇，決定不告訴波里斯自己在克拉科夫市集廣場看到飛奔而去的鬼影，此事呼應馬羅對庫茲未婚妻所撒的謊，兩者目的都是為了維護某人的純真。這處境類似許多士兵未來都無法對人描述前線的「可怕」。

戰爭在康拉德與記憶、年齡，和過去的關係中開啟新的一章。如今，他晚間在倫敦周邊僻靜小地方散步時，可能會被「寂靜夜色裡飛船引擎的嗡嗡聲」給驚擾，在花園喝下午茶的時候，也免不了「聽見從佛蘭德斯那兒隱約傳來的隆隆砲聲」[38]。從小就熱愛汽車的波里斯後來沒去成雪菲爾大學（沒通過入學考試），他參軍加入輜重汽車隊。康拉德與他一起開車去軍營，「從那天起，他得將童年完全拋在腦後。……我看見他在巴士與貨車之間穿梭，然後我蹣跚走過馬路，以前從來不覺得自己會有這麼老」[39]。

康拉德回去繼續埋首於正在寫作的手稿，一篇名為《陰影線》的中篇小說。這是一個青春成長的故事，描述一名年輕船長在暹羅灣首航；故事裡面有康拉德在「奧塔哥號」擔任船長的影子——這個背景設定與他一九〇九年的作品〈共謀者〉相同。小說裡，此船船員紛紛患上奇怪的熱帶疾病，發現醫藥箱裡的奎寧被換成沒有藥效的粉末。將船開往港口的過程裡，船長被迫越過了少年與成年之間的那道「陰影線」。有別於康拉德其他長篇作品，這部中篇小說裡沒有大段倒敘或是情節的大幅進展：康拉德似乎是在說，一旦越過那條線，就再也無法回頭。這部作品如此不祥、如此令人印象深刻，以至於有人讀到書頭獻詞——「獻給波里斯與其他所有像他一樣，年紀輕輕就跨過那一代陰影線的人」——會以為波里斯死在戰場上。

事實上，年輕的波里斯．康拉德中尉在一九一六年初被派往西線，寫「小孩子般興高采烈的信」回家。他父母的回應是「像在學校一樣寄盒點心」[40]。那年秋天，六十幾歲的康拉德船長也重溫些許年少時光，受聘為海軍部寫一些宣傳文章。他參觀洛斯托夫特海軍基地，然後在掃雷艦上待了兩天，接著又去蘇格蘭，搭乘一艘偽裝成商船來攻擊德國U艇的誘敵驅逐艦，出海航行十二天。

康拉德每天寫信給潔西——「親愛的丫頭」、「最親愛的小貓咪」、「我的女人與最佳夥

康拉德在英國海軍「捷發號」上，一九一六年。

伴」——這些信是報告消息，卻也是他們婚姻生活二十年來留下最親密的文字紀錄[41]。但他實際寫出來的宣傳文字卻沒那麼動人——像是〈「幹得好」〉、〈信心〉、〈傳統〉，這些都是把他和平時期對「那些英國人，他們對彼此的忠誠與對船隻的虔誠奉獻規訓著他們肉體與精神的存在」的頌揚之詞老調重彈[42]。讀起來像歷史劇的臺詞。

而康拉德覺得自己或許也有那麼一點成了歷史劇。在另一篇戰時作品〈飛翔〉，康拉德描述一名海軍飛行員招待他一起飛行。在這神奇的八十分鐘空中之旅，康拉德覺得自己像凍結「在一塊懸空的大理石中」，看飛機影子在皺褶般的海面緩慢移動，看得入神。他說，下飛機時很確定自己「再也不會搭飛機」。不是因為討厭飛行，而是因為害怕被這航空新技藝誘惑沉迷，畢竟他知道自己已是個「老得當不起這光榮的人了」[43]。

戰爭的開始讓康拉德措手不及，但到了要估算和平帶來的挑戰時，康拉德可是看得清清楚楚。有些朋友失去兄弟、失去孩子。波里斯在戰爭最後幾週內受了毒氣傷、得了砲彈震撼症，因而回家休養。長期在康拉德家做事的女僕涅莉．里昂斯死於流感，成為世界性大瘟疫的數百萬受害者其中一人。一九一八年停戰日，康拉德放眼望去，看見這片大陸東邊是一九一七年取得俄國政權的布爾什維克，西邊是一九一七年參戰、準備要在凡爾賽宮「和平協議桌上占首位」的美國，而「歐洲各國基本上」只能「往後排坐」[44]。「這龐大的犧牲已經完成，而地上諸國能由此得到什麼，未來會告訴我們。」康拉德對小說家休．華爾波說：「我這顆心實在無法輕鬆。巨大而極其盲目的各種力量被釋放到全世界釀成大災。」[45]

十五年前，康拉德在《諾斯楚摩》提出一個「世界未來理論」，預測美國稱霸世界。預言如今應驗，伍德羅．威爾遜總統帶著「十四點和平原則」抵達凡爾賽，協約國將以此為本建造和平。「征服與自我壯大的時代已經過去」，威爾遜宣布，從此以後民族自決——而非帝國主義——應當成為國際關係的基礎。鄂圖曼、德意志、奧匈等帝國，被分割成推定的民族國家與託管地，在國際聯盟監督下由協約各國代為管理[46]。

第十三點原則要求建立「一個獨立的波蘭國」，康拉德贊同此事，但他為此表露出的感情卻少得驚人。「重建波蘭唯一的合理理由，就是此事在政治上為必需。」（就算這樣，他也比經濟學家約翰．梅納德．凱因斯更同情此事，後者直接怒斥：「波蘭是個經濟上的不可能，它除了迫害猶太人以外，沒有其他產業活動。」[47]）康拉德推想：「美國對歐洲事務的影響不可能是好事，因為這些人粗鄙無知，背後卻有強大的物質實力，且對自己的力量愈來愈有自覺。」[48]在他看來，威爾遜正在打造一個到處都是哥斯大瓜納的世界：只有當幾個大強國覺得新國家的獨立有其價值，這些國家才可能維持獨立。康拉德沒說錯。國際聯盟託管地的做法其實仍是某種帝國主義形態，只是用國際主義的語言來掩飾——就跟一八八五年的剛果自由邦差不了太多[49]。

後人常將第一次世界大戰視為舊秩序的危機。對世界各地的人，尤其是歐洲以外的人民來說，民族主義與民主社會主義能讓他們從更高壓的帝國政權中解放出來。威爾遜原則被各色人種援引，包括在日本統治下尋求獨立的朝鮮人，在英國統治下尋求獨立的埃及人，想在漢志與黎凡特地區建國的阿拉伯人，以及想讓巴勒斯坦猶太國獲得國際承認的錫安運動者[50]。胡志明寫信給威爾遜和法國首相喬治·克里蒙梭，為法蘭西帝國統治下的越南尋求更多權利。莫罕達斯·甘地組織第一場全印度的反英抗爭活動。在孫逸仙建立的共和國裡，中國激進派試圖撤銷滿清與外國簽訂的「不平等條約」。

只是，康拉德對戰後局勢的評估指向一個徵象，呈現和平其實是對逐漸浮現的全球化新秩序的反動。據康拉德判斷，雖然布爾什維克主義宣稱要解脫「物質主義」的枷鎖，但其實是最盲目的可怕力量。就算康寧安·格雷厄姆和其他社會主義者都與康拉德有交情，但康拉德卻說「國際社會主義」是「那種我沒辦法賦予任何明確意義的東西」，更別說是寄託希望[51]。他對英國勞工運動的興起頗有怨言。「對我來說『階級』這東西本就可恨，世上唯一有價值的階級就是正直勤勞的階級，不論他們屬於人類活動的哪個領域。」[52]對於這個以民族主義為基礎而新興的世界秩序，他的態度也一樣充滿懷疑。建立這些新國家，等於是為種族建國的洪流開啟大門，而亞美尼亞的種族滅絕事件已展現此事最殘暴的一面。贏得戰爭的強權國家似乎都被復仇主義精神吞沒，使得合理的重建政策無法實現。

康拉德的人生道路就是這樣再度與羅傑．凱斯門交會。凱斯門因在一九一六年愛爾蘭復活節起義前從德國走私軍火而被捕。他的叛國罪罪名成立，被判死刑。康拉德許多朋友在請願書上連署，替凱斯門尋求政府寬赦，但康拉德拒絕簽名。這不僅因為康拉德認為愛爾蘭共和主義是「小人背叛」，更因為他在俄羅斯、奧匈、法蘭西、荷蘭與比利時等帝國境內旅行的經驗，讓他更強化自己的浪漫信念，認為大英帝國更好也更不同[53]。「在非洲那時我就覺得他這人，認真說來，根本沒有心智。」康拉德說，「我的意思不是他很笨，我是說他全憑情緒做事。他靠情感力量（剛果報告和普土馬約印第安人等等）有所成就，但純粹的感情主義也毀了他。」[54]此時他舅舅塔德烏什的鬼魂彷彿附在康拉德的筆上，對阿波羅．柯爾澤尼奧夫斯基開最後一槍。

康拉德親身經歷過帝國主義暴政，歷經移民，經歷民族主義的魅力與危險，也經歷過經濟與科技變化的威力，而他同時也曉得部落分化絕非上述各種惡疾的解決之道[55]。「我從來在任何人的書或任何人的話裡都找不到一點可信的東西，能暫時動搖我根深柢固的『宿命支配人世』的想法，」他對和平主義哲學家伯特蘭．羅素說道，「但我知道，你不會期望我去相信任何體制。」[56]康拉德的唯一藥方都是開給個人。《陰影線》裡的船長沒有藥來治療一船病重的船員，他只能從自己這「王朝」世代相傳的智慧中尋求力量，而這「王朝傳的不是血緣，而是經驗，是由訓練、責任感、傳統生命觀那美好的單純來傳遞」[57]。康拉德提倡的是（他所想像的）什拉赫塔與帆船船員價值觀；是憂鬱者所做的夢，既依賴又質疑自身的幻夢；是出海遠行看見現代社會極限的白種人，雖然不曾考慮其他社會所提供的可能性，但也已經產生自我批判的自覺。

就算康拉德這場時機不對的波蘭之行讓他始料未及，但他出發兩個月前完成的一部小說，卻奇異地與後來發生的戰爭有嶄新的呼應。這本書結合《諾斯楚摩》裡討論「物質利益」的要素，以及《吉姆爺》裡帕圖桑的連串事件，講述東印度地區一名瑞典人艾克索·海斯特的故事，他遭到嫉妒他的德國旅館老闆與邪惡的投機冒險者瓊斯先生迫害。瓊斯就像《吉姆爺》裡的布朗，「看來是個紳士」，卻如異世界惡魔般侵入海斯特的藏身地。「我就是這世界，現在來拜訪你。」他險惡地說[58]。全書所有重要角色不是被殺就是自殺。康拉德給這個死亡匯聚點取什麼名稱呢？《勝利》。

戰爭前夕的康拉德是暢銷作家，和平降臨後，卻逐漸被奉為某種權威。第一本分析他作品的專書在一九一四年出版，作者是年輕的蘇格蘭書評家理查德·庫爾，他宣稱康拉德是當時最偉大、最未獲重視，也是最被誤解的作家。庫爾說，在文學上，「康拉德的作品確實開啟新紀元」。雖然「閱讀康拉德需要勞心勞力，而這種事在今天足以勸退任何人」，但庫爾「很確定康拉德成名在望，只要他的太陽一升起就再也不會落下。當然我不是說他會變得很受歡迎，……我說的是他會被人發自心底崇敬」[59]。

面對自己的人生逐漸走上坡，康拉德的心情很矛盾，他覺得這來得太晚，且或許來得太過。「你想不到這些三流成果給我賺進多少，」他對加斯沃西抱怨自己一九一五年的一篇作品，說它

阿爾文·朗頓·科本所攝的約瑟夫·康拉德，一九一六年。

「賺了〈青春〉的八倍，《黑暗之心》的六倍。令人作嘔。」[60]有傳言說他將被提名獲授意義非凡的功績勳章，康拉德對此的回應是：「我強烈覺得K（吉卜林）才是正確人選，功績勳章要頒給我這種人恐怕不合適，因為不論我內心深處怎麼想，我都不能說英國文學是我的祖產。」他後來又拒絕牛津大學、愛丁堡大學、劍橋大學，與耶魯大學的榮譽博士學位——甚至拒絕封爵。他告訴他的經紀人說，他唯一想得的獎只有諾貝爾獎，「因為它是國際性的，且它只是一個獎賞，比較沒有榮譽成分」[61]。

康拉德的早期作品為他贏得好評（庫爾是第一個認為《諾斯楚摩》是康拉德最偉大作品的人），但他最暢銷的是從《機緣》開始的一系列作品，故事結構簡單，背景多半在歐洲，且有女性要角。康拉德寫《吉姆爺》的時候，沒有其他重要作家用他那種方法來實驗敘事手法——而當詹姆斯．喬艾斯在寫《尤里西斯》的時候，康拉德卻在寫《金箭》，這部作品情節彆扭，講的是一個西班牙紅顏禍水和馬賽軍火走私集團的通俗劇（佛斯特的母親開玩笑說，這本書乾脆叫《鉛箭》算了[62]）。當勞倫斯在寫《戀愛中的女人》，康拉德總算把他從一八九八年就停筆的《拯救》寫完，卻寫成了冗長羅曼史與沉悶冒險故事的笨拙混合體。當佛斯特在寫《印度之旅》，康拉德則寫了《漫遊者》，這本標準的歷史小說寫一個法國老海員在拿破崙戰爭期間返鄉的故事。康拉德與新一代的英國前衛作家幾乎沒有任何交集，或許這也不出意料；不過他與安德烈．紀德是好朋友——紀德審閱過康拉德許多作品的法文譯本，康拉德還曾經邀請保羅．瓦勒里與莫里斯．拉威爾共進午餐（康拉德有幾本小說被翻譯成波蘭文，甚至還有人提議要幫他翻成世界語。康拉德認為世界語是「可怕的胡言亂語」，但如果有人要這樣做，那他也不反對[63]。）

想也知道康拉德最大的讀者群在哪裡。此事不可不謂諷刺：美國，未來世界的首都[64]。《金箭》是美國一九一九年暢銷書榜第二名[65]。報紙說：「約瑟夫．康拉德的書在一九二〇年的銷量是一九一一年的三十六倍。」還說：「截至（六月）二十一日，康拉德的作品銷量已達三十萬本。」[66]康拉德的美國出版商法蘭克．道伯戴伊，不斷遊說康拉德來美國巡迴演講，這能讓他的書賣得更好。康拉德雖然痛風纏身，又因為口音而不喜歡公開演說，且不大想去一個社會價值觀令他反感的國家，但最後他還是同意了。

一九二三年四月，康拉德搭上光鮮亮麗的船錨航運新輪船「托斯卡尼亞號」，這是他在結束航海生涯後頭一次橫越大洋（「我得拿船票才能搭上一艘開往外國的船，這對我來說是全世界最荒謬的事」）——也是他「驚鴻一瞥」拉丁美洲之後，將近五十年來第一次踏上西行的大西洋航路[67]。十天後他抵達紐約市，驚愕地發現自己是個大明星。他下船那一刻就被記者團團包圍，「四十個像是貧民窟來的人拿著四十臺照相機指著我」。緊接著他就看見一支美國波蘭人代表團「在碼頭上衝向我，把巨大的花束塞進我手裡」[68]。道伯戴伊護著康拉德進入待命的車，風馳電掣把他載往牡蠣灣的道伯戴伊莊園。

《時代》雜誌用封面預告康拉德訪美；報紙吹捧他是「當前世上最偉大的英語作家」。他在紐約開私人朗讀會，接受記者採訪，與政治人物共餐，還造訪哥倫比亞大學、耶魯大學與哈佛大學校園（他在哈佛「看見日耳曼博物館不禁失笑」，這是一座中古日耳曼建築的混合體，他「想到德皇竟然會給哈佛任何東西就覺得有趣」）[69]。他在美國待了一個月才回肯特，期間遇到的人「友善得無以復加」且「非常有人情味」，令他驚訝[70]。

他這一趟讓美國的狂熱書迷「飲醉康拉德」[71]。那些最有深度的美國讀者愛的是他的創新風格，就像孟肯所說：「他看見的……不是僅這個人的抱負或那個女人的命運，而是看見能橫掃一切、摧毀一切的普世力量。」[72]正是這般才氣讓一名年輕仰慕者——史考特·費茲傑羅——不計代價想闖入道伯戴伊為康拉德舉辦的宴會，他為此竟在前院草坪表演一段吉格舞（譯注：一種愛爾蘭踢踏舞），希望能受邀入場[73]。

然而，這些為康拉德傾倒的社交名流，他們所欣賞的想必是道伯戴伊精心打造出來的形象，是前來探索新世界的「七海遊俠」康拉德[74]。康拉德也相當程度鼓勵人們把自己傳奇化——舉例來說，傳聞他曾參與走私軍火到西班牙，對此他未加以澄清；而且，他為道伯戴伊出的作品全集寫多篇〈作者自序〉，裡面還自行添加不少事蹟。

另一方面，美國之行讓康拉德更甚以往「想從『行船奇談』的地獄中解脫出來，想擺脫人們對我航海生涯的執著，好像不論我的『文學性存在』或我身為作家的素質都與此息息相關，就好像人們覺得列出薩克萊去過誰家客廳，就能理解他身為偉大小說家的才華從何而來一樣。說到底，」他對理查德・庫爾抱怨道，「我以前是當過水手，但我現在是寫文章的作家」[75]。

康拉德把庫爾當作連接他與未來讀者的管道。庫爾比康拉德小二十五歲，他不但成了康拉德的文書助理，且幾乎可說是他的義子。康拉德一邊將軼事趣聞與詮釋觀點都說給庫爾聽，知道這年輕人能守護他留給後世的遺產；而他一邊又告誡庫爾，進行詮釋時應避免流於字面意義。「你有想過嗎，親愛的庫爾，當我把我人生或甚至我故事中的事實隱去不寫，我是知道自己在做什麼的。我親愛的朋友，『直言不諱』會消滅所有藝術作品的魅力，剝奪一切暗示性，摧毀一切幻象。」[76]康拉德面對庫爾好像是在扮演馬羅，不斷敘說他故事的各種版本，卻又同時質疑哪一個版本才是真的。

一九二三年，庫爾正在寫一篇論文〈康拉德先生著作史〉；康拉德知道若能為這篇論文作注，「這是一個機會，若非獨一無二也大概不會在我有生之年重現」，讓他能提供正確版本的人生紀錄。不過，他人生另一份紀錄則無須編輯，這些紀錄以信件形式紛紛抵達他的書桌上。從美國回來後的這幾個月，康拉德的信件往來似乎是將他的人生在他眼前倒放。福特・馬多克斯・福特從巴黎寫信來，安排將兩人合作的作品重印出版。他的 querido amigo（好朋友）康寧安・格雷厄姆寫信來感謝他送的那本《漫遊者》，說：「你的諾斯楚摩是不朽之作，而此書幾乎配得上成為它的雙胞胎兄弟。」[77]愛德華・賈內特的來信提醒康拉德：「距離真正棄海上陸已過三十年（如同一日），第二年我們的友誼就已開始！這麼說來，我一離開大海就投入你的懷抱。」[78]一名年長的無政府主義者寄一本小冊子給康拉德，說的是一八九四年格林威治爆炸案[79]。他收到詹姆斯・克萊格船長與「維達號」二管輪來信致賀他的成功，兩人都覺得康拉德一定已經忘記他們[80]。「你怎麼能真以為我會忘記『維達號』上的歲月，」康拉德回信寫道，「那是我航海生涯中最常憶起的部分。」[81]甚至，他剛到倫敦時在戴尼夫路同住的那家人的女兒也寫信給他，這中間雙方已有數十年音訊全無。「我記得當初你們對我有多好，」他回信道，「記得我在航行時多麼期望回去，回到你們家中永遠在那兒歡迎著我的溫暖。」[82]

一九二四年八月銀行假日（或譯公眾假期），康拉德的家人都回到奧斯華邸，康拉德從一九一九年就租下這棟位於坎特伯里附近的喬治亞式房屋居住。八月二日是約翰的十八歲生日——十年前這一天他在戰火中搭上前往札科帕內的火車，現在他在法國的勒哈佛爾讀法語，從法國回肯特過假日。潔西之前又動過一次膝蓋手術，在坎特伯里一間療養院待了幾週，此時也剛回到家。庫爾也加入他們，他基本上已經被視為家族成員。更稀奇的是波里斯也回來了——這是各方共同的和解，因為多年來波里斯一直為砲彈震撼症所苦，找不到工作，且債臺高築（有其父必有其

康拉德在奥斯華邸花園裡，一九二四年，他的右手因痛風而纏著繃帶。

子），而他竟在一九二二年祕密結婚，雙親都不喜歡他的婚姻對象。潔西的說法是：「這人連個好勞動階級都不是。」[83]令人開心的是，波里斯最近找到新工作，且他帶回家的不只是妻子瓊安，還有康拉德家的長孫小嬰兒菲利浦。

週六早上康拉德都跟庫爾在一起，討論他以拿破崙戰爭為背景的新小說《懸疑》。他們一同出門去看附近一間有海景的房子，康拉德正在考慮搬過去那兒；在車上康拉德卻胸痛發作，只好返家。他回家臥床休息，醫師診斷是消化不良，但他很快就開始呼吸困難，必須進行輸氧。到晚間他好了些，他孩子到他房內能跟他談天，他「背後靠著枕頭堆，照慣例有根香菸在他指間冒煙」[84]。第二天一早，康拉德覺得好得差不多了，他坐到椅子上向潔西（睡在隔壁房間）喊早安。然後屋子裡每個人同時聽到一聲重響。在滿屋的家人與朋友之間，康拉德獨自在房間裡，從椅上跌落死去。

康拉德的葬禮在古老大教堂市鎮坎特伯里的天主教教堂舉行，那天早上下了一場小雨。鎮上正舉行板球賽慶典，送葬隊伍穿過街道，路上滿是彩旗與穿著白色板球服的人，此時羅伯特・康寧安・格雷厄姆卻發覺自己希望這段路永不會走完，讓他能沉湎於他與康拉德的最後時光。不過，當靈車咯吱壓過墓地大門的碎石路，格雷厄姆卻看到陽光穿透雲層照耀，感覺到一股清新海風吹來，於是他做好準備與康拉德道別。他們扛著靈柩走到墓穴，在英文禱詞聲中將棺木放下。格雷厄姆與老友分別，「見他的船帆都整齊收捲，繩索都盤好，船錨牢牢定在肯特郡的溫柔土地上」。永遠，海鷗會飛過康拉德長眠之地，為他捎來海上的消息[85]。

尾聲　讓你看見

飛機下降，沉入圍繞基桑加尼的濃密森林，背景音樂播放著〈下雪吧〉和〈冬季仙境〉。位於剛果河這條大川可行船的極點，這是「內地商站」晴朗乾燥的一天。桑吉巴人曾統治此地，城鎮邊緣一座巨大清真寺展現他們留下的影響。沿河畔排列著屋頂鏽蝕的比利時殖民小屋，以及逐漸坍塌、回歸紅土的廢棄磚造廠房。

在基桑加尼與金夏沙之間，除了少數幾個貴得讓剛果人根本搭不起的航班以外，唯一的通行方法就是乘船——精確來說，是平底貨船。拖船大小的船隻推著大隊平底貨船順流而下，乘客要在貨船上露天紮營好幾週，身上帶著睡墊、洗澡水桶，以及炭爐。走這段路的船極其稀少，我卻遇到一艘在一週內就會開的船，真是好運。這船屬於剛果最大的釀酒廠「布拉利馬」所有，載著四艘貨船運量的普里姆斯啤酒往下游去。黃色塑膠啤酒箱在甲板上堆得如山高，「普里姆斯一號」看起來就像載我通過印度洋那艘貨輪的迷你版，一個微縮的達飛海運「克里斯多佛．哥倫布號」。

我待進一間小船艙，準備踏上一千六百公里航程。我一邊驅趕采采蠅，一邊重讀《黑暗之心》。叢林的輪廓如畫卷拉過，偶爾會被蓋在竿子上的茅草屋村落打斷。在我頭頂艦橋上，船長和康拉德當年一樣，憑著雙眼與經驗開船，唯一的輔助只有一本地圖冊，將剛果河以十公里為一段畫出鳥瞰圖，圖冊紙頁被翻閱無數次，變得像法蘭絨那麼軟。到了淺水區，兩名船員坐在船頭以測深桿探測水深，當年康拉德手下船員也是這麼做。

然而叢林並沒有朝我們逼近，周圍沒有瀰漫一絲威脅，而且，我在這環境裡不但不覺疏離，反而成為名副其實的「浮村」一員。馬羅與他的非洲船員之間幾乎沒有互動，但我每天無時無刻都與旅伴相處，說說政治，說說三姑六婆，一起做飯，一起玩恩哥拉（一種非洲播棋遊戲），幫忙帶小孩，或是聽音樂。康拉德與同僚都害怕遭到岸上攻擊（反之亦然），但我們這兒每隔不到一小時就有獨木舟從岸邊划來。村民賣給我們魚、大蕉、木薯，以及可以裝滿一個動物園的各種叢林肉——從昆蟲的白胖幼蟲到棍子上的燻猴肉——應有盡有；他們則從乘客那裡買走都市的奢侈品：牙膏、鹽、餅乾與電池。那些語不驚人死不休的人讓我以為剛果會充滿混亂、威脅，甚至危險，但我在那裡只看到許多頗具有生意頭腦的人，努力幹活謀求生計。就連剛果河看起來都跟康拉德那時不一樣，河上漂浮一片片叢生的布袋蓮，這是一九五〇年代被引進的入侵物種。

我來剛果尋找康拉德，卻感覺他無比遙遠。我好像突然被提醒，就算有再多類似之處，二十一世紀早期畢竟**不是**十九世紀晚期。我是在齊諾瓦・阿切比發表他那擲地有聲的批判後，才開始閱讀康拉德，因此我讀得出來康拉德的偏見過時，也知道用我這個外人的聲音去說任何剛果的「實情」，都可能有很大問題。我走過的全球化路線連起更多人、更多地方，遠超過康拉德的時代——事實擺在眼前，貨船上大部分乘客都說同一種語文（法語），且旅程中某晚船員特地停船不開，讓所有人能擠在一臺發電機供電的小電視前，一起觀看歐洲足球聯賽。我也看到經濟與科技的進展，讓貧富差距依舊延續。我們路上停泊的村鎮，全都缺乏可用電力與自來水，更別說現代醫療保健、道路建設，或網路通訊這些東西。康拉德的剛果故事從來講的就不只是某個特定地點。他強烈地認為「野蠻」具有普世潛力、認為文明是空虛的，這解釋了為什麼《黑暗之心》這麼容易就能被易時易地改寫（有鑑於康拉德的影響力，法蘭西斯．福特．柯波拉將這個故事移到東南亞改拍成《現代啟示錄》，雖不尋常，卻是極佳例證）。

康拉德有句名言說道，藝術家的意圖是「用寫出來的文字力量讓你聽、讓你感覺——但最要緊的是，要讓你看見」。我發覺，康拉德讓我看見的是各種力量，其形態或許已歷經改變，但所造成的挑戰至今依然不變。今天我們在剛果以外的其他地方仍找得到黑暗之心，找得到人們以文明教化掩飾剝削壓榨的行為。康拉德時代因科技進步而失業的水手，他們的後裔也在今日那些被數位化擾亂的產業裡。他那時代有無政府主義者，今天相同的人也出現在網路聊天室或恐怖主義基地裡。當初他認為美國是散發「物質利益」氣息的中心，但現在中國也成了同一個模樣。

康拉德小說的範圍涵蓋全球，而他在文學上的繼承者也分散於世界各地，二者絕非巧合。一九二四年康拉德過世時，羅伯特．康寧安．格雷厄姆對於英國媒體的沉默感到難以置信，不僅因為這是英國最偉大的一個作家之死；格雷厄姆甚至連自己寫的紀念悼文都找不到人幫他出版[1]。英國報章雜誌刊登的少數悼文裡，篇幅最長的是《泰晤士報文學增刊》裡維吉妮亞．伍爾芙所寫的一篇。伍爾芙雖將康拉德的航海小說譽為歷久不衰的經典，但也認為其晚期作品缺乏說服力，且他最能吸引的讀者是「小男孩與年輕人」[2]。伍爾芙還強調康拉德的外來性，如果康拉德在世想必會被她的用詞激怒：「我們的客人」，伍爾芙這樣稱呼他，在文中突顯出他的「神祕氣質」，他的外國人長相，以及他的「濃重外國口音」[3]。

另一篇追悼文章就不一樣，二十五歲的恩斯特・海明威回憶起自己像「酒鬼」一般徹夜不眠讀康拉德，一口氣囫圇吞下四本小說，害他覺得自己「像是個把祖產花光的年輕人」。有的人，海明威語帶嘲諷地說，以為艾略特是偉大作家，而康拉德不算。但假使你把艾略特變成肉醬，撒在康拉德墳上就能讓他死而復生，那「我明天一早就會帶著絞肉機出門去倫敦」[4]。海明威可能不知道艾略特也是康拉德書迷。艾略特用《黑暗之心》裡的一句臺詞——「庫茲先生——他死了」——作為他一九二五年詩作〈空心人〉的開頭提詞。

伍爾芙與其圈子對康拉德嗤之以鼻，但海明威、艾略特、史考特・費茲傑羅，還有威廉・福克納都對康拉德心悅誠服。這些美國年輕人不是英國文學菁英階級的一分子，但他們是最早聲稱受康拉德啟發的人，而他們後面還跟著一長串作家——包括安德烈・紀德與湯瑪斯・曼，每位皆極具國際性。康拉德是移民，是旅者，且更重要的，更是一位以非母語從事寫作的作家；因此，在阿切比與奈波爾等後殖民作家眼中，康拉德既是模範又是令人痛恨的對象。他現身於豪爾赫・路易斯・波赫士、加布列・賈西亞・馬奎斯、馬利歐・巴爾加斯・尤薩和胡安・加百列・瓦斯奎茲等拉丁美洲作家的書頁裡。受他影響的作家還包括被羅伯特・史東、瓊安・蒂蒂安、菲利浦・羅斯、安・派契特等當代美國小說家；德國作家瑟巴爾德和英國間諜小說家約翰・勒卡雷等名家，也深受康拉德影響。英國小說家格雷安．葛林甚至在拜讀諾曼．謝利（知名康拉德學者）所寫的康拉德傳記之後，請謝利為他立傳[5]。

第一次世界大戰經過百年之後，波蘭人成為英國數量最多的非本土移民集團，康拉德若知此事想必也會感到驚訝。在洛斯托夫特，康拉德最初抵達英國上岸的城市，那裡的大街有一間波蘭商店，火車站對面還有一間名叫「約瑟夫．康拉德」的酒館。二〇一六年英國公投，脫歐主張在這個區域獲得壓倒性勝利，而許多移民早已見識過全球開放時期之後出現的排外潮，他們對這結果也不會覺得意外[6]。

在一個狂風大作的英國夏日裡，我去拜訪康拉德在肯特郡的那片土地。兩名波蘭女性比我先來向他致意，還有人在康拉德那粗糙的花崗石墓碑前留下一根祈禱蠟燭。石碑上刻著詩人艾德蒙．史賓賽（伊莉莎白時期桂冠詩人）《仙后》中一組偶句，康拉德把這兩句話作為他最後一部出版小說《漫遊者》的題詞：

> 辛勞後的睡眠，怒海後的泊港，
> 征戰後的平息，活過後的死亡，確實令人嚮往。

詩句上方有小黑字母刻著：Joseph Teador Conrad Korzeniowski，把他的英國名字 Joseph Conrad 與他的波蘭教名 Józef Teodor Konrad Korzeniowski 拼湊在一起，而且連「Teodor」都拼錯了。

銘謝

我在高二的英文課上第一次認識約瑟夫・康拉德，那時我的老師海蒂・達維多夫（Heidi Dawidoff）指派《吉姆爺》為閱讀作業。然後，我在大學英文先修課程又與詹姆斯・普爾曼（James Pullman）一起閱讀《黑暗之心》，於是我對康拉德的認知更進一步。我首先要謝謝他們兩位為我打開康拉德世界的大門。

上大學後，我原本想主修英語，但馬克・基什蘭斯基（Mark Kishlansky）的一門歷史課讓我領略到歷史敘事的力量。於是我將學業重心改擺在哈佛的歷史與文學（History and Literature）學系，而我是在另一門歷史課上與康拉德的作品（《密探》）再會。自然而然地，當我在二〇〇七年回哈佛教書時，我就想到要寫一本以康拉德與他的時代為主題的書（典型的「歷史與文學研究」題材）。在我待在哈佛的歲月裡，這本書的構思也逐漸成熟。

學識上給我最多幫助的是我同部門的同事，頭一個就是馬克本人，他雖在二〇一五年離開人世，但他提倡以文學方式寫歷史的主張始終給予我啟發。蘇尼爾・阿利斯（Sunil Amrith）、大衛・阿米蒂奇（David Armitage）、卡洛琳・埃爾金斯（Caroline Elkins）、艾瑪・羅斯柴爾德

（Emma Rothschild）一直幫助我更敏銳地洞察英國帝國史與全球歷史。彼得・戈登（Peter Gordon）、艾莉森・約翰遜（Alison Johnson）、瑪麗・路易斯（Mary Lewis）和查爾斯・麥爾（Charles Maier）讓我對歐陸歷史能有更充足的理解。我與尼爾・弗格森（Niall Ferguson）和吉兒・勒波（Jill Lepore）談論史學目的以及如何寫歷史的過程使我受惠良多。從亞曼達・克雷堡（Amanda Claybaugh）、路克・梅南德（Luke Menand）、麗雅・普萊斯（Leah Price）和馬丁・普赫納（Martin Puchner）那裡，我學到如何以書評者的眼光閱讀文學，這是不可或缺的一課。

我所開的研究班「約瑟夫・康拉德的世界」收得兩群了不起的大學生，他們讓我得到詮釋與呈現這些史料的新方法。我也很幸運能與優秀的研究生共事——尤其是巴納比・克羅寇夫特（Barnaby Crowcroft）、艾瑞克・林斯楚（Erik Linstrum）和米爾洽・拉亞努（Mircea Raianu），我從他們別出心裁的問題與富原創性的研究中學到不少。

歷史學系（History Department）以及歐洲研究中心（Center for European Studies）的職員保羅・朱斯（Paul Dzus）、伊莉莎白・強森（Elizabeth Johnson）、安・考夫曼（Ann Kaufmann）、伊蓮・帕波里亞斯（Elaine Papoulias）和安娜・波皮耶（Anna Popiel）讓我每次進辦公室都像是種享受。我還想感謝文理學院（Faculty of Arts and Sciences）院長麥可・D・史密斯（Michael D. Smith）與妮娜・吉普索（Nina Zipser）在物質上與精神上給我的大方協助。

我有機會在許多聽眾面前提出研究計畫的一部分作為檢驗，我要感謝哥倫比亞大學、戴維森學院（Davidson College）、杜克大學、約翰霍普金斯大學、哈佛大學馬辛德拉人文中心

（Mahindra Humanities Center）、美國國家歷史中心（National History Center）、紐約人文研究所（New York Institute for the Humanities）、紐約大學（New York University）、西北大學（Northwestern University）、波莫娜學院（Pomona College）、普林斯頓大學（Princeton University）、加州大學柏克萊分校（the University of California at Berkeley）、康斯坦茨大學（University of Konstanz）、馬里蘭大學巴爾的摩縣分校（University of Maryland-Baltimore County）邀請我並願意當聽眾的那些人，以及英國約瑟夫・康拉德學會（Joseph Conrad Society）、紐西蘭歷史協會（New Zealand Historical Association）、北美英國研究會（North American Conference on British Studies）等機構舉辦的會議中人。我要特別感謝彼得・布魯克斯（Peter Brooks）、莎拉・科爾（Sarah Cole）、蘇珊・彼得生（Susan Pedersen）、菲利浦・史登（Philip Stern）和茱迪絲・沙奇斯（Judith Surkis）給予我的反饋。

二〇一三年夏，大衛・米勒（David Miller）帶我去康拉德在倫敦各個住過的地方走一趟，之後我們就開始聯絡討論康拉德，直到大衛在我完成本書書稿前幾個星期突然去世為止。我受大衛諸多恩惠，包括他介紹我認識基思・卡拉賓（Keith Carabine）、勞倫斯・戴維斯（Lawrence Davies）與亞蘭・西蒙斯（Allan Simmons），若非借助這些人對康拉德的詳盡研究，我根本不可能寫出這本書。在此特別感謝亞蘭願意為我審閱書稿，感謝基思帶我去看康拉德的墳墓。

我寫這本書的研究過程獲得古根漢獎學金贊助，也獲得牛津大學聖約翰學院（St. John's College）的短期研究獎學金資助。湯瑪斯・布魯雪維奇（Tomasz Blusiewicz）和麥可・沃里克

（Michael Tworek）在波蘭語資料方面提供我珍貴援助，羅伯特・富爾克（Robert Foulke）、珍妮特・波拉斯基（Janet Polasky）、黛博拉・西爾維曼（Debora Silverman）和艾力克・塔格里亞科佐（Eric Tagliacozzo）在航海史、比利時史與馬來史等領域給我重要的提示。若要一一列舉我在學識上曾獲得誰指點啟發，則我絕對必須提到琳達・柯利（Linda Colley）一直以來對我的指導以及她自身研究的典範性；還必須提到大衛・康納汀（David Cannadine）的熱情與對我的鼓勵。

雖然本書是從英國與新加坡的檔案開始寫作，我以為我會經歷與我之前幾本書同樣的研究過程，但最後我卻是在航船甲板上感到最接近康拉德。這三趟航程大幅改變了我對康拉德的世界，以及我該怎麼去寫那個世界的認知。我非常感謝泰瑞・羅賓（Thierry Robin）船長和達飛通運「克里斯多佛・哥倫布號」的親切船員讓我有一趟難忘的越洋旅程，因為有他們作伴，長途航行的過程中幾乎沒有乏味無聊的時刻。我要感謝道格・內梅斯船長、丹尼爾・布雷頓，以及「康維斯克蘭默號」（*Corwith Cramer* C261）上的船員與學生讓我擁有最棒的航海學習體驗。同時我也要感謝海洋教育協會（Sea Education Association）讓我搭上這艘船，還要感謝喬伊絲・查普林（Joyce Chaplin）建議我這樣做。

我在一無所知的狀況下詢問進行一場剛果河之旅所需的後勤規劃，我非常感謝那些熱心回應我詢問的人，包括菲利浦・古雷維奇（Philip Gourevitch）、南茜・羅絲・杭特（Nancy Rose Hunt）、麥克・卡瓦納（Michael Kavanagh）、喬思琳・凱利（Jocelyn Kelly）、馬克斯・麥可萊倫（Max McClellan）、阿蕾特・尼延波（Arlette Nyembo）、克里斯・羅森克蘭（Chris

Rosenkrans）、亞倫・羅斯（Aaron Ross）與安江・桑達拉姆（Anjan Sundaram）。奥特・恩比利（Ote Mbili）和傑瑞・慕凱爾（Gerry Mulcaire）是我能幹且友善的嚮導。對於摩伊士（Moïse）船長、船上船員，以及與我在浮村「普里姆斯一號」裡共度這一生只有一次的旅程的許多乘客，我所要感謝他們的遠遠超過一聲「謝謝」所能傳達。

我花了很多時間建構出這本書的大綱，過程中與許多我所知最具啟發性的作家進行討論，從中學到很多。這些作家包括：威廉・達爾林普（William Dalrymple）、尼古拉斯・達維多夫（Nicholas Dawidoff）、傑夫・代爾（Geoff Dyer）和菲莉絲・羅斯（Phyllis Rose）。我第一篇關於康拉德的著作是阿坦傑藝術公司（Artangel）與「倫敦之屋」（A Room for London）的合作計畫一部分，能有此機緣是傑夫・代爾為我鋪的路。我也要感謝史蒂芬妮・吉瑞（Stéphanie Giry）與已故的羅伯特・希爾維斯（Robert Silvers）在他們的書頁中給我空間，讓我能細細咀嚼康拉德。此書有大量篇幅是在「雅多」（Yaddo）與麥克道威文藝營〔the MacDowell Colony，我是以史丹佛・凱德伍德會士（Stanford Calderwood Fellow）的身分參加其中〕寫成，這兩個地方對人文藝術所提供的支持幾乎可說是奇蹟。

無數朋友與同僚讀過本書部分書稿並提供重要的改進建議，包括詹森・哈定（Jason Harding）、艾莉森・約翰遜、路克・梅南德、馬丁・普赫納、馬爾科・羅士（Marco Roth）、艾瑪・羅斯柴爾德、克絲汀・韋德（Kirsten Weld）和賴瑞・沃爾夫（Larry Wolff）。黛博拉・柯翰（Deborah Cohen）與瑞秋・柯翰（Rachel Cohen）勇敢挑戰我最初的草稿，給予我的回應完美揉合了建議與鼓勵。亞曼達・克雷堡讀過全書書稿，某些部分還讀過兩次，並告訴我怎樣把我原本要說的話說得更好。馬汀・奎因（Martin Quinn）所做的修飾文句工作是我經歷過最徹底也最具敏銳度的，令我受寵若驚。菲莉絲・羅斯為我最終書稿提供不可或缺的審閱，看顧著我最後完成此書。

寫這本書是很大的挑戰，但印這本書的過程卻非常順暢，首先要說的就是安德魯・威立（Andrew Wylie）與莎拉・查爾芬特（Sarah Chalfant）專業的管理。史考特・莫耶斯（Scott Moyers）做事專注投入、積極回應、深思熟慮且有智慧，與他合作是一件非常愉快的事。同樣地，與阿菈貝拉・派克（Arabella Pike）合作出第二本書也是非常美好的體驗，她是我所能夢想到最棒的支持者，且給予我無限鼓勵與忠告。我還要感謝企鵝出版社（Penguin Press）龐大的編輯、製作及宣傳團隊——包括奇亞菈・巴羅（Kiara Barrow）、比娜・卡姆拉尼（Beena Kamlani）、克里斯多夫・理查斯（Christopher Richards），以及威廉・柯林斯（William Collins）他們對本書的貢獻。

康拉德曾說，「寫作」發生在「孤獨中，像海上孤船的孤獨那麼巨大」。但就算是在最孤獨的時刻，他也承認作家就像水手，能從「寥寥幾個朋友與親人」身上求得支持，這些人「總是不同，不受懷疑，唯一重要的人。」至親的陪伴與支持是康拉德欲求而不可得的事，我卻非常幸運，我的親人都在我身邊方圓幾哩的範圍內。我的雙親傑伊（Jay）和希拉（Sheila）、我的兄弟艾蘭（Alan）、魯巴（Luba）和已經不再是小女娃的小妮娜（Nina），他們都以各自的方式幫助我完成這本書，從博學多聞的談話與專業意見到家中熱騰騰的飯菜、機場接送，以及在《丁丁歷險記》裡一同闖蕩的體驗。

然而，因為康拉德是如此能與人深交，所以他其實從不曾全然孤單。在這些與康拉德共度的日子裡，我也對自己生命中友誼所發揮的支撐力量看得特別清楚。我有許多朋友已經在數十年間陪我四處旅行走遍各大陸，包括鄧肯・薛士尼（Duncan Chesney）、安娜・戴爾（Anna Dale）、麥克・德雷瑟（Michael Dresser）、約西亞・奧斯古德（Josiah Osgood）、巴哈麗・拉西迪（Bahare Rashidi）、馬爾科・羅士、尼爾・沙菲爾（Neil Safier）、潔西・史考特（Jesse Scott）、史蒂芬妮・史奈德（Stephanie Snider）、科克・史威哈特（Kirk Swinehart）、納瑟・沙迦利亞（Nasser Zakariya）和茱莉・吉克曼（Julie Zikherman）。還有許多朋友讓麻州劍橋變得像家一樣，包括尼爾・埃亞（Nir Eyal）、希藍・加斯頓（Healan Gaston）、克雷特・赫伯特（Crate Herbert）、安迪・朱威特（Andy Jewett）、伊安・米勒（Ian Miller）、凱特・莫拿安（Kate Monaghan）、梅根・奧葛拉蒂（Megan O’Grady）、麗雅・普萊斯、馬汀・奎因、麗莎・藍道（Lisa Randall）、妲娜・薩耶迪（Dana Sajdi）、夏米拉・森（Sharmila Sen）與海蒂・佛斯庫爾（Heidi Voskuhl）。我與瑞秋・柯翰和馬特（Matt）、希薇雅（Sylvia）、托拜亞斯・波爾（Tobias Boyle）相處的感受結合了溫暖、智慧與玩具老虎帶給人的樂趣，非常奇異。此外，亞曼達・克雷堡、山姆・哈瑟比（Sam Haselby）和馬丁・普赫納既有深刻觀點又令人如沐春陽，他們就像是我的「社會家人」。我將這本書獻給你們，我的朋友，你們是我的船錨與我的帆。

注釋

注釋中使用的縮寫

CL: Joseph Conrad, *The Collected Letters of Joseph Conrad*, eds. Frederick R. Karl and Laurence Davies, 9 vols. (Cambridge, UK: Cambridge University Press, 1983-2008). Vols. 1-6 edited by Laurence Davies, Frederick R. Karl, and Knowles. Vol. 7 edited by Laurence Davies and J. H. Stape. Vol. 8 1923-1924 edited by Davies and Gene M. Moore. Vol. 9 edited by Laurence Davies, Owen Knowles, Moore, and J. H. Stape.

CPB: Zdzisław Najder, ed., *Conrad's Polish Background: Letters to and from Polish Friends*, trans. Halina Carroll (London: Oxford Press, 1964).

CUFE: Zdzisław Najder ed., *Conrad Under Familial Eyes: Texts*, trans. Halina Carroll-Najder (Cambridge, UK: Cambridge Press, 1983).

前言：是我族類

1. Tom Burgis, *The Looting Machine: Warlords, Oligarchs, Corporations, Smugglers, and the Theft of Africa's Wealth* (New York: Public Affairs, 2015), chapter 2; Jason K. Stearns, *Dancing in the Glory of Monsters: The Collapse of the Congo and the Great War of Africa* (New York: PublicAffairs, 2012); United Nations Development Program, *Human Development Report 2015: Work for Human Development* (New York: UNDP, 2015), pp. 208-11.
2. Sean Rorison, *Congo: Democratic Republic, Republic*, 2nd ed. (Chalfont St. Peters, Buckinghamshire, UK: Bradt Travel

Guides, 2012), p. 3.

3. "Democratic Republic of the Congo Travel Warning," September 29, 2016. https://travel.state.gov/content/passports/en/alertswarnings/democratic-republic-of-the-congo-travel-warning.html; Jeffrey Gettleman, "Kinshasa, Congo, Is Locked Down as Protests Erupt Against Joseph Kabila," *The New York Times*, September 19, 2016; www.nytimes.com/2016/09/20/world/africa/congo-protests-joseph-kabila.html; Robin Emmott, "European Union Prepares Sanctions over Congo Vote Delay," October 17, 2016, www.reuters.com/article/us-congo-politics-eu-idUSKBN12G0X9; Aaron Ross, "Congo Security Forces Killed Dozens of Anti- Government Protestors: U.N.," October 21, 2016, www.reuters.com/article/us-congo-politics-un-idUSKCN12L13D.

4. Joseph Conrad [henceforth JC] to Karol Zagórski, May 22, 1890, *CL*, vol. 1, p. 52.

5. Chinua Achebe, "An Image of Africa," *The Massachusetts Review* 18, no. 4 (December 1, 1977): 788, 790.

6. Barack Obama, *Dreams from My Father*, rev. ed. (New York: Three Rivers Press, 2004), pp. 102-3.

7. 參見 Juan Gabriel Vásquez, "Remember the Future," in *A London Address: The Artangel Essays* (London: Granta, 2013).

8. V. S. Naipaul, "Conrad's Darkness," *The New York Review of Books*, October 17, 1974.

9. "Cosmic Purposes: Whitman's 'Passage to India,' " http://exhibitions.nypl.org/treasures/items/show/103.

10. 我寫作這段文字時主要參考以下資料：Eric Hobsbawm, *The Age of Empire* (New York: Vintage Books, 1989); A. G. Hopkins, ed., *Globalization in World History* (New York: W. W. Norton, 2002); C. A. Bayly, *The Birth of the Modern World, 1780-1914: Global Connections and Comparisons* (Malden, MA: Blackwell Publishing, 2004); Adam McKeown, "Global Migration, 1846-1940," *Journal of World History* 15, no. 2 (June 2004): 155- 89; Jürgen Osterhammel and Niels P. Petersson, *Globalization: A Short History* (Princeton, NJ: Princeton University Press, 2005), trans. Dona Geyer; John Darwin, *After Tamerlane: The Rise and Fall of Global Empires, 1400-2000* (New York: Bloomsbury, 2009); Mark Mazower, *Governing the World: The History of an Idea* (New York: Penguin Press, 2012); Jürgen Osterhammel, *The*

Transformation of the World: A Global History of the Nineteenth Century, trans. Patrick Camiller (Princeton, NJ: Princeton University Press, 2014); Charles S. Maier, *Once Within Borders: Territories of Power, Wealth, and Belonging Since 1500* (Cambridge, MA: Harvard University Press, 2016).

11. 引述載於 Edward Garnett, "Introduction" to Joseph Conrad, *Conrad's Prefaces to His Works* (New York: Haskell House, 1971), p. 28.

12. JC to Marguerite Poradowska, August [18?], 1894, *CL*, vol. 1, p. 171.

13. 這個例子出自 Rose George, *Ninety Percent of Everything: Inside Shipping, the Invisible Industry That Puts Clothes on Your Back, Gas in Your Car, and Food on Your Plate* (New York: Metropolitan Books, 2013), p. 18. 亦見 Marc Levinson, *The Box: How the Shipping Container Made the World Smaller and the World Economy Bigger* (Princeton, NJ: Princeton University Press, 2008).

14. JC to Kazimierz Waliszewski, December 5, 1903, *CL*, vol. 3, p. 89.

15. Edward W. Said, *Joseph Conrad and the Fiction of Autobiography* (New York: Columbia University Press, 2008); Ian P. Watt, *Conrad in the Nineteenth Century* (Berkeley: University of California Press, 1979).

16. Norman Sherry, *Conrad's Eastern World* (Cambridge, UK: Cambridge University Press, 1966); Norman Sherry, *Conrad's Western World* (Cambridge, UK: Cambridge University Press, 1971).

17. Jocelyn Baines, *Joseph Conrad: A Critical Biography* (Westport, CT: Greenwood Press, 1975); Frederick Robert Karl, *Joseph Conrad: The Three Lives* (New York: Farrar, Straus and Giroux, 1979); Zdzisław Najder, *Joseph Conrad: A Life*, 2nd ed. (Rochester, NY: Camden House, 2007); John Stape, *The Several Lives of Joseph Conrad* (New York: Pantheon Books, 2007). 讀者會發現我在本書中引用最多的是拿吉德，因為他對康拉德早年生活的研究無人可比。

18. Karl Marx, *The Eighteenth Brumaire of Louis Bonaparte*, trans. Daniel De Leon (Chicago: Charles H. Kerr & Company, 1907), p. 5.

19. "Henry James: An Appreciation," in *Joseph Conrad, Notes on Life and Letters* (Garden City, NY: Doubleday, Page & Co., 1924), p. 17.
20. JC to Humphrey Milford, January 15, 1907, *CL*, vol. 3, p. 408.
21. JC to F. N. Doubleday, May 19, 1916, *CL*, vol. 5, p. 589.

第一章　無家亦無國

1. 康拉德兒時去過的許多地方都住著使用不同語言的各種族群（波蘭語、烏克蘭語、意第緒語、德語、俄語），他們對地名有不同的稱呼，使用不同的拼法與字母。康拉德記得的某些波蘭鄉鎮名稱，在今天的政治語言界線劃分之下可能叫做另一個不同的名字。我在本書中採用的是這些地點今天呈現在地圖上的名稱，除非某些地區擁有廣被接受的英語拼法（例如利維夫在本書中寫成 Lviv 而非 Lwów/ L'viv，華沙寫成 Warsaw 而非 Warszawa）。
2. "The Order of Baptism," *The Offices of the Old Catholic Prayer-Book* (Oxford and London: James Parker and Co., 1876), p. 13; "Conrad's Certificate of Baptism," *CUFE*, p. 31. 關於康拉德出生地點的詳細討論，請見 Zdzisław Najder, *Joseph Conrad: A Life*, 2nd ed. (Rochester, NY: Camden House, 2007), pp. 10-12n.
3. Piotr Stefan Wandycz, *The Lands of Partitioned Poland, 1795-1918*, 2nd printing, with corrections (Seattle: University of Washington Press, 1996 printing, 1984), p. 17.
4. Apollo Korzeniowski, "To my son born in the 85th year of Muscovite oppression," *CUFE*, pp.32-33. Czesław Miłosz, "Apollo N. Korzeniowski: Joseph Conrad's Father," *Mosaic* 6, no. 4 (1973): 125.
5. 關於波蘭俗語「*pisz na Berdychiv*」的意思，請見 Julian Krzyżanowski, ed., *Nowa księga przysłów i wyrażeń przysłowiowych polskich* (Warsaw: PIW, 1969), vol. 1, p. 75. 我要感謝湯瑪斯・布魯雪維奇介紹我這本書，以及他對這句話的解釋。

6. Charles W. Calomiris and Larry Schweikart, "The Panic of 1857: Origins, Transmission, and Containment," *The Journal of Economic History* 51, no. 4 (December 1991): 807-34.
7. "Chronicle," *The Annual Register, or a View of History and Politics of the Year 1857* (London: Printed for F. & J. Rivington, 1858), p. 228.
8. 該年朝聖期結束於八月底：www.muslimphilosophy.com/ip/hijri.htm.
9. Jan Vansina, *Paths in the Rainforests: Toward a History of Political Tradition in Equatorial Africa* (Madison: University of Wisconsin Press, 1990), chapter 7.
10. Robert Louis Gilmore and John Parker Harrison, "Juan Bernardo Elbers and the Introduction of Steam Navigation on the Magdalena River," *The Hispanic American Historical Review* 28, no. 3 (August 1948): 335-59; Jason McGraw, *The Work of Recognition: Caribbean Colombia and the Post-emancipation Struggle for Citizenship* (Chapel Hill: University of North Carolina Press, 2014), chapter 3.
11. 參見 阿爾弗雷德・賈瑞（Alfred Jarry）一八九六年的劇作《烏布・羅伊》（*Ubu Roi*）開頭是：「波蘭，那就是個無名之地。」凱特・布朗（Kate Brown）描述康拉德兒時生活的地方是「無名之地」，見 *A Biography of No Place* (Cambridge, MA: Harvard University Press, 2004).
12. Wandycz, *Lands of Partitioned Poland*, pp. 4-5; Patrice M. Dabrowski, *Poland: The First Thousand Years* (DeKalb, IL: NIU Press, 2014), pp. 132-35; Tadeusz Bobrowski, *A Memoir of My Life*, trans., ed., and intro. Addison Bross (Boulder, CO: East European Monographs, 2008), pp. 14-19; Andrzej Walicki, *Poland Between East and West: The Controversies over Self- definition and Modernization in Partitioned Poland* (Cambridge, MA: Harvard Ukrainian Research Institute, 1994), pp. 10-11.
13. Wandycz, *Lands of Partitioned Poland*, pp. 105-26; Norman Davies, *God's Playground: A History of Poland* (New York: Columbia University Press, 1982), vol. 2, pp. 202-3, 232-45; Dabrowski, *Poland: The First Thousand Years*, pp. 319-21.

14. Bobrowski, *Memoir*, pp. 114-15, 148.
15. 同上，pp. 272-73.
16. 同上，p. 10.
17. Adam Mickiewicz, *The Books and the Pilgrimage of the Polish Nation* (London: James Ridgway, 1833), pp. 15-20.
18. Jerzy Zdrada, "Apollo Korzeniowski's Poland and Muscovy (translated by Ewa Kowal–revised by REP)," *Yearbook of Conrad Studies (Poland)* IV (2008): 25, 28. 阿波羅早年有一張照片底下用阿拉伯文寫著他的名字，或許這張照片見證了他在聖彼得堡讀語文的日子。(Box 16, Joseph Conrad Collection, Beinecke Library, Yale University.)
19. 同上，pp. 27-31.
20. Bobrowski, *Memoir*, pp. 240-41; Najder, *Joseph Conrad: A Life*, pp. 5, 580-81.
21. Bobrowski, *Memoir*, p. 237.
22. 同上，pp. 18-24.
23. Roman Taborski, *Apollo Korzeniowski, ostatni dramatopisarz romantyczny* (Wrocław: Zakład im Ossolińskich, 1957), chapter 2.
24. Apollo Korzeniowski [henceforth AK] to Tadeusz Bobrowski [henceforth TB], May 11, 1849, *CUFE*, p. 22.
25. Buszczyński, quoted in Miłosz, "Apollo N. Korzeniowski," p. 123; Bobrowski, *Memoir*, pp. 280-81.
26. Bobrowski, *Memoir*, pp. 238-39, 280-81, 311.
27. 同上，pp. 300-303, notes pp. 304-5; Miłosz, "Apollo N. Korzeniowski," pp. 131-32. 烏克蘭農民在一八五五年自行起兵反俄，當時各地什拉赫塔紛紛夾著尾巴走避到安全的市鎮中，留下農民被俄軍宰割。
28. Bobrowski, *Memoir*, pp. 311-12.
29. Adam Mickiewicz, *Konrad Wallenrod: An Historical Poem, trans.* Maude Ashurst Biggs (London. Trübner & Co., 1882), p. 82. 此處所用的英文翻譯譯者與康拉德幾乎算是同時代人，顯示當時英國對波蘭民族主義的支持；該名譯者

在主張改革的著名家族中長大，此人終生參與波蘭事務，包括翻譯密茨凱維奇的詩作。("Maude Ashurst Biggs," in Jonathan Spain, "Biggs, Matilda Ashurst [1816/17-1866]," *Oxford Dictionary of National Biography*, Oxford University Press, 2004; online ed., May 2011 [www.oxforddnb.com.ezp-prod1.hul.harvard.edu/view/article/59172].)

30. Adam Mickiewicz, *Dorothea Prall Radin*, and George Rapall Noyes, "Part III, Sc. II-V, Forefathers' Eve," *The Slavonic Review* 4, no. 10 (1925): 48-49.
31. 這處產業屬於索班斯基（Sobański）家族所有。Bobrowski, *Memoir*, pp. 239, 326.
32. 引述載於 Zdrada, "Apollo Korzeniowski's Poland and Muscovy," p. 33.
33. Wandycz, *Lands of Partitioned Poland*, p. 156.
34. Najder, *Joseph Conrad: A Life*, p. 14.
35. Quoted in Taborski, *Apollo Korzeniowski*, p.95
36. 同上，p. 66.
37. Miłosz, "Apollo N. Korzeniowski," p.126.
38. Wandycz, *Lands of Partitioned Poland*, pp. 159-61; Dabrowski, *Poland: The First Thousand Years*, pp. 332-33.
39. Bobrowski, *Memoir*, pp. 384-89.
40. JC to AK, [May 23, 1861], *CL*, vol. 1, p. 3.
41. Ewa Korzeniowska [henceforth EK] to AK, May 23/ June 4, 1861, *CUFE*, p. 43; EK to AK, July 5/17, 1861, *CUFE*, p. 53. 康拉德之子約翰後來說他父親「傾向對人很大方，尤其是對那些流浪漢和運氣背到底的人」。John Conrad, *Joseph Conrad: Times Remembered, 'Ojciec Jest Tutaj'* (Cambridge, UK: Cambridge University Press, 1981), p. 201.
42. EK to AK, May 28/June 9, 1861, *CUFE*, p. 44; EK to AK, June 20/July 2 , 1861, *CUFE*, p. 51.
43. EK to AK [n.d.], *CUFE*, p. 37; EK to AK, May 23/June 4, 1861, *CUFE*, p. 41; Taborski, *Apollo Korzeniowski*, pp. 98–104. Bobrowski, *Memoir*, pp. 378-95.

44. EK to Antoni Pietkiewicz, July 27/August 8, 1861, *CUFE*, p. 57.

45. Stefan Buszczyński, *Mało Znany Poeta [A Little- Known Poet]* (Kraków: Drukarnia "Czas" W. Kirchmayera, 1870), p. 37. 我要感謝湯瑪斯．布魯雪維奇對此書的翻譯與加注。

46. Najder, *Joseph Conrad: A Life*, pp. 16-19; Taborski, *Apollo Korzeniowski*, p. 104. 所謂「親農奴派」人士（chłopomani）的表現有刻意穿著農民服裝，將農村古老傳說重新拿出來講述等等。Bobrowski, *Memoir*, p. 442n.

47. Davies, *God's Playground*, pp. 258-59; Taborski, *Apollo Korzeniowski*, p. 104; Najder, *Joseph Conrad: A Life*, p. 18; Zdrada, "Apollo Korzeniowski's Poland and Muscovy," pp. 36-37.

48. EK to AK, June 20/July 2, 1861, *CUFE*, p. 51; EK to AK, [n.d.], *CUFE*, p. 37.

49. EK to AK, June 9/21, 1861, *CUFE*, pp. 45-46.

50. EK to AK, July 5/17, 1861, *CUFE*, p. 53.

51. EK to AK, June 19/July 1, 1861, *CUFE*, pp. 48-49.

52. Wandycz, *Lands of Partitioned Poland*, pp. 166-67.

53. Najder, *Joseph Conrad: A Life*, p. 18; Zdrada, "Apollo Korzeniowski's Poland and Muscovy," p. 39.

54. EK to Mr. and Mrs. Antoni Pietkiewicz, November 19, 1861, *CUFE*, p. 59; Apollo Korzeniowski,"Poland and Muscovy," *CUFE*, p. 87.

55. "The investigation and the court's verdict in the case of Apollo and Ewa Korzeniowski," *CUFE*, pp. 62-63. 亦見 Zdrada, "Apollo Korzeniowski's Poland and Muscovy," pp. 42-44.

56. Buszczyński, *Mało Znany Poeta*, p. 37. 引述自 Apollo Korzeniowski, "Poland and Muscovy," *CUFE*, pp. 76– 88.

57. Najder, *Joseph Conrad: A Life*, p. 20.

58. EK to Antoni Pietkiewicz, January 7, 1862, *CUFE*, p. 61.

59. 我對這場景的描述，引用自 EK to Antoni Pietkiewicz, January 7, 1862, *CUFE*, pp. 60-61.

60. JC to Wincenty Lutosławski, June 9, 1897, *CL*, vol. 1, p. 358.
61. "The Investigation and the Court's Verdict in the Case of Apollo and Ewa Korzeniowski," *CUFE*, pp. 62-63. 柯爾澤尼奧夫斯基在"Poland and Muscovy," *CUFE*, pp. 76-83中描述此場景。參見Buszczyński, *Mało Znany Poeta*, p. 37：「宣布了要將他流放彼爾姆，因為文句太長，法官把宣讀的人打斷，叫他［阿波羅］直接簽字。『閣下，您們讀到哪兒停了，我就在哪兒簽名。』」
62. Zdrada, "Apollo Korzeniowski's Poland and Muscovy," p. 44.
63. 史蒂芬・布許金斯基（Stefan Buszczyński）在他洋溢愛國情緒的自傳《籍籍無名小詩人》（*Mało Znany Poeta*）裡說：「柯爾澤尼奧夫斯基通過立陶宛的這段旅程有如凱旋歸來，比雅維斯托克（Bialystok）聚集大批群眾歡迎他，最後被憲兵和揮鞭子的哥薩克人驅散。」（p.38）
64. Bobrowski, *Memoir*, p. 396; AK to Gabriela and Jan Zagórski, June 15/27, 1862, *CUFE*, p. 66.
65. AK to Gabriela and Jan Zagórski, June 15/27, 1862, *CUFE*, pp. 66-67; AK to Gabriela and Jan Zagórski, October 2/14, 1862, *CUFE*, p. 70.
66. AK to Gabriela and Jan Zagórski, June 15/27, 1862, *CUFE*, p. 67.
67. 阿波羅在六月寄給札戈斯基（Zagórski）一家的信中提到這位攝影師史坦尼斯勞・克拉科夫（Stanisław Kraków）。照相館的名字印在背後。
68. Wandycz, *Lands of Partitioned Poland*, pp. 197-99; Davies, *God's Playground*, pp. 259-66.
69. Bobrowski, *Memoir*, 401.
70. 他在回憶錄裡提到他有二十名被監護人，其中包括康拉德・柯爾澤尼奧夫斯基。同上，p. 442.
71. AK to Gabriela Zagórski, March 15/27, 1863, *CUFE*, p. 89.
72. Richard Niland, *Conrad and History* (Oxford: Oxford University Press, 2010), pp. 27-32.
73. Apollo Korzeniowski, "Poland and Muscovy," *CUFE*, pp. 75-84.

74. AK to Gabriela and Jan Zagórski, October 2/14, 1862, *CUFE*, p. 70. 拿吉德以警方文件為據認為康拉德一家人是在一八六三年一月遷往切爾尼戈夫（pp. 22, 583n），但阿波羅本人在一八六三年三月中的一封信裡附上他與兩名沃洛格達友人的合照，並說他們將要慶祝沃洛格達某位波蘭教士的同名聖徒紀念日，這證明他們三月時仍在沃洛格達（AK to Gabriela and Jan Zagórski, March 15/27, 1863, *CUFE*, p. 90）。這也與波布羅斯基的回憶相符，波布羅斯基說他們是「在一八六三年夏季」抵達切爾尼戈夫（Bobrowswki, *Memoir*, p. 397）。見 Zdrada, "Apollo Korzeniowski's Poland and Muscovy," p. 47n.

75. AK to Kazimierz Kaszewski, [February 26, 1865] and AK to Kazimierz Kaszewski, February 28, 1865, *CUFE*, pp. 90-94.

76. Buszczyński, *Mało Znany Poeta*, p. 40.

77. AK to Kazimierz Kaszewski, May 29/June 10, 1865, *CUFE*, pp. 95-96.

78. AK to Gabriela and Jan Zagórski, January 6/18, 1866, *CUFE*, p. 102.

79. AK to Kazimierz Kaszewski, September 6/18, 1865, *CUFE*, p. 97.

80. AK to Kazimierz Kaszewski, October 19/31, 1865, *CUFE*, p. 100.

81. AK to Gabriela and Jan Zagórski, January 6/18 1866, *CUFE*, p. 102.

82. AK to Kazimierz Kaszewski, November 10/22, 1866, *CUFE*, p. 105.

83. AK to Kazimierz Kaszewski, October 19/31, 1865, *CUFE*, p. 100.

84. AK to Kazimierz Kaszewski, January 20/February 1, 1866, *CUFE*, p. 103.

85. AK to Kazimierz Kaszewski, November 10/22, 1866, *CUFE*, pp. 105-7.

86. AK to Kazimierz Kaszewski, February 7/19, 1867, *CUFE*, p. 111.

87. AK to Kazimierz Kaszewski, November 10/22, 1866, *CUFE*, p. 105.

88. Najder, *Joseph Conrad: A Life*, 頁三六〇、三六一之間有一張阿波羅一八六八年照片的複製品。

89. 賈德維嘉・卡盧斯卡（Jadwiga Kałuska）的回憶，引述載於 Roman Dyboski, "From Conrad's Youth," *CUFE*, p. 138.
90. AK to Kazimierz Kaszewski, June 24, 1868, *CUFE*, pp. 118-19.
91. "Morze- Lud" in Taborski, *Apollo Korzeniowski*, p. 158. 我要感謝湯瑪斯・布魯雪維奇的翻譯。
92. AK to Stefan Buszczyński, March 5/17, 1868, p. 113. 這句話是改述詩人溫森提・卡辛斯基（Wincenty Kasiński）的話（Taborski, *Apollo Korzeniowski*, p. 129）。阿波羅瞧不起利維夫的政治圈子，但該城其實有克拉科夫兩倍大，且在政治與文化意義上都遠比克拉科夫重要。見 Larry Wolff, *The Idea of Galicia: History and Fantasy in Habsburg Political Culture* (Stanford, CA: Stanford University Press, 2010), pp. 229-30; Lawrence D. Orton, "The Formation of Modern Cracow (1866-1914)," *Austrian History Yearbook* 19, no. 1 (January 1983): 107.
93. Buszczyński, *Mało Znany Poeta*, p. 51.
94. AK to Kazimierz Kaszewski, January 20/February 1, 1866, *CUFE*, pp. 103-4. 布許金斯基之子康士坦丁（Konstantin）在數十年後說史蒂芬將「主啊，當您召喚我就前去，但讓我休息罷，因我疲憊已極」這段銘文刻在阿波羅墓碑上，但墓碑上的字其實是「受莫斯科暴政迫害的殉難者」。George Palmer Putman, "Conrad in Cracow," *CUFE*, p. 143（見 Najder, *Joseph Conrad: A Life*, 頁 360、361 之間的插圖）。
95. "Description of Apollo Korzeniowski's funeral," *CUFE*, pp. 129-30.
96. Teofila Bobrowska to Kazimierz Kaszewski, June 12, 1869, *CUFE*, p. 131.

第二章　啟航點

1. AK to Kazimierz Kaszewski, December 24, 1868, *CUFE*, p. 123.
2. Teofila Bobrowska to Kazimierz Kaszewski, June 12, 1869, *CUFE*, p. 131.
3. 同前引書。塔德烏什並未正式被任命為康拉德的監護人之一，因為他住在另一個國家（俄國）。塔德烏什只有一個女兒，和康拉德差不多大，在一八七一年去世。

4. TB to JC, September 20, 1869, *CUFE*, pp. 34-35.
5. AK, "To my son in the 85th year of Muscovite oppression," *CUFE*, p. 32.
6. "Tadeusz Bobrowski's 'Document,' " *CPB*, p. 183.
7. 傳記作家之間對於康拉德是否曾就讀克拉科夫聖安妮學院（St. Anne's Gymnasium）一事頗有爭議。康拉德自己說他讀過，還說過一些與該校相關的事情來證明此事，但拿吉德在該校學生名冊上找不到康拉德的名字，波布羅斯基的紀錄中也從未提到此事。若非這本保存完好的學生名冊缺記了康拉德注冊入學，且波布羅斯基也不曾為此出錢，那就是康拉德覺得這樣解釋自己的教育背景比較容易（也比較有面子）。Zdzisław Najder, *Joseph Conrad: A Life*, 2nd ed. (Rochester, NY: Camden House, 2007), pp. 38-39n.
8. "Tadeusz Bobrowski's 'Document,' " *CPB*, pp. 188-93.
9. 泰克拉・沃雅寇斯卡（Tekla Wojakowska）的回憶，斯特凡・佐斯諾夫斯基（Stefan Czosnowski）所引述：Stefan Czosnowski, "Conradiana," *CUFE*, p. 136.
10. George Palmer Putnam, "Conrad in Cracow," *CUFE*, pp. 142-43.
11. Lawrence D. Orton, "The Formation of Modern Cracow (1866-1914)," *Austrian History Yearbook* 19, no. 1 (January 1983): 105-17; Jerzy Dobrzycki, *Hejnał Krakowski* (Kraków: PWM, 1983). 我要感謝麥可・沃里克協助我了解這份波蘭語資料。
12. 攝影師是瓦勒里・何茲烏斯基（Walery Rzewuski）。John Stape, *The Several Lives of Joseph Conrad* (New York: Vintage, 2007), p. 22.
13. Najder, *Joseph Conrad: A Life*, p. 49.
14. JC to Stefan Buszczyński, August 14, 1883, *CL*, vol. 1, pp. 7-8. 古斯塔夫・莫爾夫（Gustav Morf）指出布許金斯基可能是用了尤利烏什・斯沃瓦茨基（Juliusz Słowacki）的一首詩：「我深知我這船兒，／在廣大世界航行，／

卻不航向我的祖國。」Gustave Morf, *The Polish Shades and Ghosts of Joseph Conrad* (New York: Astra Books, 1976), p. 84.

15. "Poland Revisited," in Joseph Conrad, *Notes on Life and Letters* (Garden City, NY: Doubleday, Page & Co., 1921), pp. 168-69.

16. "Geography and Some Explorers," in Joseph Conrad, *Last Essays*, ed. and intro. Richard Curle (London: J. M. Dent & Sons, 1926), pp. 10-17.

17. Joseph Conrad, *A Personal Record* (New York: Harper & Brothers, 1921), pp. 126-27.

18. 同上，pp. 80-81.

19. 同上，pp. 82-83.

20. 同上，p. 10.

21. 「要把波蘭生活放進英語文學裡是一件很野心勃勃的事。……但因為這是我熟悉的東西，且我手邊還有舅舅的兩本備忘錄來助我回憶，讓我的想法成形，所以很容易就能寫出來。」JC to J. B. Pinker, October [7], 1908, *CL*, vol. 4, p. 138.

22. Conrad, *A Personal Record*, pp. 52-53, 60, 104; Bobrowski, *Memoir*, pp. 280-81.

23. Joseph Conrad, "Author's Note" (1919), in Joseph Conrad, *The Personal Record*, eds. Zdzisław Najder and J. H. Stape (Cambridge, UK: Cambridge University Press, 2008), p. 7.

24. AK, "Poland and Muscovy," *CUFE*, p. 80.

25. JC to R. B. Cunninghame Graham, December 20, 1897, *CL*, vol. 1, p. 425. 關於這段文字的解讀，請見：Edward Said, *Joseph Conrad and the Fiction of Autobiography* (New York: Columbia University Press, 2008), ch. 2. 大約同時，康拉德在《水仙號上的黑鬼》序言裡說藝術家這種人「說話的對象是……那隱微但堅不可摧的對於團結的信念，將無數心靈的孤獨與眾人在夢想、喜悅、悲傷、志向、幻想、希望、恐懼中的一體感織在一起……」。

Joseph Conrad, *The Nigger of the 'Narcissus': A Tale of Forecastle* (Garden City, NY: Doubleday, Page & Co., 1914), pp. viii-ix.

26. 這段描述引自 Simon Bense, *Les Heures Marseillaises* (Marseille, 1878) and Franciszek Ziejka, "Conrad's Marseilles," *Yearbook of Conrad Studies (Poland)*, VII (2012): 51-67. 塔德烏什・波布羅斯基說別人稱康拉德為「喬治先生」，康拉德後來用這綽號作為《金箭》主角的名字。TB to Stefan Buszczyński, March 12/24, 1879, *CPB*, p. 178.

27. TB to JC, September 27 [old style], 1876, *CPB*, pp. 37-38.

28. TB to JC, October 14/26, 1876, *CPB*, pp. 39-45. "Tadeusz Bobrowski's 'Document,' " *CPB*, pp. 194-95.

29. TB to JC, September 2/14, 1877, *CPB*, p. 51.

30. TB to JC, July 28/August 8, 1877, *CPB*, p. 48.

31. 關於馬賽這段歲月，康拉德最常一說再說的故事之一就是他當時參與走私軍火賣給西班牙卡洛斯黨人（Carlist，支持波旁王朝復辟者）。這故事相關唯一可查之有據的事實就是康拉德與這位船長尚波斯佩・杜泰（Jean-Prosper Duteil）的財務糾葛。康拉德人生這段時間很缺乏相關紀錄，某些人因此傾向詮釋他一九一九年的小說《金箭》極具自傳性質。

32. TB to Stefan Buszczyński, March 12/ 24, 1879, *CPB*, p. 176.

33. 數十年後，康拉德之子約翰（John）注意到父親胸口有「看起來像劍或彎刀所致」的傷疤，康拉德告訴他說自己曾與人決鬥。John Conrad, *Joseph Conrad: Times Remembered, 'Ojciec Jest Tutaj'* (Cambridge, UK: Cambridge University Press, 1981), p. 181.

34. TB to Buszczyński, March 12/24, 1879, *CPB*, pp. 176-77.

35. "Tadeusz Bobrowski's 'Document,' " *CPB*, p. 198; Najder, *Joseph Conrad: A Life*, pp. 70-71.

第三章　異鄉異客

1. 以下資料可供參考：J. Thomson and Adolphe Smith, *Street Life in London: With Permanent Photographic Illustrations Taken from Life Expressly for This Publication* (London: Sampson Low, Marston, Searle & Rivington, [1877]); "Cleopatra's Needle," *Illustrated London News*, September 21, 1878, p. 286; William John Gordon, *The Horse-World of London* (London: The Religious Tract Society, 1893).
2. *The Times* (London, England), September 25, 1878.
3. TB to JC, June 26/July 8, 1878, *CPB*, pp. 54-55.
4. Bernard Porter, "The Asylum of Nations: Britain and the Refugees of 1848," and Andreas Fahrmeir,"British Exceptionalism in Perspective: Political Asylum in Continental Europe," in Sabine Freitag, ed., *Exiles from European Revolutions: Refugees in Mid-Victorian England* (New York: Berghahn Books, 2003), pp. 40, 43.
5. Andrea Zemgulys, *Modernism and the Locations of Literary Heritage* (Cambridge, UK: Cambridge University Press, 2008), p. 81.
6. 人口數字根據〔倫敦郡議會〕：*County of London. Census of London, 1901...*(London: London County Council, 1903), p. 17.
7. Herbert Fry, *London in 1880: Illustrated with Bird's Eye Views of the Principle Streets* (London: David Bogue, 1880), pp. 306-10.
8. Joseph Conrad, *A Personal Record* (New York: Harper & Brothers, 1921), p. 71.
9. Joseph Conrad, "Poland Revisited," in *Notes on Life and Letters* (Garden City, NY: Doubleday, Page & Co., 1921), pp. 152-54. 康拉德的說法裡有幾處不符事實，不知是否乃他有意為之：他抵達倫敦的時間是九月底而非九月初，這也不是他第一次來倫敦，且當時他已將近二十一歲，並非十九歲。
10. JC to Spiridion Klizczewski, October 13, 1885, *CL*, vol. 1, p. 12.

11. British National Archives: HO 144/177/A44314
12. "Author's Note," in Joseph Conrad, *The Secret Agent* (London: Penguin Classics, 2007), p. 250（以下相關引文全部引自這一版）。「五百萬」接近一八八〇年代早期大倫敦地區的人口數量，當康拉德在一九二〇年寫這篇自序，光是內倫敦（Inner London）地區就有四百五十萬人口，大倫敦地區總人口數已經超過七百萬。
13. Conrad, *The Secret Agent*, p. 12.
14. 同上，pp. 3-7.
15. 同上，pp. 35, 38, 40, 52-54, 56.
16. 同上，pp. 14, 22. 當時俄國大使館其實是在切舍姆廣場（Chesham Place）的切舍姆樓（Chesham House）。
17. 同上，pp. 23-30.
18. 同上，pp. 56-57.
19. 同上，p. 68.
20. 同上，pp. 110-11.
21. 同上，pp. 117-18.
22. 同上，p. 148.
23. 同上，p. 166.
24. 同上，pp. 167, 179.
25. 同上，p. 175. 有人認為這位埃塞雷德爵士（Sir Ethelred，康拉德稱他為這位「人士」）與索爾茲伯里勳爵（Lord Salisbury）相似，但康拉德對他外型的描述（「長長的白臉，形狀像顆蛋，底下變寬成為一個大大的雙下巴，臉旁薄薄灰鬍鬚」）比較符合威廉·哈考特爵士（Sir William Harcourt）的模樣，此人在一八八〇年代芬尼亞（Fenian）炸彈事件期間擔任內政大臣(Andrew Roberts, *Salisbury: Victorian Titan* [London: Weidenfeld & Nicolson, 1999], p. 520.)

26. Conrad, *The Secret Agent*, p. 183.
27. 同上，pp. 195-97.
28. 同上，pp. 208-9.
29. 同上，p. 214.
30. 同上，pp. 216, 235.
31. 同上，pp. 244-46.
32. Conrad, *A Personal Record*, p. 110.
33. Hugh Epstein, "Bleak House and Conrad: The Presence of Dickens in Conrad's Writing," in Gene M. Moore, Owen Knowles, and J. H. Stape, eds., *Conrad: Intertexts & Appropriations: Essays in Memory of Yves Hervouet* (Amsterdam: Rodopi, 1997), pp. 119-40.
34. "The Assassination of the Emperor of Russia," *Reynolds's Newspaper* (London, England), Sunday, March 20, 1881, p. 1.
35. TB to JC, September 11/23, 1881, *CPB*, p. 79.
36. Mikhail Bakunin, "Critique of the Marxist Theory of the State," in Sam Dolgoff, ed., trans., and intro., *Bakunin on Anarchy: Selected Works by the Activist-Founder of World Anarchism* (New York: Random House, 1971), p. 330.
37. Mikhail Bakunin, "Letters to a Frenchman on the Present Crisis," in 同上，pp. 195-96.
38. 這場大會最詳盡的紀錄，出自 Max Nettlau, *Anarchisten und Sozial-Revolutionäre: Die historische Entwicklung des Anarchismus in den Jahren 1880-1886* (Geschichte der Anarchie, vol. 3) (Glashütten im Taunus, Germany: D. Auvermann, 1972 [1931]), pp. 187-231.
39. 引述自 Richard Bach Jensen, "Daggers, Rifles and Dynamite: Anarchist Terrorism in Nineteenth Century Europe," *Terrorism and Political Violence* 16, no. 1 (January 1, 2004): 116-53. 關於這段時期在倫敦的無政府主義者，見 Pietro Di Paola, "The Spies Who Came In from the Heat: The International Surveillance of the Anarchists in London," *European History*

Quarterly 37, no. 2 (2007): 192; Matthew Thomas, *Anarchist Ideas and Counter-Cultures in Britain, 1880-1914: Revolutions in Everyday Life* (Aldershot, Hampshire, UK: Ashgate, 2005), p. 6; Alex Butterworth, *The World That Never Was: A True Story of Dreamers, Schemers, Anarchists and Secret Agents* (New York: Pantheon Books, 2010), pp. 164-69; Bernard Porter, "The Freiheit Prosecutions, 1881-1882," *The Historical Journal* 23, no. 4 (1980): 833-56.

40. Jensen, "Daggers, Rifles, and Dynamite": 129-30.
41. James Joll, *The Anarchists*, 2nd ed. (Cambridge, MA: Harvard University Press, 1980), p. 109. 威廉・鮑威爾（William Powell）一九七一年的作品《無政府主義者食譜》（*The Anarchist Cookbook*）就是從莫斯特的手冊獲得靈感。
42. John M. Merriman, *The Dynamite Club: How a Bombing in Fin-de-Siècle Paris Ignited the Age of Modern Terror* (Boston: Houghton Mifflin Harcourt, 2009), p. 75.
43. "Extraordinary Outrage in Salford," *Glasgow Herald* (Scotland), Saturday, January 15, 1881, p. 4.
44. "Alleged Discovery of Infernal Machines," *The Pall Mall Gazette* (London, England), Monday, July 25, 1881, p. 8.
45. "Terrific Explosion on the Underground Railway," *Reynolds's Newspaper* (London, England), Sunday, November 4, 1883, p. 4.
46. John Sweeney, *At Scotland Yard: Being the Experiences During Twenty- Seven Years' Service of John Sweeney* (London: Grant Richards, 1904), pp. 21-22.
47. "Dynamite Outrages," *Illustrated Police News* (London, England), Saturday, January 31, 1885, Issue Supplement.
48. 引述自 Deaglán Ó Donghaile, "Anarchism, Anti　imperialism and 'The Doctrine of Dynamite,'" *Journal of Postcolonial Writing* 46, nos. 3-4 (July 2010): 293.
49. 芬尼亞炸彈客也對加拿大某些地點進行攻擊：“Attempt to Blow Up the Court House at Montreal," *The Pall Mall Gazette* (London, England), Monday, December 5, 1881, p. 8; "The Dynamite Explosions at Quebec," *The Pall Mall Gazette* (London, England), Monday, October 13, 1884, p. 8.

50. Haia Shpayer-Makov, *The Ascent of the Detective: Police Sleuths in Victorian and Edwardian England* (Oxford: Oxford University Press, 2011), pp. 52-56.《爆炸物質法》至今仍有效力，當時成立的「特殊分隊」在二〇〇六年與其他單位合併成為「反恐指揮組」（Counter Terrorism Command）而保留下來。

51. Sweeney, *At Scotland Yard*, pp. 31-32; Robert Anderson, *The Lighter Side of My Official Life* (London: Hodder and Stoughton, 1910), p. 109; Robert Anderson, *Sidelights on the Home Rule Movement* (London: John Murray, 1906), p. 127.

52.《每日新聞》採訪瑞士一名波蘭無政府主義者，此人言語中暗示有一個大規模的恐怖陰謀存在。「你可以叫我們是無政府主義者、虛無主義者、社會主義者、芬尼亞黨人、炸彈客，都隨你便」，這名無政府主義者告訴記者，「但有一個巨大無比的同志會把我們結合在一起」，致力於「平等與自由」。波蘭人支持芬尼亞，因為「英國對待愛爾蘭之惡劣不下於俄國對待波蘭；愛爾蘭人跟波蘭人一樣，有資格使用任何手段來取得自由」。"An Interview with a Dynamitard," *The Daily News* (London, England), Tuesday, March 17, 1885, p. 7. 這是倫敦發行量最大的日報之一，康拉德非常有可能偶然讀到這篇報導。他在一九〇〇年代早期是《每日新聞》的讀者與投稿作者，還與該報一些記者是朋友。見 "The Daily News & Leader (London, UK)," www.conradfirst.net/view/periodical? id=91.

53. Butterworth, *World That Never Was*, p. 323.

54. Merriman, *Dynamite Club*, pp. 77-86.

55. Matthew Thomas, *Anarchist Ideas and Counter- Cultures in Britain, 1880-1914: Revolutions in Everyday Life* (Burlington, VT: Ashgate, 2005), pp. 10-11; Malato, *Les joyeusetés de l'exil*, p. 59; Sweeney, *At Scotland Yard*, pp. 36, 219; W. C. Hart, *Confessions of an Anarchist* (London: E. Grant Richards, 1906), pp. 91-94.

56. Robert Hampson, *Conrad's Secrets* (Basingstoke, UK: Palgrave Macmillan, 2012), pp. 89-91.

57. Charles Malato, *Les joyeusetés de l'exil* (Mauléon, France: Acratie, 1985), pp. 170-75.

58. Isabel Meredith, *A Girl Among the Anarchists* (London: Duckworth, 1903), chapter 6.
59. "The Anarchists in London," *The Pall Mall Gazette* (London, England), Tuesday, February 13, 1894, p. 1.
60. Edward Douglas Fawcett, *Hartmann the Anarchist: Or, The Doom of the Great City* (London: E. Arnold, 1893), p. 148.（費塞特是亞馬遜河探險家派西・費塞特〔Percy Fawcett〕的哥哥。）費塞特用的可能是真實存在的無政府主義者列夫・哈特曼（Lev Hartmann）的名字，此人是「人民意志」一員，於一八八〇年出逃英國（Butterworth, *World That Never Was*, p. 156）。此外，我們也能想像費塞特或許曾與卡爾・定吉・哈特曼（Carl Sadakichi Hartmann）這位德、日混血詩人碰面，此人在一八八八年造訪倫敦時與羅塞提姊妹等人來往，後來還與美國無政府主義者艾瑪・高德曼（Emma Goldman）一同發行無政府主義刊物《大地》（*Mother Earth*）（George Knox, "Sadakichi Hartmann's Life and Career," www.english.illinois.edu/maps/poets/g_l/hartmann/life.htm.）
61. 此書出版時將該圖放在卷首，連載時也使用此圖，見 *The English Illustrated Magazine*, vol. 10 (London: Edward Arnold, 1893), p. 741. 這幅插畫的作者弗瑞德・詹恩（Fred Jane）後來創立出版社，在一八九八年出版《世界艦船年鑑》（*All the World's Fighting Ships*）；該出版社之後發展成為軍事知識專業公司「詹式資訊集團」（Jane's Information Group）。
62. Meredith, *Girl Among the Anarchists*, chapter 5; Hart, *Confessions of an Anarchist*, p. 18.
63. Sweeney, *At Scotland Yard*, pp. 35-36.
64. Ernest Alfred Vizetelly, *The Anarchists, Their Faith and Their Record, Including Sidelights on the Royal and Other Personages Who Have Been Assassinated* (London: John Lane, 1911), p. 165.
65. 除此之外，見："Explosion in Greenwich Park," *The Times* (London, England), Friday, February 16, 1894, p. 5; "The Explosion in Greenwich Park," *The Daily News* (London, England), Saturday, February 17, 1894, p. 5; "Anarchists in London," *The Standard* (London, England), Saturday, February 17, 1894, p. 3.
66. Norman Sherry, *Conrad's Western World* (Cambridge, UK: Cambridge University Press, 1971), pp. 230-31; David Nicoll,

The Greenwich Mystery: Letters from the Dead (London: David Nicoll, 1898), p. 379.

67. Conrad, Author's Note (1920), *The Secret Agent*, p. 248.

68. 康拉德後來說自己雖然已經去了英格蘭，但當時人根本不在英格蘭。關於康拉德對此事的閃躲態度，請見 Jacques Berthoud, "The Secret Agent," in J. H. Stape, ed., *The Cambridge Companion to Joseph Conrad* (Cambridge, UK: Cambridge University Press, 1996), pp. 101-3.

69. Marie Corelli, *The Sorrows of Satan: Or, the Strange Experience of One Geoffrey Tempest, Millionaire: a Romance* (London: Methuen, 1895); Hall Caine, *The Christian: A Story* (London: W. Heinemann, 1897).

70. Meredith, *Girl Among the Anarchists*, chapter 2.

71. "Bourdin's Funeral," *The St. James Gazette*, 轉載於 Mary Burgoyne, "Conrad Among the Anarchists: Documents on Martial Bourdin and the Greenwich Bombing," *The Conradian* 32, no. 1 (2007): 172-74.

72. Judith Walkowitz, *Nights Out: Life in Cosmopolitan London* (New Haven, CT: Yale University Press, 2012), chapter 1.

73. JC to R. B. Cunninghame Graham, October 7, 1907, *CL*, vol. 3, p. 491.

74. JC to Algernon Methuen, November 7, 1906, *CL*, vol. 3, p. 371.

75. JC to John Galsworthy, September 12, 1906, *CL*, vol. 3, p. 354.

76. Conrad, Author's Note (1920), *The Secret Agent*, p. 249.

77. 他在多處重複強調這個說法。給 R・B・康寧安・格雷厄姆的信：「這是題材上的新突破，以及……持續下苦工用諷刺筆法處理戲劇化主題。」（October 7, 1907, *CL*, vol. 3, p. 491）給瑪格麗特・波拉竇斯卡（Marguerit Poradowska）的信：「我覺得我在這兒成功地用諷刺手法來處理一個本質上很戲劇化的主題。這是我給自己定立的藝術目標，因為你說得對，我根本不在乎無政府與無政府主義者，我對那些信條幾乎一無所知，對那些人更是完全一無所知，全都是我編出來的。」（June 20, 1912, *CL*, vol. 5, p. 76）在他的〈作者自序〉裡：「將諷刺手法施用於這類主題，這種純粹的藝術企圖之形成，也是……出於我認真相信僅用諷刺筆調就能讓我表達出

所有感受，不論這些感受原本表達出來會是輕蔑或者憐憫。」（p.251）

78. Wayne Booth, *The Rhetoric of Irony* (Chicago: University of Chicago Press, 1974), p. 33; Aaron Matz, *Satire in an Age of Realism* (Cambridge, UK: Cambridge University Press, 2010), pp. 142-45, 166-72.
79. Author's Note (1919) to Joseph Conrad, *A Personal Record*, ed. Zdzisław Najder and J. H. Stape (Cambridge, UK: Cambridge University Press, 2008), p. 8.
80. JC to Kazimierz Waliszewski, December 1903, *CL*, vol. 3, p. 89.
81. JC to R. B. Cunninghame Graham, October 7, 1907, *CL*, vol. 3, p. 491.
82. JC to Edward Garnett, January 20, 1900, *CL*, vol. 2, p. 246.
83. Board of Trade, *(Alien Immigration): Reports on the Volume and Effects of Recent Immigration from Eastern Europe into the United Kingdom* (London: H. M. Stationery Office, 1894). 調查人員沒有發現清楚證據顯示猶太移民導致工資降低，且調查結果呈現衛生條件其實是在改善，於是他們決定對於民眾抱怨猶太人犯罪問題的內容不予理會，認為可能是「種族、宗教與風俗的偏見」導致「非猶太人口對外國移民的觀感」不佳，「而非出於這些人在經濟或社會上造成的任何干擾」（p.136）。
84. Sweeney, *At Scotland Yard*, pp. 235-38, 279.
85. Caroline Shaw, *Britannia's Embrace: Modern Humanitarianism and the Imperial Origins of Refugee Relief* (Oxford: Oxford University Press, 2015), p. 234. 亦見 Commons Sitting of Monday, July 10, 1905, House of Commons Hansard, Fourth Series, vol. 149, cols. 171-82; Commons Sitting of Monday, July 17, 1905, cols. 966-71; Alison Bashford and Jane McAdam, "The Right to Asylum: Britain's 1905 Aliens Act and the Evolution of Refugee Law," *Law and History Review* 32 (2014): 309-50.
86. JC to Marguerite Poradowska, January 5, 1907, *CL*, vol. 4, p. 401.
87. JC to J. B. Pinker, May 6, 1907, *CL*, vol. 3, p. 434.

88. JC to H.-D Davray, November 8, 1906, *CL*, vol. 3, p. 372.
89. JC to Edward Garnett, [October 4, 1907], *CL*, vol. 3, p. 488.
90. JC to John Galsworthy, January 6, 1908, *CL*, vol. 5, p. 9.
91. JC to John Galsworthy, [August 23, 1908], *CL*, vol. 5, p. 110.
92. JC to Edward Garnett, August 21, 1908, *CL*, vol. 5, pp. 107-8.
93. 關於康拉德此人「英國特質」與《密探》的深度討論，請見 Rebecca Walkowitz, *Cosmopolitan Style: Modernism Beyond the Nation* (New York: Columbia University Press, 2006), pp. 40-49.
94. JC to Wincenty Lutosławski, June 9, 1897, *CL*, vol. 1, p. 359.

第四章　逐海而生

1. Richard Henry Dana, *The Seaman's Manual* (London: Edward Maxon & Co., 1863), p. 163.
2. 為了重現歷史情景，我自行將康拉德排進這個班表裡面。這艘船的航線、船員與載貨內容資料，出自亞蘭・西蒙斯的詳盡研究：Allan Simmons, "Conrad and the Duke of Sutherland," *The Conradian* 35, no. 1 (Spring 2010): 101-25.
3. 關於「薩瑟蘭公爵號」的鼠患，見 G. F. W. Hope and Gene Moore, "Friend of Conrad," *The Conradian* 25, no. 2 (Autumn 2000): 25. 關於水手腳掌被老鼠咬的故事，請見 William Caius Crutchley, *My Life at Sea* (London: Brentano's, 1912), p. 69.
4. Hope and Moore, "Friend of Conrad," p. 18.
5. Joseph Conrad, *The Mirror of the Sea* (New York: Harper & Brothers, 1906), p. 60.
6. Simmons, "Conrad and the Duke of Sutherland," p. 106.
7. 「我丈夫常發牢騷說自己看不懂詩句，說他鼻子聞不出味道差異。」Jessie Conrad, *Joseph Conrad as I Knew Him*

(Garden City, NY: Doubleday, Page & Co., 1926), p. 149; David Miller, "Conrad and Smell: Life, and the Limit of Literature," 該論文於二〇一五年七月四日在倫敦約瑟夫・康拉德學會（英國）第四十一屆年會上發表。

8. Dana, *Seaman's Manual*, pp. 31-32, 155.
9. 《商船法》（*Merchant Shipping Acts*）規定船上必須供應抗壞血劑，供應量詳列於船員協議與名冊中。Board of Trade, *A Digest of Statutes Relating to Merchant Shipping* (London: HMSO, 1875), pp. 150-52.
10. 當時各家旅行紀錄中幾乎都有描述這類儀式，例子請見 Hope and Moore, "Friend of Conrad," pp. 12-13.
11. 康拉德把他最早拿到的幾筆英國薪水都花在莎士比亞與拜倫作品上，Hope and Moore,"Friend of Conrad," p. 36; Martin Ray, *Joseph Conrad: Memories and Impressions: An Annotated Bibliography* (Amsterdam: Rodopi, 2007), p. 101.
12. 「因為康拉德英文不流利，他們覺得康拉德是外國人，故而傾向排擠他。」Hope and Moore, "Friend of Conrad," p. 35.
13. British National Archives: BT 100/ 21: Agreements and Crew Lists, *Duke of Sutherland*, 1865-1882.
14. 關於貝克，見 Conrad, *The Mirror of the Sea*, pp. 209-15；關於這艘船的船員，見 Simmons,"Conrad and the Duke of Sutherland."
15. Frank Bullen, *The Men of the Merchant Service: Being the Polity of the Mercantile Marine for Longshore Readers* (New York: Frederick A. Stokes, 1900), p. 266.
16. Richard Henry Dana, *Two Years Before the Mast: A Personal Narrative of Life at Sea* (New York: Harper & Brothers, 1842), pp. 406-7.
17. Bullen, *Men of the Merchant Service*, pp. 261-63.
18. Joseph Conrad, *A Personal Record* (London: Harper & Brothers 1912), p. 199.
19. 同上，pp. 76-78.

20. 同上，pp. 212-29.
21. JC to R. B. Cunninghame Graham, February 4, 1898, *CL*, vol. 1, pp. 35-36. 其他描述，亦見 Hope and Moore, "Friend of Conrad," p. 35.
22. TB to JC, July 8, 1878, *CPB*, pp. 54-56.
23. 「或許可以說那時帆船是發展到巔峰，但大環境的經濟活動，以及輪船所能提供的更佳規律性，卻也在此時宣告這更詩情畫意甚至可以說是更可愛的船步入末日。」Adam W. Kirkaldy, *British Shipping, Its History, Organisation and Importance* (London: K. Paul, Trench, Trübner & Co., 1914), p. 25.
24. 一九〇〇年代早期許多海輪都還配置帆具，用來幫助船隻平衡，並在必要時提供緊急或輔助動力。Gerald Peter Allington, "Sailing Rigs and Their Use on Ocean-Going Merchant Steamships, 1820-1910," *International Journal of Maritime History* 16, no. 1 (June 2004): 125-52. 航海史專家 R．J．柯瓦爾－瓊斯（R. J. Cornewall-Jones）在一八九八年沉思道：「南威爾斯煤礦罷工那些日子裡，想到幸好我們有些地方還是能全不用煤，還是有一些開帆船比開輪船更划算的貿易路線。」這種想法在今天這個化石燃料危機的時代依舊反映許多人的心聲。R. J. Cornewall-Jones, *The British Merchant Service: Being a History of the British Mercantile Marine from the Earliest Times to the Present Day* (London: S. Low, Marston & Company, 1898), p. 237.
25. Richard Woodman, *Masters Under God: Makers of Empire, 1816-1884* (Stroud, UK: History Press, 2009), p. 319.
26. 相關圖表見 "Exports Plus Imports as Share of GDP in Europe, 1655-1913　Our World in Data, with Data from Broadberry and O'Rourke (2010)," in Esteban Ortiz- Ospina and Max Roser,"International Trade," published online at OurWorldInData.org, https://ourworldindata.org/international-trade.
27. 一八七〇年是美國，一八八〇年是挪威。Table 11 in Great Britain Board of Trade, *Merchant Shipping, Tables Showing the Progress of Merchant Shipping in the United Kingdom and the Principal Maritime Countries...* (London: H. M. Stationery Office, 1908), pp. 46-47.

28. Woodman, *Masters Under God*, p. 360.
29. 直到進入二十世紀，造船業都是英國領先於美國和德國的重工業領域之一。造船工業並未標準化，且需要各種專家參與，是大量生產的年代中「老結構與老技術」的最佳展現。Eric Hobsbawm, *Industry and Empire: From 1750 to the Present Day* (Harmondsworth, Middlesex, UK: Penguin, 1969), pp. 178-79.
30. "A Brief History," www.lr.org/en/about-us/our-heritage/brief- history.
31. *Lloyd's Register of British and Foreign Shipping from 1st July, 1866, to the 30th June, 1867* (London: Cox & Wyman, 1866), n.p.
32. Bullen, *Men of the Merchant Service*, 29.
33. Hope and Moore, "Friend of Conrad," pp. 18-34.
34. Joseph Conrad, *The Nigger of the Narcissus' and Other Stories* (London: Penguin Classics, 2007), pp. 7, 12, 16, 21. 參見Conrad, *The Mirror of the Sea*, p. 216：「『船！』一名乾乾淨淨穿著普通衣服的老水手嚷嚷，『船就這樣。要看船上的人怎樣！……』」
35. Samuel Plimsoll, *Our Seamen: An Appeal* (London: Virtue & Company, 1873), p. 30.
36. Woodman, *Masters Under God*, pp. 344-46; A. H. Millar, "Leng, Sir William Christopher (1825-1902)," 修訂本見Dilwyn Porter, *Oxford Dictionary of National Biography* (Oxford: Oxford University Press, 2004), www.oxforddnb.com/view/article/34495.
37. Plimsoll, *Our Seamen*, pp. 85, 87.
38. Leon Fink, *Sweatshops at Sea: Merchant Seamen in the World's First Globalized Industry, from 1812 to the Present* (Chapel Hill: University of North Carolina Press, 2011), chapter 3; Anita McConnell,"Plimsoll, Samuel (1824-1898)," *Oxford Dictionary of National Biography* (Oxford: Oxford University Press, 2004), online ed., September 2013, www.oxforddnb.com/view/article/22384; "Parliament-Breach of Order (Mr. Plimsoll)," July 22, 1875, hansard.

millbanksystems.com/commons/1875/jul/22/parliament-breach-of-order-mr-plimsoll.

39. 他的名字也因為「普林索鞋」而永垂青史，這種膠底帆布鞋橡膠部分有一圈黑線，穿著者踏水時只要水深不超過黑線腳就不會溼。

40. Plimsoll, *Our Seamen*, p. 85.

41. “Replies by Certain of Her Majesty’s Consuls to a Circular Letter from the Board of Trade,” Command Paper 630 (London: H. M. Stationery Office, 1872), p. 3.

42. Thomas Brassey, *British Seamen, as Described in Recent Parliamentary and Official Documents* (London: Longmans, Green & Co., 1877), pp. 4-8. 一八四三年有類似的通報：W. S. Lindsay, *History of Merchant Shipping and Ancient Commerce*, 4 vols. (London: Sampson Low, Marston, Low, and Searle, 1876), vol. 3, pp. 42-43.

43. Royal Commission on Unseaworthy Ships, *Final Report of the Commissioners, Minutes of the Evidence, and Appendix*, 2 vols. (London: H. M. Stationery Office, 1874), vol. 2, p. xii; Cornewall-Jones, *British Merchant Service*, p. 265; Lindsay, *History of Merchant Shipping*, p. 351.

44. Lindsay, *History of Merchant Shipping*, pp. 51-52.

45. 同上，p. 298.

46. JC to R. B. Cunninghame Graham, February 4, 1898, *CL*, vol. 1, pp. 35-36.

47. [Board of Trade], *Report of the Committee Appointed to Inquire into the Manning of British Merchant Ships*, 2 vols. (London: H. M. Stationery office, 1896), vol.1, p. 50.

48. Brassey, *British Seamen*, pp. 54-58, 69.

49. “Table 19. Predominant Rates of Wages Paid per Month to Able Seamen for Certain Voyages…,”[Board of Trade], *Tables Showing the Progress of Merchant Shipping* (London: H. M. Stationery Office, 1908), pp. 60-63.

50. 一八八〇年，一個格拉斯哥採煤工人平均每星期賺二十五先令，一個哈德斯菲爾德紡織工平均每星期賺三十先令。"Average Rates of Wages Paid in Huddersfield and Neighborhood During the Year 1880," "Average Rates of Wages Paid in Glasgow and Neighborhood During the Year 1880," [Board of Trade], *Returns of Wages, Published Between 1830 and 1886* (London: H. M. Stationery Office, 1887), pp. 99, 145. 採煤工每星期工作五十六小時，紡織工六十小時，但水手每天工時就有十四小時，且沒有週末假日。

51. Brassey, *British Seamen*, p. 170.
52. Edward Blackmore, *The British Mercantile Marine* (London: C. Griffin and Co., 1897), p. 169; *Report…into the Manning of British Merchant Ships*, vol. 1, p. 12; Cornewall-Jones, *British Merchant Service*, p. 271.
53. *Report…into the Manning of British Merchant Ships*, vol. 1, p. 11.
54. 「拉斯卡」所簽的合同對他們在歐洲海域的工作加以限制，並要求他們只能在亞洲港口任職上船、離職下船，防止他們留在歐洲。Captain W. H. Hood, *The Blight of Insubordination: The Lascar Question, and Rights and Wrongs of the British Shipmaster...* (London: Spottiswoode & Co., 1903), p. 84. 亦見 G. Balachandran, *Globalizing Labour?: Indian Seafarers and World Shipping, c. 1870-1945* (New Delhi: Oxford University Press, 2012).
55. Cornewall-Jones, *British Merchant Service*, pp. 270-71.
56. [Board of Trade], *Report... to the Royal Commission on the Loss of Life at Sea on the Supply of British Seamen...* (London: H. M. Stationery Office, 1886), p. 4.
57. Cornewall-Jones, *British Merchant Service*, p. 272.
58. *Report... into the Manning of British Merchant Ships* (1896), vol. 1, pp. 10-11.
59. Hood, *Blight of Insubordination*, p. 12. 一九〇二年貿易部就亞洲與歐洲水手人數增加一事進行調查，透過印度斯坦語（Hindustani）翻譯直接向亞洲水手採證，這些人大部分表示對於工作環境很滿意，且必要時樂意上英國軍艦服役。調查委員會得出結論：「我們認為，這些人除了身為英國臣民的權利以外，應當還享有某種程度的受僱權，因為英國船隻已經取代當地商船。」[Board of Trade], *Report of the Committee Appointed by the Board of*

Trade to Inquire into Certain Questions Affecting the Mercantile Marine, 2 vols. (London: H. M. Stationery Office, 1903), vol. 1, p. vi; vol. 2, pp. 335-341.

60. Bullen, *Men of the Merchant Service*, pp. 324-25.

61. Questions 6258, 6298, 6308, *Report... into the Manning of British Merchant Ships* (1896), vol. 2, pp. 147-50. 委員會還問他是否曾「在任何外國船隻工作」，他說沒有（嚴格來說這並非真相），但「我對法國船的人員配備有些了解，因為我會說法語，且上過法國船參觀」。

62. Cornewall-Jones, *British Merchant Service*, p. 261.

63. Zdzisław Najder, *Joseph Conrad: A Life*, 2nd ed. (Rochester, NY: Camden House, 2007), pp. 80-82; John Stape, *The Several Lives of Joseph Conrad* (New York: Pantheon Books, 2007), pp. 39, 45, 47.

64. TB to JC, November 14/26, 1886, *CPB*, p. 113.

65. JC to Karol Zagórski, May 22, 1890, *CL*, vol. 1, p. 52.

66. JC to Kazimierz Waliszewski, December 5, 1903, *CL*, vol. 2, p. 89.

67. TB to JC, May 18/30, 1880, *CPB*, p. 62.

68. TB to JC, September 11/23, 1881, *CPB*, p. 79.

69. 船長在離職證明書上說康拉德能力「極佳」，卻在「品行」一欄填了「下降」（decline）。Beinecke Library: “Original Discharges Issued,” Joseph Conrad Collection, Gen. Mss. 1207, Box 16.

70. 五十噸或以上船隻。Blackmore, *British Mercantile Marine*, p. 168.

71. Joseph Conrad, *Chance* (Oxford: Oxford World’s Classics, 2002), p. 9. 參見：「究竟……剛過關的年輕高級船員，口袋裡放著奶油色的證照，回到老公司卻找不到工作，船上只缺有能力的一般水手位子，他該怎麼辦？」法蘭克・布倫哀嘆，「一個夠格的船員到處找哪艘船有高級船員空缺，我覺得這是世上最絕望的處境。」Bullen, *Men of the Merchant Service*, pp. 10-12.

72. 或許這能解釋康拉德轉職期間待在陸地上的平均時間長度為何高於同僚。Alston Kennerley, "Global Nautical Livelihoods: The Sea Career of the Maritime Writers Frank T. Bullen and Joseph Conrad, 1869-1894," *International Journal of Maritime History* 26, no. 1 (February 1, 2014): 13.
73. TB to JC, August 3/15 1881, *CPB*, pp. 72-73. Najder, *Joseph Conrad: A Life*, pp. 86-87.
74. "POLICE: At the MANSION-HOUSE, Yesterday, Mr. WILLIAM SUTHERLAND," *The Times*, February 28, 1878; "Police Intelligence," *Reynolds's Newspaper,* September 26, 1880; "Police," *The Times*, April 5, 1881; "Hughes, Appelant Sutherland, Respondent," *The Justice of the Peace*, vol. 46 (London: Richard Shaw Bond, 1882), pp. 6-7.
75. Blackmore, *British Mercantile Marine*, pp. 76-79
76. Kennerley, "Global Nautical Livelihoods," p. 17.
77. Najder, *Joseph Conrad: A Life*, p. 185.
78. 例子見 Crutchley, *My Life at Sea*: Captain John D. Whidden, *Ocean Life in the Old Sailing Ship Days* (Boston: Little, Brown and Company, 1909); Walter Runciman, *Windjammers and Sea Tramps* (London and Newcastle-on-Tyne: Walter Scott Publishing Company, 1905); 以及法蘭克・布倫許多航海相關著作，例如 *The Cruise of the Cachalot Round the World After Sperm Whales* (London: Smith, Elder & Co., 1899); 還有巴索・陸柏克（Basil Lubbock）的著作，例如 *Round the Horn Before the Mast* (New York: E. P. Dutton, 1903)。陸柏克的說法十分具有刺激性：「木頭與麻已經過時，帆布苟延殘喘，上一輩那些硬命硬活的老水手差不多已經絕種，取代他們位子的是一群無知、沒膽、脊梁骨軟的雜種，一群什麼都不行的懶鬼。」Basil Lubbock, *Deep Sea Warriors* (New York: Dodd, Mead and Company, 1910), p. 254. 關於這種變化造成的歷史影響，見 Robert D. Foulke, "Life in the Dying World of Sail, 1870-1910," *Journal of British Studies* 3, no. 1 (November 1, 1963); and Frances Steele, *Oceania Under Steam: Sea Transport and the Cultures of Colonialism, c. 1870-1914* (Manchester, UK: Manchester University Press, 2011), chapter 3.
79. Conrad, *Nigger of the 'Narcissus'* (2007 ed.), p. 39.

80. JC to Messrs. Methuen & Co., May 30, 1906, *CL*, vol. 3, p. 332.
81. "The Mirror of the Sea," in Owen Knowles and Gene M. Moore, eds., *Oxford Reader's Companion to Conrad* (Oxford: Oxford University Press, 2000), pp. 262-63.
82. JC to J. B. Pinker, April 18, 1904, *CL*, vol. 3, p. 133.
83. Conrad, *The Mirror of the Sea*, p. 218.
84. 同上，pp. 59, 105.
85. 我對「技藝」（craft）一詞的理解，部分出自 Margaret Cohen, *The Novel and the Sea* (Princeton, NJ: Princeton University Press, 2010), chapter 1.
86. Conrad, *The Mirror of the Sea*, pp. 47-48.
87. Joseph Conrad, *The Nigger of the 'Narcissus': A Tale of the Forecastle* (Garden City, NY: Doubleday, Page & Co., 1914), p. xi.
88. 同樣的說法以及類似的「海員的同袍情」詞句出現在〈青春〉、《吉姆爺》、《如鏡的大海》和《陰影線》等作品中。
89. Conrad, *The Mirror of the Sea*, p. 29.
90. Conrad, *Nigger of the 'Narcissus'* (2007 ed.), p. 22.
91. 同上，p. 11.
92. JC to Spiridion Kliszczewski, December 19, 1885, *CL*, vol. 1, p. 16.
93. "Youth," in Joseph Conrad, *Youth/Heart of Darkness/The End of the Tether* (London: Penguin Books, 1995), p. 9.
94. Conrad, "Author's Note" (1917), p. 5.〈青春〉發表之後不久，他訝異地表示：「某些評論家……居然說這叫短篇故事！」JC to David Meldrum, January 7, 1902, *CL*, vol. 2, p. 368.
95. Najder, *Joseph Conrad: A Life*, p. 94; Conrad, "Youth," p. 21.

96. 本段引文出自 Conrad, "Youth," pp. 28, 31.

97. 「是什麼樣的精神激發他們簡單的忠誠心永遠如此展現？把他們結合在一起的，不是任何外在強加的凝聚力或訓練……非常神祕。最後，我的結論是，那一定是某種存在於生命本質裡的東西：（這些人）盲目選擇了海上生活，大部分是偶然之下投入這種生活……。」"Well Done," in Joseph Conrad, *Notes on Life & Letters* (Garden City, NY: Doubleday, Page & Co., 1921), p. 183.

98. 本段引文出自 Conrad, *The Nigger of the 'Narcissus'* (2007 ed.), pp. 123, 128.

99. Conrad, *A Personal Record*, p. 192.

100. 同上，p. 196.

101. John Newton, *Newton's Seamanship Examiner of Masters and Mates at the Board of Trade Examinations*, 18th ed. (London: J. Newton, 1884), p. 94.

102. William Culley Bergen, *Seamanship*, 6th ed. (North Shields, UK; W. J. Potts, 1882), pp. 148-49.

103. Conrad, *A Personal Record*, pp. 198-99.

104. 同上，p. 201.

105. 同上，p. 203. 參見 JC to Kazimierz Waliszewski, December 5, 1903, *CL*, vol. 2, p. 89：「我從來沒有在追求什麼職業發展，但我可能不自覺地在追求刺激。」

106. Conrad, *A Personal Record*, p. 197.

第五章　登上輪船

1. Joseph Conrad, *The Mirror of the Sea* (New York: Harper & Brothers, 1906), pp. 81-82.

2. Robert White Stevens, *On the Stowage of Ships and Their Cargoes*, 5th ed. (London: Longmans, Reader & Dyer, 1871), pp. 67-68, 77-78, 108-9, 380-81, 643. 康拉德在《如鏡的大海》裡也提到這本書，*The Mirror of the Sea*, p. 76.

3. 引述自 *The Mirror of the Sea*, pp. 87-89.
4. 康拉德對他舅舅描述的病狀類似坐骨神經痛、風溼病以及麻痺。TB to JC, August 8/20, 1887, *CPB*, p. 117.
5. 康拉德後來暗示說他是在一八八六年為了投稿《珍聞》而擬出〈黑船副〉（The Black Mate）這篇故事的草稿。Jocelyn Baines, *Joseph Conrad: A Critical Biography* (Westport, CT: Greenwood Press, 1975), pp. 84-85. 康拉德人生中這三件大事巧合地發生在同一年，他最早的傳記作家熱拉爾・尚奧布里（Gérard Jean-Aubry）因此寫說：「一八八六年是個里程碑，他所選擇的國家以三重方式收養他。」Gérard Jean-Aubry, *Joseph Conrad: Life and Letters*, 2 vols. (Garden City, NY: Doubleday, 1927), vol. 1, p. 90.
6. JC to Spiridion Kliszczewski, November 25, [1885], *CL*, vol. 1, p. 15.
7. TB to JC, August 8/20, 1887, *CPB*, p. 117.
8. 參見"The End of the Tether," in Joseph Conrad, *Youth/Heart of Darkness/The End of the Tether* (London: Penguin Books, 1995), p. 168.
9. Conrad, *Lord Jim*, p. 12. 新加坡這間醫院位在山坡上，請見 Norman Sherry, *Conrad's Eastern World* (Cambridge, UK: Cambridge University Press, 1966), pp. 28-29.
10. JC to Spiridion Kliszczewski, November 25, 1885, 引述載於 Jean-Aubry, *Joseph Conrad: Life and Letters*, vol. 1, p. 83.
11. Sherry, *Conrad's Eastern World*, p. 182; Roland St. John Braddell, Gilbert Edward Brooke, and Walter Makepeace, *One Hundred Years of Singapore: Being Some Account of the Capital of the Straits Settlements from Its Foundation by Sir Stamford Raffles on the 6th February 1819 to the 6th February 1919*, 2 vols. (London: Murray, 1921), vol. 1, p. 459.
12. Joseph Conrad, *The Shadow-Line* (Oxford: Oxford World's Classics, 2009), pp. 8-9. 關於這位負責人查爾斯・菲利浦斯（Charles Phillips），見 Walter Makepeace, "Concerning Known Persons," in Braddell, Brooke, and Makepeace, *One Hundred Years of Singapore*, vol. 1, p. 459.
13.「天福宮」（Thian Hock Keng Temple）祭祀媽祖，是福建來的中國人所建，一八四二年落成，位於直落亞逸街

（Telok Ayer Street）。坦米爾穆斯林在一八二六年建造的詹美回教堂（Masjid Jamae）位於不遠處的南橋路（South Bridge Road）。

14. 我在這裡描述的景色，出自 William Temple Hornaday, *Two Years in the Jungle* (New York: C. Scribner's Sons, 1885), pp. 293-94; Baroness Annie Alnutt Brassey, *A Voyage in the "Sunbeam": Our Home on the Ocean for Eleven Months* (London: Belford, Clarke, 1884), pp. 408-12; Ada Pryer, *A Decade in Borneo* (London: Hutchinson, 1894), pp. 135-38.〈走投無路〉（The End of the Tether）這篇作品最詳細呈現康拉德對新加坡的印象，文中描述瓦雷船長（Captain Whalley）在城裡散步一回。這段情節的歷史重現，請見 Sherry, *Conrad's Eastern World*, pp. 175-81.

15. 參見〈走投無路〉裡，瓦雷船長在加文納橋駐足，看見「石拱底下漂浮一艘航海的馬來帆船，帆柱降下，船身一半被遮住」。Conrad, "The End of the Tether," p. 171.

16. Stephen Dobbs, *The Singapore River: A Social History, 1819-2002* (Singapore: Singapore University Press, 2003), Appendix 1.

17. 我對新加坡作為印度洋貿易與移民樞紐的地位認知，來自 Sunil S. Amrith, *Crossing the Bay of Bengal: The Furies of Nature and the Fortunes of Migrants* (Cambridge, MA: Harvard University Press, 2013); Sugata Bose, *A Hundred Horizons: The Indian Ocean in the Age of Global Empire* (Cambridge, MA: Harvard University Press, 2006); Engseng Ho, *The Graves of Tarim: Genealogy and Mobility Across the Indian Ocean* (Berkeley and Los Angeles: University of California Press, 2006); Rajat Kanta Ray, "Asian Capital in the Age of European Domination: The Rise of the Bazaar, 1800-1914," *Modern Asian Studies* 29, no. 3 (July 1, 1995): 449-554; Eric Tagliacozzo, *Secret Trades, Porous Borders: Smuggling and States Along a Southeast Asian Frontier, 1865-1915* (New Haven, CT: Yale University Press, 2005). 關於十九世紀末期歐洲人在馬來群島的船運活動，最詳盡的研究，請見 J. F. N. M. à Campo, *Engines of Empire: Steamshipping and State Formation in Colonial Indonesia* (Hilversum, Netherlands: Verloren, 2002).

18. Andrew Carnegie, *Round the World* (New York: Charles Scribner's Sons, 1884), pp. 152-54.

19. Conrad, "Youth," pp. 41-42.
20. Conrad, "The End of the Tether," p. 154.
21. George Bogaars, "The Effect of the Opening of the Suez Canal on the Trade and Development of Singapore," *Journal of the Malayan Branch of the Royal Asiatic Society* 28, no. 1 (March 1, 1955): 99-143.
22. *The Singapore and Straits Directory for 1881* (Singapore: Printed at the 'Misson Press', 1881), pp. 57-58, N21-26.
23. Hornaday, *Two Years in the Jungle*, p. 291.
24. 用帆船在歐洲與美洲太平洋岸之間運送貨物比較經濟實惠，這情況一直延續到第一次世界大戰。C. Knick Harley, "Ocean Freight Rates and Productivity, 1740-1913: The Primacy of Mechanical Invention Reaffirmed," *The Journal of Economic History* 48, no. 4 (December 1, 1988): 863-65; Charles K. Harley, "The Shift from Sailing Ships to Steamships, 1850-1890: A Study in Technological Change and Its Diffusion," in Donald N. McCloskey and Alfred D. Chandler, eds., *Essays on a Mature Economy: Britain After 1840* (London: Methuen, 1971), pp. 223-29.
25. Wong Lin Ken, "Singapore: Its Growth as an Entrepot Port, 1819-1941," *Journal of Southeast Asian Studies* 9, no. 1 (March 1, 1978): 63-66.
26. W. A. Laxon, *The Straits Steamship Fleets* (Kuching, Malaysia: Sarawak Steamship Co. Berhad, 2004).
27. Woodman, *More Days, More Dollars*, p. 125.
28. Conrad, "The End of the Tether," p. 179.
29. Sir John Rumney Nicholson, "The Tanjong Pagar Dock Company," in Braddell, Brooke, and Makepeace, *One Hundred Years of Singapore*, vol. 2, pp. 1-19; Pryer, *A Decade in Borneo*, p. 143.
30. Norman Sherry, "Conrad and the S. S. Vidar," *The Review of English Studies* 14, no. 54 (May 1, 1963): 157-63.
31. Conrad, *The Shadow-Line*, p. 4. 康拉德在一九一七年寫出這段描述，當時距離一支駐新加坡的印度兵團（成員全為穆斯林）響應鄂圖曼蘇丹聖戰號召發動兵變為時不久，兵變平定後身為大船東的阿薩戈夫家族與新加坡輔政司（colonial secretary）一同公開露面，表態支持殖民政權。見Nurfadzilah Yahaya, "Tea and Company: Interactions Between the Arab Elite and the British in Cosmopolitan Singapore," in Ahmed Ibrahim Abushouk and Hassan Ahmed Ibrahim, eds., *The Hadhrami Diaspora in Southeast Asia: Identity Maintenance or Assimilation?* (Leiden, Netherlands: Brill, 2009), p. 63.

32. Sherry, *Conrad's Eastern World*, p. 31. J．H．德萊斯戴爾（J. H. Drysdale）在一八七〇年代擔任「維達號」輪機長，他估計海峽殖民地百分之九十的輪機員都像他一樣是蘇格蘭人。J. H. Drysdale, "Awakening Old Memories," in Braddell, Brooke, and Makepeace, *One Hundred Years of Singapore*, vol. 1, p. 539.

33. Woodman, *More Days, More Dollars*, p. 24.

34. 拿吉德提到船員共有十二名馬來人和一名中國鍋爐工人（Najder, *Joseph Conrad: A Life*, 2nd ed. (Rochester, New York: Camden House, 2007), p. 115）。康拉德在一份個人紀錄裡提到一名馬來水手長和「我們最好的舵手朱盧蒙地．伊唐（Jurumundi Itam）」，但同時說到船員裡中國人數量更多，包括一名「中國木匠」和「我們的事務長阿升（Ah Sing）」（p.143-45）。克萊格船長後來表示說康拉德「在驚人的短短時間內已經能把馬來話說得很流暢，但他的口音裡喉音特別重」（引述載於 Woodman, *More Days, More Dollars*, p. 128），但對於康拉德在「維達號」上的經歷，克萊格的說法後來被證明有許多不可靠之處。

35. Sherry, *Conrad's Eastern World*, pp. 29-30.

36. 關於這段時期的英、荷競爭關係，見 L. R. Wright, *The Origins of British Borneo* (Hong Kong: Hong Kong University Press, 1988); and J. Thomas Lindblad, "Economic Aspects of the Dutch Expansion in Indonesia, 1870-1914," *Modern Asian Studies* 23, no. 1 (1989).

37. 見 JC to Lady Margaret Brooke, July 15, 1920：「第一任布魯克大君是我童年崇拜的對象之一，……雖然我對這位偉大君主如此敬仰、在知識上對他如此熟悉，但我唯一親眼見過與他直接有關的實物就是老輪船『保皇者號』（Royalist），一八七七年這艘船還在古晉與新加坡之間航行。」*CL*, vol. 7, p. 137.

38. 見 James Francis Warren, *The Sulu Zone, 1768-1898: The Dynamics of External Trade, Slavery, and Ethnicity in the Transformation of a Southeast Asian Maritime State* (Singapore: Singapore University Press, 1981), chapter 10; and James Francis Warren, "The Structure of Slavery in the Sulu Zone in the Late Eighteenth and Nineteenth Centuries," *Slavery & Abolition* 24, no. 2 (August 1, 2003): 111-28.

39. James Francis Warren, "Saltwater Slavers and Captives in the Sulu Zone, 1768-1878," *Slavery & Abolition* 31, no. 3 (September 1, 2010): 429-49.

40. Warren, *The Sulu Zone*, pp. 197-200.

41. J. F. N. M. à Campo, "A Profound Debt to the Eastern Seas: Documentary History and Literary Representation of Berau's Maritime Trade in Conrad's Malay Novels," *International Journal of Maritime History* 12, no. 2 (December 2000): 116-17.

42. Beinecke Library, Yale University: Syed Mohsin bin al Jaffree Co., Joseph Conrad Collection, Gen. Mss. 1207, Box 39.

43. Conrad, *The Mirror of the Sea*, p. 76.

44. JC to William Blackwood, [September 6, 1897], *CL*, vol. 1, p. 382.

45. À Campo, "A Profound Debt," p. 117; Gene M. Moore, "Slavery and Racism in Joseph Conrad's Eastern World," *Journal of Modern Literature* 30, no. 4 (2007): 20-35.

46. Conrad, "The End of the Tether," p. 152.

47. 參見康拉德《海隅逐客》第六章對桑必爾（Sambir）的描述。Conrad, *A Personal Record*, p. 130.

48. À Campo, "A Profound Debt," pp. 95, 97.

49. Sherry, *Conrad's Eastern World*, pp. 96-110. 原文引自約翰・迪爾・羅斯（John Dill Ross）以小說形式寫成的回憶錄，*Sixty Years: Life and Adventure in the Far East*, 2 vols. (London: Hutchinson & Co., 1911), vol. 1, p. 82.

50. 諾曼・謝利曾詳細考證這些歷史人物的動向（見 *Conrad's Eastern World*，尤其見 chapter 5），但阿坎波（à

Campo）以荷蘭史料為據糾正其中幾處重要錯誤，見 "A Profound Debt," esp. pp. 111-15.

51. Conrad, *A Personal Record*, pp. 131-42.

52. 這四艘船都是在一八八七年九月抵達，入港時間與「維達號」相差不到三天。*Straits Times Weekly Issue*, October 5, 1887, p. 13.

53. JC to W. G. St. Clair, March 31, 1917, *CL*, vol. 6, p. 62.

54. Conrad, "The End of the Tether," pp. 151-52. Najder, *Joseph Conrad: A Life*, p. 121. 阿坎波認為康拉德可能對「維達號」進行的地下交易感到不安："A Profound Debt," pp. 124-25.

第六章　遭船遺棄

1. Gérard Jean-Aubry, *Joseph Conrad: Life and Letters*, 2 vols. (Garden City, NY: Doubleday & Company, 1927), vol. 1, p. 98.

2. Edward Douwes Dekker, *Max Havelaar: Or, The Coffee Auctions of the Dutch Trading Company, by Multatuli*, trans. Baron Alphonse Nahuÿs (Edinburgh: Edmonston and Douglas, 1868). 義大利作家艾密里奧·薩爾加利（Emilio Salgari）從一八八三年開始出版一系列冒險小說，主角是馬來海盜「桑多坎」（Sandokan），持續受到讀者歡迎；但康拉德似乎未曾聽過薩爾加利及其作品。

3. *Literary World* (Boston), May 18, 1895, in Keith Carabine, ed., *Joseph Conrad: Critical Assessments*, 4 vols. (Mountfield, East Sussex, UK: Helm Information, 1992), vol. 1, p. 243.

4. *The Critic*, May 1896, in Carabine, ed., *Critical Assessments*, p. 246.

5. *The Spectator*, October 19, 1895, in 同上，p. 245. 參見《國家觀察員報》（*National Observer*）對《海隅逐客》的一段書評：「吉卜林先生擁有超凡能力，能讓他筆下的當地人變得有趣，但康拉德先生並不具備這種能力。……這篇就像史蒂文森先生的某篇南太平洋小說一樣，能寫這麼長很神奇，能寫得這麼乏味也很神奇。」

引述載於 *CL*, vol. 1, p. 276n.

6. JC to T. Fisher Unwin, April 22, 1896, *CL*, vol. 1, p. 276. 學者在康拉德作品中總共統計出六十五個馬來文字：Florence Clemens, "Conrad's Malaysia" (1941), in Robert D. Hamner, ed., *Joseph Conrad: Third World Perspectives* (Washington, DC: Three Continents Press, 1990), p. 25.
7. JC to William Blackwood, December 13, 1898, *CL*, vol. 2, p. 130. 康拉德與克里福德後來成為好友。
8. Hugh Charles Clifford, *Studies in Brown Humanity, Being Scrawls and Smudges in Sepia, White, and Yellow* (London: G. Richards, 1898), p. ix.
9. JC to William Blackwood, [September 6, 1897], *CL*, vol. 1, p. 382. 此處他說的是《拯救》，他為了寫《吉姆爺》而先把寫到一半的《拯救》放一邊。
10. Joseph Conrad, *Lord Jim* (London: Penguin Classics, 2007), pp. 7-8. 以下所有引文皆出自這個版本。
11. 同上，pp. 16-18, 20.
12. 同上，pp. 15, 23-25, 68.
13. 同上，p. 82.
14. 關於「吉達號」事件細節，我引用的原始資料，轉載於 Appendix C, "The 'Jeddah' Inquiry," in Norman Sherry, *Conrad's Eastern World* (Cambridge, UK: Cambridge University Press, 1966), pp. 299-312. 亦見 Eric Tagliacozzo, *The Longest Journey: Southeast Asians and the Pilgrimage to Mecca* (Oxford: Oxford University Press, 2013), chapter 5; Michael B. Miller, "Pilgrims' Progress: The Business of the Hajj," *Past & Present* 191, no. 1 (May 2006): 189-228; Valeska Huber, *Channelling Mobilities: Migration and Globalisation in the Suez Canal Region and Beyond* (Cambridge, UK: Cambridge University Press, 2013), chapter 6.
15. Sherry, *Conrad's Eastern World*, pp. 57, 62.
16. 見「安提諾號」（*Antenor*）船東對「吉達號」船東提出的海難救助費用訴訟報告，*Straits Times Overland*

Journal, October 22, 1881, p. 3. 地區海事法院（Vice-Admiralty Court）判給原告六千英鎊，其中兩千英鎊分給「安提諾號」的各級船員。

17. Sherry, *Conrad's Eastern World*, pp. 302-5.
18. 同上，pp. 304-5, 309.
19. 引述載於同上，p. 62.
20. Commons Sitting of Thursday, March 9, 1882, House of Commons Hansard, 3rd ser., vol. 267, cols. 454-55.
21. Sherry, *Conrad's Eastern World*, p. 80.
22. Conrad, *Lord Jim*, p. 87.
23. 同上，pp. 24, 41.
24. 同上，pp. 61, 26.
25. 同上，pp. 12, 34.
26. 傑納・M・摩爾（Gene M. Moore）認為這是因為康拉德寫「帕拿號」時腦中設想的是「維達號」那樣人數很少的船員編制。Gene M. Moore, "The Missing Crew of the 'Patna,' " *The Conradian* 25, no. 1 (2000): 83-98.
27. Conrad, *Lord Jim*, pp. 37, 64.
28. 同上，pp. 6, 150, 169, 273.
29. 同上，pp. 179, 182, 193, 290.
30. 同上，pp. 209, 250, 187, 245.
31. 同上，p. 270.
32. 同上，pp. 312, 317-18.
33. 康拉德與這類小說創作傳統的關係，請見 Linda Dryden, *Joseph Conrad and the Imperial Romance* (New York: St. Martin's Press, 2000).

34. JC to J. B. Pinker, August 14, 1919, *CL*, vol. 6, p. 465.
35. Conrad, Lord Jim, pp. 6, 317, 203, 257, 206, 200, 276, 212, 217, 290.
36. Reviews in *The Pall Mall Gazette*, December 5, 1900; *Manchester Guardian*, October 29, 1900; *Critic* 28, May 1901, in Carabine, ed., *Critical Assessments*, vol. 1, pp. 281-82, 285-86.
37. Conrad, *Lord Jim*, p. 10.
38. 我對敘事功能的觀念認知，出自Gérard Genette, *Narrative Discourse: An Essay in Method* (Ithaca, NY: Cornell University Press, 1980), pp. 255-56. 傑哈・熱奈特用《吉姆爺》作為「後設描述」，或說將事件（發生的事）與敘事（敘述發生的事）糾結在一起的重要例子。這種「糾結」在《吉姆爺》裡「達到一般可理解性的界限」（p. 232）。
39. Ford Madox Ford, *Joseph Conrad: A Personal Remembrance* (London: Duckworth & Co., 1924), p. 180. 亦見 Ian P. Watt, *Conrad in the Nineteenth Century* (Berkeley: University of California Press, 1979), p. 290.
40. 關於這個主題，最重要的著作是愛德華・薩伊德的《東方主義》（*Orientalism*, New York: Pantheon Books, 1978）。薩伊德的博士論文與他寫的第一本書都是以康拉德為研究對象。
41. 關於康拉德借用叔本華觀念之處，例子見Owen Knowles, "'Who's Afraid of Arthur Schopenhauer?': A New Context for Conrad's Heart of Darkness," *Nineteenth-Century Literature* 49, no. 1 (June 1, 1994): 76-78. 一九二〇年代晚期，約翰・加斯沃西寫到康拉德的時候說：「二十幾年前叔本華曾能令他心暢，且他還喜歡威廉・詹姆斯（William James，美國心理學家）的人格與著作。」引述載於Carabine, ed., *Critical Assessments*, vol. 1, p. 141.
42. 馬羅相信「深藏在藝術作品中的真理」，康拉德在一八九七年《水仙號上的黑鬼》前言對藝術家的創作意圖加以頌讚，內容也與馬羅的信念一致：辨認並呈現「可見的宇宙」的「真正的真」。
43. Conrad, *Lord Jim*, pp. 200, 215, 246-47, 318.
44. *The Critic* 28 (May, 1901), in Carabine, ed., *Critical Assessments*, vol. 1, pp. 281-82, 285-86.

45. 引述載於 F. R. Leavis, *The Great Tradition: George Eliot, Henry James, Joseph Conrad* (New York: George W. Stewart, 1950), p. 173.

46. Conrad, *Lord Jim*, p. 309

第七章　心對心

1. Joseph Conrad, *The Shadow-Line* (Oxford: Oxford World's Classics, 2009), pp. 24, 26.
2. Mark Twain, *Following the Equator* (Hartford, CT: American Publishing Company, 1898), p. 619.
3. Reminiscences of 保羅・朗格瓦（Paul Langlois），引述載於 Zdzisław Najder, *Joseph Conrad: A Life*, 2nd ed. (Rochester, NY: Camden House, 2007), pp. 129-30.
4. 見 Savinien Mérédac, "Joseph Conrad chez nous," *Le Radical* (Port-Louis, Mauritius), August 7, 1931，文中描述並重現此處這套問題集。
5. Joseph Conrad, "A Smile of Fortune," in *'Twixt Land and Sea* (New York: Hodder & Stoughton, 1912), p. 46.
6. 雷諾夫家族成員告訴梅瑞達（Savinien Mérédac）說：「約瑟夫・康拉德・柯爾澤尼奧夫斯基常在下午來，總讓人如沐春風，謙恭有禮到一絲不苟的程度，但是，唉呀，他們也承認說，唉呀，大家聊天時他常常都不參與，像離開了一樣。」
7. Joseph Conrad, *Chance* (Oxford: Oxford World's Classics, 2002), p. 91.
8. TB to JC, December 22/January 3, 1889, *CPB*, p. 127.
9. G. F. W. Hope and Gene M. Moore, "Friend of Conrad," *The Conradian* 25, no. 2 (Autumn 2000): 35. 關於克里格，有些不同資料說他「出生在普魯士」（John Stape, *The Several Lives of Joseph Conrad* (New York: Pantheon Books, 2007), p. 45）或是「德裔美國人」（Owen Knowles and Gene M. Moore, eds., *Oxford Reader's Companion to Conrad* (Oxford: Oxford University Press, 2000), p. 219）。巴爾與摩令公司（摩令有時會拼成 Mohring）專門做來

自德國的進口生意，特別是進口白銀。關於此事，見 John Culme, *The Directory of Gold and Silversmiths, Jewellers, and Allied Traders, 1838-1914: From the London Assay Office Registers*, 2 vols. (Woodbridge, Suffolk, UK: Antique Collectors Club, 1987), vol. 2, p. 32. 該公司也代理至少一間比利時公司的業務（The Law Journal Reports for the Year 1897, vol. 66 (London: Law Journal Reports, 1897), pp. 23-24）。

10. 關於這段時期康拉德的財務收支狀況，見 TB to JC, August 19/31, 1883; TB to JC, March 24/April 5, 1886; TB to JC, April 12/24, 1886; TB to JC, July 8/20, 1886, *CPB*, pp. 94, 101, 103, 106-7.

11. Hope and Moore, "Friend of Conrad," pp. 34-35.

12. Joseph Conrad, *A Personal Record* (London: Harper & Brothers, 1912), pp. 128-34.

13. Najder, *Joseph Conrad: A Life*, p. 118n.

14. 關於安特衛普的港口設施與紀念地標，見 *Notice sur le Port d'Anvers* (Brussels: E. Guyot, 1898); Paul Salvagne, *Anvers Maritime* (Antwerp: J. Maes, 1898), pp. 62-84; Karl Baedeker (Firm), *Belgium and Holland: Handbook for Travellers* (Leipzig: K. Baedeker, 1888), pp. 129-31, 138, 158-60. 我要感謝黛博拉・西維爾曼提醒我注意到安特衛普建城傳說與剛果自由邦惡名昭彰的砍手做法之間關聯，見 Debora L. Silverman, "Art Nouveau, Art of Darkness: African Lineages of Belgian Modernism, Part III," *West 86th* 20, no. 1 (2013): 26-29.

15. JC to Albert Thys, November 4, 1889, *CL*, vol. 1, p. 25.

16. G. C. de Baerdemaecker to Albert Thys, September 24, 1889, in J. H. Stape and Owen Knowles, eds., *A Portrait in Letters: Correspondence to and About Conrad* (Amsterdam: Rodopi, 1996), pp. 5-6. 介紹信裡寫說：「son instruction générale est supérieure à celle qu'ont habituellement les marins et c'est un parfait gentleman」，意即：「他的教育程度高於一般水手，是個完美的紳士。」

17. 公司總部位於布雷德羅德街（Rue Brédérode），見 *The Congo Railway from Matadi to the Stanley Pool* (Brussels: P. Weissenbruch, 1889).

18. Guy Vanthemsche, *Belgium and the Congo, 1885-1980* (Cambridge, UK: Cambridge University Press, 2012), p. 37.
19. JC to Albert Thys, November 4/28, 1889, *CL*, vol. 1, pp. 25-27. 一九〇二年，「安特衛普這間著名的公司，本來的瓦爾佛德公司（Walford & Co.）」將「改組為一間資本額二十萬鎊的股份公司」，「提斯上校，這位在剛果闖出名號的比利時版本西索・羅德斯」成為董事長。*The Syren and Shipping Illustrated* 24, no. 311 (August 13, 1902): 279.
20. Anne Arnold, "Marguerite Poradowska as Conrad's Friend and Adviser," *The Conradian* 34, no. 1 (2009): 68-83.
21. 卡齊米羅夫卡在一九一七年十月革命中遭祝融夷平。莊園位在文尼察州（Vinnyts'ka Oblast），附近是奧拉季夫鎮（Orativ）。
22. Conrad, *A Personal Record*, pp. 49-50.
23. JC to Marguerite Poradowska, February 14 [15-16?], 1890, *CL*, vol 1, p. 39.
24. 關於兩人的關係，以下研究特別值得參考：Susan Jones, *Conrad and Women* (Oxford: Clarendon Press, 1999) and Arnold, "Marguerite Poradowska." 以上兩者都強調瑪格麗特在康拉德剛開始寫《奧邁耶的癡夢》時扮演重要角色，成為他與文學界之間的主要接觸管道。
25. Najder, *Joseph Conrad: A Life*, pp. 140-43.
26. Conrad, *A Personal Record*, p. 36. 參見 Joseph Conrad, "Geography and Some Explorers," in *Last Essays* (Garden City, NY: Doubleday, Page Co., 1926), p. 16.「某一天，我把手指放在非洲心臟的正中央那一點，那時非洲之心還是白色的，我宣布有朝一日我會去那裡。」
27. JC to Marguerite Poradowska, May 15, 1890, *CL*, vol. 1, p. 51.
28. JC to Marguerite Poradowska, June 10, 1890, *CL*, vol. 1, p. 55.
29. JC to Karol Zagórski, May 22, 1890, *CL*, vol. 1, p. 52.
30. Makulo Akambu, *La Vie de Disasi Makulo: Ancien Esclave de Tippo Tip et Catéchiste de Grenfell* (Kinshasa: Editions

Saint Paul Afrique, 1983), pp. 15-16. 我要感謝大衛．凡雷伯克的精采著作讓我知道這份資料的存在，David van Reybrouck, *Congo: The Epic History of a People*, trans. Sam Garrett (New York: Ecco, 2014), pp. 29-45.

31. Akambu, *Vie de Disasi Makulo*, p. 18.「巴譚巴譚巴」的一種變體是「馬譚巴譚巴」（Matambatamba）：Jan Vansina, *Paths in the Rainforests: Toward a History of Political Tradition in Equatorial Africa* (Madison: University of Wisconsin Press, 1990), p. 240; Osumaka Likaka, *Naming Colonialism: History and Collective Memory in the Congo, 1870-1960* (Madison: University of Wisconsin Press, 2009), p. 102.

32. 史坦利描述自己前往奴隸商人營地的經歷，請見他寫的 *The Congo and the Founding of Its Free State: A Story of Work and Exploration*, 2 vols. (New York: Harper & Brothers, 1885), vol. 2, pp. 146-50.

33. Akambu, *Vie de Disasi Makulo*, pp. 20-25.

34. 在東非大湖地區，這個字在各種不同語文中的不同寫法都可指「白人」，例如斯瓦希里語（Swahili）的 *muzungu* 這個字。相對地，林格拉語（Lingala，使用者主要分布在中非剛果一帶）中指外國人的字則是 *mundele*。

35. Akambu, *Vie de Disasi Makulo*, pp. 29-31.

36. 同上，pp. 32-36.

37. David Livingstone, *Dr. Livingstone's Cambridge Lectures* (Cambridge, UK: Deighton, Bell & Co., 1858), p. 18.

38. Henry M. Stanley, *Through the Dark Continent*, (New York: Harper and Brothers, 1879), vol. 2, pp. 95-114.

39. 同上，p. 190.

40. 同上，pp. 158, 174, 272. Tim Jeal, *Stanley: The Impossible Life of Africa's Greatest Explorer* (London: Faber, 2007), p. 155. 吉爾注意到史坦利從頭到尾都在誇大他與原住民接觸的暴力程度，因為史坦利看到美國人對白人與印第安人戰鬥的報導趨之若鶩，認為自己這樣寫也能迎合讀者，但史坦利最後卻玩火自焚。

41. Alexandre Delcommune, *Vingt années de vie africaine, 1874-1893, récits de voyages d'aventures et d'exploration au*

Congo Belge, 2 vols. (Brussels: Ferdinand Larcier, 1922), vol. 1, p. 89; Stanley, *Through the Dark Continent*, vol. 2, pp. 454, 466-67.

42. Stanley, *Through the Dark Continent*, vol. 2, p. 466; Patrick Brantlinger, *Rule of Darkness: British Literature and Imperialism, 1830-1914* (Ithaca, NY: Cornell University Press, 1988), chapter 6.
43. Jeal, *Stanley*, pp. 221-28.
44. Adam Hochschild, *King Leopold's Ghost: A Story of Greed, Terror, and Heroism in Colonial Africa* (Boston: Houghton Mifflin, 1999), p. 39.
45. Vanthemsche, *Belgium and the Congo*, p. 18; Hochschild, *King Leopold's Ghost*, pp. 37-38. 關於沙勞越這段插曲，見 John Brooke to Sir James Brooke, August 4, 1861, in Rhodes House, Oxford: Basil Brooke Papers, Mss. Pac s90, vol. 5. 關於歐洲對婆羅洲的干預以及瓜分非洲兩件事情之間關聯的精采考證，請見 Steven Press, *Rogue Empires: Contracts and Conmen in Europe's Scramble for Africa* (Cambridge, MA: Harvard University Press, 2017).
46. Émile Banning, *Africa and the Brussels Geographical Conference*, trans. Richard Henry Major (London: Sampson Low, Marston, Searle & Rivington, 1877), p. 152.
47. 同上，p. 109.
48. H. M. Stanley, *The Congo and the Founding of Its Free State: A Story of Work and Exploration*, 2 vols. (London: Sampson Low, Marston, Searle & Rivington, 1886), vol. 1, p. 26.
49. 同上，pp. 59-60.
50. 艾瑞克・D・懷茲指出，此事對於二十世紀的少數權利與保護少數等觀念有重大影響。Eric D. Weitz, "From the Vienna to the Paris System: International Politics and the Entangled Histories of Human Rights, Forced Deportations, and Civilizing Missions," *The American Historical Review* 113, no. 5 (December 1, 2008): 1313-43.
51. Vanthemsche, *Belgium and the Congo*, p. 29; Hochschild, *King Leopold's Ghost*, pp. 80-87. 柏林會議概述，請見 H. L.

Wesseling, *Divide and Rule: The Partition of Africa, 1880-1914*, trans. Arnold Pomerans (Westport, CT: Praeger, 1996).

52. Banning, *Africa and the Brussels Geographical Conference*, p. 153.

53. Jeal, *Stanley*, chapter 19; Hochschild, *King Leopold's Ghost*, p. 81; Stanley, *The Congo and the Founding of Its Free State*, vol. 1, pp. 51, 462.

54. Anonymous “ancien diplomat” quoted in Jesse Siddall Reeves, *The International Beginnings of the Congo Free State* (Baltimore: Johns Hopkins University Press, 1894), p. 70.

55. Stanley, *The Congo and the Founding of Its Free State*, vol. 2, p. 196.

56. Delcommune, *Vingt années*, vol. 1, p. 64. 歐洲的後膛槍遠比非洲滑膛槍精準。

57. George Washington Williams, “George Washington Williams's Open Letter to King Leopold on the Congo, 1890 | The Black Past: Remembered and Reclaimed,” www.blackpast.org/george-washington-williams-open-letter-king-leopold-congo-1890.

58. Sabine Cornelis, Maria Moreno, and John Peffer, “L'Exposition du Congo and Edouard Manduau's La Civilisation au Congo (1884-1885),” *Critical Interventions* 1, no. 1 (January 1, 2007): 125-40.

59. Delcommune, *Vingt années*, vol. 1, p. 194.

60. A. J. Wauters, *L'état indépendant du Congo; historique, géographie physique, ethnographie, situation économique, organisation politique* (Brussels: Librairie Falk fils, 1899), p. 431. 近年史學研究查考剛果的殖民開發如何變成一個明顯的比利時專屬事業，特別可參考 Vincent Viaene, “King Leopold's Imperialism and the Origins of the Belgian Colonial Party, 1860-1905,” *Journal of Modern History* 80, no. 4 (December 2008): 741-90.

61. Delcommune, *Vingt années*, vol. 1, p. 56.

62. Jean Stengers and Jan Vansina, “King Leopold's Congo, 1886-1908,” in R. Oliver and G. N. Sanderson, eds., *The Cambridge History of Africa* (Cambridge, UK: Cambridge University Press, 1985), p. 330.

63. Norman Sherry, *Conrad's Western World* (Cambridge, UK: Cambridge University Press, 1971), pp. 376-77.
64. Hochschild, *King Leopold's Ghost*, pp. 133-35.
65. 「佛羅里達號」上一名挪威高級船員約翰尼斯・沙芬伯格（Johannes Scharffenberg）留下這段紀錄，見 Espen Waehle, "Scandinavian Agents and Entrepreneurs in the Scramble for Ethnographica During Colonial Expansion in the Congo," in Kirsten Alsaker Kjerland and Bjørn Enge Bertelsen, eds., *Navigating Colonial Orders: Norwegian Entrepreneurship in Africa and Oceania* (London: Berghahn Books, 2015), pp. 348-49. 格蘭菲聽到的版本比較有種浪漫性（大概也更讓人感覺非洲的「野蠻」），說是佛萊厄里本看見一個小孩和媽媽在河裡沐浴，被這景象感動而給了那母親幾個「米塔可」，結果這禮物卻引發暴亂。Sherry, *Conrad's Western World*, pp. 18-19.
66. 引述載於 Sherry, *Conrad's Western World*, p. 17.

第八章　黑暗之地

1. "Harou (Prosper-Félix-Joseph)," *Biographie coloniale belge*, vol. 3 (Brussels: Librairie Falk fils, 1952), p. 418; Henry Morton Stanley, *The Congo and the Founding of Its Free State: A Story of Work and Exploration* (New York: Harper & Brothers, 1885), vol. 2, p. 298.
2. Adam Hochschild, *King Leopold's Ghost: A Story of Greed, Terror, and Heroism in Colonial Africa* (Boston: Houghton Mifflin, 1999), p. 115; David van Reybrouck, *Congo: The Epic History of a People*, trans. Sam Garrett (New York: Ecco, 2014), p. 61.
3. A.-J. Wauters, *L'état indépendant du Congo: historique, géographie physique, ethnographie, situation économique, organisation politique* (Brussels: Librairie Falk fils, 1899), pp. 431-32.
4. 學者間對於這是不是康拉德唯一一本日記有些爭議，拿吉德以「維達號」克萊格船長很後來的說法，說他「常看到（康拉德）在寫東西」（見第六章）為證，認為康拉德在其他旅途中也可能做筆記（Zdzisław

Najder,"*Introduction" to Joseph Conrad, Congo Diary and Other Uncollected Pieces* (Garden City, NY: Doubleday, 1978), pp. 3-4），但事實是沒有任何一本這樣的日記留下來，也沒有其他證據能證明這類日記存在，所以拿吉德的推測是以缺乏證據為證據。《陰影線》（康拉德說這「確切是本自傳」，但此說也確實太過誇大）裡有段話似乎顯示康拉德不是恆常寫日記的人：「這是我生命中唯一一段試著寫日記的時期。不，其實不是唯一一段，數年後在心靈孤立的處境之下，我確實也曾有那麼二十天將內心思想與外在事件形諸於文。但這次是第一次，我不記得是怎麼開始的，也不記得這本小筆記本與鉛筆怎麼到了我手上。」Joseph Conrad, *The Shadow-Line* (Oxford: Oxford World's Classics, 2009), p. 87.

5. Oscar Michaux, *Au Congo: Carnet de campagne: épisodes & impressions de 1889 à 1897* (Brussels: Librairie Falk fils, 1907), p. 67.

6. Louis Goffin, *Le chemin de fer du Congo* (Matadi- Stanley- Pool) (Brussels: M. Weissenbruch, 1907), pp. 37-38.

7. Conrad, *Congo Diary*, p. 7.

8. Wauters, *L'état indépendant du Congo*, p. 334. 既然一根非洲象象牙平均重量二十三公斤，那可能要超過一千六百隻非洲象的象牙加總起來才會達到七萬五千公斤。www.britannica.com/topic/ivory。

9. E. J. Glave, "The Congo River of To-Day," *The Century Magazine* 39, no. 4 (February 1890): 619.

10. Henry M. Stanley, *The Congo and the Founding of Its Free State: A Story of Work and Exploration*, 2 vols. (London: Sampson Low, Marston, Searle & Rivington, 1886), vol. 1, p. 401.

11. Albert Thys, *Au Congo et au Kassaï: Conférences Données À La Société Belge Des Ingénieurs et Des Industriels* (Brussels, 1888), p. 7.

12. Wauters, *L'état indépendant du Congo*, pp. 348-49. 渥特斯估計一八九三年約有五萬名挑夫在這條路上工作；勒馬赫提出一個較低的數字是三萬五千三百八十人，Charles Lemaire, *Congo & Belgique* (à propos de l'Exposition d'Anvers) (Brussels: C. Bulens, 1894), p. 162.

13. Conrad, *Congo Diary*, p. 9.
14. 同上，pp. 7, 10, 14.
15. 同上，pp. 8-9, 12.
16. 同上，pp. 8-9, 13.
17. 同上，p. 15.
18. TB to JC, October 28/November 9, 1890, *CPB*, p. 133. 波布羅斯基信中寫的 *Tu l'as voulu*, Georges Dandin（「這都是你自討苦吃，喬治．丹丁」）是引用莫里哀（Molière）一六六八年創作的喜劇《喬治．丹丁：難為的丈夫》（*George Dandin ou le mari confondu*）內容。
19. Norman Sherry, *Conrad's Western World* (Cambridge, UK: Cambridge University Press, 1971), p. 56.
20. Conrad, *Youth/Heart of Darkness/The End of the Tether* (London: Penguin Books, 1995), p. 98. Henceforth cited as Heart of Darkness.
21. Conrad, *Congo Diary*, pp. 17, 20-21, 34, 36.
22. Conrad, *Heart of Darkness*, p. 88.
23. 關於這份手稿的寫作過程，見劍橋評論版：Joseph Conrad, *Almayer's Folly*, eds. Floyd Eugene Eddleman and David Leon Higdon (Cambridge, UK: Cambridge University Press, 1994), pp. 159-65. 引述自 chapter 5, pp. 52-57. 第五章有五頁也是用鉛筆寫的，這和「上河記」相同，但與《奧邁耶的癡夢》手稿其他部分不同。
24. Conrad, *Heart of Darkness*, p. 90.
25. Zdzisław Najder, *Joseph Conrad: A Life*, 2nd ed. (Rochester, NY: Camden House, 2007), p. 156.
26. Herbert Ward, *Five Years with the Congo Cannibals* (London: Chatto & Windus, 1891), pp. 196-214.
27. John Rose Troup, *With Stanley's Rear Column* (London: Chapman and Hall, 1890), p. 178. See also Henry Morton Stanley, *In Darkest Africa: The Quest, Rescue, and Retreat of Emin, Governor of Equatoria*, 2 vols. (New York: Scribner,

1891), vol. 1, pp. 64-65.

28. Sherry, *Conrad's Western World*, pp. 64-66.

29. Wauters, *L'état indépendant du Congo*, p. 401.

30. 關於剛果自由邦與頭號奴隸販子之間這不怎麼光明正大的同盟關係，史坦利的下屬對此或多或少有些批評。「文明人義正詞嚴抨擊阿拉伯奴隸主的野蠻行徑，但讓白人靜下來想那麼一想，他就會明白自己牽連其中有多深。是誰在供應那些人槍枝與彈藥來進行迫害？而付出這般代價取得的象牙又是賣給了誰？」E. J. Glave, *Six Years of Adventure in Congo-Land* (London: S. Low, Marston, Limited, 1893), p. 231. 亦見 Ward, Five Years with the Congo Cannibals, pp. 216-21.

31. 「剛果河上游最後的可航行河段，聽見史坦利瀑布那悶悶的轟隆聲在夜間沉沉空氣裡迴盪。」"Geography and Some Explorers," in Joseph Conrad, *Last Essays*, ed. and intro. Richard Curle (London: J. M. Dent & Sons, 1926), p. 17.

32. Camille Delcommune to JC, September 6, 1890, in J. H. Stape and Owen Knowles, eds., *A Portrait in Letters: Correspondence to and About Conrad* (Amsterdam: Rodopi, 1996), p. 10.

33. Sherry, *Conrad's Western World*, pp. 78-80.

34. Marguerite Poradowska to JC, June 9, 1890, in Stape and Knowles, eds., *Portrait in Letters*, p. 8.

35. JC to Marguerite Poradowska, September 26, 1890, *CL*, vol. 1, pp. 61-63. 康拉德寫信給波拉竇斯卡用的是法文，但我們仍能在信中讀出與《奧邁耶的癡夢》第一章某一段內容相應之處，那段文字描寫的是妮娜看著「上游河水被風打出白色泡沫」。Joseph Conrad, *Almayer's Folly* (Garden City, NY: Doubleday, Page & Co., 1915), p. 17.

36. TB to JC, October 28/November 9, 1890, *CPB*, p. 133.

37. Najder, *Joseph Conrad: A Life*, p. 162.

38. TB to JC, June 12/ 24, 1890, *CPB*, pp. 128-29.

39. Conrad, *Heart of Darkness*, pp. 54, 56-57.

40. 同上，p. 67.
41. 同上，pp. 68-69, 76, 84, 106, 126.
42. 同上，p. 88.
43. 同上，p. 90.
44. 約翰．湯瑪斯．陶森（John Thomas Towson）寫過幾本關於航海技術的工具書，其中包括《羅盤偏向實用指南：鐵船各級船員使用》（*Practical Information on the Deviation of the Compass: For the Use of Masters and Mates of Iron Ships*,1863），這是康拉德通過的貿易部考試指定用書之一。C. W. Sutton, "Towson, John Thomas (1804-1881)," rev. Elizabeth Baigent, *Oxford Dictionary of National Biography*, (Oxford: Oxford University Press, 2004), online ed., May 2010, www.oxforddnb.com.ezp-prod1.hul.harvard.edu/view/article/27642.
45. Conrad, *Heart of Darkness*, p. 94.
46. 同上，p. 103.
47. Louis Menand, *Discovering Modernism: T. S. Eliot and His Context*, 2nd ed. (New York: Oxford University Press, 2007), p. 111; Conrad, Heart of Darkness, p. 113.
48. Conrad, *Heart of Darkness*, pp. 120-21.
49. 同上，pp. 111, 123, 125.
50. 同上，pp. 132-37.
51. 同上，pp. 139-47.
52. 同上，pp. 49, 148. 參見《水仙號上的黑鬼》（寫於一年前），結尾描寫英國的形象如一艘船從波濤中升起，但當「水仙號」進入泰晤士河前往碼頭，這形象卻退化衰落成一幅工業貧民窟的景象：「一片亂七八糟的髒牆汙壁森林，在煙霧中模糊矗立，既駭人又悽慘，像是在幻覺中見到一場災難，……還有一大群奇怪的人爬在她兩側，以醜惡地土之名把她據為己有。」Joseph Conrad, *The Nigger of the 'Narcissus' and Other Stories* (London:

Penguin Classics, 2007), p. 130. 康拉德在一九〇四年一篇關於泰晤士河的散文裡又把《黑暗之心》開頭說一遍，再度想像一名羅馬人航入河口，準備面對居住在這裡的野蠻人。他還將倫敦橋（London Bridge）到阿爾伯特碼頭（Albert Dock）之間這段河道比喻為「一座森林」，「像大堆灌木與爬藤糾纏生長在一起，遮蓋那人所未至的無垠靜野」。Joseph Conrad, *The Mirror of the Sea* (New York: Harper & Brothers, 1906), pp. 178-79. 尼可拉斯・德巴諾注意到康拉德在開頭對泰晤士河的描述與福特・馬多克斯・福特的《五港》（*The Cinque Ports*）類似，Nicholas Delbanco, *Group Portrait: Joseph Conrad, Stephen Crane, Ford Madox Ford, Henry James, and H. G. Wells* (New York: Morrow, 1982), pp. 103-4.

53. Wauters, *L'état indépendant du Congo*, pp. 336, 448, 460, 463; A.-J. Wauters, *Histoire politique du Congo Belge* (Brussels: P. Van Fleteren, 1911), p. 75.

54. Wauters, *L'état indépendant du Congo*, pp. 402-3; Guy Vanthemsche, *Belgium and the Congo, 1885-1980* (Cambridge, UK: Cambridge University Press, 2012), pp. 147-49.

55. Wauters, *Histoire politique*, pp. 93-96, 120-24; Vincent Viaene, "King Leopold's Imperialism and the Origins of the Belgian Colonial Party, 1860-1905," *Journal of Modern History* 80, no. 4 (December 2008): 761-62.

56. Michaux, *Au Congo*, p. 218. 米蕭在二十年後承認他仍然對征服尼揚圭一事感到良心不安，因為他從來沒辦法真的相信當時「公共部隊」有先遭到攻擊（pp. 223-24）。一名隨軍英國醫師則頌讚這場戰爭達成的另一個目的：消滅伊斯蘭教政治勢力。「無疑地，這場偉大的鬥爭是非洲歷史的轉捩點。倘若剛果盆地建立起又一個穆罕默德教的大帝國，這對非洲未來所造成的影響簡直無法想像。」Sidney Langforde Hinde, *The Fall of the Congo Arabs* (New York: Thomas Whittaker, 1897), pp. 24-25.

57. Sir Harry Johnston, *George Grenfell and the Congo...* , 2 vols. (New York: D. Appleton & Company, 1910), vol. 1, p. 428. 他指控軍隊指揮官弗朗西斯・達尼斯（Francis Dhanis）所帶的那些非正規軍是「喪心病狂的野蠻人」，認為責任在這些人身上。

58. Jan Vansina, *Paths in the Rainforests: Toward a History of Political Tradition in Equatorial Africa* (Madison: University of Wisconsin Press, 1990), pp. 244-45.
59. E. D. Morel, *The Congo Slave State* (Liverpool: John Richardson & Sons, 1903), pp. 13-18; Jean Stengers and Jan Vansina, "King Leopold's Congo, 1886-1908," in R. Oliver and G. N. Sanderson, eds., *The Cambridge History of Africa* (Cambridge, UK: Cambridge University Press, 1985), pp. 339-40, 344. Reybrouck, *Congo*, p. 86.
60. Henry Richard Fox Bourne, *Civilisation in Congoland: A Story of International Wrong-Doing* (London: P. S. King and Co., 1903), pp. 178-79; Hochschild, *King Leopold's Ghost*, p. 162.
61. Glave, 引述載於 Fox Bourne, *Civilisation in Congoland*, p. 181.
62. Wauters, *L'état indépendant du Congo*, p. 447.
63. Makulo Akambu, *La Vie de Disasi Makulo: Ancien Esclave de Tippo Tip et Catéchiste de Grenfell* (Kinshasa: Editions Saint Paul Afrique, 1983), pp. 59-60.
64. Wauters, *L'état indépendant du Congo*, pp. 334-41.
65. 同上，pp. 104-5; Wauters, *Histoire politique*, pp. 120-27; Vanthemsche, *Belgium and the Congo*, pp. 38-39; Viaene, "King Leopold's Imperialism," 770.
66. 當時英國人已經開始在東南亞種植橡膠樹，等到這些樹長成，其產量就會超出野生橡膠樹，東南亞就會在國際市場上取代剛果（和巴西）。見 Zephyr Frank and Aldo Musacchio, "The International Natural Rubber Market, 1870-1930," EH.Net Encyclopedia, ed. Robert Whaples, March 16, 2008, http://eh.net/encyclopedia/the-international-natural-rubber-market-1870-1930/.
67. Charles Lemaire, *Congo & Belgique (à propos de l'Exposition d'Anvers)* (Brussels: C. Bulens, 1894), pp. 37-38; Morel, *Congo Slave State*, p. 62.
68. Robert Harms, "The End of Red Rubber: A Reassessment," *The Journal of African History* 16, no. 1 (January 1, 1975):

78-81.

69. E. J. Glave, "Cruelty in the Congo Free State," *The Century Magazine* 54, no. 5 (September 1897): 709; Reybrouck, *Congo*, 87-96.

70. 墨菲（Murphy）和舍布洛姆（Sjöblom）的證詞，引述載於 Fox Bourne, *Civilisation in Congoland*, pp. 210, 213-14. 參見 Glave, quoted on pp. 198-99.

71. 見 Debora L. Silverman, "Art Nouveau, Art of Darkness: African Lineages of Belgian Modernism, Part I," *West 86th: Journal Decorative Arts, Design History, and Material Culture* 18, no. 2 (2011): 143-50; Debora Silverman, "Art Nouveau, Art of Darkness: African Lineages of Belgian Modernism, Part III," *West 86th* 20, no. 1 (2013): 8-11.

72. Hochschild, *King Leopold's Ghost*, pp. 206-7.

73. Unsigned review by Hugh Clifford in *The Spectator*, in Keith Carabine, ed., *Joseph Conrad: Critical Assessments*, vol. 1 (Mountfield, East Sussex, UK: Helm Information, 1992), p. 295. 當時克里福德與康拉德已經是好友。

74. Conrad, *Heart Darkness*, p. 84.

75. Glave, "Cruelty in the Congo Free State," 706. 霍奇柴爾德（Hochschild）認為康拉德很可能看過這篇文章。

76. JC to Roger Casement, December 21, 1903, *CL*, vol. 3, p. 96.

77. JC to R. B. Cunninghame Graham, December 26, 1903, *CL*, vol. 3, p. 102.

78. Hunt Hawkins, "Joseph Conrad, Roger Casement, and the Congo Reform Movement," *Journal of Modern Literature* 9, no. 1 (1981): 65-80. 康拉德寫信給凱斯門痛斥這些暴行，引述載於 Morel, *King Leopold's Rule in Africa* (New York: Funk and Wagnalls, 1905), p. 117.

79. JC to Roger Casement, December 17, 1903, *CL*, vol. 3, p. 95.

80. Conrad, *Heart of Darkness*, p. 50.

81. JC to Edward Garnett, December 22, 1902, *CL*, vol. 2, pp. 467-68. 康拉德在早期學界最重要的支持者 F・R・利維

斯被《黑暗之心》弄得「十分惱火」，因為康拉德「堅持使用大量形容詞來表達難以言喻、難以理解的神祕」。F. R. Leavis, *The Great Tradition: George Eliot, Henry James, Joseph Conrad* (New York: George W. Stewart, 1950), p. 177.

82. 伊安・瓦特稱這種寫作手法為「延遲解碼」（delayed decoding），他的解釋很有影響力。Ian Watt, *Conrad in the Nineteenth Century* (Berkeley: University of California Press, 1979), pp. 176-77.

第九章　白色蠻人

1. JC to Marguerite Poradowska, March 30, 1890; April 14, 1891; May 1, 1891; May 10, 1891, *CL*, vol. 1, pp. 74-75, 77, 79.
2. TB to JC, March 30/April 12, 1891, *CPB*, p. 139.
3. TB to JC, May 25/June 6, 1891, *CPB*, p. 141.
4. TB to JC, March 30/ April 12, 1891, *CPB*, p. 140.
5. JC to Marguerite Poradowska, August 26, 1891, *CL*, vol. 1, p. 91.
6. Joseph Conrad, *Almayer's Folly* (Garden City, NY: Doubleday, Page & Co., 1915), pp. 129-30.
7. 同上，p. 108.
8. 同上，pp. 146, 151.
9. 同上，pp. 87, 132.
10. JC to Marguerite Poradowska, July 8, 1891, *CL*, vol. 1, p. 86.
11. TB to JC, July 18/30, 1891, *CPB*, pp. 147-48.
12. TB to JC, August 14/26, 1891, *CPB*, p. 149.
13. Joseph Conrad, *Youth/Heart of Darkness/The End of the Tether* (London: Penguin Books, 1995), p. 79.
14. JC to Marguerite Poradowska, October 16, 1891, *CL*, vol. 1, p. 99.

15. JC to Marguerite Poradowska, August 26, 1891, *CL*, vol. 1, p. 92.
16. JC to Marguerite Poradowska, November 14, 1891, *CL*, vol. 1, p. 102.
17. 引述載於 Zdzisław Najder, *Joseph Conrad: A Life*, 2nd ed. (Rochester, NY: Camden House, 2007), p. 182.
18. John Stape, *The Several Lives of Joseph Conrad* (New York: Pantheon, 2007), p. 73.
19. TB to JC, February 9/21, 1894, in J. H. Stape and Owen Knowles, eds., *A Portrait in Letters: Correspondence to and About Conrad* (Amsterdam: Rodopi, 1996), p. 12.
20. JC to Marguerite Poradowska, February 18, 1894, *CL*, vol. 1, p. 148.
21. JC to Marguerite Poradowska, [March 29 or April 5, 1894], *CL*, vol. 1, p. 151.
22. Joseph Conrad, *Almayer's Folly* (Garden City, NY: Doubleday, Page & Co., 1915), p. 259.
23. JC to Marguerite Poradowska, April 24, 1894, *CL*, vol. 1, pp. 153-54.
24. JC to Marguerite Poradowska, [August 18?, 1891], *CL*, vol. 1, p. 170.
25. JC to Marguerite Poradowska, [July 25?, 1894], *CL*, vol. 1, pp. 163-64.
26. JC to Marguerite Poradowska, August 18?, 1894], *CL*, vol. 1, p. 171.
27. JC to Marguerite Poradowska, October 23, 1894 to [February 23?, 1895], *CL*, vol. 1, pp. 182, 189, 191, 202.
28. JC to Marguerite Poradowska, [March 29 or April 4, 1894] to May 13, [1895], *CL*, vol. 1, pp. 150, 156, 185, 192, 210, 215, 219.
29. JC to Marguerite Poradowska, October 4, 1894, *CL*, vol. 1, p. 178.
30. JC to Marguerite Poradowska, October 10, 1894, *CL*, vol. 1, p. 180.
31. JC to W. H. Chesson, [mid- October to mid- November 1894], *CL*, vol. 1, p. 186.
32. JC to W. H. Chesson, [early January?, 1895], *CL*, vol. 1, p. 199.
33. 初版書裡沒有這篇自序，大概因為烏溫除了知名作者以外通常不在書裡印作者自序。

34. Conrad, *Almayer's Folly*, p. 3. 此處指的是愛麗絲・梅聶爾（Alice Maynell）的短文〈文明退化〉（Decivilized）（梅聶爾文中沒有拿非洲情況來做類比），www.gutenberg.org/files/1434/1434-h/1434-h.htm.

35. 例子見 Herbert Ward, *Five Years with the Congo Cannibals* (London: Chatto & Windus, 1891), p. 270.

36. Conrad, *Heart of Darkness*, pp. 90-91.

37. 康拉德有可能讀過這段文字：“Note on Cannibalism” in Sidney Langford Hinde, *The Fall of the Congo Arabs* (New York: Whittaker, 1897), pp. 282-85. 剛果人其實也懷疑白人是食人族，見 Osumaka Likaka, *Naming Colonialism: History and Collective Memory in the Congo, 1870-1960* (Madison: University of Wisconsin Press, 2009), p. 96.

38. Conrad, *Heart of Darkness*, p. 107.

39. 關於我們對於康拉德的性生活所知（或更常見的狀況是有所不知）的部分概要，請見 Robert Hampson, *Conrad's Secrets* (Basingstoke, UK: Palgrave Macmillan, 2012), pp. 4-11.

40. JC to E. B. Redmayne, May 23, 1895, 引述載於 J. H. Stape and Hans Van Marle, "'Pleasant Memories' and 'Precious Friendships': Conrad's Torrens Connections and Unpublished Letters from the 1890s," *Conradiana* 27, no. 1 (1995): 30.

41. JC to Edward Garnett, June 7, 1895, *CL*, vol. 1, p. 224.

42. JC to Marguerite Poradowska, June 11, 1895, *CL*, vol. 1, p. 229.

43. JC to Mme. Briquel, March 7, 1896, *CL*, vol. 1, pp. 264-65.

44. JC to Karol Zagórski, March 10, 1896, *CL*, vol. 1, pp. 265-66.

45. JC to E. B. Redmayne, February 23, 1896, Stape and Van Marle, "'Pleasant Memories'": 32.

46. JC to Nita Wall, March 22, 1896, Stape and Van Marle, "'Pleasant Memories'": 35.

47. Zdzisław Najder, *Joseph Conrad: A Life*, 2nd ed. (Rochester, NY: Camden House, 2007), pp. 223-24.

48. Jessie Conrad, *Joseph Conrad as I Knew Him* (Garden City, NY: Doubleday, Page & Co., 1926), pp. 101-5.

49. 同上，pp. 25, 102.

50. J. H. Stape, "Jessie Conrad in Context: A George Family History," *Conradian* 34, no. 1 (April 1, 2009): 84-110.
51. Jessie Conrad, *Joseph Conrad as I Knew Him*, p. 106.
52. JC to Edward Garnett, April 9, 1896, *CL*, vol. 1, p. 272.
53. JC to Edward Sanderson, April 14, 1896, *CL*, vol. 1, p. 274.
54. Jessie Conrad, *Joseph Conrad as I Knew Him*, pp. 30-31.
55. JC to Edward Garnett, June 2, 1896, *CL*, vol. 1, p. 283.
56. JC to Edward Garnett, August 5, 1896, *CL*, vol. 1, pp. 295-96.
57. 關於康拉德藉由寫一篇新作來逃避未完成的舊作的傾向，見John Batchelor, "Conrad's Truancy," in John Batchelor, ed., *The Art of Literary Biography* (Oxford: Clarendon Press, 1995), pp. 115-27.
58. Sherry, *Conrad's Western World*, pp. 126-31.
59. "An Outpost of Progress" in Joseph Conrad, *Tales of Unrest* (Garden City, NY: Doubleday, Page & Co., 1920), p. 161.
60. Conrad, "An Outpost Progress," pp. 150, 163, 171, 183, 185, 197-98.
61. Jessie Conrad, *Joseph Conrad as I Knew Him*, pp. 109, 139.
62. 同上，pp. 153-54. 斯文．林奎斯特指出，一八九六年七月號的《大都會》（*Cosmopolis*）雜誌刊登有查爾斯．迪爾克（Charles Dilke）的諷刺文章〈非洲文明〉（Civilisation in Africa），而康拉德也在此時把〈進步的前哨站〉投稿給《大都會》。但我們並不清楚康拉德當時是否會閱讀《大都會》雜誌。Sven Lindqvist, *"Exterminate All the Brutes": One Man's Odyssey into the Heart of Darkness and the Origins of European Genocide*, trans. Joan Tate (New York: The New Press, 2007), pp. 25-27.
63. Conrad, "An Outpost of Progress," pp. 178-79.
64. Louis Goffin, *Le chemin de fer du Congo (Matadi-Stanley-Pool)* (Brussels: M. Weissenbruch, 1907), 73.
65. 關於布勒斯與波拉竇斯卡的關係，見 Anne Arnold, "Marguerite Poradowska as Conrad's Friend and Adviser," *The*

Conradian 34, no. 1 (2009): 72-76.

66. Goffin, *Le chemin de fer*, pp. 19, 43-44, 65; Henry Richard Fox Bourne, *Civilisation in Congoland: A Story of International Wrong-Doing* (London: P. S. King and Co., 1903), pp. 122-26, 245-46; A.-J. Wauters, *L'état indépendant du Congo: historique, géographie physique, ethnographie, situation économique, organisation politique* (Brussels: Librairie Falk fils, 1899), pp. 360-66; A.-J. Wauters, *Histoire politique du Congo Belge* (Brussels: P. Van Fleteren, 1911), p. 162.

67. Charles François Gommaire Buls, *Croquis congolais [par] Charles Buls. Illustrés de nombreuses photogravures et dessins* (Brussels: G. Balat, 1899), p. 77.

68. Buls to JC, May 11, 1895, *Portrait in Letters*, p. 16.

69. 布勒斯特別喜歡的是第七十九頁「熱帶大自然炫目的壯麗」。在《奧邁耶的癡夢》初版第九十二頁，康拉德描述說：「植物往上衝長，在分梳不開的一團混亂裡交織糾纏，在可怖的靜寂裡瘋也似地粗暴往彼此身上爬，不顧一切掙扎著求取上方生命之源的陽光；彷彿是突然駭異於底下沸騰著的龐大腐敗，駭異於那讓它們生長出來的死亡與衰萎。」這段文字可以與布勒斯對「赤道叢林」的描述相比較：「這所有爬蟲般的植物爭鬥著看誰第一個接觸到日光，它們纏成一團，用最巧妙的手段踩著彼此往上攀：鉤子、捲鬚、尖刺、吸盤，讓人感覺它們是為取得空氣而打得不可開交。……在我們周圍就能見到攀爬植物侵襲所造成的致命後果，樹木被它們嚴密包覆，沒有空間生長，因此窒息而死。這些樹樹幹正在腐壞，被螞蟻與蜈蚣啃蝕。」（Buls, *Croquis Congolais*, pp. 88-89. 英文引文是由本書作者自行翻譯。）

70. Buls, Croquis Congolais, pp. 204-10.

71. JC to R. B. Cunninghame Graham, January 14-15, *CL*, vol. 2, 1898, p. 17. 參見 JC to Aniela Zagórska, January 21, 1898, *CL*, vol. 2, pp. 23-24. 康拉德知道「波里斯」是俄國名字，但「記得我朋友史坦尼士勞・札列斯基（Stanisław Zaleski）給大兒子取這個名字，所以顯然波蘭人也會用」。

72. Stape, *Several Lives of Joseph Conrad*, pp. 95, 99.

73. JC to David Meldrum, June 4, 1898, *CL*, vol. 2, p. 65.

74. JC to R. B. Cunninghame Graham, August 26, 1898, *CL*, vol. 2, p. 88.

75. JC to E. L. Sanderson, November 21, 1896, *CL*, vol. 1, p. 319. 關於貸款與預付的情況，請見 Najder, *Joseph Conrad: A Life*, pp. 236, 252, 261.

76. JC to Edward Garnett, [December 18, 1898], *CL*, vol. 22, pp. 132-33.

77. JC to William Blackwood, December 31, 1898, *CL*, vol. 2, pp. 139-40.

78. 見愛德華・賈內特未署名的評論：Edward Garnett, *Academy and Literature* 63, no. 1596 (December 6, 1902): 606.

79. JC to William Blackwood, February 8, 1899, *CL*, vol. 2, p. 162.

80. Sidney Langford Hinde, *The Fall of the Congo Arabs* (London: Whittaker, 1897), p. 91. 這是當時極少數討論剛果情形的英文著作，作者亨德對於食人風俗特別關注，而《黑暗之心》裡也有不少篇幅在講這件事。相對而言，史坦利特別注意的奴隸問題，在《黑暗之心》裡就不怎麼提到。二〇一六年我在剛果河上旅行時遇到有人賣插在杖子上的煙燻猴肉，乾癟的猴頭模樣類似康拉德想像中的人頭展示品。

81. 沙勞越歷任大君特別雷厲風行掃蕩獵頭習俗，康拉德一定讀過相關書籍而知道這件事，比如阿爾佛雷德・羅素・華萊士（Alfred Russel Wallace）的《馬來群島》（*The Malay Archipelago*, 1869）。

82. TB to JC, August 15, 1881, *CPB*, p. 74.《黑暗之心》裡寫到一名歐洲醫師好奇地跑來測量馬羅的頭顱，因為馬羅是「第一個能讓我觀察的英國人」。Conrad, *Heart of Darkness*, p. 58.

第十章　新世界

1. JC to Roger Casement, December 1, 1903, *CL*, vol. 3, p. 87.

2. JC to Harriet Mary Capes, December 26, 1903; JC to Mariah Hannah Martindale, December 26, 1903, *CL*, vol. 3, pp. 98-99; JC to Catherine Hueffer, December 26, 1903, *CL*, vol. 9, p. 95.

3. John Stape, *The Several Lives of Joseph Conrad* (New York: Pantheon Books, 2007), p. 109.
4. JC to Aniela Zagórska, December 12, 1898, *CL*, vol. 2, p. 131; Borys Conrad, *My Father Joseph Conrad* (New York: Coward- McCann, 1970), pp. 21-24.
5. JC to David Meldrum, October 12, 1898, *CL*, vol. 2, p. 101. 福特・馬多克斯・福特的本名是福特・赫曼・霍伊芬爾（Ford Hermann Hueffer），德國移民第二代，康拉德認識他時他用的筆名是福特・馬多克斯・霍伊芬爾（Ford Madox Hueffer），到一九一九年他才把筆名又改成福特・馬多克斯・福特，而後一直沿用至今。為了避免造成混亂，我在本書中只稱呼他為福特・馬多克斯・福特。
6. JC to H. G. Wells, November [25] 1898, *CL*, vol. 2, p. 123.
7. Nicholas Delbanco, *Group Portrait: Joseph Conrad, Stephen Crane, Ford Madox Ford, Henry James, and H. G. Wells* (New York: Morrow, 1982). 康拉德與福特之間的關係頗受學界注意，研究康拉德的學者一般對於福特在一九〇九年後——也就是他們友誼漸淡後對兩人關係做出的許多發言不表信任。計量文體學（Stylometry）分析證實兩人合作的三部主要作品中，康拉德是《羅曼史》的主要執筆人。見 Jan Rybicki, David Hoover, and Mike Kestemont, "Collaborative Authorship: Conrad, Ford and Rolling Delta," *Literary and Linguistic Computing* 29, no. 3 (September 1, 2014): 422-31.
8. JC to R. B. Cunninghame Graham, December 26, 1903, *CL*, vol. 3, pp. 101-2.
9. R. B. Cunninghame Graham, *Hernando de Soto* (London: William Heinemann, 1903), p. x.
10. JC to R. B. Cunninghame Graham, July 8, 1903, *CL*, vol. 3, p. 45.
11. JC to J. B. Pinker, August 22, 1903, *CL*, vol. 3, p. 55.
12. JC to John Galsworthy, [October 23, 1902?], *CL*, vol. 2, p. 448.
13. 關於這段友誼在文學方面的重要性之簡要討論，請見 Cedric Watts, "Conrad and Cunninghame Graham: A Discussion with Addenda to Their CL," *The Yearbook of English Studies* 7 (1977): 157-65.

14. Laurence Davies and Cedric Thomas Watts, *Cunninghame Graham: A Critical Biography* (Cambridge, UK: Cambridge University Press, 1979), p. 269.
15. JC to John Galsworthy, July 2, 1904, *CL*, vol. 3, p. 148.
16. Davies and Watts, *Cunninghame Graham*, pp. 127, 134.
17. 同上，pp. 3-14.
18. Sir Horace Rumbold, *The Great Silver River: Notes of a Residence in Buenos Ayres in 1880 and 1881*, 2nd ed. (London: John Murray, 1890), pp. 6-7.
19. “La Pampa,” in R. B. Cunninghame Graham, *The South American Sketches of R. B. Cunninghame Graham*, ed. John Walker (Norman: University Oklahoma Press, 1978), p. 23.
20. “Paja y Cielo,” in Graham, *South American Sketches*, p. 31.
21. “The Pampas Horse,” in Graham, *South American Sketches*, pp. 46-49.
22. “A Vanishing Race,” in Graham, *South American Sketches*, pp. 38-39.
23. “A Silhouette,” in Graham, *South American Sketches*, p. 106.
24. “Cruz Alta,” in R. B. Cunninghame Graham, *Thirteen Stories* (London: W. Heinemann, 1900), p. 12. “La Pulpería,” and “Gualeguaychú,” in Graham, *South American Sketches*, pp. 63-64, 146.
25. Lucy Riall, *Garibaldi: Invention of a Hero* (New Haven, CT: Yale University Press, 2007), pp. 43-45.
26. Ogilvy, quoted in Davies and Watts, *Cunninghame Graham*, p. 18.
27. John Hoyt Williams, *The Rise and Fall of the Paraguayan Republic, 1800-1870* (Austin: University of Texas Press, 1979), chapter 11.
28. Sir Richard Francis Burton, *Letters from the Battlefields of Paraguay* (London: Tinsley Brothers, 1870).
29. R. B. Cunninghame Graham, *Portrait of a Dictator, Francisco Solano Lopez (Paraguay, 1865-1870)* (London: W.

Heinemann, 1933), p. 241.

30. Domingo Faustino Sarmiento, *Life in the Argentine Republic in the Days of the Tyrants: Or, Civilization and Barbarism*, trans. Mary Tyler Peabody Mann (New York: Hurd and Houghton, 1868), p. 54. 李察德・波頓（Richard Burton）將他的《巴拉圭戰場書信》（*Letters from the Battlefields of Paraguay*）獻給薩米恩托「以及他對『進步』的輸誠」。

31. 同上，pp. 2, 40.

32. 同上，pp. 138-39.

33. 同上，pp. 13, 18, 65-66, 187-88, 213-14.

34. D. C. M. Platt, *Latin America and British Trade 1806-1914* (London: Adam & Charles Black, 1972); Rory Miller, *Britain and Latin America in the Nineteenth and Twentieth Centuries* (London: Longman, 1993), esp. pp. 149-59.

35. Rumbold, *Great Silver River*, p. 8; E. R. Pearce Edgcumbe, *Zephyrus: A Holiday in Brazil and on the River Plate* (London: Chatto & Windus, 1887), pp. 181-89.

36. Davies and Watts, *Cunninghame Graham*, chapters 2-5.

37. R. B. Cunninghame Graham, *A Vanished Arcadia: Being Some Account of the Jesuits in Paraguay 1607-1767* (London: W. Heinemann, 1901), p. 179.

38. “A Vanishing Race,” in Graham, *South American Sketches*, pp. 35-42.

39. Graham, *A Vanished Arcadia*, pp. 225, 287.

40. JC to Cunninghame Graham, May 9, 1903, *CL*, vol. 3, p. 34.

41. Joseph Conrad, *Nostromo* (London: Penguin Classics, 2007), p. 26.

42. 同上，pp. 13, 20, 36.

43. JC to Ford Madox Ford, January 2, 1903, *CL*, vol. 3, pp. 3-4; JC to J. B. Pinker, January 5, 1903, *CL*, vol. 3, p. 6.

44. JC to Ford Madox Ford, March 23, 1903, *CL*, vol. 3, pp. 27-28.

45. JC to R. B. Cunninghame Graham, March 19, 1903, p. 25; JC to R. B. Cunninghame Graham, [June 9?, 1903], p. 41; W. H. Hudson, *The Purple Land: Being the Narrative of One Richard Lamb's Adventures in the Banda Orientál, in South America, as Told by Himself* (New York: Dutton, 1916), pp. 332-38.
46. Norman Sherry, *Conrad's Western World* (Cambridge, UK: Cambridge University Press, 1971), p. 162.
47. Conrad, *Nostromo*, pp. 28, 30.
48. JC to J. B. Pinker, March 16, 1903, *CL*, vol. 3, p. 22.
49. JC to R. B. Cunninghame Graham, July 8, 1903, *CL*, vol. 3, p. 45.
50. 關於康拉德使用的參考資料，見 Sherry, *Conrad's Western World*, chapters 15-18.
51. 關於這位愛爾蘭醫師所遭受的酷刑，請見 George Frederick Masterman, *Seven Eventful Years in Paraguay* (London: Sampson Low, Son, and Marston, 1869), p. 321.
52. Conrad, *Nostromo*, pp. 37, 41, 43, 46, 90, 293.
53. 同上，pp. 38-40, 58, 68.
54. 同上，pp. 43-45, 68.
55. R. B. Cunninghame Graham, "Bloody Niggers," *The Social Democrat: A Monthly Socialist Review* 1, no. 4 (April, 1897): 109.
56. Conrad, *Nostromo*, p. 49.
57. Niall Ferguson, *Empire* (New York: Basic Books, 2003), pp. 201-2; James Bryce, "The Roman Empire and the British Empire India," in *Studies in History and Jurisprudence*, 2 vols. (Oxford: Clarendon Press, 1901), vol. 1, p. 5.
58. Rudyard Kipling, Recessional" (1897), www.poetryfoundation.org/poems-and-poets/poems/detail/46780.
59. Graham, "Bloody Niggers," 109.
60. J. A. Hobson, *Imperialism: A Study* (London: James Nisbet & Co., 1902).

61. JC to R. B. Cunninghame Graham, December 19, 1899, *CL*, vol. 2, p. 228.
62. P. G. Wodehouse, *The Swoop! Or, How Clarence Saved England: A Tale of the Great Invasion* (London: Alston Rivers, 1909).
63. Paul M. Kennedy, *The Rise and Fall of British Naval Mastery* (New York: Scribner, 1976), pp. 216-18.
64. Rudyard Kipling, "The White Man's Burden" (1899), http://sourcebooks.fordham.edu/halsall/mod/kipling.asp.
65. 關於這個概念之下的各種立場，請見 Duncan Bell, *The Idea of Greater Britain: Empire and the Future of World Order, 1860-1900* (Princeton, NJ: Princeton University Press, 2007).
66. William Thomas Stead, *The Americanization of the World: Or, The Trend of the Twentieth Century* (London: H. Markley, 1902), pp. 2, 396.
67. "The Poor Man's Burden," http://historymatters.gmu.edu/d/5475. 關於吉卜林此詩的背景脈絡與影響，請見 Patrick Brantlinger, "Kipling's 'The White Man's Burden' and its Afterlives," *English Literature in Translation, 1880-1920* 50, no. 2 (2007), pp. 172-191.
68. H. T. Johnson, "The Black Man's Burden," *Christian Recorder* (March 1899), http://nationalhumanitiescenter.org/pds/gilded/empire/text7/johnson.pdf.
69. "Victory," in Graham, *Thirteen Stories*, p. 214.
70. Conrad, *Nostromo*, pp. 62, 64.
71. 同上，pp. 67, 86, 94, 193.
72. 同上，pp. 62-63.

第十一章　物質利益

1. Juan-Gabriel Vásquez, *The Secret History of Costaguana*, trans. Anne McLean (New York: Riverhead, 2011). 此書以小

說方式生動闡明《諾斯楚摩》情節與建造巴拿馬運河之間關聯。

2. "Monroe Doctrine, December 2, 1823," http://avalon.law.yale.edu/19th_century/monroe.asp.
3. "Clayton-Bulwer Treaty, 1850," http://avalon.law.yale.edu/19th_century/br1850.asp.
4. "The Panama Canal Treaty," *The Times*, January 24, 1903, p. 7; January 26, 1903, p. 5.
5. Leader, *The Times*, March 19, 1903, p. 7. 我以《泰晤士報》的報導為重點，因為這是康拉德這種社會背景的人最有可能固定常看的報紙。
6. 引述載於 David McCullough, *The Path Between the Seas: The Creation Panama Canal, 1870-1914* (New York: Simon and Schuster, 1977), p. 380.
7. "President Roosevelt on the Monroe Doctrine," *The Times*, April 4, 1903, p. 7.
8. Abelardo Aldana et al., *The Panama Canal Question: A Plea for Colombia* (New York: [n.p.], 1904), pp. 9-10.
9. Raúl Pérez, "A Colombian View of the Panama Canal Question," *The North American Review* 177, no. 560 (1903): 63-68.
10. "Panama Canal Treaty," *The Times*, September 24, 1903, p. 3.
11. Joseph Conrad, *Nostromo* (London: Penguin Classics, 2007), pp. 96, 116, 152.
12. McCullough, *Path Between the Seas*, pp. 340-42.
13. Conrad, *Nostromo*, pp. 120-21, 135, 145, 147, 170.
14. 同上，pp. 177, 220.
15. 同上，pp. 189, 247.
16. JC to J. B. Pinker, [October 7 or 14?, 1903], *CL*, vol. 3, p. 67.「我還沒給你第二部分，我就是抽不出時間去把它檢查一遍，心裡滿滿都只有第三部分的劇情發展。如果可以的話我還不想給你第二部分。」我們不清楚當時到底第二部分已經完成多少，要等到六個月後康拉德才把第二部分一大篇交給平克拿去連載，說：「幾天後我會給你另一份，會寫到第二部分完結。第三部分不會花太多時間。」JC to J. B. Pinker, April 5, 1904, *CL*, vol. 3, p. 129.

17. McCullough, *Path Between the Seas*, pp. 359-60; Philippe Bunau-Varilla, *Panama: The Creation, Destruction, and Resurrection* (New York: McBride, Nast, 1914), p. 318.
18. McCullough, *Path Between the Seas*, pp. 370-79.
19. "Convention for the Construction of a Ship Canal (Hay-Bunau-Varilla Treaty), November 18, 1903," http://avalon.law.yale.edu/20th_century/ pan001.asp.
20. 引述自 "The United States Congress," *The Times*, December 8, 1903, p. 5. See also Theodore Roosevelt, "Third Annual Message," December 7, 1903, online by Gerhard Peters and John T. Woolley, *The American Presidency Project*, www.presidency.ucsb.edu/ws/?pid=29544.
21. Leader, *The Times*, November 10, 1903, p. 9.
22. 引述載於 Abelardo Aldana et al., *The Panama Canal Question: A Plea for Colombia* (New York: n. p., 1904), p. 68.
23. Eduardo Zuleta, "Elogio de Santiago Pérez Triana" (1919), www.bdigital.unal.edu.co/426/1/elogio_de_santiago_perez_Triana.pdf; Charles W. Bergquist, *Coffee and Conflict in Colombia, 1886-1910* (Durham, NC: Duke University Press, 1978), pp. 44-45.
24. Santiago Pérez Triana, *Down the Orinoco in a Canoe* (London: W. Heinemann, 1902), pp. 18, 22.
25. 同上，p. 247.
26. Santiago Pérez Triana, "The Partition of South America," *The Anglo-Saxon Review* 10 (September 1901): 110, 115.
27. "The United States and Panama," *The Times*, November 12, 1903, p. 3; "The United States and Panama," *The Times*, November 14, 1903, p. 7; "The United States and Panama," *The Times*, November 16, 1903, p. 6.
28. Aldana et al., *Panama Canal Question*, pp. 15, 18.
29. Santiago Pérez Triana, "Canal de Panamá," *La Lectura: Revista de Ciencias y de Artes* 3, no. 36 (December 1903): 447-48.
30. JC to Harriet Mary Capes, December 26, 1903; JC to Mariah Hannah Martindale, December 26, 1903; JC to David

Meldrum, December 26, 1903, *CL*, vol. 3, pp. 98-100.

31. JC to R. B. Cunninghame Graham, December 26, 1903, *CL*, vol. 3, p. 102.
32. Conrad, *Nostromo*, p. 262.
33. 同上，pp. 279, 283, 298, 305, 314, 320.
34. JC to Adolf Krieger, March 15, 1904, *CL*, vol. 3, p. 122.
35. JC to H. G. Wells, February 7, 1904, *CL*, vol. 3, pp. 111-12.
36. JC to David Meldrum, April 5, 1904, *CL*, vol. 3, pp. 128-29.
37. Conrad, *Nostromo*, pp. 376, 379, 382, 385.
38. JC to John Galsworthy, September 1, 1904, *CL*, vol. 3, pp. 158-59.
39. Conrad, *Nostromo*, pp. 393, 396.
40. 同上，pp. 403-4, 412.
41. 同上，p. 427.
42. 同上，pp. 440, 442, 447.
43. 美國報紙抱怨說：「約瑟夫・康拉德為他新寫的傳奇故事起了一個無知蒙昧的標題『諾斯楚摩』。」"Gossip for Readers of Books," *Kansas City Star*, February 18, 1904, p. 7.
44. R. B. Cunninghame Graham to Edward Garnett, October 31, 1904, in J. H. Stape and Owen Knowles, eds., *A Portrait in Letters: Correspondence to and About Conrad* (Amsterdam: Rodopi, 1996), p. 45. 賈內特兩星期後發表的書評裡也有相同論點：「我們對於描述諾斯楚摩之死的最後兩章內容感到很無奈，……故事敘事應該在米契船長的獨白那裡就畫下句點。」見 Edward Garnett, "Mr. Conrad's Art," *Speaker* 11 (November 12, 1904), and John Buchan, *Spectator* 93 (November 19, 1904), 引述載於 Keith Carabine, ed., *Joseph Conrad: Critical Assessments*, vols. (Mountfield, East Sussex, UK: Helm Information, 1992), vol. 1, pp. 310-11, 314-15.

45. JC to R. B. Cunninghame Graham, October 31, 1904, *CL*, vol. 3, p. 175. 多年後他向安德烈・紀德承認說：「你會發現《諾斯楚摩》寫得很糟且很難讀，甚至讀起來很無聊。你知道的，這東西就是一場失敗。我對這篇的大背景、大架構有種放不下的偏愛，但最後它就是做不起來，真的。」JC to André Gide, June 21, 1912, *CL*, vol. 5, p. 79.
46. Buchan, in Carabine, ed., *Critical Assessments*, p. 310.
47. Wilson Follett, *Joseph Conrad: A Short Study* (Garden City, NY: Doubleday, Page & Co., 1915), p. 58.
48. Henry Louis Mencken, *A Book of Prefaces* (New York: A. A. Knopf, 1917), pp. 46-47.
49. James Huneker, "The Genius of Joseph Conrad," *The North American Review* 200, no. 705 (August 1, 1914): 278.
50. Mencken, *Book of Prefaces*, p. 46. 評論者也發現這部小說與歐・亨利（O. Henry）的《白菜與國王》（*Cabbages and Kings*）有相近處，後者的背景是在一個虛構的「喜歌劇」（comic opera）式拉丁美洲共和國，類似哥斯大瓜納。"South American Tales," *Springfield Republican*, January 1, 1905, p. 19.
51. H. J. Mackinder, "The Geographical Pivot of History," *The Geographical Journal* 23, no. 4 (April 1, 1904): 421-37.
52. H. J. Mackinder, *Britain and the British Seas* (London: W. Heinemann, 1902), p. 350.
53. "Autocracy and War," in *Joseph Conrad, Notes on Life and Letters* (Garden City, NY: Doubleday, Page & Co., 1921), p. 93.
54. Elliott Evans Mills, *The Decline and Fall of the British Empire....*(Oxford: Alden & Co., Bocario Press, 1905), pp. 55-56.
55. JC to Roger Casement, 21 December 1903, *CL*, vol. 3, p. 96. 康拉德此處是引用阿道夫・狄亞爾（Adolphe Thiers）的話。
56. Conrad, "Autocracy and War," pp. 107, 112. 一「厄爾」（ell），或說一「腕尺」（cubit）是過去裁縫業用的單位，等於四十五吋長，現已不用。
57. 同上，pp. 106-7.
58. JC to Ernst P. Bendz, March 7, 1923, *CL*, vol. 8, p. 37.
59. Conrad, *Lord Jim*, p. 215.

60. V. I. Lenin, *Imperialism: The Highest Stage of Capitalism*, chapter 10, www.marxists.org/archive/lenin/works/1916/imp-hsc/.
61. Conrad, *Nostromo*, p. 323.

第十二章　這世界甘願也好，不甘也罷

1. W. E. B. Dubois et al., "Editorial," *The Crisis* 1, no. 1 (November 1910): 9-10.
2. 關於這個時代的緊張性之簡介，請見 Eric Hobsbawm, *The Age of Empire, 1875-1914* (New York: Vintage Books, 1989), chapter 1.
3. Mark Mazower, *Governing the World: The History of an Idea* (New York: Penguin Press, 2012), p. 165.
4. JC to John Quinn, July 1, 1912, *CL*, vol. 5, p. 81.
5. John Stape, *The Several Lives of Joseph Conrad* (New York: Pantheon Books, 2007), p. 173. See also Zdzisław Najder, *Joseph Conrad: A Life*, 2nd ed. (Rochester, NY: Camden House, 2007), p. 424.
6. JC to Arthur Symons, August 29, 1908, *CL*, vol. 4, p. 114.
7. Jessie Conrad, *Joseph Conrad as I Knew Him* (NY: Doubleday, Page & Co., 1926), pp. 57-58.
8. 此處我是改述勞倫斯・戴維斯對 *CL*, vol. 4 的介紹詞，p. xxiv; Jessie Conrad 所述載於 Stape, *Several Lives of Joseph Conrad*, p. 174.
9. John Conrad, *Joseph Conrad: Times Remembered*, 'Ojciec Jest Tutaj' (Cambridge, UK: Cambridge University Press, 1981), pp. 3-4.
10. JC to J. B. Pinker, May 23, 1910, *CL*, vol. 4, p. 334.
11. JC to Stephen Reynolds, August 20, 1912, *CL*, vol. 5, p. 104.
12. JC to Austin Harrison, March 28, 1912, *CL*, vol. 5, p. 45.
13. JC to John Galsworthy, March 19, 1914, *CL*, vol. 5, p. 365.

14. Stape, *Several Lives of Joseph Conrad*, p. 195. 關於當時美金與英鎊匯率，請見 www.measuringworth.com/datasets/exchangepound/result.php.
15. John Conrad, *Joseph Conrad: Times Remembered*, pp. 26-27.
16. 他因為近視而無法取得水手資格。Borys Conrad, *My Father Joseph Conrad* (New York: Coward- McCann, 1970), p. 70.
17. JC to Harriet Mary Capes, July 21, 1914; JC to Warrington Dawson, [late July 1914], *CL*, vol. 5, pp. 398-401; Jessie Conrad, *Joseph Conrad as I Knew Him*, p. 63.
18. JC to John Galsworthy, July 25, 1914, *CL*, vol. 5, p. 407. 參見 JC to Harriet Mary Capes, July 21, 1914, *CL*, vol. 5, pp. 400-401.
19. "Poland Revisited," in *Joseph Conrad, Notes on Life and Letters* (Garden City, NY: Doubleday, Page & Co., 1921), pp. 164-70.
20. Borys Conrad, *My Father Joseph Conrad*, p. 86.
21. Jessie Conrad, *Joseph Conrad as I Knew Him*, pp. 71-72. 亦見 "First News," in Conrad, *Notes on Life and Letters*, pp. 174-78.
22. 康拉德當時注意到「輪船一艘又一艘沒完沒了開過去」，但他以為那是因為「從我那個時代以後，航海界的情況已經起了好大變化」。事實上那時德國商船已經全被召回本國海域，海軍也正在進行集結。Conrad, "Poland Revisited," p. 161.
23. Jessie Conrad, *Joseph Conrad as I Knew Him*, p. 66.
24. JC to John Galsworthy, August 1, 1914, *CL*, vol. 5, p. 409.
25. John Conrad, "Some Reminiscences of My Father" (London: Joseph Conrad Society, 1976), pp. 11-12. Borys Conrad, *My Father Joseph Conrad*, p. 90.
26. "The Crime of Partition," in Conrad, Notes on Life and Letters, p. 124.

27. JC to R. B. Cunninghame Graham, February 25, 1915, *CL*, vol. 5, p. 446. 參見 "Poland Revisited," p. 171：「一個可怕的數字，用鐵脣喃喃道出最後話語：廢墟——和絕滅。」
28. Jessie Conrad, *Joseph Conrad as I Knew Him*, p. 78.
29. JC to Mrs. Aniela and Miss Aniela Zagórska, October 9, 1914, *CL*, vol. 5, p. 415; JC to Ada and John Galsworthy, November 15, 1914, *CL*, vol. 5, p. 424; Jessie Conrad, *Joseph Conrad as I Knew Him*, pp. 82-85.
30. Jessie Conrad, *Joseph Conrad as I Knew Him*, pp. 88-89; John Conrad, *Joseph Conrad: Times Remembered*, p. 13; Borys Conrad, *My Father Joseph Conrad*, p. 97.
31. Conrad, "First News," p. 173.
32. 班傑明．狄斯累利（Benjamin Disraeli）首相說英國在一八七八年柏林會議（Berlin Conference）所達到的成果是「光榮的和平」，該會結果是在俄土戰爭後為巴爾幹各勢力劃定國界。康拉德的讀者會感覺到一八七八年解決問題的方式與當下引發第一次世界大戰的巴爾幹危機有所關聯。一九三八年，奈佛．張伯倫（Neville Chamberlain）在慕尼黑會議與希特勒談判歸來後也用了這個說法，自此傳為惡談。
33. Conrad, "Poland Revisited," pp. 156, 163.
34. 同上，p. 173.
35. 同上，p. 170; Najder, *Joseph Conrad: A Life*, pp. 460-61.
36. Conrad, "Poland Revisited," p. 148.
37. "Note on the Polish Problem," in Conrad, *Notes on Life and Letters*, pp. 137-39. Najder, *Joseph Conrad: A Life*, p. 482.
38. JC to Eugene F. Saxton, August 17, 1915, *CL*, vol. 5, p. 500; JC to F. N. Doubleday, July 3, 1916, *CL*, vol. 5, p. 614. 關於這類極具對比性而令人感到諷刺的情境，見 Paul Fussell, *The Great War and Modern Memory* (New York: Oxford University Press, 1975).
39. JC to John Galsworthy, September 23, 1915, *CL*, vol. 5, pp. 512-13.

40. JC to John Galsworthy, March 29, 1916, *CL*, vol. 5, p. 572.
41. JC to Jessie Conrad, September 14, September 15, and October 1, 1916, *CL*, vol. 5, pp. 661-67.
42. "Well Done," in Conrad, *Notes on Life and Letters*, p. 192; "Confidence," in Conrad, *Notes on Life and Letters*, p. 203.
43. "Flight," in Conrad, *Notes on Life and Letters*, pp. 211-12.
44. JC to Sir Sidney Colvin, September 9, 1918, *CL*, vol. 6, p. 265.
45. JC to Hugh Walpole, November 11, 1918, *CL*, vol. 6, p. 302.
46. "President Woodrow Wilson's Fourteen Points," http://avalon.law.yale.edu/20th_century/wilson14.asp.
47. J. M. Keynes, *The Economic Consequences of the Peace* (London: Harcourt, Brace & Howe, 1920), p. 291.
48. JC to Sir Hugh Clifford, January 25, 1919, *CL*, vol. 6, p. 449.
49. 關於國際聯盟託管地此一做法的最終評價，請見 Susan Pedersen, *The Guardians: The League of Nations and the Crisis of Empire* (Oxford: Oxford University Press, 2015).
50. 見 Erez Manela, *The Wilsonian Moment: Self-determination and the International Origins of Anticolonial Nationalism* (Oxford: Oxford University Press, 2007).
51. JC to Bertrand Russell, October 23, 1922, *CL*, vol. 7, p. 543.
52. JC to Elbridge L. Adams, November 20, 1922, *CL*, vol. 7, p. 595.
53. JC to John Quinn, July 15, 1916, *CL*, vol. 5, p. 620.
54. JC to John Quinn, May 24, 1916, *CL*, vol. 5, pp. 596-98. 政府為了毀壞凱斯門的形象而公開他是同性戀一事，但康拉德不大可能是因此與凱斯門決裂。康拉德有幾個朋友是同性戀，而康拉德也知道他們的性向；這些人裡包括作家諾曼・道格拉斯（Norman Douglas），此人在一九一六年被控猥褻罪（indecent assault）而逃離英國，之後康拉德一直扮演道格拉斯幼子監護人的角色。J. H. Stape, "'Intimate Friends': Norman Douglas and Joseph Conrad," *The Conradian* 34, no. 1 (Spring 2009): 144-62.

55. JC to John Quinn, October 16, 1918, *CL*, vol. 6, pp. 284-86.「我……也是出生在一個被壓迫的族裔，那裡『壓迫』不是歷史，而是每個個人每天都要面對的殘酷事實。」接下來他預測說：「國際聯盟會為了愛爾蘭和平問題而焦頭爛額，愛爾蘭在整個地球上是唯一一個不會厭戰的國度。」
56. JC to Bertrand Russell, October 23, 1922, *CL*, vol. 7, p. 543.
57. Conrad, *The Shadow-Line*, p. 45.
58. Joseph Conrad, *Victory: An Island Tale* (Oxford: Oxford University Press, 2004), p. 285.
59. Richard Curle, *Joseph Conrad: A Study* (Garden City, NY: Doubleday, Page & Co., 1914), pp. 1-3, 13.
60. JC to John Galsworthy, [March? 1915], *CL*, vol. 5, p. 455.
61. JC to J. B. Pinker, February 15, 1919, *CL*, vol. 6, p. 362.
62. 引述載於 Stape, *Several Lives of Joseph Conrad*, p. 227.
63. JC to J. B. Pinker, March 10, 1913, *CL*, vol. 5. p. 188.
64. 關於當時美國人究竟如何看待康拉德，請見 Peter Lancelot Mallios, *Our Conrad: Constituting American Modernity* (Stanford, CA: Stanford University Press, 2010).
65. 統計彙編根據 *Publisher's Weekly*. 見 www.ocf.berkeley.edu/~immer/books1910s.
66. JC to J. B. Pinker, July 4, 1921, *CL*, vol. 7, pp. 310-11.
67. JC to Edward Garnett, March 10, 1923, *CL*, vol. 8, p. 47.
68. JC to Jessie Conrad, May 4, 1923, *CL*, vol. 8, p. 88.
69. 日耳曼博物館現在是敏妲·德庚茲堡歐洲研究中心（Minda de Gunzburg Center for European Studies），我的辦公室也在這裡。
70. JC to Borys Conrad, May 6, 1923, *CL*, vol. 8, p. 89; Najder, *Joseph Conrad: A Life*, pp. 553-57.
71. "Conrad Visits Boston," *The New York Times*, May 21, 1923, p. 15.

72. H. L. Mencken, *A Book of Prefaces* (New York: A. A. Knopf, 1917), p. 63. 康拉德很讚賞美國評論家威森・福萊特（Wilson Follett）寫的《約瑟夫・康拉德小論》（*Joseph Conrad: A Short Study* (Garden City, NY: Doubleday, Page & Co., 1915)）。

73. Stape, *Several Lives of Joseph Conrad*, 271. 關於費茲傑羅受康拉德影響之處的最新研究，見 Jessica Martell and Zackary Vernon, "'Of Great Gabasidy': Joseph Conrad's Lord Jim and F. Scott Fitzgerald's The Great Gatsby," *Journal of Modern Literature* 38, no. 3 (2015): 56-70.

74. Mallios, *Our Conrad*, p. 41.

75. JC to Richard Curle, July 14, 1923, *CL*, vol. 8, p. 130.

76. JC to Richard Curle, April 24, 1922, *CL*, vol. 8, p. 456.

77. R. B. Cunninghame Graham to JC, December 4, 1923, in J. H. Stape and Owen Knowles, eds., *A Portrait in Letters: Correspondence to and About Conrad* (Amsterdam: Rodopi, 1996), p. 227.

78. JC to Edward Garnett, [September 1, 1923], *CL*, vol. 8, p. 167.

79. JC to Ambrose G. Barker, September 1, 1923, *CL*, vol. 8, p. 165.

80. JC to Harald Leofurn Clarke, January 2, 1923, *CL*, vol. 8, p. 4; John C. Niven to JC, December 3, 1923, *Portrait in Letters*, p. 226.

81. JC to John C. Niven, [December 5, 1923], *CL*, vol. 8, pp. 240-41.

82. JC to Amelia Ward, May 24, 1924, *CL*, vol. 8, pp. 363-64.

83. Jessie Conrad, 引述載於 Stape, *Several Lives of Joseph Conrad*, p. 252.

84. Borys Conrad, *My Father Joseph Conrad*, p. 162. 亦見 John Conrad, *Joseph Conrad: Times Remembered*, pp. 213-15. 關於康拉德兩個兒子對父親的回憶之整體討論，見 David Miller, "His Heart in My Hand: Stories from and About Joseph Conrad's Sons," *The Conradian* 35, no. 2 (Autumn 2010): 63-95. 大衛・米勒的小說《今日》細膩重現康拉德

生命最後那個週末。David Miller, *Today* (London: Atlantic, 2011)。

85. R. B. Cunninghame Graham, "Inveni Portum: Joseph Conrad," *Saturday Review* 137, August 16, 1924, in Keith Carabine, ed., *Joseph Conrad: Critical Assessments*, 4 vols. (Mountfield, East Sussex, UK: Helm Information, 1992), vol. 1, pp. 425-29.

尾聲　讓你看見

1. R. B. Cunninghame Graham to Edward Garnett, August 13, 1924, in J. H. Stape and Owen Knowles, eds., *A Portrait in Letters: Correspondence to and About Conrad* (Amsterdam: Rodopi, 1996), pp. 249-50.
2. 蘇珊．瓊斯指出，書評界貶低康拉德晚期作品的文學價值而強化了這種普遍觀點，但這些作品裡其實有比較突出的女性角色。Susan Jones, *Conrad and Women* (Oxford: Clarendon Press, 1999), pp. 6-7, 24-26. 相對地，理查德．庫爾在他一九一四年的研究著作裡寫了一章討論「康拉德的女性」。
3. Virginia Woolf, "Joseph Conrad," *Times Literary Supplement*, August 14, 1924, in Keith Carabine, ed., *Joseph Conrad: Critical Assessments*, 4 vols. (Mountfield, East Sussex, UK: Helm Information, 1992), vol. 1, pp. 420-21. 伍爾夫在〈康拉德先生：對話錄〉一文裡表達類似評價："Mr. Conrad: A Conversation," *Nation (London)*, September 1, 1921, in Carabine, ed., *Critical Assessments*, vol. 1, pp. 526-29.
4. Ernest Hemingway, "Conrad, Optimist and Moralist," *The Transatlantic Review* 2 (October 1924): 341-42.
5. 關於這方面的部分簡介，請見 Jeffrey Meyers, "Conrad's Influence on Modern Writers," *Twentieth Century Literature* 36, no. 2 (July 1, 1990): 186-206.
6. "Poland Overtakes India as Country of Origin, Studies Show," August 25, 2016, www.bbc.com/news/uk-politics-37183733. "EU Referendum: The Result in Maps and Charts," June 24, 2016, www.bbc.com/news/uk-politics-36616028.

延伸閱讀

《黎明的守望人》內文腳注是一部包括一手與二手資料的規模龐大書目，但考慮到研究康拉德與其時代的出版作品汗牛充棟，我在以下幾頁提供一些建議，以供想更進一步了解本書涵蓋主題的讀者參考。

康拉德所有的小說作品幾乎都還在印行出版，易於取得紙本書。學者監修的詳實版本由劍橋大學出版社出版：The Cambridge Edition of the Works of Joseph Conrad，由J·H·史塔波（J. H. Stape）與亞蘭·西蒙斯主編。烏普薩拉大學（University of Uppsala）英語系贊助的網站Conrad First（www.conradfirst.net/conrad/home）提供康拉德作品連載出版歷史的權威性紀錄。

除了他的小說以外，要與約瑟夫·康拉德面對面的最佳地方就是全九冊巨作 *The Collected Letters of Joseph Conrad* (Cambridge: Cambridge University Press, 1983-2008), edited by Frederick R. Karl and Laurence Davies，這套注解詳盡的書籍每一冊都有勞倫斯·戴維斯的導讀佳文，連起來就是一整部見解深刻的人物傳記。濟斯瓦夫·拿吉德所編的兩部文集（哈麗娜·卡洛拿吉德〔Halina Carroll-Najder〕翻譯）是與康拉德相關的波蘭文資料，包括塔德烏什·波布羅斯基寫給康拉德的所有現存書信（*Conrad's Polish Background: Letters to and from Polish Friends* (Oxford: Oxford University Press, 1964)）以及阿波羅與伊娃・柯爾澤尼奧夫斯基之間的通信（*Conrad Under Familial Eyes* (Cambridge: Cambridge University Press, 1983)）。許多康拉德的家族成員或好友都寫下關於他的回憶錄，包括 Jessie Conrad, *Joseph Conrad as I Knew Him* (Garden City, NY: Doubleday, Page, & Co., 1926)、Borys Conrad, *My Father Joseph Conrad* (New York: Coward-McCann, 1970)、John Conrad, *Joseph Conrad, Times Remembered: "ojciec jest tutaj"* (Cambridge: Cambridge University Press, 1981)、以及Ford Madox Ford, *Joseph Conrad: A Personal Remembrance* (Boston: Little, Brown, 1924)。*Joseph Conrad: Critical Assessments*, edited by Keith Carabine (East Sussex, UK: Helm Information, 1992) 第一冊選錄不少康拉德友人對他的回憶內容，包括約翰・加斯沃西、H・G・威爾斯，以及伯特蘭・羅素。

康拉德第一部傳記是在康拉德本人協助下寫成：G. Jean-Aubry, *Joseph Conrad: Life & Letters* (Garden City, NY: Doubleday, Page, 1927)。此書雖有刻意遺漏與過度浪漫化鋪陳的部分，但仍不失為呈現康拉德第一代書迷如何看待他的引人入勝作品。最新的完整可靠康拉德傳記是J・H・史塔波內容精簡的 *The Several Lives of Joseph Conrad* (New York: Pantheon, 2007)，書中特別著重康拉德文學生涯的細節。較早的康拉德傳記（包括喬斯琳・貝恩斯、斐德烈・卡爾和傑弗瑞・梅耶斯〔Jeffrey Meyers〕等人的作品）中我最喜歡濟斯瓦夫・拿吉德的*Joseph Conrad: A Life*, 2nd ed. (Rochester, NY: Camden House, 2007)，此書對康拉德早年生活與波蘭的成長背景描述得最完整。

理查德・庫爾、威森・福萊特、詹姆斯・亨內克與H・L・孟肯在一九一〇年代發表第一批對康拉德整體作品的評論研究之後，康拉德研究經歷過衰退、興起，以及再發明的過程，John G. Peters, *Joseph Conrad's Critical Reception* (Cambridge: Cambridge University Press, 2013) 對此有詳細考察。兩次大戰間的書評家常把康拉德看得太難懂或太簡化、太悲觀或太浪漫、太保守或太異國。第二次世界大戰結束後不久，英國評論家F・R・利維斯（F. R. Leavis）將康拉德列為具備道德深度與創新風格的英國小說「偉大傳統」三大作家之一（*The Great Tradition: George Eliot, Henry James, Joseph Conrad* (London: Chatto & Windus, 1948)），奠立他在文學正統中的地位，這是學術界對康拉德評價的重大轉變。與利維斯同時代的莫頓・道尤文・澤貝爾（Morton Dauwen Zabel）在此時則將康拉德視為歐洲文學現代主義的一員。

接下來三十年內，關於康拉德的研究如雨後春筍，出現大量從心理、文學風格，或是政治角度檢驗他作品的著作。有幾名評論家試圖探究康拉德人生經歷與他整體作品之間的關聯，其中一個是未來成為後殖民研究奠基者之一的愛德華・W・薩伊德，他的博士論文以康拉德短篇小說為研究主題，內容頗具洞察力，後來出版為 *Joseph Conrad and the Fiction of Autobiography* (Cambridge, MA: Harvard University Press, 1966)。另一個人是伊安・瓦特，他的 *Conrad in the Nineteenth Century* (Berkeley: University of California Press, 1979) 值得一讀之處不只是對康拉德的生平簡介，還包括書中對康拉德早年作品的深刻詮釋。如果你是對歷史較有興趣的康拉德讀者，諾曼・謝利上天下地搜尋得到康拉德小說所使用的真實資料都在以下兩本書裡：*Conrad's Eastern*

World (Cambridge: Cambridge University Press, 1966) 和 *Conrad's Western World* (Cambridge: Cambridge University Press, 1971)。

對於一九八〇年代使用新理論範式的研究者來說，康拉德仍是他們必須重視的對象。這些研究包括 Fredric Jameson, *The Political Unconscious: Narrative as a Socially Symbolic Act* (Ithaca, NY: Cornell University Press, 1981) 和 J. Hillis Miller, *Reading Conrad*, eds. John G. Peters and Jakob Lothe (Columbus: Ohio University Press, 2017)。但學界對康拉德觀感的最重要轉捩點是在一九七七年齊諾瓦・阿切比發表論文〈非洲的形象〉（An Image of Africa）之後，康拉德幾乎是一夕間從正統宗師變成爭議人物，成為當時方興未艾的後殖民研究裡一個一觸即發的爭論中心。將康拉德視為帝國主義作家的主要研究著作如 Edward Said, *Culture and Imperialism* (New York: Knopf, 1994)，其他專著包括 Benita Parry, *Conrad and Imperialism: Ideological Boundaries and Visionary Frontiers* (London: Macmillan Press, 1983), Andrea White, *Joseph Conrad and the Adventure Tradition: Constructing and Deconstructing the Imperial Subject* (Cambridge: Cambridge University Press, 1993)，Christopher GoGwilt, *The Invention of the West: Joseph Conrad and the Double-Mapping of Europe and Empire* (Stanford, CA: Stanford University Press, 1995)，以及Linda Dryden, *Joseph Conrad and the Imperial Romance* (New York: St. Martin's Press, 2000). Terry Collits, *Postcolonial Conrad: Paradoxes of Empire* (New York: Routledge, 2005) 一書提供學界對康拉德帝國小說觀感的最新綜覽。

二十一世紀的英語文學學生高度質疑所謂「正統」的概念，更不用說康拉德在「正統」中的定位。然而，過去十年來，每年至少會有一百部以康拉德為主題的書籍、文章與博士論文問世（編注：這是在 MLA International Bibliography 資料庫中以 Joseph Conrad 為主題詞搜索得到的結果）。許多研究康拉德的長文章發表於 *Conradiana* (Lubbock: Texas Tech University Press, 1968-) 以及 *The Conradian: The Journal of the Joseph Conrad Society* (Lincoln, UK: Joseph Conrad Society, 1980-)。讀者若想對當下康拉德研究的學術界有個大概了解，可以從以下兩本書著手：*Joseph Conrad in Context*, edited by Allan Simmons (Cambridge: Cambridge University Press, 2009)，或是 *The New Cambridge Companion to Joseph Conrad*, edited by J. H. Stape (Cambridge: Cambridge University Press, 2015). Carola M. Kaplan, Peter Lancelot Mallios, and Andrea White, eds., *Conrad in the Twenty-first Century* (New York: Routledge, 2005) 一書有不少好例子呈現學界近期對康拉德的觀點。*The Oxford Reader's Companion to Conrad*, edited by Owen Knowles and Gene M. Moore (Oxford: Oxford University Press, 2000) 是一本不可或缺的權威性工具書。

雖然學術界大部分的注意力都放在《黑暗之心》，但有一些以新角度審視康拉德其他作品的研究反而更給我啟發，包括 Susan Jones, *Conrad and Women* (Oxford: Oxford University Press, 1999)；Margaret Cohen, *The Novel and the Sea* (Princeton, NJ: Princeton University Press, 2010) 對航海小說的研究頗具創見；Sarah Cole, *At the Violet Hour: Modernism and Violence in England and Ireland* (New York: Oxford University Press, 2012) 和 Rebecca L. Walkowitz, *Cosmopolitan Style:*

Modernism Beyond the Nation (New York: Columbia University Press, 2006) 都對《密探》一書提出新的評價。相信學術界在不久的未來就會出現大量著作研究資本主義在康拉德作品中的角色，例如 Regina Martin, "Absentee Capitalism and the Politics of Conrad's Imperial Novels," *Publications of the Modern Language Association (PMLA)* 130, no. 3 (2015): 584-98。

在康拉德那個時代，現代史寫作的最主要目的就是為民族國家服務。但《黎明的守望人》這本書屬於現在逐漸興盛的全球史領域，關注的是權力、人民、資本與思想如何越過國或帝國的邊界傳播。我在本書中是以簡要易懂的方式介紹全球化歷史，類似的簡要易懂介紹可見於 Jürgen Osterhammel and Niels P. Petersson, *Globalization: A Short History* (Princeton, NJ: Princeton University Press, 2005)，但關於這段時期全球整合情況最卓越的辯證著作絕對是 C. A. Bayly, *The Birth of the Modern World 1780-1914: Global Connections and Comparisons* (Malden, UK: Blackwell, 2003). Eric Hobsbawm, *The Age of Empire: 1875-1914* (New York: Vintage, 1989) 以極其博學的大量內容呈現世紀之交的世界景象；John Darwin, *The Empire Project: The Rise and Fall of the British World-System, 1830-1970* (Cambridge: Cambridge University Press, 2009) 以大師筆法記述英帝國在打造現代全球化的過程中所扮演的角色。現在每年都有全球史相關的優秀專著出版，從以下兩套書中可以感受到近期比較常出現的研究角度：*A World Connecting, 1870-1945*, edited by Emily S. Rosenberg (Cambridge, MA: Belknap Press of Harvard University Press, 2012) 和 *The Prospect of Global History*, edited by James Belich, John Darwin, Margret Frenz, and Chris Wickham (Oxford: Oxford University

Press, 2016)。

《黎明的守望人》每一章節都是站在巨人肩膀上寫成，以學術界對該地點與該主題的豐厚研究為基礎。Piotr Wandycz, *The Lands of Partitioned Poland, 1795-1918*, 2nd ed., (Seattle: University of Washington Press, 1996) 對康拉德時代的波蘭有精采介紹，Timothy Snyder, *The Reconstruction of Nations: Poland, Ukraine, Lithuania, Belarus, 1569-1999* (New Haven, CN: Yale University Press, 2003) 將十九世紀波蘭民族主義置於更大的背景脈絡中探討，Kate Brown, *A Biography of No Place: From Ethnic Borderland to Soviet Heartland* (Cambridge, MA: Harvard University Press, 2005) 則呈現康拉德年輕時代俄羅斯－烏克蘭邊界地區的想像史。James Joll, *The Anarchists* (Cambridge, MA: Harvard University Press, 1964) 是經典之作，詳實介紹歐洲無政府主義，Richard Bach Jensen, *The Battle Against Anarchist Terrorism: An International History, 1878-1934* (Cambridge: Cambridge University Press, 2014) 是第一部國際反恐警備史。Caroline Shaw, *Britannia's Embrace: Modern Humanitarianism and the Imperial Origins of Refugee Relief* (Oxford: Oxford University Press, 2015) 這本切中時事的好書以維多利亞時代難民政策為主題。Paul M. Kennedy, *The Rise and Fall of British Naval Mastery* (New York: Scribner, 1976) 是最佳的十九世紀英國航海史入門書，雖然此書講的主要是海軍而非商船。目前還沒有一本內容全面的英國商業航海史可供參考，但 Richard Woodman, *Masters Under God: Makers of Empire, 1817-1884* (Stroud, UK: History Press, 1999) 和 *More Days, More Dollars: The Universal Bucket Chain*, 1885-1920 (Stroud, UK: History Press, 2010)

這兩本書也能提供不少資訊。至於康拉德那時代與之後的商業航海整體情況，請見Michael B. Miller, *Europe and the Maritime World: A Twentieth-Century History* (Cambridge: Cambridge University Press, 2012)。近期有不少探討船運業鉅子、公司與勞動措施等活動情況的專著，包括Freda Harcourt, *Flagships of Imperialism: The P&O Company and the Politics of Empire from Its Origins to 1867* (Manchester, UK: Manchester University Press, 2006); Leon Fink, *Sweatshops at Sea: Merchant Seamen in the World's First Globalized Industry, from 1812 to the Present* (Chapel Hill: University of North Carolina Press, 2011)；以及 Frances Steele, *Oceania Under Steam: Sea Transport and the Cultures of Colonialism, c. 1870-1914* (Manchester, UK: Manchester University Press, 2014)。關於東南亞的航海業情況，James Francis Warren, *The Sulu Zone 1768-1898: The Dynamics of External Trade, Slavery, and Ethnicity in the Transformation of a Southeast Asian Maritime State* (Singapore: Singapore University Press, 1981) 是開路先鋒之作，還有 Eric Tagliacozzo, *Secret Trades, Porous Borders: Smuggling and States Along a Southeast Asian Frontier, 1865-1915* (New Haven, CN: Yale University Press, 2005) 也可供參考。Eric Tagliacozzo, *The Longest Journey: Southeast Asians and the Pilgrimage to Mecca* (Oxford: Oxford University Press, 2013)鋪敘《吉姆爺》時代伊斯蘭教朝聖史；Valeska Huber, *Channelling Mobilities: Migration and Globalization in the Suez Canal Region and Beyond, 1869-1914* (Cambridge: Cambridge University Press, 2013) 則探討紅海做為全球十字路口的角色。

近幾十年來最佳的歷史敘事作品之一是 Adam Hochschild, *King Leopold's Ghost: A Story of Greed, Terror, and Heroism in Colonial Africa* (Boston: Houghton Mifflin, 1999)，任何對發生在剛果自由邦的暴行這個主題有興趣的讀者都應閱讀此書。以下兩部作品也值得一讀：Hannah Arendt, *The Origins of Totalitarianism*, Part Two (New York: Harcourt, Brace, Jovanovich, 1973) 反省《黑暗之心》的內容；Sven Lindqvist, "Exterminate All the Brutes," Joan Tate 翻譯 (New York: New Press, 1996) 以獨具創意的方式思索康拉德與種族滅絕問題。若要將剛果自由邦的歷史放在較長時期的脈絡中討論，我推薦 David Van Reybrouck, *Congo: The Epic History of a People*, Sam Garrett 翻譯 (New York: Ecco, 2014) 以及 Jan Vansina, *Paths in the Rainforest: Toward a History of Political Tradition in Equatorial Africa* (Madison: University of Wisconsin Press, 1990) 這兩本經典佳作。比利時歷史學家有一些引人入勝的新研究是以比利時帝國主義在剛果的宗主關係為主題，包括以下三篇文章：Debora Silverman, "Art Nouveau, Art of Darkness: African Lineages of Belgian Modernism," *West 86th: A Journal of Decorative Arts, Design History, and Material Culture* 18-20 (2011-13)；Guy Vanthemsche, *Belgium and the Congo, 1885-1990* (Cambridge: Cambridge University Press, 2012)；以及 Vincent Viaene, "King Leopold's Imperialism and the Origins of the Belgian Colonial Party, 1860-1905," *Journal of Modern History* 80, no. 4 (December 2008): 741-90。

歷史學家使用「非正式帝國」（informal imperialism）一詞來描述《諾斯楚摩》中呈現的經濟與政治力量互動關係，最早闡述這種現象的文章是 Ronald Robinson and John Gallagher, "The

Imperialism of Free Trade," *Economic History Review* 6, no. 1 (August 1953): 1-15，之後又有一些英帝國經濟史著作也使用這個概念，包括 P. J. Cain and A. G. Hopkins, *British Imperialism: 1688-2000* (London: Longman, 1993)，以及 Gary B. Magee and Andrew S. Thompson, *Empire and Globalisation: Networks of People, Goods and Capital in the British World, c. 1850-1914* (Cambridge: Cambridge University Press, 2010)。關於英國在拉丁美洲的勢力，見 D. C. M. Platt, *Latin America and British Trade, 1806-1914* (London: A. & C. Black, 1972)、Rory Miller, *Britain and Latin America in the Nineteenth and Twentieth Centuries* (London: Longman, 1993)，以及 Matthew Brown, editor, *Informal Empire in Latin America: Culture, Commerce and Capital* (Oxford, UK: Blackwell, 2008)。巴拿馬從哥倫比亞分離出來的過程背後的政治操作在 David McCullough, *The Path Between the Seas: The Creation of the Panama Canal, 1870-1914* (New York: Simon & Schuster, 1977) 中有絕佳說明。Charles Bergquist, *Coffee and Conflict in Colombia, 1886-1910* (Durham, NC: Duke University Press, 1978) 則深入討論哥倫比亞的「千日戰爭」（Thousand Days War）。Duncan Bell, *The Idea of Greater Britain: Empire and The Future of the World Order, 1860-1900* (Princeton, NJ: Princeton University Press, 2007) 精采呈現當時英國對於美國興起的看法。關於康拉德那位充滿魅力的朋友康寧漢．格雷厄姆，可參考 Cedric Watts and Laurence Davies, *Cunninghame Graham: A Critical Biography* (Cambridge: Cambridge University Press, 1979) 這本卓越的人物傳記。

最後，此處一定至少要列舉幾本受到康拉德啟發而創作出的小說作品，這份延伸閱讀清單才算完整。我所選的書包括 Chinua Achebe, *Things Fall Apart* (New York: Penguin, 1994); V. S. Naipaul, *A Bend in the River* (New York: Vintage, 1989); W. G. Sebald, *The Rings of Saturn*, translated by Michael Hulse (New York: New Directions, 2016)；以及 Juan Gabriel Vásquez, *The Secret History of Costaguana*, Anne McLean翻譯 (New York: Riverhead, 2011)。希望未來會有更多這類作品出現。

圖片來源

圖片版權

頁 62, 74, 88, 147, 148, 171, 274, 338, 342, 353: Joseph Conrad Collection. General Collection, Beinecke Rare Book and Manuscript Library, Yale University;

頁 76: Wikimedia Commons;

頁 85, 99, 101, 118, 140, 172, 184, 218, 228, 234, 236, 239, 242, 259, 348: Widener Library, Harvard University;

頁 87: Polona;

頁 139: John Oxley Library, State Library of Queensland Neg: 168598;

頁 162 and 175: Royal Netherlands Institute of Southeast Asian and Caribbean Studies and Leiden University Library/Wikimedia Commons;

頁 164: Wikimedia Commons;

頁 166, 220-221, 313: The David Rumsey Map Collection, www.davidrumsey.com;

頁 200: Great Britain Hydrographic Office, "Chart Relating to the Gulf of Siam: Original Navigation Chart Used by Joseph Conrad." General Collection, Beinecke Rare Book and Manuscript Library, Yale University;

頁 207 and 328: Library of Congress Prints and Photographs Division, Washington, D.C.;

頁 216: By Smithsonian Institution from United States (Carte-de-visite of Henry M. Stanley), Wikimedia Commons;

頁 225: By Daderot (Own work) [CC0], Wikimedia Commons;

頁 240: MS Eng 46, Houghton Library, Harvard University;

頁 290: Print Collection, Miriam and Ira D. Wallach Division of Art, Prints and Photographs, The New York Public Library, Astor, Lenox and Tilden Foundations;

頁 295: Biblioteca Digital Trapalanda of the Biblioteca Nacional, Uruguay;

頁 337: Author's Collection;

頁 358: General Collection, Beinecke Rare Book and Manuscript Library, Yale University.

地圖版權

The David Rumsey Map Collection, www.davidrumsey.com.

library of congress cataloging-in-publication data

索引

文獻

一至四畫

五畫

六畫

七畫

八畫

九畫

十畫

十一畫

十二畫

十三至十五畫

十六畫以上

人名

三至五畫

六畫

七畫

八畫

九畫

十畫

十一畫

十二畫

十三畫

十四畫以上

地名和建築

二至五畫

六至七畫

八至九畫

十畫

十一至十二畫

十三至十四畫

十五畫以上

國家、民族、語言

公司行號、組織機構

其他

二至五畫

六至十畫

十一畫以上

貓頭鷹書房 458

黎明的守望人：
殖民帝國、人口流動、技術革新，見證海洋串起的全球化世界

作　　者　瑪雅・加薩諾夫（Maya Jasanoff）
譯　　者　張毅瑄
審　　定　林志龍、鄧鴻樹
選書責編　張瑞芳
協力編輯　李鳳珠
校　　對　林昌榮、張瑞芳
版面構成　張靜怡
封面設計　徐睿紳
行銷統籌　張瑞芳
行銷專員　陳昱甄、何郁庭

總 編 輯　謝宜英
出 版 者　貓頭鷹出版

發 行 人　凃玉雲
發　　行　英屬蓋曼群島商家庭傳媒股份有限公司城邦分公司
104 台北市中山區民生東路二段 141 號 11 樓
劃撥帳號：19863813；戶名：書虫股份有限公司
城邦讀書花園：www.cite.com.tw　購書服務信箱：service@readingclub.com.tw
購書服務專線：02-2500-7718~9（周一至周五上午 09:30-12:00；下午 13:30-17:00）
24 小時傳真專線：02-2500-1990；2500-1991
香港發行所　城邦（香港）出版集團／電話：852-2877-8606 ／傳真：852-2578-9337
馬新發行所　城邦（馬新）出版集團／電話：603-9056-3833 ／傳真：603-9057-6622
印 製 廠　中原造像股份有限公司
初　　版　2020 年 7 月　二刷　2020 年 12 月
定　　價　新台幣 630 元／港幣 210 元
I S B N　978-986-262-430-2

讀者意見信箱　owl@cph.com.tw
投稿信箱　owl.book@gmail.com
貓頭鷹知識網　www.owls.tw
貓頭鷹臉書　facebook.com/owlpublishing

【大量採購，請洽專線】(02) 2500-1919

城邦讀書花園
www.cite.com.tw

國家圖書館出版品預行編目資料

黎明的守望人：殖民帝國、人口流動、技術革新，見證海洋串起的全球化世界／瑪雅・加薩諾夫（Maya Jasanoff）著；張毅瑄譯. -- 初版. -- 臺北市：貓頭鷹出版：家庭傳媒城邦分公司發行, 2020.07
面；　公分. --（貓頭鷹書房；458）
譯自：
The dawn watch: Joseph Conrad in a global world
ISBN 978-986-262-430-2（平裝）

1. 康拉德（Conrad, Joseph, 1857-1924）
2. 作家　3. 傳記　4. 全球化

784.18　　109008240